Nelson Mandela

dargestellt von Albrecht Hagemann

Rowohlt

**rowohlts monographien begründet von Kurt Kusenberg
herausgegeben von Wolfgang Müller und Uwe Naumann**

Redaktionsassistenz: Katrin Finkemeier
Umschlaggestaltung: Walter Hellmann
Vorderseite: Nelson Mandela, 1990
Rückseite: Symbol der Apartheid
(Fotos: Mayibuye Centre, University of the Western Cape,
Bellville, South Africa)
Frontispiz: Nelson Mandela bei einer Kundgebung
zum 34. Jahrestag des Massakers von Sharpeville, 1994

Originalausgabe
Veröffentlicht im Rowohlt Taschenbuch Verlag GmbH,
Reinbek bei Hamburg, Oktober 1995
Copyright © 1995 by Rowohlt Taschenbuch Verlag GmbH,
Reinbek bei Hamburg
Alle Rechte an dieser Ausgabe vorbehalten
Satz Times PostScript Linotype Library, Quark XPress 3.31
Gesamtherstellung Clausen & Bosse, Leck
Printed and bound by Interpak Books, South Africa
ISBN 3 499 50580 0

4. Auflage Juli 2003

Inhalt

Mayibuye Mandela! 7

Die grünen Hügel 9

Die goldene Stadt 17

  Schluß mit Bitten und Betteln 26
  «Der geborene Führer der Massen» 39
  Anwalt, Publizist, «Hochverräter» 46
  Umkhonto und Rivonia 65

Der schwarze Stahl 83

  Die Insel 83
  Der Aufstand der Schüler 90
  «Laßt Mandela frei» und «Macht Südafrika unregierbar!» 97
  Hinter den Kulissen 107
  Perestrojka und «Pretoriastrojka» 119
  Endlich frei! 121
  Revolution auf südafrikanisch 128
  Der Versöhner als Präsident 150

Anmerkungen 156

Zeittafel 163

Zeugnisse 167

Bibliographie 169

Namenregister 173

Quellennachweis der Abbildungen 175

Über den Autor 176

Danksagung 176

Nelson und Winnie Mandela am 13. Februar 1990 im Stadion von Soweto

Mayibuye Mandela!

Kapstadt, 11. Februar 1990, nachmittags: An der Südspitze Afrikas geht ein strahlender Sommertag zu Ende. Etwa 50 Kilometer nördlich der Stadt fiebern zu dieser Zeit in dem beschaulichen Weinbauort Paarl Tausende von Neugierigen und Hunderte von Fotografen und Reportern aus allen Teilen der Erde der Freilassung des «berühmtesten Gefangenen der Welt» entgegen. Endlich, mit mehrstündiger Verspätung, verläßt Nelson Mandela gegen 16.15 Uhr Ortszeit das Victor-Verster-Gefängnis als freier Mann.

Gemeinsam mit seiner Frau Winnie hat er Mühe, sich in dem Freudentaumel seiner Anhänger, in dem ungeheuren Tumult am Gefängnistor zu behaupten. Bis auf wenige hundert Meter waren sie aus dem Haftbungalow an das Tor herangefahren, um den Rest zu Fuß zurückzulegen. Nelson Mandela erinnert sich an diesen Moment: *Als ich mitten in der Menge war, hob ich die rechte Faust, und Jubel brauste auf. Das hatte ich 27 Jahre lang nicht tun können, und mich durchströmten Kraft und Freude. Wir blieben nur ein paar Minuten unter der Menschenmenge, ehe wir wieder in den Wagen sprangen und nach Kapstadt fuhren. Obwohl ich mich über diesen Empfang freute, war ich überaus bekümmert, daß ich mich nicht vom Gefängnispersonal hatte verabschieden können. Als ich endlich durch das Tor schritt, um auf der anderen Seite ein Auto zu besteigen, hatte ich trotz meiner 71 Jahre das Gefühl, ein neues Leben zu beginnen. Die 10000 Tage meiner Gefangenschaft waren vorüber.*[1]

Seit den Feiern anläßlich der Beendigung des Zweiten Weltkriegs hatte Kapstadt keine derartige Menschenansammlung in seinen Straßen mehr gesehen: Fast 100000 begeisterte, vom langen Warten in der Hitze jedoch auch ermüdete und gereizte Anhänger Mandelas brachen in erlösenden Jubel aus, als ihr Held im Zwielicht der Abenddämmerung vom Balkon des Rathauses an der Grand Parade erneut die Faust in den Himmel reckte. *Amandla!* rief Mandela dabei der Menge zu, worauf es zehntausendfach zurückdonnerte: «Ngawethu!» («Die Macht – gehört uns!») *Afrika!* rief Mandela den Massen entgegen – «Mayibuye!» dröhnte es als Antwort zum Balkon herauf («Afrika – kehre wieder!»).

Wer ist dieser Nelson Mandela, den seine Anhänger an diesem Tage wie den Messias feierten? Worin liegt die Faszination dieses Mannes, dem – teilweise gemeinsam mit seiner Frau – während der jahrzehntelangen Haft eine Fülle von Ehrungen zuteil geworden war? Die Universität Leeds etwa gab einem Nuklearpartikel seinen Namen, Indien verlieh ihm den Jawaharlal-Nehru-Preis für Internationale Verständigung, Rom und Florenz machten ihn zum Ehrenbürger, die DDR zeichnete ihn mit dem Stern der Internationalen Völkerfreundschaft aus und der Bremer Senat mit seinem Solidaritätspreis.[2]

Und eine weitere Frage beschäftigte die Betrachter der Freilassungsszene, als sie die ersten Schritte in Freiheit des lächelnden, großen und schlanken, athletisch wirkenden Mannes im grauen Anzug verfolgten[3]: Wie hatte er über ein Vierteljahrhundert Gefängnis überstehen können, um am Ende in staatsmännischer Gestalt der Weltöffentlichkeit entgegenzutreten? Immerhin spannte sich der Zeitraum seiner Einkerkerung von der Ermordung John F. Kennedys über die Landung des ersten Menschen auf dem Mond und die Jahre des Vietnam-Krieges bis hin zum Fall der Berliner Mauer.

Die grünen Hügel

Nelson Rolihlahla Mandela wurde am 18. Juli 1918 in dem Dorf Mvezo am Ufer des Mbashe-Flusses in der Transkei geboren. Mit ihren grünen Hügeln, tiefen Tälern und ihrer wilden Küste am Indischen Ozean bildet die Transkei den südöstlichen Teil Südafrikas, und sie wird überwiegend vom Volk der Xhosa bewohnt.

Rolihlahla war der Vorname Mandelas, den der Vater auswählte und der wörtlich bedeutet: «Am Ast eines Baumes ziehen». Umgangssprachlich heißt er soviel wie «Unruhestifter»[4]. Den britischen Namen Nelson erhielt Mandela erst an seinem ersten Schultag.

Der junge Rolihlahla, der drei Schwestern und drei Brüder hatte, wurde entscheidend durch seine Zugehörigkeit zum Königshaus des Thembustammes geprägt, der zum Xhosa-Volk gehört. Jedoch war er innerhalb der Thembu-Monarchie Angehöriger des sogenannten Hauses Linker Hand, das in erster Linie für die königliche Hofhaltung und die Beratung des Monarchen verantwortlich zeichnete, während das «Haus Rechter Hand» traditionell den König stellte. Somit war zwar Rolihlahla der Thron aus genealogischen Gründen versperrt, doch entdeckte er frühzeitig, daß sein Vater, der vier Frauen besaß, nicht nur Königsberater, sondern darüber hinaus auch «Königsmacher» war.

In seiner Autobiographie kommt Mandelas Bewußtsein seiner monarchischen Xhosa-Abstammung zum Ausdruck: *Die Xhosa sind stolze, patrilineare Menschen mit einer ausdrucksstarken, wohlklingenden Sprache und einem unerschütterlichen Glauben an die Bedeutung von Recht, Erziehung und Höflichkeit. Die Xhosa-Gesellschaft hatte eine ausgewogene, harmonische Sozialordnung, in der jeder einzelne seinen Platz kannte. Jeder Xhosa gehörte zu einem Clan, der seine Herkunft auf einen bestimmten Vorfahren zurückführt. Ich bin Angehöriger des Madiba-Clans, der nach einem Thembu-Häuptling benannt ist, der im 18. Jahrhundert in der Transkei herrschte. Oft spricht man mich mit Madiba an, meinem Clan-Namen, was als respektvolle Bezeichnung gilt.*[5]

Rolihlahla verlebte eine glückliche, überaus naturverbundene Kindheit in relativem Wohlstand. Sitten, Rituale und Tabus der Thembu waren Selbstverständlichkeiten seiner Existenz. Die Mutter trat zum methodistischen Christentum über, der Vater blieb der traditionellen religiösen Vorstellungswelt der Xhosa verhaftet, die, wie Mandela hervorhebt, von *kosmischer Ganzheit* geprägt ist, *so daß zwischen dem Heiligen und dem Säkularen, zwischen dem Natürlichen und dem Übernatürlichen nur geringe Unterschiede bestehen*[6]. Der Vater stellte die maßgebliche Bezugsperson für den heranwachsenden Rolihlahla dar. Zwar sei er der Ansicht, urteilt Mandela rückblickend, daß *hauptsächlich die Umwelt und nicht die Veranlagung* den menschlichen Charakter forme, doch läßt er gleichwohl Genugtuung über die vom Vater ererbte *Aufsässigkeit* und seinen *unbeugsamen Sinn für Fairneß* erkennen[7].

Nach einem Streit mit der weißen Provinzregierung verlor der Vater Häuptlingswürde und Vermögen. Daraufhin zog der Junge mit der Mutter einige Täler weiter in das Dorf Qunu, unweit Umtatas, der Hauptstadt der Transkei. Sofort erkannte Rolihlahla, daß er dort fast nur unter Frauen, Kindern und alten Männern lebte. Die arbeitsfähigen Männer schufteten weitab in den Goldminen um Johannesburg und sahen ihre Familien nur selten. Die Minenarbeit im Erz von eGoli, wie die Afrikaner* die «Goldstadt» nennen, hatte, erinnert sich Mandela, etwas von einem «Übergangsritual» hin zur Mannbarkeit für die jungen Männer, sie *war ein populärer Mythos, der den Minenbesitzern mehr half als meinem Volk*[8].

---

* Jede wissenschaftliche Beschäftigung mit der südafrikanischen Geschichte des zwanzigsten Jahrhunderts kommt nicht umhin, sich wenigstens teilweise auf die rassistische Terminologie der weißen Minderheitsregierungen des Landes einzulassen.

Als Schwarze im engeren Sinne werden hier zum einen die stark dunkelhäutigen Bewohner Südafrikas bezeichnet, in einem weiteren Sinne umfaßt der Begriff aber auch alle nichtweißen Gegner der weißen Minderheitsherrschaft. In Anlehnung an den Sprachgebrauch in der Autobiographie Nelson Mandelas wird hier für die Schwarzen im engeren Sinne auch der Begriff Afrikaner benutzt. Die weißen Regierungen sprachen nach dem Zweiten Weltkrieg von dieser größten Bevölkerungsgruppe Südafrikas zunächst als Eingeborene, bevor sich anschließend für einige Zeit der Begriff Bantu durchsetzte.

Die Weißen Südafrikas setzen sich im wesentlichen aus den britischstämmigen und den burischen Einwohnern zusammen. Die Buren sind vor allem Nachfahren holländischer, daneben auch deutscher sowie in geringem Maße französisch-hugenottischer Siedler. Für diese Gruppe wird hier entsprechend dem englisch-südafrikanischen Sprachgebrauch die Bezeichnung Afrikaaner gewählt, wobei im Deutschen zur Unterscheidung von den schwarzen Afrikanern die Verwendung eines Doppelvokals erforderlich ist, der in afrikaansen Eigennamen – z. B. «Afrikaner Broederbond» – entfällt. Schließlich sind noch sogenannte Coloureds und Asiaten voneinander zu unterscheiden. Coloureds sind nach regierungsoffiziellem Sprachgebrauch in Südafrika Mischlinge, und der Begriff kann im Deutschen mit «Farbige» wiedergegeben werden. Asiaten sind vor allem Inder, daneben Chinesen und Malayen.

Traum und Wirklichkeit der Arbeit unter Tage klafften in Wahrheit weit auseinander: Assoziierten die Männer vor allem Kraft, Männlichkeit, Ansehen und bescheidenen Wohlstand mit ihr, bestand sie tatsächlich aus Plackerei in Hitze, Staub und Lärm, verbunden mit einem hohen Unfallrisiko.

Das Leben Rolihlahlas in Qunu verlief unbeschwert. Den wenigen Weißen, die dort auftauchten, brachte er eine für selbstverständlich angesehene Achtung entgegen. Im Kampf und Spiel mit Gleichaltrigen erkannte er, *daß einen anderen Menschen zu demütigen bedeutet, ihn ein unnötig grausames Schicksal erleiden zu lassen. Schon als Junge lernte ich es, meine Gegner zu bezwingen, ohne sie zu entehren.*[9]

Das Lernen des jungen Mandela vollzog sich im Kindesalter – anders als bei den Europäern – fast ausschließlich durch Beobachten und Nachahmen, nicht durch Befragen der Eltern und anderer Erwachsener. Auf Wunsch der Mutter wurde Rolihlahla im Bekenntnis der methodistischen Wesleyan Church getauft. Er behielt jedoch in seiner Jugendzeit ein eher distanziertes Verhältnis zu Kirche und Christentum.

Der Vater schickte ihn auf die winzige Methodistenschule von Qunu. Hier empfing er eine Erziehung, *in der britische Gedanken, britische Kultur, britische Institutionen automatisch als höherwertig angesehen wurden. So etwas wie eine afrikanische Kultur kam nicht vor.*[10] Dennoch stellte Mandela unter dem Strich dem Missionsschulwesen in Südafrika ein insgesamt gutes Zeugnis aus, gemessen vor allem an der rassistischen Grundhaltung der regierungseigenen Schulen.

Der Vater starb, als Nelson neun Jahre alt war. Noch vor seinem Tode hatte der Vater entschieden, daß der Sohn vom Regenten des Thembulandes, Jongintaba Dalindyebo, vormundschaftlich erzogen werden sollte. Die Zeit am Regierungssitz des Regenten, dem Großen Platz, Mqhekezweni, weitete den Horizont Nelsons. In der örtlichen Methodistenschule erzielte er Fortschritte, wie er rückblickend feststellt, weniger aufgrund seiner *Klugheit* als vielmehr dank seiner *Zähigkeit*[11]. Das Lernpensum umfaßte jetzt Fächer wie Englisch, Xhosa, Geschichte und Geographie.

Nelson schloß Freundschaft mit Justice, dem Sohn Jongintabas. Offenbar zogen sich dabei Gegensätze an, denn Justice war, erinnert sich Mandela, *extrovertiert, ich eher introvertiert; er war stets unbeschwert, während ich ziemlich ernst war. Er war auf natürliche Weise geschickt [...]; ich mußte üben und mich selbst drillen.*[12]

Das Häuptlingstum in Mqhekezweni rückte in den Mittelpunkt von Nelsons Aufmerksamkeit. Sein Interesse für Geschichte erwachte, und seine Vorstellungen von Führerschaft erfuhren ihre Grundlegung durch seine Beobachtungen des Regenten und des Hofes.

Mit wachsender Neugier verfolgte er die Stammestreffen und gelangte zu eigenen Schlußfolgerungen.[13] Besonders stark beeindruckten ihn die demokratischen Verfahren der Entscheidungsfindung unter der Leitung

Das Haus am «Großen Platz», in dem Nelson Mandela ab Ende der zwanziger Jahre aufwuchs

des Regenten. Sie konnten sich stunden-, ja tagelang hinziehen. Irgendwann jedoch erzielten die Häuptlinge einen Konsens: *Demokratie bedeutete, daß alle Männer angehört werden mußten und daß eine Entscheidung gemeinsam getroffen wurde, als ein Volk. Herrschaft einer Mehrheit war eine fremdartige Vorstellung. Eine Minderheit würde nicht durch eine Mehrheit erdrückt werden.*[14] Er selbst sei, hebt er in seinen Erinnerungen hervor, in seiner eigenen Rolle als Führer stets diesen Prinzipien der Führerschaft gefolgt, die ihm der Regent seinerzeit demonstriert habe. Und ein weiteres Prinzip grub sich damals in sein Unterbewußtsein ein: *Ein Führer*, hatte der Regent einmal geäußert, *ist wie ein Hirte. Er hält sich hinter der Herde und läßt die Flinksten vorweggehen, woraufhin die anderen folgen, ohne zu erkennen, daß sie die ganze Zeit von hinten gelenkt werden.*[15]

Mit sechzehn Jahren erlebte Mandela einen tiefen Lebenseinschnitt. Gemäß den Sitten und Gebräuchen seines Stammes entschied der Regent, daß sich Nelson zusammen mit anderen Jungen dem Mannbarkeitsritual der Beschneidung unterziehen müsse. Im Rahmen einer tagelangen Zeremonie entfernte der Beschneidungsexperte auch bei dem jungen Mandela die Vorhaut mit einem einzigen gezielten Hieb des Assegai, des Speers. Ein infernalischer Schmerz erschütterte ihn, dabei preßte er das befreiende Wort – für alle Anwesenden hörbar – heraus: *Ndiyindoda – Ich bin ein Mann!* Kein noch so leises Jammern oder Zittern war gestattet, allein dieses eine Wort. Fortan galt der Beschnittene als Mann mit genau umrissenen Rechten und Pflichten. Den psychologischen Effekt der Prozedur sah Mandela selbst in der *Tapferkeit angesichts des Unerträglichen*, eine Tapferkeit, die einem *Kraft für das ganze Leben* gebe[16]. Die abgetrennte Vorhaut begruben die Beschnittenen nachts in einem Ameisenhaufen, um sie vor dem Zauberer zu verbergen, doch, so Mandela, *symbolisch begruben wir auch unsere Jugend*[17].

Für Nelson endete die Zeremonie mit einem weiteren prägenden Erlebnis. Die Abschlußrede eines Häuptlings enthielt scharfe Kritik an den weißen Herrschern in Südafrika. Das war unerhört. Immer hatte Mandela in dem Weißen weit eher den Wohltäter als den Unterdrücker gesehen – nun verwirrte der Häuptling ihn mit seiner Tirade. Nur wenig später spürte Mandela indes, daß dieser Häuptling *seinen Samen* gelegt hatte, *und wenn ich diesen Samen lange auch gleichsam brachliegen ließ, so begann er schließlich doch zu wachsen*[18].

Auf Betreiben des Regenten wechselte Mandela auf eine Art Internatsschule der Methodisten im nahe gelegenen Clarkebury. Nicht nur empfand er hier für den weißen Direktor Harris Hochachtung, weil dieser zwar *mit eiserner Hand, jedoch mit einem gleichbleibenden Sinn für Fairneß* die Anstalt leitete – Clarkebury wurde auch zum Schauplatz seiner ersten Liebe. Das Mädchen Mathona bezeichnet Mandela als seinen ersten *wirklichen weiblichen Freund, eine Frau, der ich auf gleicher Ebene begegnete, der ich mich anvertrauen und mit der ich Geheimnisse teilen konnte.* Sie war für ihn das Modell für manche spätere Freundschaft mit Frauen, denn: *Es sind Frauen, bei denen ich freimütig sein und denen ich Schwächen und Ängste eingestehen kann, die ich einem anderen Mann niemals offenbaren würde.*[19]

Ein zweijähriges Zwischenspiel führte Mandela mit neunzehn Jahren in das rund 250 Kilometer westlich von Umtata gelegene Fort Beaufort, wo er die methodistische Missionsschule von Healdtown besuchte. Zu jener Zeit war er fest davon überzeugt, eines Tages als königlicher Berater am Thembu-Hof wirken zu wollen. Healdtown wirkte in verschiedener Hinsicht als Zäsur im Leben des jungen Adligen. Erstmals freundete er sich mit einem Mitschüler an, der kein Xhosa, sondern Angehöriger des Sotho-Volkes war. Mandela empfand *Wagemut* angesichts dieser Freundschaft, die dazu beitrug, seine stammesgebundene *Engstirnigkeit zu untergraben [...] und die Ketten des Tribalismus* zu lockern. Erstmals wurde er sich seiner Identität als Afrikaner bewußt, auch wenn am Ende des Healdtown-Aufenthaltes noch immer seine Gewißheit überwog, zunächst ein Xhosa und dann erst ein Afrikaner zu sein.[20]

Hatte Mandela schon in Clarkebury bei einer Gelegenheit mit Erstaunen beobachtet, wie sich ein afrikanischer Lehrer gegen Direktor Harris während einer Auseinandersetzung zu behaupten wußte, wurde für ihn der Auftritt eines afrikanischen Historikers in Healdtown zu einem Schlüsselerlebnis. Der Afrikaner betrat die Bühne der Schule, auf der

Mandela
als Neunzehnjähriger

seine Darbietung erfolgen sollte, durch eben jene Tür, die bis dahin im Bewußtsein der Schüler ausschließlich dem weißen Direktor vorbehalten gewesen war. *Plötzlich*, erinnert sich Mandela, *öffnete sich die Tür, und heraus trat nicht der Direktor, sondern ein schwarzer Mann, bekleidet mit einem Leopardenfell-Karoß [...], in jeder Hand einen Speer. Der Direktor folgte einen Augenblick später, doch der Anblick eines schwarzen Mannes in Stammeskleidung, der durch jene Tür kam, war umwerfend. [...] Das Ereignis schien das Universum auf den Kopf zu stellen.*[21] Die Wirkung dieser Szene steigerte sich noch, als der Redner in seinem Vortrag mit den Weißen Südafrikas und mit der europäischen Zivilisation gnadenlos abrechnete. In Mandela begannen sich erste Zweifel an der Vorstellung vom weißen Wohltäter zu regen.

Im Jahre 1939 schrieb Mandela sich im Missions-College von Fort Hare in der östlichen Kapprovinz ein. Mit ihren nur 150 Studenten war Fort Hare die einzige universitätsähnliche Bildungseinrichtung für Afrikaner in Südafrika. Hier begegnete Mandela auch seinem lebenslangen politischen Weggefährten Oliver Tambo, dem späteren Präsidenten des African National Congress (ANC). Fort Hare wie auch Healdtown waren Ursprungsorte der Opposition gegen die politische Vormachtstellung der Weißen in Südafrika. Neben Mandela und Tambo erhielten hier viele andere Afrikaner ihre akademische Ausbildung, die Jahre später im politischen Widerstand eine führende Rolle spielten.

Mit dem Studium der Fächer Englisch, Anthropologie, Politik, Eingeborenenverwaltung und Römisch-holländisches Recht peilte Mandela nun, abweichend von der vorgesehenen Laufbahn am Thembu-Hof, eine Beamtenkarriere im Regierungsministerium für Eingeborenenangelegenheiten an. Sein Verwandter und späterer politischer Gegner Kaizer D. Matanzima, der in Fort Hare zunächst die Rolle eines wohlmeinenden Freundes übernahm, riet und drängte Nelson hingegen, Rechtswissenschaften zu studieren.

In Fort Hare betätigte sich Mandela erstmals politisch. Er trat einem Hauskomitee von Neulingen auf dem Campus bei, das als Gegenstück zum Komitee der Alteingesessenen unter den Studenten fungierte. Die «Neuen», wie Mandela, forderten die Gleichberechtigung mit den «Alten». Das Komitee um Mandela setzte sich schließlich bei der College-Leitung durch: *Dies war eine meiner ersten Auseinandersetzungen mit Autorität, und ich verspürte das Machtgefühl, das daraus entspringt, recht zu haben und Gerechtigkeit auf seiner Seite zu wissen.*[22] Mandela erzielte Studienerfolge vorwiegend durch Fleiß und Disziplin, die einen *Mangel an natürlicher Fähigkeit* ausglichen, wie er selbst einräumt[23]. Auf dem Gebiet des Sports fand er Freude am Langstreckenlaufen, und bereits in Healdtown entdeckte er seine lebenslange Begeisterung für das Boxen.

Als Mitglied der Drama Society von Fort Hare übernahm er in einem Stück über Abraham Lincoln die Rolle des Lincoln-Attentäters. Mandela sah in dieser Figur den *Motor für die Moral des Stücks [...], die darin bestand, daß Männer, die große Risiken auf sich nehmen, oft große Konsequenzen zu ertragen haben*[24].

Am Ende zwang die Zeit in Fort Hare dem Studenten Mandela eine schwerwiegende Lebensentscheidung auf. Als gewähltes Mitglied im Studentischen Vertretungsrat protestierte er zusammen mit anderen Kommilitonen gegen die schlechte Verpflegung auf dem Campus.[25] Die College-Leitung reagierte mit einem Ultimatum: er konnte zwischen Einlenken und seiner Relegation wählen. Die Aussicht auf die drohende Entlassung quälte Mandela, aber er blieb hartnäckig. Sein Vormund, der Regent, empörte sich über die Starrsinnigkeit seines Mündels und drängte Nelson, in dem Streit nachzugeben, hatte er doch für das Studium bereits viel Geld geopfert. Als Mandela bereits innerlich der Kapitulation zuneigte, führten neue Umstände eine unerwartete Wende herbei.

Der Regent hatte inzwischen zwar über ihre Köpfe hinweg, jedoch in völliger Übereinstimmung mit der herrschenden Tradition die Verheiratung von Justice und Nelson mit zwei Thembu-Mädchen arrangiert und bereits die Lobola, den Brautpreis, für beide organisiert. Damit konnte die Vermählung nicht mehr rückgängig gemacht werden. Die beiden jungen Männer waren angesichts der überraschenden Entscheidung Jongintabas *verwirrt und niedergeschlagen.* Nelson lehnte sich innerlich auf: *Während ich nicht daran dachte, das politische System des weißen Mannes zu bekämpfen, war ich durchaus bereit, gegen das soziale System meines eigenen Volkes zu rebellieren.*[26]

Nicht weil er sich damals geweigert hätte, an der Unterdrückung seines Volkes schuldig zu werden, oder weil es ihn «zu den einfachen Menschen» gezogen hätte, «deren Leiden sich unter der weißen Vorherrschaft zusehends verschärften», wie eine fromme Mandela-Legende dies behauptet, entschloß sich Mandela zur Flucht aus der Transkei.[27] Entscheidend war vielmehr, daß das «soziale System» seines Stammes ihm schmerzhafte Fesseln anzulegen drohte.

Die goldene Stadt

Hals über Kopf stahlen Justice und Nelsen dem Regenten zwei Ochsen, verkauften diese an einen Händler und investierten den Erlös in die strapaziöse Fahrt in das knapp tausend Kilometer entfernte Johannesburg. Mandela schildert den ersten Eindruck, den die nächtliche Annäherung an die legendäre Stadt des Goldes bei ihm hinterließ: *Um ungefähr zehn Uhr abends sahen wir in der Ferne eine schimmernde Helle, ein Labyrinth aus glitzernden Lichtern [...]. Elektrizität war für mich immer ein Luxus gewesen, und hier gab es eine riesige Landschaft aus Elektrizität, eine Stadt aus Licht. [...] Dies war die Stadt, über die ich seit Kindertagen soviel gehört hatte. Johannesburg war mir immer als eine Stadt der Träume geschildert worden [...].*[28] Er war knapp 23 Jahre alt, als er endlich sein Traumziel erreichte.

Zu dieser Zeit, als Südafrika an der Seite Großbritanniens im Zweiten Weltkrieg gegen Deutschland und Italien kämpfte, entwickelte sich Johannesburg rapide zum industriellen Herz des Landes. Wie ein riesiger Magnet zog die Metropole vor allem Schwarze an. Nach dem letzten Vorkriegszensus von 1936 betrug die Gesamtzahl der südafrikanischen Bevölkerung 9,5 Millionen Einwohner. Von diesen waren 6,5 Millionen (69 %) Schwarze, ca. 2 Millionen (21 %) Weiße, 0,7 Millionen Farbige (8 %) und 0,2 Millionen (2 %) Asiaten. Bedingt durch Industrialisierung und gleichzeitig wachsende Armut und wiederkehrende Dürreperioden auf dem Lande, wuchs die Zahl der städtischen Einwohner unter den Schwarzen von 607000 im Jahre 1921 auf über 1,1 Millionen im Jahre 1936; dies war ein Verstädterungsprozeß, der sich seit dem Kriegsausbruch im September 1939 noch einmal erheblich beschleunigte.[29] Der kriegswirtschaftlich bedingte Boom brachte den Schwarzen einerseits Lohnsteigerungen, andererseits verschlimmerte sich die Wohnungssituation in den Townships genannten Siedlungen rund um die europäisch geprägte City von Johannesburg.

Seit dem Beginn des zwanzigsten Jahrhunderts traf die Wanderungsbewegung der Schwarzen in die Städte auf einen ganz ähnlichen Trend unter den weißen Afrikaanern, wenngleich sich naturgemäß der afrikaanse Urbanisierungsprozeß in geringeren absoluten Zahlen vollzog. Stellten

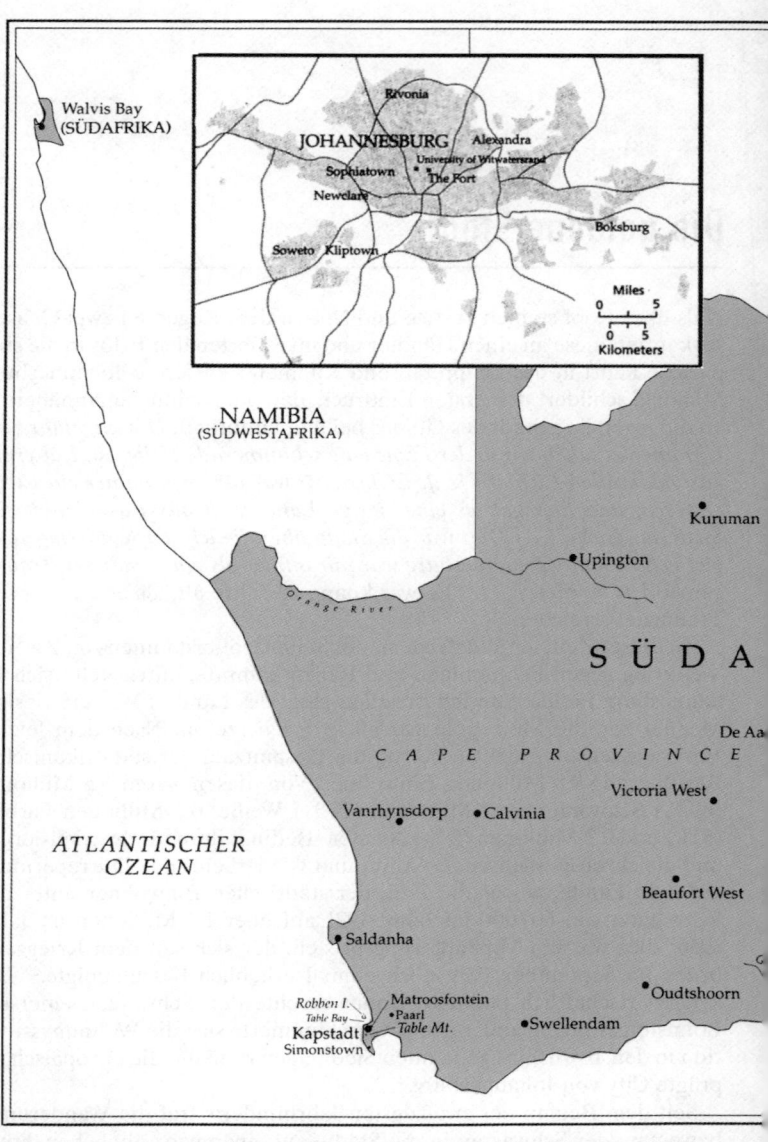

Südafrika, mit den wichtigsten Lebensstationen Mandelas. Karte von 1994

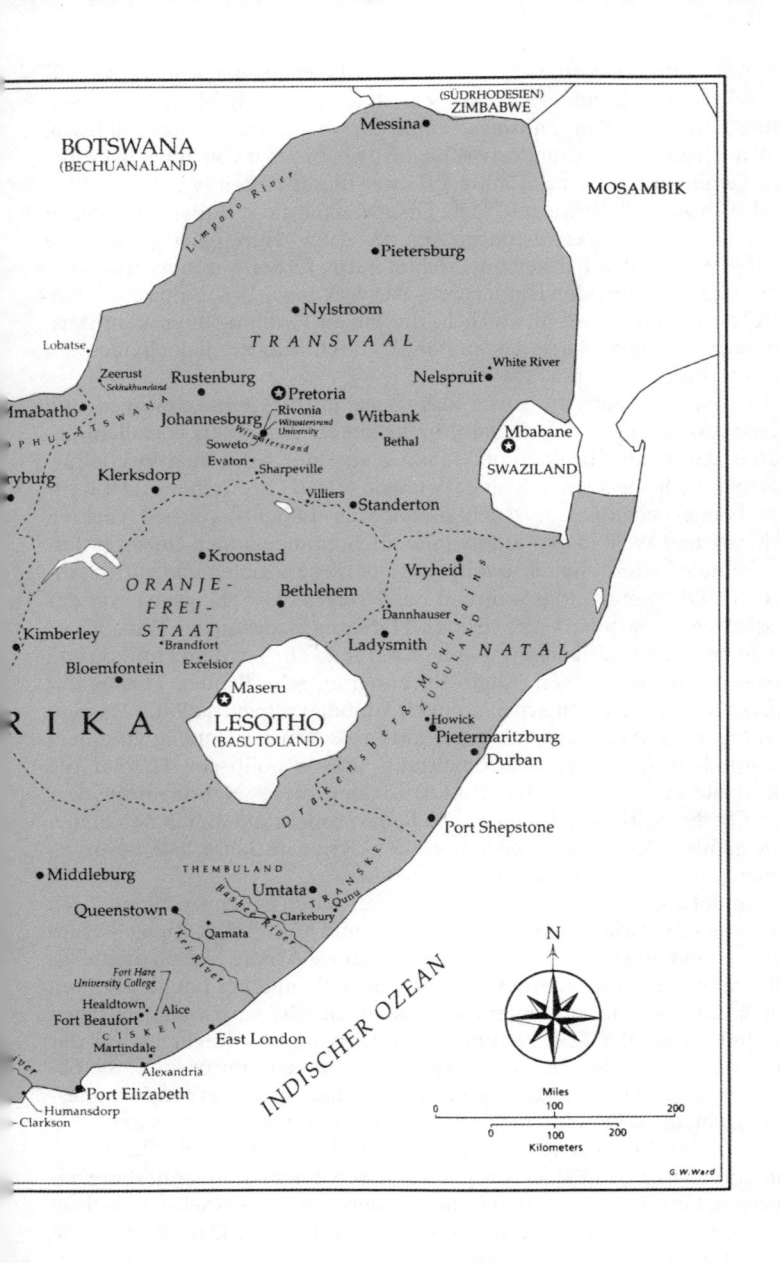

die Afrikaaner etwa eine Million oder rund die Hälfte der weißen Gesamtbevölkerung (die andere Hälfte war überwiegend britischer Abstammung), so läßt sich ihr enormes Tempo der Verstädterung daran ablesen, daß noch um die Jahrhundertwende nur zwei Prozent von ihnen in größeren Siedlungen lebten. Im Jahre 1911 war dieser Anteil bereits auf 29 % und 1926 auf 41 % gestiegen.[30] Die Ursachen für diese Entwicklung lagen zum einen in den Verwüstungen, die der Anglo-Buren-Krieg der Jahre 1899–1902 auf den Farmen angerichtet hatte; ferner waren hierfür – neben einer verheerenden Rinderpest – Auswirkungen des Römisch-holländischen Erbrechts verantwortlich, die vielen Farmersöhnen kein Auskommen auf dem Lande gestatteten. Zweifellos lockte jedoch auch das großstädtische Leben.

Politisch bedeutsam wurde das Zusammentreffen schwarzer und weißer Arbeitsuchender in den Minenstädten Transvaals vor allem dadurch, daß beide Gruppen miteinander auf dem Arbeitsmarkt konkurrierten, die Schwarzen jedoch gezwungen waren, ihre Arbeitskraft weitaus billiger anzubieten. Auch in anderen Lebensbereichen rückten Schwarz und Weiß in den Städten nun dichter aneinander. Neben tieferreichenden historischen Wurzeln waren es diese sozialen und wirtschaftlichen Bedingungen, die während des Krieges das Schlagwort von der rassischen «Apartheid», der strikten Trennung zwischen den Rassen, vor allem unter den Afrikaanern populär werden ließ. Vor dem Hintergrund des seit dem verlorenen Anglo-Buren-Krieg schwelenden Hasses der Afrikaaner auf die britischstämmigen Weißen verband sich die Rassenideologie der Apartheid mit einer antibritischen Einstellung zu einem spezifischen Afrikaaner-Nationalismus, dessen politische Heimat die Nationale Partei wurde. Die Inkubationszeit dieses Nationalismus war der Zweite Weltkrieg, die politische Feuerprobe stand ihm in den ersten allgemeinen Parlamentswahlen nach dem Krieg im Jahre 1948 bevor, an denen nur die Weißen teilnehmen durften.

Mandelas erste Monate in der Großstadt waren gekennzeichnet durch Anpassungsschwierigkeiten, Unsicherheit und Mißerfolge. Zunächst fanden die beiden Ausreißer bei den Crown Mines Arbeit. Nelson diente als Minenpolizist, bewaffnet mit einer Schlagkeule und bei Laune gehalten durch die Aussicht auf einen Büroposten. Bereits nach wenigen Tagen traf jedoch bei der Minenleitung ein Telegramm des Regenten aus der Transkei ein, das Nelson und Justice zur Heimkehr aufforderte. Sie beschlossen, der Aufforderung nicht nachzukommen, sondern in Johannesburg zu bleiben. Den Job bei der Goldmine waren sie indessen los.

Es folgten Tage der Ratlosigkeit und des Herumlungerns: *Das Glück war gegen uns.*[31] Schließlich verdankte Nelson einem in Johannesburg ansässigen Vetter die Eröffnung einer neuen Lebensperspektive. Nelson hatte ihm erzählt, er wolle nun Rechtsanwalt werden. Daraufhin führte der Vetter ihn bei Walter Sisulu ein.

Unterkunft für schwarze Minenarbeiter

Sisulu stammte ebenfalls aus der Transkei und war sechs Jahre älter als Mandela. Seit 1929 hatte er in Johannesburg verschiedene Tätigkeiten ausgeübt, dann war ihm der Sprung in das Immobiliengeschäft gelungen. Er handelte mit dem wenigen Grund und Boden, der im Großraum der Goldstadt den Afrikanern noch frei zur Verfügung stand. Sisulus Name war, wie Mandela schreibt, *in Johannesburg prominent, sowohl wegen seiner geschäftlichen Erfolge als auch wegen seiner Rolle als lokaler Führer*[32]. Sisulu zeigte sich von Mandela beeindruckt, er erkannte seine besondere Persönlichkeit. Weniger für sein Immobiliengeschäft als vielmehr im Hinblick auf eine künftige führende Rolle Mandelas in der Politik kam er rasch zu dem Schluß: «Das ist der Mann», wenn es gelänge, aus dem Adligen einen guten Juristen zu machen.[33] Sisulu muß daher als «Entdecker» des Politikers Mandela gelten, eines Mannes, wie Sisulu sich erinnert, der auf die Menschen zugehen, mit dem Gegner reden und im entscheidenden Moment Entschlossenheit und Härte demonstrieren konnte.[34]

Es gelang Sisulu, den Häuptlingssohn in der weißen Anwaltskanzlei Witkin, Sidelsky und Eidelman als «Ausbildungsclerk» unterzubringen. Ein «Praktikum» dieser Art war erforderlich, wollte Mandela später ein

Jurastudium aufnehmen. Neben dieser Tätigkeit begann er zusätzlich an der University of South Africa, einer Fernuniversität, ein Studium für den Bachelor of Arts.

Die Anwaltskanzlei hatte einen liberalen Ruf, und Sidelsky sagte man nach, er setze sich diskret für die Bildung von Afrikanern ein. Er war der erste jüdische Weiße, dem Mandela in der Arbeitswelt begegnete. Über seine Erfahrungen mit den häufig aus Osteuropa stammenden Juden Südfafrikas urteilt er: *[...] nach meiner Erfahrung sind Juden großzügiger in Fragen von Rasse und Politik als die meisten Weißen, vielleicht, weil sie historisch selbst Opfer von Vorurteilen gewesen sind. Die Tatsache, daß Lazar Sidelsky [...] einen jungen Afrikaner als Ausbildungsclerk akzeptierte – was damals nahezu undenkbar war –, bewies eben jenen Liberalismus.*[35]

Zeigte sich Sidelsky dem beruflichen Fortkommen Mandelas gegenüber aufgeschlossen, riet er ihm doch beharrlich davon ab, politisch aktiv zu werden. In dieser Hinsicht übten sein Kollege Gaur Radebe und ein anderer schwarzer Angestellter in der Kanzlei, der Mitglied sowohl des ANC wie auch der Kommunistischen Partei Südafrikas war, starken Einfluß auf Mandela aus. Radebe konfrontierte Mandela erstmals mit kommunistischem Gedankengut, das dieser anfangs weit von sich wies. Dennoch imponierte Radebe Mandela durch sein forsches Auftreten gegenüber seinem weißen Arbeitgeber, sein geschliffenes Argumentieren in politischen Wortgefechten und obendrein durch den Umstand, daß Radebe es – ganz ähnlich wie Sisulu – ohne akademische Bildung zu Arbeit und Ansehen gebracht hatte. Mandela war fasziniert und verwirrt zugleich.

Seine gesellschaftliche Unbeholfenheit im Johannesburg jener Tage erhellt aus der bereits häufig erzählten «Teeszene» in der Anwaltskanzlei.[36] Mandela berichtet selbst über diese Begegenheit: *An jenem ersten Morgen nahm mich eine der Sekretärinnen, eine sympathische junge Weiße, Miß Lieberman, beiseite und sagte: «Nelson, wir haben hier in der Kanzlei keine Farbschranke.» Dann erklärte sie, später am Vormittag werde im vorderen Salon der Teemann erscheinen, mit Tee auf dem Tablett und einer Anzahl Tassen. «Wir haben für Sie und Gaur zwei neue Tassen besorgt», sagte sie. «Die Sekretärinnen bringen den Prinzipals Tassen mit Tee, doch Sie und Gaur müssen sich Ihren Tee holen, genau wie wir. Ich werde Sie rufen, wenn der Tee kommt, und dann können Sie und Gaur Ihren Tee in den neuen Tassen abholen.» Sie fügte hinzu, ich solle das auch Gaur sagen. Für ihre Hinweise war ich dankbar, gleichzeitig wußte ich jedoch, daß die «beiden neuen Tassen», die sie so nachdrücklich erwähnte, der Beweis für eben jene «Farbschranke» waren, von der sie behauptete, daß sie nicht existiere. Die Sekretärinnen konnten sich den Tee mit zwei Afrikanern teilen, aber nicht die Tassen.*[37] Während Radebe im entscheidenden Moment demonstrativ eine der alten Tassen ergriff, behauptete

Mandela, er sei nicht durstig, er wolle keinen Tee. *Ich war erst 23 Jahre alt, suchte noch meine Stellung als Mann, als Einwohner von Johannesburg und als Angestellter in einer weißen Kanzlei, und ich sah den mittleren Weg unausweichlich als den besten und vernünftigsten. Das würde nicht immer so sein. Später pflegte ich zur Teezeit die kleine Küche im Büro aufzusuchen und dort allein meinen Tee zu mir zu nehmen.*[38]

Unter dem Einfluß eines weiteren Kanzleiangestellten begann Mandela, Vorlesungen sowie Zusammenkünfte der Kommunistischen Partei zu besuchen. Später war es insbesondere der weiße Kommunist Michael Harmel, der ihn zum Besuch kommunistischer Veranstaltungen ermunterte. Zwar begegnete er auch weiterhin dem Klassenkampf-Gedanken mit Reserve, doch, so Mandela im Rückblick, hörte und lernte er.

Damals lebte er in dem Township Alexandra bei Johannesburg, einer riesigen Ansammlung kleiner Wellblechhäuschen, inmitten von Schmutz, Armut und Bandenkriminalität. Dennoch bezeichnete Mandela Alexandra als seine Heimat außerhalb der Transkei. Das monatliche Kanzleigehalt von zwei Pfund reichte hinten und vorne nicht. Die Miete für einen bescheidenen Wohnraum, das Fahrgeld für den Bus in die City, die Studiengebühren, das erbärmlich karge Essen sowie die Kerzen für das nächtliche Bücherstudium nach der späten Heimkehr von der Arbeit fraßen den Lohn im Handumdrehen auf. War das Geld wieder einmal vorzeitig aufgebraucht, legte Mandela den über zehn Kilometer weiten Weg zum Büro zu Fuß zurück – und abends kehrte er auf die gleiche Weise wieder heim. Eine *Verbindung von Armut und Provinzialität* notierte er damals bei sich, und Hunger war sein ständiger Begleiter: *Manchmal brachten mir die Sekretärinnen der Kanzlei etwas zu essen.*[39]

Konnte Mandela bereits in Fort Hare auf eine *kleine Handvoll Liebesaffären* zurückblicken, begann er in Johannesburg ein Verhältnis mit einer Swazi. Er kam sich *recht verwegen* vor, eine Beziehung mit einer Frau einzugehen, die nicht seinem Xhosa-Volk angehörte. Nachdem diese Liaison beendet war, scheute er sich, einem anderen Mädchen seine Zuneigung zu offenbaren, obwohl er rückblickend zu dem Schluß gelangt: *In der Liebe, anders als in der Politik, ist Vorsicht für gewöhnlich keine Tugend.*[40] Damals schämte er sich seiner ärmlichen Kleidung und seines wenig großstädtischen Auftretens.

Eines Tages lernte Mandela im Hause Walter Sisulus Evelyn Mase kennen, ein *stilles, hübsches Mädchen vom Lande*, das ebenfalls aus der Transkei stammte.[41] Schnell verliebten sie sich ineinander, und wenige Monate später erfolgte ihre Ziviltrauung. Eine stammesgemäße Hochzeitsfeier konnten sie sich nicht leisten, absoluten Vorrang hatte eine eigene Wohnung. Im Frühjahr 1946 bezog das Paar ein eigenes städtisches Haus mit zwei Zimmern in Orlando East und wenig später ein etwas größeres Haus in Orlando West, einem weiteren Township bei Johannesburg. 1944, im Jahr der Hochzeit, kam der erste Sohn der Mandelas,

Mandelas erste Frau Evelyn

Thembekile («Thembi»), zur Welt, zwei Jahre darauf wurde ihre Tochter Makaziwe («Maki») geboren. Das Mädchen erkrankte jedoch schwer und verstarb nach nur neun Monaten. Im Jahre 1950 schenkte Evelyn erneut einem Jungen das Leben, der den Namen Makgatho erhielt. Schließlich gebar Evelyn 1954 abermals ein Mädchen, das die Familie noch einmal Makaziwe nannte. Dazu schreibt Mandela: *In unserer Kultur einem neuen Kind den Namen eines verstorbenen zu geben gilt als ein ehrendes Andenken und bewahrt eine mystische Verbindung mit dem Kind, das zu früh davongegangen ist.*[42]

Gemäß afrikanischer Tradition bewohnte nicht allein die Kernfamilie Mandela das Haus in Orlando West: Im Laufe der Zeit zogen auch Nelsons Schwester Leabie sowie seine Mutter ein. In nicht geringem Maße lebten alle Bewohner des Hauses von dem Gehalt, das Evelyn als Krankenschwester bezog, daneben stützte Nelsons Lohn aus der Anwaltskanzlei die Familie.

Vergegenwärtigt man sich Mandelas persönliche Unsicherheit im Johannesburg der frühen vierziger Jahre, fällt es schwer zu begreifen, daß er nur wenige Jahre später zu einem der führenden schwarzen Aktivisten gegen die Rassendiskriminierung aufsteigen sollte. Er selbst vermag nicht anzugeben, wann und wodurch er politisiert wurde. Er hatte *keine Erleuchtung, keine einzigartige Offenbarung,* kein Damaskus-Erlebnis. Es war die Summe vieler erniedrigender Einzelerlebnisse in Alexandra, in Orlando, am Arbeitsplatz und während des Besuchs politischer Veranstaltungen, die *Wut in mir erzeugten, rebellische Haltung, das Verlangen, das System zu bekämpfen, das mein Volk einkerkerte*, wie er sich erinnert.[43] Allmählich wuchs er in eine Widerstandshaltung hinein, die auch durch die ungeheure Diskrepanz gefördert wurde, welche sich aus seiner adligen Herkunft, seiner tiefen Verwurzelung in Sitten und Traditionen der ländlichen Transkei einerseits und dem anonymen, scheinbar bindungslosen Hetzen und Hasten in der Großstadt andererseits ergab.

In der Frühphase seiner Politisierung übte Sisulu ganz entscheidenden Einfluß aus. *Walter war,* schreibt Mandela, *stark, vernünftig, praktisch und engagiert.*[44] Sodann war es Gaur Radebe, der politische Aktivist, der Mandela 1943 an die Hand nahm, als es darum ging, in Alexandra einen Busboykott gegen Fahrpreiserhöhungen zu unterstützen. Diese Kampagne machte großen Eindruck auf Mandela – in gewisser Weise gab er seine Rolle als Beobachter auf *und wurde zum Teilnehmer*[45]. Noch wichtiger war jedoch: Der Boykott hatte Erfolg, die Fahrpreise wurden wieder herabgesetzt.

Ende 1942 bestand Mandela an der Fernuniversität sein Examen, zu Beginn des folgenden Jahres kehrte er für kurze Zeit nach Fort Hare zurück, um sich dort zu graduieren. Nach seiner Rückkehr nach Johannesburg noch im Jahre 1943 schrieb er sich an der auch von wenigen Schwarzen besuchten University of the Witwatersrand («Wits») der Stadt ein, um dort den Titel eines Bachelor of Law, der akademischen Vorstufe zum Rechtsanwalt, zu erwerben. In seiner Autobiographie äußert er sich überraschend kritisch über die als liberal bekannte Universität. Obwohl er dort *einige sympathische Weiße kennenlernte*, die zum Teil seine Freunde und Kollegen wurden, *waren doch die meisten an der «Wits» weder liberal noch «farbenblind». [...] Niemand nahm das Wort «Kaffer» in den Mund; es war eine eher stillschweigende Feindseligkeit, die ich dennoch genau spürte.*[46] Während seines ersten Semesters lernte Nelson Joe Slovo kennen, einen aus Litauen stammenden jüdischen

Weißen, der zwar, so Mandela, Kommunist war, der aber *auch hin-reißende Parties geben* konnte[47]. Mit Slovo blieb er zeit seines Lebens befreundet. Auch Slovos erste Frau Ruth First, ebenfalls eine Kommunistin, begegnete ihm an der «Wits» und machte Eindruck auf ihn – viele Jahre später erlag sie einem Briefbombenattentat der südafrikanischen Geheimpolizei, während Mandela seine lebenslange Haftstraße verbüßte. An der Universität entwickelte Mandela erstmals auch enge Freundschaften zu einigen Indern, mit denen er sich später im Widerstand gegen die weiße Regierung befinden sollte.

Starken Einfluß auf ihn übten seit 1943 auch solche Afrikaner aus, die einen besonderen afrikanischen Nationalismus, einen spezifischen Afrikanismus, propagierten. Zwei von ihnen, Anton Lembede und Peter Mda, beeindruckten ihn außerordentlich, Mda vor allem durch seinen schneidend scharfen Verstand. Die politische Heimat dieser Männer war der ANC.

Schluß mit Bitten und Betteln

Einige trugen Leopardenfelle als Zeichen ihrer Häuptlingswürde, andere betraten in langen Gehröcken die alte Baracke der Provinzhauptstadt Bloemfontein, mitten in der Südafrikanischen Union (Union).[48] Afrikanische Führer der bedeutendsten Stämme des Landes waren dem Ruf des international gebildeten Zulus Dr. Seme gefolgt, um hier in der Januarhitze des Jahres 1912 eine Versammlung abzuhalten. Sie forderten ihre politische Anerkennung als loyale britische Staatsbürger. Es ging ihnen noch nicht um die soziale Gleichstellung mit den Weißen.

Was war geschehen?

Drei Jahre zuvor, im Jahre 1909, hatten die Vertreter der britischen Krone, der britischen Kapkolonie und Natals sowie der im Anglo-Buren-Krieg geschlagenen ehemaligen Burenrepubliken Transvaal und Oranje-Freistaat den Gründungsvertrag über die Union von Südafrika unterzeichnet, der im folgenden Jahr in Kraft trat. Südafrika war damit ein Dominium innerhalb des Britischen Empire geworden und konnte fortan seine Innen-, vor allem aber seine Rassenpolitik weitgehend selbständig gestalten. Verlierer waren die Nicht-Weißen des Landes, allen voran die Schwarzen, die vom Wahlrecht auf Unionsebene ausgeschlossen wurden.

Die Stammeshäuptlinge gründeten in Bloemfontein den «South African Native National Congress», der 1923 in African National Congress umbenannt wurde. In den folgenden knapp vier Jahrzehnten versuchte der ANC unter wechselnder Führung mit streng legalen Mitteln gegen die Entrechtung der Afrikaner anzugehen. Ursprünglich als eine Organisation ausschließlich von Schwarzen für Schwarze gegründet, erstrebte der

ANC darüber hinaus von Anfang an die Einheit aller afrikanischen Völker und Stämme Südafrikas im Sinne einer afrikanischen Nationalität. Als Instrumente des Protestes dienten Petitionen, Bittschreiben und persönliche Vorsprachen bei weißen Politikern in London und in der südafrikanischen Hauptstadt Pretoria sowie auf der Versailler Friedenskonferenz am Ende des Ersten Weltkriegs. Der Zorn richtete sich insbesondere gegen das sogenannte Landgesetz (Native Land Act) von 1913, das den Afrikanern in Reservaten nur noch gut sieben Prozent des Bodens in der Union überließ, eine Fläche, die im Jahre 1936 auf etwas über dreizehn Prozent erweitert wurde. Auch die gesetzlich festgelegte Reservierung besser bezahlter Arbeitsplätze für Weiße seit dem Jahre 1911, die häufig geänderten Paßgesetze für die Nicht-Weißen sowie der Entzug des Wahlrechts für die Schwarzen auf dem Gebiet der Kapprovinz erregten den Widerstand des ANC und anderer Organisationen in der Zwischenkriegszeit.

In den ersten Jahrzehnten seines Bestehens rekrutierte sich der ANC vorwiegend aus dem kleinen afrikanischen Mittelstand, aus Anwälten, Lehrern, Journalisten und Kirchenmännern. Häufig hatten sie einen monarchischen Hintergrund: «Häuptlinge königlichen Blutes und Gentlemen unserer Rasse» – so begrüßte Dr. Seme im Jahre 1912 die Anwesenden in Bloemfontein.[49]

Mit ihrer intensiven missionskirchlichen Prägung eigneten sich die ad-

Eine Delegation des ANC in England, 1914

ligen und akademischen Protestierer kaum, nennenswerte Anhängerschaft unter den afrikanischen Minenarbeitern des Witwatersrand um Johannesburg zu gewinnen. Es überrascht daher nicht, daß der ANC in den zwanziger Jahren mit der Konkurrenz einer zeitweilig starken Gewerkschaftsorganisation, der Industrial and Workers' Union (ICU), zu rechnen hatte. Auch überrascht es nicht, daß sich anfänglich der ANC mit der wachsenden kommunistischen Bewegung schwertat. Die schwarzen Aristokraten mochten das blutige Schicksal der russischen Zarenfamilie unter dem Sowjetstern vor Augen haben; vielleicht lud aber auch das Auftreten weißer südafrikanischer Kommunisten an der Seite revoltierender afrikaanser Minenarbeiter im Jahre 1922 nicht gerade zur Kooperation ein. Unter der bemerkenswerten Parole «Arbeiter der Welt, vereinigt Euch und kämpft für ein weißes Südafrika!» wehrten sich damals die weißen Bergleute gegen ihre Ersetzung durch billige schwarze Arbeitskräfte und sahen sich dabei von den Kommunisten unterstützt, auch wenn die Parole nicht von diesen stammte.[50]

Erst 1924 nahmen die südafrikanischen Kommunisten einen radikalen Kurswechsel vor und warben auch um nicht-weiße Unterstützung. Fortan waren es weiße Kommunisten, die vorbehaltlos mit Schwarzen für politische und soziale Rechte kämpften. Selbst im ANC gewannen schwarze Kommunisten vorübergehend Einfluß, insbesondere als Josiah Gumede, der die Sowjetunion aus eigener Anschauung kannte, dem Kongreß von 1927 bis 1930 vorsaß. Jedoch zerstritt sich Gumede mit den «konservativen Häuptlingen und entfremdete sich die vom ANC so geschätzte Anhängerschaft auf dem Lande»[51]. Die afrikanische Landbevölkerung sollte fortan ein Sorgenkind des ANC bleiben; die Organisation geriet in den Ruf, über Gebühr die Interessen der Schwarzen im urbanisierten Transvaal mit dem Schwerpunkt Johannesburg zu vertreten.

Unter der Präsidentschaft des gemäßigten Dr. Seme trat der ANC seit 1930 wenig effektiv gegen die immer härtere Rassengesetzgebung der weißen Regierung von General Hertzog auf. Protest trugen auch die Kommunisten vor, die es aber dennoch nicht vermochten, bedeutende Zahlen von Afrikanern hinter sich zu bringen. Die traditionelle Verehrung der Häuptlinge und der Kirche begünstigten weiterhin Ordnungsdenken und Gehorsam.[52]

Während des Zweiten Weltkriegs nahmen Schwarze als Hilfskräfte am Krieg in Nordafrika und in Italien teil. Das Tragen von Waffen war ihnen jedoch untersagt – eine Bestimmung, gegen die auch die konservative Mehrheit im ANC nicht aufbegehrte.[53] Dem ANC unter Seme sowie unter dessen Nachfolger seit 1940, dem Arzt Dr. Xuma, gelang es nicht, die zahlenmäßig starke Position der Schwarzen in den von blühender Kriegswirtschaft gekennzeichneten Städten zu nutzen. Allerdings erstarkte das Gewerkschaftswesen, und Streiks für höhere Löhne sowie gegen Fahrpreiserhöhungen waren an der Tagesordnung.

Dr. Xuma versuchte, den konkurrierenden Gewerkschaften den Wind aus den Segeln zu nehmen, indem er der Regierung unter General Smuts im Jahre 1943 ein Grundsatzdokument des ANC übersandte. Das Papier war mit «Africans' Claims in South Africa» überschrieben. Diese «Forderungen der Afrikaner in Südafrika» waren von der Atlantik-Charta Churchills und Roosevelts aus dem Jahre 1941 inspiriert. Die «Claims» stellten das wichtigste ANC-Dokument seit einem Vierteljahrhundert dar und besaßen richtungweisende Autorität für den Kongreß bis zum Ende des Jahrzehnts. Sie enthielten einen Grundrechtskatalog, der das Problem voller Bürgerrechte und -pflichten aufwarf. In ihrem Ton ließen die «Claims» die militantere Rhetorik des ANC der fünfziger Jahre ahnen. Die Regierung zeigte sich von dem Dokument unbeeindruckt, bestätigte dem ANC aber immerhin seinen Empfang.

Bittere Enttäuschung machte sich in den letzten Kriegsjahren unter den Schwarzen breit, als sie erkannten, daß sie zwar für die Freiheit Europas ihr Leben lassen durften, die Regierung Smuts jedoch nichts unternahm, ihnen politisch im eigenen Land entgegenzukommen.[54]

Nun schlug die Stunde junger, ungeduldiger Kräfte im ANC. Kaum daß Mandela sich 1944 endlich entschlossen hatte, dem Beispiel seiner Mentoren Sisulu und Radebe folgend, dem Kongreß beizutreten, gehörte er zu dem Kreis junger, akademisch gebildeter und aufbegehrender Mitglieder, die zu Ostern jenes Jahres eine Jugendliga innerhalb des ANC aus der Taufe hoben. Zu der Gruppe zählten außer Sisulu und Mandela auch Oliver Tambo und Anton Lembede. Lembede, der erste Vorsitzende der Liga, sowie der später hinzugestoßene Robert Sobukwe verkörperten jene streng afrikanistische Richtung, die ein «Afrika den Afrikanern» und im Extremfall die «Vertreibung der Weißen ins Meer» forderte und die auch Mandela anfangs faszinierte.[55]

Groteskerweise bewunderte Lembede ausgerechnet die Art und Weise, wie der afrikaanse Erzfeind einen eigenen, gegen alles Britische gerichteten Nationalismus entwickelte. Auch in organisatorischer Hinsicht gab es in der Jugendliga zunächst Überlegungen, gerade von den Afrikaanern zu lernen. Einige Mitglieder meinten, die Liga solle nach dem Vorbild des geheimen «Afrikaner Broederbond»* im verborgenen wirken, den ANC sowie andere Organisationen infiltrieren, um sie eines Tages beherrschen zu können.[56] Tatsächlich jedoch spielte die Jugendliga künftig die Rolle einer lebendigen, kritischen Avantgarde innerhalb des ANC, den es bei aller Loyalität zu wirksamem Protest zu bewegen galt.

---

* Im Jahre 1918 gegründet, wandte sich diese exklusiv afrikaanse Organisation gegen den vorherrschenden britischen Einfluß in Südafrika. Seit den dreißiger Jahren strebte sie nach bestimmender politischer, wirtschaftlicher und kultureller Macht. Alle südafrikanischen Ministerpräsidenten von 1948 bis 1994 waren Mitglieder des Bond.

Vor Gericht machte Mandela später deutlich, daß die Jugendliga eine Zäsur in der Geschichte des ANC darstellte: *Bis zur Gründung der Jugendliga und bis 1949 wandte der ANC ausschließlich verfassungsmäßige Methoden der politischen Aktion an; [...] Nach unserer Überzeugung hatte diese Politik zu keinen sichtbaren Erfolgen geführt, und wir meinten, der ANC, seine Organisatoren und Aktivisten, sollten statt dessen auf die Straße gehen und innerhalb der afrikanischen Bevölkerung Massenkampagnen organisieren. Unserer Meinung nach war die Zeit reif, daß der Kongreß zu militanteren Formen politischer Aktion übergehen sollte: Stay-at-homes, ziviler Ungehorsam, Protestaktionen, Demonstrationen – einschließlich der früher vom ANC verwendeten Methoden.*[57]

Das Stay-at-home, die Aufforderung, zu Hause zu bleiben und nicht zur Arbeit zu gehen, war eine Protestform, die sich ähnlich wie Streiks auswirkte, juristisch gesehen aber das Streikverbot unterlief und außerdem die Konfrontation mit Streikbrechern vermied.

Während man sich im ANC und seiner Jugendliga zwar darüber einig war, die weiße Vorherrschaft bekämpfen zu wollen, gab es gleichwohl zwei interne ideologische Strömungen, die eine Auseinandersetzung erforderten: den Afrikanismus und den Kommunismus. Dem Afrikanismus setzte ein Grundsatzdokument der Jugendliga von 1948 ein vorläufiges Ende. Darin betonte die Liga ihre Bereitschaft, mit den politischen Organisationen der Inder und der Farbigen zusammenzuarbeiten, und erteilte damit dem Afrikanismus Lembedes eine Absage. Auch eine Vertreibung der Weißen wurde abgelehnt.[58] Die Niederlage des afrikanistischen Flügels war zweifellos durch den plötzlichen Tod Lembedes im Jahre 1947 begünstigt worden.

Das Verhältnis zwischen den vor allem in Natal lebenden Indern und den dort beheimateten Zulus war durch Spannungen in der Vergangenheit belastet. Viele Zulus vertraten die Auffassung, indische Arbeitgeber seien schlimmere Ausbeuter als die weißen. Auch Mandela läßt in seinen Memoiren eine ursprüngliche Reserve gegenüber den Indern als politische Bündnispartner erkennen.[59] Er besann sich jedoch eines Besseren, als die Inder Natals im Jahre 1946 eine Aktion passiven Widerstands gegen ein Gesetzeswerk der Regierung durchführten, das ihre Bewegungsfreiheit einengte und Möglichkeiten des Erwerbs von Grundbesitz stark beschnitt. Mandela imponierte das disziplinierte Vorgehen der Inder außerordentlich, und er nannte später die Kampagne ein *Modell für jene Art von Protest, den wir in der Jugendliga forderten*[60].

Es war das Leben und Wirken Mahatma Gandhis in Südafrika vor dem Ausbruch des Ersten Weltkriegs, das mit seinen friedlichen, aber entschlossenen Widerstandsformen immer wieder die Diskussion innerhalb des ANC über angemessene Protestaktionen anfachte.

Brachte das Jahr 1946 eine Verhaltensänderung Mandelas gegenüber den Indern, wandelte sich jetzt auch seine Einstellung zum Kommunis-

Mahatma Gandhi
als junger Anwalt
in Johannesburg

mus. Kommunisten unter Einschluß von ANC-Mitgliedern wie J. B.
Marks und Radebe halfen mit, einen Streik von etwa 70 000 schwarzen
Minenarbeitern am Witwatersrand zu organisieren, dessen Ziel eine Verbesserung der Lebensbedingungen der Arbeiter war. Mandela imponierte die Opferbereitschaft der Kommunisten in diesem Streik, der
schließlich von der Regierung Smuts mit aller Härte niedergeschlagen
wurde, wobei zwölf Bergleute den Tod fanden. Insbesondere seine Diskussion mit Marks, dem er *besonnene, vernünftige Führungsqualitäten*
sowie einen gesunden Humor bescheinigte, zeigten Mandela, daß südafrikanische Kommunisten Verständnis für seinen afrikanischen Nationalismus aufbrachten.[61] Eine Brücke begann zu entstehen, auch wenn der
Thembu-Aristokrat weiterhin dem Atheismus der Kommunisten miß-
traute. In den Anfangsjahren seiner Aktivität für die Jugendliga fürchtete Mandela außerdem, die klassenkämpferische Vorgehensweise der
Kommunisten werde den nationalen Befreiungskampf der Afrikaner
eher behindern. Damals, Ende 1946, unterstützte er sogar eine Resolution der Jugendliga, die den Ausschluß von Kommunisten aus dem ANC

31

forderte; sie fand jedoch keine Mehrheit. Mandela beteiligte sich zeitweilig auch an Störungen von Veranstaltungen der Kommunisten, indem er die Rednertribüne stürmte und *das Mikrophon mit Beschlag belegte*[62].

Im Rahmen seiner begrenzten finanziellen Mittel unternahm Mandela Versuche, sich in kommunistische Klassiker, darunter Werke von Marx, Engels, Stalin und Ho Chi Minh, einzuarbeiten, allerdings ohne bleibenden Erfolg, wie er selbst gesteht. Und: *Während das «Kommunistische Manifest» mich anregte, erschöpfte mich «Das Kapital»*[63]. Im Dialektischen Materialismus glaubte er nicht nur einen *Scheinwerfer* zu erkennen, *der die dunkle Nacht rassischer Unterdrückung* erhellte, sondern auch ein Mittel, *das eingesetzt werden konnte, um eben jene Unterdrückung zu beenden*[64]. Zuerst und vor allem sah er sich jedoch als afrikanischen Nationalisten, der *für die Emanzipation aller Afrikaner von der Minderheitsherrschaft [...] kämpfte*[65]. Daß aber Marxisten und die Sowjetunion schon seit langem die Befreiungsbewegungen in aller Welt unterstützten, war, so Mandela rückblickend, ein *weiterer Grund dafür, daß ich meine Meinung über Kommunisten revidierte und die Position des ANC akzeptierte, Marxisten in seinen Reihen willkommen zu heißen.* Nach seiner allmählich reifenden Ansicht hatten afrikanische Kommunisten und afrikanische Nationalisten *im allgemeinen viel mehr Gemeinsames als Trennendes. Zyniker haben stets behauptet, die Kommunisten benutzten uns. Doch wer wollte behaupten, daß wir sie nicht benutzten?*[66]

Im übrigen tat die weiße Regierung unfreiwillig alles in ihren Kräften Stehende, das sich mühsam bildende Bündnis zwischen Kommunisten und anderen Widerstandsgruppen schmieden zu helfen. Indem sie seit 1950 daranging, jede ernsthafte Kritik an ihrer Rassenpolitik als «kommunistisch» zu brandmarken und zu verfolgen, trug sie entscheidend zum Solidarisierungsprozeß konkurrierender, häufig auch verfeindeter Gruppen bei.

Die Parlamentswahlen des Jahres 1948 hatten der Nationalen Partei unter der Führung des afrikaansen Predigers Daniel François Malan einen knappen, gleichwohl epochalen Sieg beschert. Der Wahlausgang bedeutete die Realisierung des rassenpolitischen Programms der Apartheid, mit der die Partei den Wahlkampf überwiegend bestritten hatte.

Apartheid bedeutete strikte Rassentrennung. Sie stellte nicht eigentlich etwas völlig Neues in der südafrikanischen Rassenpolitik dar, denn bereits die Regierung des Premierministers James B. Hertzog hatte in den dreißiger Jahren de facto eine Rassentrennungspolitik betrieben, die von seinem Nachfolger Smuts nicht grundsätzlich aufgehoben worden war. Apartheid bedeutete jedoch eindeutig eine Radikalisierung dieser traditionellen Segregationspolitik, indem nun im Verlauf der nächsten zehn Jahre eine unübersehbare Flut von Gesetzen die Trennung der Südafrikaner nach genau definierten Rassen festlegte. Im wesentlichen lassen sich die Apartheidgesetze vier Funktionsbereichen zuordnen. Sie

Daniel François Malan,
Premierminister von
Südafrika 1948–1954

verfolgten a) die Absicht, «Rassereinheit» zu gewährleisten, b) die physische Trennung der vier gesetzlich fixierten Rassen (Schwarze, Weiße, Farbige und Asiaten) zu garantieren, c) eine effektive politische Vorherrschaft der Weißen zu sichern und schließlich d) eine umfassende Kontrolle vor allem der Schwarzen in nahezu allen Lebensbereichen zu ermöglichen.[67]

a) Der Prohibition of Mixed Marriages Act von 1949 untersagte Eheschließungen über die Rassengrenzen hinweg. Im Jahre 1950 verabschiedete das Parlament den Immorality Amendment Act, der den Geschlechtsverkehr Weißer mit Angehörigen aller anderen Rassen unter Strafe stellte. Dieses Gesetz verschärfte den bereits 1927 erlassenen Immorality Act, der den Sexualverkehr zwischen Weißen und Schwarzen untersagt hatte. Eine tragende Säule der Apartheid war der Population Registration Act von 1950, der sämtliche Einwohner Südafrikas einer der vier genannten Rassen zuordnete. Da die Hautfarbe den Charakter des südafrikanischen Herrschaftssystems wie kein anderes Merkmal bestimmte, ist auch von der «Pigmentokratie» Südafrikas gesprochen worden. Ausweispapiere dokumentierten die Rassezugehörigkeit ihrer Besitzer, und Reklassifikationen geschahen nur in Ausnahmefällen, deren jährliche Salden veröffentlicht wurden.

b) Das zweite Fundament der Apartheid bildete der Group Areas Act von 1950. Falls erforderlich auch mit Gewalt konnten die durch den Population Registration Act Eingestuften zwangsweise umgesiedelt werden, wovon die Regierung bis weit in die achtziger Jahre regen Gebrauch machte. Der Group Areas Act zielte darauf ab, rassisch homogene Siedlungsstrukturen zu verwirklichen. Weitere Gesetze der Jahre 1952 und 1954 engten das Aufenthaltsrecht der Schwarzen in den «weißen» Städten weiter ein. Mit den verschiedenen Gesetzen im Rahmen der «Grand Apartheid», der sogenannten Großen Apartheid, gelang es Pretoria vorübergehend, in Teilen des Auslands den Eindruck einer «positiven» Apartheid zu erwecken. Das Konzept sah vor, eine langfristige Lösung des südafrikanischen Rassenproblems durch die Schaffung sogenannter Bantustans, später Homelands genannt, zu erzielen. Die Reservate der Schwarzen sollten danach in die (Schein-)Unabhängigkeit entlassen und ihre Bewohner aus dem südafrikanischen Staatsverband ausgeschieden werden. Als Fremdarbeiter auf dem Gebiet des «weißen» Südafrikas waren sie dann weithin rechtlos. Zwischen Nelson Mandela und seinem ihm eigentlich freundschaftlich verbundenen Neffen Matanzima kam es zum Bruch, als Matanzima sich bereit erklärte, die Bantustan-Politik Pretorias mitzutragen und im Jahre 1963 das Amt des Premierministers der «unabhängigen» Transkei zu übernehmen. Für viele schwarze Häuptlinge hielt «Bantustan» gute Argumente bereit, stützte doch die weiße Regierung in Pretoria überall im Lande die traditionelle Macht der Häuptlinge, was sich nicht zuletzt in großzügigen Geldzahlungen ausdrückte. Von Anfang an verwarf jedoch Mandela diese Politik radikal. Sie galt ihm als schändliche Strategie, mit der vor allem Premierminister Verwoerd seit dem Ende der fünfziger Jahre die Afrikaner zu entrechten, sie auf einem niedrigen Entwicklungsstand zu halten und politisch gegeneinander auszuspielen trachtete.

c) In ihrem Bemühen, jegliche Opposition gegen die Apartheid im Keim zu ersticken, schuf sich die Regierung im Suppression of Communism Act des Jahres 1950 eine «Allzweckwaffe», die bis 1976 rund achtzigmal den politischen Gegebenheiten angepaßt wurde.[68] Die Perfidie dieses Gesetzes resultierte aus der Schwammigkeit, mit der alles kriminalisiert wurde, was die Regierung als kommunistisch definierte.[69]

d) Um die Bewegungsfreiheit der Schwarzen weiter einzuschränken, dehnte die Regierung das bestehende Paß-System weiter aus. Zwar suggerierte die Bezeichnung Abolition (Abschaffung) of Passes and Consolidation of Documents Act das Ende dieses Systems, tatsächlich aber wurden die Afrikaner jetzt gezwungen, stets ein «Reference Book», ein Nachweisbuch, mit sich zu führen, das ausführliche persönliche Daten

Hendrik F. Verwoerd,
Premierminister 1958–1966.
Er gilt als der eigentliche
«Architekt der Apartheid»

enthielt.[70] Andere Kontrollgesetze engten die wirtschaftlichen Aktivitäten der Afrikaner ein, sorgten für eine Reservierung qualifizierter Arbeitsplätze für Weiße und beschränkten das Streikrecht. Letztlich der
«job reservation» diente auch der Bantu Education Act von 1953, der
faktisch eine höhere Bildung der Afrikaner erschwerte und folglich die
Konkurrenz zwischen Schwarz und Weiß um Arbeitsplätze entschärfte.
Die nationalistische Regierung entwickelte getrennte Schulsysteme für
die verschiedenen Rassen und gab etwa für weiße Schüler pro Kopf ein
Mehrfaches an Mitteln, verglichen mit afrikanischen Schülern, aus. Es
war der erklärte Wille des Apartheid-«Architekten» Verwoerd, daß
Afrikaner auf dem Territorium des weißen Südafrika nicht über ein bestimmtes Maß an Bildung hinauskommen sollten.[71] Im übrigen entzog
das Gesetz den Missionsschulen die Grundlage für eine apartheidkriti-
sche Erziehung, da sie nun der Regierungsaufsicht unterstellt wurden.

Der Regierungsantritt der Nationalisten im Jahre 1948 beschleunigte
die Einigungsbemühungen der unterschiedlichen Oppositionsgruppen.
Zugleich aber machte dieser historische Einschnitt vor allem die Hoffnungen vieler Afrikaner zunichte, es könne nach dem Ende des Zweiten
Weltkrieges zu einem politischen Ausgleich mit den alleinherrschenden
Weißen kommen, auch wenn sich die ganze Unerbittlichkeit der Apart-
heidgesetzgebung seit 1950 erst Zug um Zug offenbarte. Zwar hatte auch

Malans britisch orientierter Vorgänger Smuts wiederholt bewiesen, daß er schwarzen Widerstand selbst mit militärischen Mitteln zu brechen entschlossen war, doch standen weit mehr noch die afrikaansen Nationalisten in dem Ruf, rigoros nach rassischer «baaskap», nach Herrentum, in Südafrika zu streben.

Als unmittelbare Antwort auf die nationalistische Herausforderung der Afrikaaner entwarf das Exekutivkomitee der ANC-Jugendliga unter Mitarbeit Mandelas und Tambos ein radikales «Aktionsprogramm», in dem das Recht der Afrikaner auf Selbstbestimmung gefordert wurde. Der Jahreskongreß des ANC nahm das Programm, das erstmals auch Kampfformen wie Boykotts, Streiks, zivilen Ungehorsam und ähnliche Mittel vorsah, im Dezember 1949 an.[72] Das «Aktionsprogramm» hatte in der Geschichte des afrikanischen Widerstands gegen die Apartheid «bahnbrechende Wirkung»[73]. Es markierte das Ende der freiwilligen Beschränkung auf legale Protestformen und legte den Grund für landesweite Kampagnen sowie für den Boykott von staatlichen Einrichtungen, welche die Regierung den Afrikanern zur Nutzung vorschrieb.

Die Annahme des vergleichsweise radikalen Programms durch den ANC führte zu einer Veränderung an der Führungsspitze des Kongresses. Die Jugendliga hatte Mandela, Sisulu und Tambo beauftragt, Dr. Xuma ultimativ aufzufordern, dem «Aktionsprogramm» zuzustimmen, andernfalls er sich seiner Wiederwahl nicht sicher sein könne. Der ANC-Chef ignorierte das Ultimatum.[74] Die Liga einigte sich im letzten Moment auf den wohlhabenden Arzt und Farmer Dr. James Moroka als Gegenkandidaten Xumas. Moroka gewann die Wahl knapp, Sisulu wurde erster besoldeter Generalsekretär des ANC. Die Entscheidung zugunsten des gemäßigten Moroka mochte angesichts der Stärke jüngerer Kräfte im Kongreß überraschen. Wahrscheinlich spielte das Kalkül der Jüngeren eine Rolle, ein mit seinen Farmen und seiner Praxis weit von Johannesburg entfernt lebender ANC-Führer werde weiteren Radikalisierungsversuchen wenig entgegenzusetzen haben; außerdem genoß Sisulu das volle Vertrauen vor allem der Jugendliga.

Teile des ANC, des South African Indian Congress sowie der Kommunisten riefen für den 1. Mai 1950 zu einer Arbeitsniederlegung in Johannesburg auf, um damit ihren Protest gegen die Bannung der Kommunisten Moses Kotane, Marks und Yusuf Dadoo zum Ausdruck zu bringen.

Der Bann war ein typisch südafrikanisches Instrument der politischen Strafjustiz. Er konnte unterschiedliche Auflagen umfassen, etwa Hausarrest, Aufenthaltsverbote, Reisebeschränkungen sowie das Verbot politischer Betätigung oder des Zitiertwerdens. In der Praxis kombinierten die Behörden mehrere dieser Maßnahmen und setzten dadurch ihre politischen Gegner matt.

Für den mittlerweile zum Sekretär der Jugendliga aufgestiegenen

Nelson Mandela in der Kleidung seines Stammes

Mandela markierte der 1. Mai 1950 ein wichtiges Datum seiner politischen Laufbahn. Zusammen mit anderen Führern der Jugendliga wandte er sich zunächst entschieden gegen die Arbeitsniederlegung, weil sie einseitig den Kommunisten zu dienen schien. Dann aber mußte er erkennen, daß der Aufruf von etwa der Hälfte der Arbeiterschaft befolgt wurde. Zu einem aufrüttelnden Erlebnis geriet ihm die Aktion jedoch vollends, als er Augenzeuge eines brutalen Polizeieinsatzes gegen die Streikenden wurde, an dessen Ende 18 Tote und mehr als 30 Verwundete zu beklagen waren.

Als die Regierung wenige Wochen später den Suppression of Communism Act in das Parlament einbrachte, überwand er letzte innere Widerstände gegen eine «Einheitsfront» aller Anti-Apartheid-Gruppen und begann, seine Überzeugung vom rein afrikanischen Nationalismus allmählich aufzugeben. Nun galt: Die Unterdrückung einer Befreiungsgruppe bedeutete fraglos die Unterdrückung aller Befreiungsgruppen. Mandela zitiert ein Wort Oliver Tambos aus jenen Tagen, das das Zweckbündnis mit den ungeliebten Kommunisten begründete und welches an ein Diktum Martin Niemöllers über die Tage des Widerstands gegen die nationalsozialistische Gewaltherrschaft erinnert: «Heute ist es die Kommunistische Partei. Morgen werden es unsere Gewerkschaften sein, unser Indian Congress [...], unser African National Congress.» [75]

Der ANC, der Indian Congress sowie die Kommunistische Partei beschlossen, auf die Ereignisse vom 1. Mai sowie auf die Verabschiedung des Suppression of Communism Act mit einem Nationalen Protesttag zu antworten. An diesem Tag sollte landesweit die Arbeit ruhen, es war *der erste Versuch des ANC, einen politischen Streik nationalen Ausmaßes durchzuführen [...]* [76].

Mandela war als neu gewähltes Mitglied des Nationalen Exekutivkomitees des ANC an der eilig vorzubereitenden Kampagne maßgeblich beteiligt. Nun befand er sich *zusammen mit den dienstältesten Leuten des ANC gleichsam in der ersten Mannschaft. Aus dem einstigen Störenfried innerhalb der Organisation*, der noch vor kurzem die Kommunisten hatte ausschließen wollen, *war ich zum Teilhaber an jener Macht geworden, gegen die ich einst rebelliert hatte. Das war ein erregendes Gefühl, aber nicht ohne gemischte Empfindungen. In gewisser Weise ist es einfacher, Dissident zu sein, weil man keine Verantwortung trägt*, bekennt Mandela nachträglich.[77] Erstmals übernahm er nun eine wichtige Rolle in einer landesweiten Aktion. Ihr Ergebnis beurteilt er aufrichtig bescheiden, sie sei ein *mäßiger Erfolg* gewesen. Der positive Effekt lag indes vor allem in der Stärkung der Moral. Fortan galt der 26. Juni als Freiheitstag.

Ende 1950 wählte die Jugendliga Mandela zu ihrem nationalen Präsidenten. In dieser Funktion hielt er im Dezember 1951 eine Ansprache auf dem Jahreskongreß der Liga, die seine gedankliche Auseinandersetzung mit dem Marxismus widerspiegelt, die er jedoch in seiner Autobiographie kaum mehr als mit einer Zeile würdigt. Die Rede stand am Beginn einer Reihe von Veröffentlichungen Mandelas, in denen er sich recht aggressiv und wenig kompromiß- und versöhnungsbereit zeigte.

Vor dem Hintergrund des Korea-Konfliktes und des globalen Ost-

West-Gegensatzes teilte er in seiner Ansprache die Welt in Gut und Böse ein, die *herrschenden Kreise Amerikas* stellte er als Kriegstreiber dar. Er glaubte eine *wachsende Annäherung englischer, jüdischer und burischer Finanz- und Industrieinteressen* in der Union zu erkennen, denen die *faschistische Politik Malans* zupaß komme. Die Möglichkeit einer *liberalen kapitalistischen Demokratie in Südafrika* beurteilte er als *extrem Null*. Die Situation in seinem Land entwickle sich *in Richtung auf einen offen faschistischen Staat.* Weiter sagte er: *Entsprechend dem Muster für die übrige Welt hat sich der südafrikanische Kapitalismus in einen Monopolismus entwickelt und erreicht gegenwärtig das Endstadium des außer Kontrolle geratenen Monopolkapitalismus, nämlich den Faschismus.* Die Rettung erkannte Mandela im *afrikanischen Nationalismus*, dessen *neue Form konkret und kristallisiert* in Gestalt der Jugendliga des ANC bereitstehe.

Ohne sein Bekehrungserlebnis vom 1. Mai 1950 ausdrücklich zu erwähnen, belehrte er seine Zuhörer, daß es niemals lohne, sich gegen *eine Massenbewegung des Volkes zu stellen.* Und: *Wir lernten, daß ein wahrer Kämpfer immer an der Seite des Volkes gegen die Unterdrücker stehen muß.* Die Zeit der Konferenzen und *schönen Analysen* sei vorbei. *Heute,* betonte er, *ist Politik die Sache eines Berufsrevolutionärs geworden.* Mandela schloß seine Rede mit der Forderung: *Volle demokratische Rechte in Südafrika jetzt.*[78]

«Der geborene Führer der Massen»

Im Jahre 1952 jährte sich zum dreihundertsten Mal die Landung Jan van Riebeecks in der Kapstädter Tafelbucht – ein Ereignis, dessen die Weißen Südafrikas mit besonderen Feierlichkeiten zu gedenken trachteten. Insofern bedeutete die «Mißachtungskampagne gegen ungerechte Gesetze» («Defiance of Unjust Laws Campaign»), zu der sich ein Vereinigter Planungsrat von ANC und Indian Congress für den 26. Juni jenes Jahres entschloß, eine gezielte Provokation der Regierung Malans.

Noch am 21. Januar 1952 hatten ANC-Chef Moroka und sein Generalsekretär Sisulu an Malan geschrieben und ihn aufgefordert, sechs besonders verhaßte Gesetze aufzuheben. Dazu zählten unter anderem die Paßgesetze, der Group Areas Act und der Suppression of Communism Act. Sie wiesen ferner auf die lange Tradition friedlichen Kampfes ihrer Organisation hin. Sollte jedoch die Regierung die Gesetze nicht widerrufen, würde der ANC als Auftakt zu einer Kampagne zivilen Ungehorsams zu Demonstrationen für den 6. April, den Tag der Landung van Riebeecks, aufrufen.[79] Zwar antwortete die Regierung, sie machte aber keinerlei Anstalten, der Aufforderung des ANC nachzukommen.

Alltag der Apartheid

Sucht man nach einer Aktion, die Mandelas legendären Ruf eines charismatischen und unbeugsamen Kämpfers gegen die Apartheid begründete, muß seine Rolle in der «Mißachtungskampagne» an erster Stelle erwähnt werden.

Die Aktion setzte sich zum Ziel, wichtige Apartheidgesetze massenhaft bewußt zu übertreten. Die Freiwilligen, die hierfür im ganzen Land geworben werden mußten, sollten sich dann zehntausendfach in die Gefängnisse werfen lassen. Mandela wurde zum *nationalen Freiwilligen-Leiter der Kampagne und zum Vorsitzenden sowohl des Aktionskomitees wie auch des Freiwilligenausschusses ernannt*[80]. Er setzte sich mit dem ganzen Gewicht seiner Persönlichkeit für die Sache ein, denn, so erinnert sich Sisulu, war Mandela erst einmal von einem Vorhaben überzeugt, pflegte er keine Mühe zu scheuen, ihm zum Erfolg zu verhelfen.[81] Mandelas Aufgabe sah vor, daß er regionale Bezirksstellen organisierte, Freiwillige anwarb und nicht zuletzt Geldmittel auftrieb. Das Thema «Gewalt» stand bei den Vorbereitungsdebatten im Planungsrat im Mittelpunkt der Auseinandersetzungen: *Wir diskutierten auch*, schreibt Mandela, *ob die Kampagne den von Gandhi entwickelten Grundsätzen der Gewaltlosigkeit folgen solle, dem, was Gandhi «satyiagraha» genannt hatte, eine Gewaltlosigkeit, die durch Bekehrung zu gewinnen suchte. Ei-*

nige sprachen sich für Gewaltlosigkeit aus rein ethischen Gründen aus und bezeichneten sie als moralisch höherwertig als jede andere Methode. Diese Idee fand einen eifrigen Befürworter in Manilal Gandhi, dem Sohn des Mahatma und Herausgeber der Zeitung Indian Opinion; [...] Andere waren der Meinung, wir sollten die Frage nicht unter dem Gesichtspunkt der Prinzipien, sondern der Taktik angehen und die Methode anwenden, welche die Umstände verlangten. Wenn eine bestimmte Methode oder Taktik uns instand setzte, den Gegner zu besiegen, dann sollten wir sie anwenden. In diesem Fall war der Staat weit mächtiger als wir, und jeder unserer Versuche, Gewalt einzusetzen, müßte für uns verheerende Folgen haben. Das entsprach meiner Ansicht. Ich betrachtete Gewaltlosigkeit nach dem Gandhischen Modell nicht als unantastbares Prinzip, sondern als Taktik, die je nach Situation anzuwenden sei. Das Prinzip war nicht so wichtig, daß man der Strategie selbst dann folgen sollte, wenn sie selbstzerstörerisch sein würde, wie Gandhi glaubte. Ich wollte gewaltlosen Protest nur, solange er effektiv war. Das war, trotz Manilal Gandhis starker Einwände, die vorherrschende Ansicht.[82]

Zur Vorbereitung der Kampagne zogen Mandela und sein Stellvertreter Maulvi Cachalia, dessen Vater bereits 1907 an der Seite Gandhis passiven Widerstand in Südafrika geleistet hatte, quer durch die Union, von Stadt zu Stadt, um Unterstützung zu gewinnen. Dabei beschwor Mandela seine Zuhörer, absolute Disziplin zu üben, keine Ausschreitungen zu riskieren und jeglichen Alkoholkonsum zu unterlassen. Es zeigte sich: er vermochte sein Publikum zu begeistern und in seinen Bann zu ziehen. In diesem Zusammenhang prägte Oliver Tambo später das Wort von Mandela als dem «geborenen Führer der Massen»[83].

Pünktlich am 26. Juni begannen 33 Afrikaner in Port Elizabeth die «Mißachtungskampagne», die sich wie ein Flächenbrand zunächst friedlich über das ganze Land ausbreitete. Die Freiwilligen brachen die Apartheidgesetze, indem sie Zugabteile und Posteingänge benutzten, die nur für Weiße bestimmt waren. Unter Freiheitsliedern und Schlachtrufen wie «Mayibuye Afrika!» und «He, Malan! Öffne die Gefängnistore, wir wollen hinein, wir Freiwilligen!» ließen sie sich verhaften und saßen häufig eine Gefängnisstrafe ab.[84] Auch Mandela wurde bereits am ersten Abend der Kampagne verhaftet. Er hatte die Sperrstunde um 23 Uhr versäumt. Während der kurzen Inhaftierung bestand er als Schwarzer auf der Gleichbehandlung mit seinem indischen Mitgefangenen. Wenig später erfolgte seine Entlassung.

Die «Mißachtungskampagne» ließ die Popularität des ANC rasch anschwellen. Die Mitgliedschaft stieg von 7000 auf etwa 100 000; nach der Aktion verringerte sie sich wieder.[85]

Am 30. Juli durchsuchte die Polizei die Büros von Funktionären des ANC und des Indian Congress. Sie beschlagnahmte Dokumente und verhaftete zwei Wochen später zwanzig Führungsmitglieder der Kampagne, darunter Mandela, Sisulu sowie einige Kommunisten, deren Partei mittlerweile aufgrund des Suppression of Communism Act nur noch im Untergrund existierte. Der Vorwurf gegen die Verhafteten lautete auf Propagierung des Kommunismus. Gegen Kaution setzte das Gericht die Beschuldigten wieder auf freien Fuß. Anfang Dezember wurden Mandela und die übrigen neunzehn Angeklagten zwar des «satzungsmäßigen Kommunismus» für schuldig befunden, Richter Rumpff, der später noch eine bedeutende Rolle im Leben Mandelas spielen sollte, räumte aber aufgrund der Beweislage ein, daß die Angeklagten alles unternommen hätten, ihre Anhänger von Gewaltanwendung abzuhalten. Das Urteil lautete schließlich auf neun Monate Haft mit Zwangsarbeit, ausgesetzt auf zwei Jahre zur Bewährung.[86]

Durch Gewaltausbrüche, die möglicherweise von agents provocateurs inszeniert worden waren, hatte die Kampagne ab Mitte Oktober eine Wendung genommen. Mit der lebenslänglichen Bannung von 52 Führern der Aktion brachte die Regierung sie endlich zum Stillstand. Man hatte das Hauptziel, die Abschaffung wichtiger Apartheidgesetze, nicht erreicht, ja die Regierung reagierte sogar mit weiterer Gesetzesverschärfung. Gleichwohl: Insgesamt ging der ANC gestärkt aus ihr hervor, große Teile der afrikanischen Bevölkerung waren politisiert wie nie zuvor. Darüber hinaus hatte das «Gefängnis» sein moralisches Stigma verloren – immer mehr Schwarzen wurde nun klar, daß «der Weg in die Freiheit durch das Gefängnis führte»[87]. Außerdem brachte die Kampagne ein diszipliniertes «Freiwilligenkorps» von Frauen und Männern hervor, das sich rückhaltlos dem Kampf des ANC und seiner Verbündeten anschloß.[88]

Mandela besaß seit seinem unermüdlichen Einsatz vor und während der «Mißachtungskampagne» eine Führungsposition innerhalb des ANC. Er schaffte diesen Aufstieg durch die beispielhafte Tat – anders als in politischen Parteien war es im ANC nicht üblich, als Ergebnis eines langwierigen Karriereweges an die Spitze der Organisation zu gelangen.

Der ANC der wichtigen Provinz Transvaal wählte Mandela im Oktober 1952 zu seinem Vorsitzenden anstelle des gebannten Kommunisten Marks, und er war sogar als Nachfolger Morokas im Gespräch. Der ANC-Chef hatte durch unsolidarisches Auftreten vor Gericht während der Kampagne Vertrauen im Kongreß eingebüßt.[89] Auf der Generalversammlung des ANC im Dezember 1952 entschieden sich die Delegierten jedoch für den Zulu-Häuptling, Pädagogen und tiefgläubigen Christen Albert Lutuli als Nachfolger Morokas. Mandela, dem Tambo nachsagte, er strebe nicht nach Ämtern und arbeite gern im Team, hatte Lutuli den Vortritt gelassen; hingegen nahm er die Wahl zu dessen Stellvertreter an.[90]

Lutuli hatte der Regierung während der «Mißachtungskampagne» als ANC-Chef der Provinz Natal die Stirn geboten, indem er der Forderung nach Niederlegung seines Amtes im ANC nicht nachgekommen war. Die

Mandela nach dem Urteil im Prozeß gegen die Anführer der «Mißachtungskampagne», 1952

Regierung entzog ihm daraufhin die Häuptlingswürde. Bei dieser Gelegenheit hatte Lutuli die oft zitierten Sätze geprägt: «Wer wollte leugnen, daß ich 30 Jahre meines Lebens damit verbracht habe, vergeblich und geduldig und mit Mäßigung und Bescheidenheit an fest verschlossene Türen zu klopfen? Was waren die Früchte dieser Mäßigung? In den vergangenen 30 Jahren wurde die Mehrzahl jener Gesetze erlassen, die unsere Rechte und unsere Entwicklung einschränken. Es ist heute so weit gekommen, daß wir nahezu rechtlos sind [...].»[91]

Nur wenige Tage nach seinem Amtsantritt und ersten Versammlungen mit Tausenden begeisterter Anhänger verhängte die Polizei den Bann über Lutuli sowie über weitere 100 Afrikaner. Einer von ihnen war Mandela, der ein halbes Jahr keine Versammlungen aufsuchen und Johannesburg nicht verlassen durfte. Mandela schreibt dazu: Sie war *die erste in einer Reihe von Bannungen, die, von kurzen Freiheitsintervallen abgesehen, andauerten, bis ich einige Jahre später völlig meiner Freiheit beraubt wurde. [...] Die heimtückische Wirkung der Bannungen bestand darin, daß man von einem bestimmten Punkt an zu glauben begann, der Unterdrücker befinde sich nicht außerhalb, sondern innerhalb*, da man weder gefesselt noch in Ketten hinter Gittern saß. *Die Gitter waren Gesetze und Vorschriften, die leicht verletzt werden konnten und oft auch wurden.*[92]

Der Bann zwang Mandela, sich mehr mit seinem beruflichen Fortkommen zu befassen, das er in der Phase seiner Politisierung vernachlässigt hatte. Über Vernachlässigung konnte auch seine Familie klagen. Hatte die «Mißachtungskampagne» zwar einerseits zu seinem politischen Durchbruch geführt, war sie zumindest mitverantwortlich für den Bruch seiner Ehe mit Evelyn. Seine rastlose Aktivität hatte ihm kaum Zeit für seine Familie gelassen. Evelyn und die beiden Söhne Thembi und Makgatho waren auf sich allein gestellt, während Nelson die Kampagne vorantrieb. Die wenigen Stunden daheim nutzte er, um mit den Kindern ins Kino oder zu Boxveranstaltungen zu gehen. Der Vater konnte von unerbittlicher Strenge, ja Härte sein, wenn es um Erziehungsfragen ging, schlug seine Kinder aber nie.[93]

Ältere Arbeiten über Mandela heben seine stattliche, sportliche Figur hervor, die zusammen mit seinem gewinnenden Wesen eine starke Anziehungskraft auf Frauen ausgeübt habe. Umgekehrt habe auch er sich «leicht von ihnen anziehen» lassen[94]. Gerüchte machten die Runde, Nelson unterhalte Beziehungen zu anderen Frauen. Fatima Meer, eine langjährige Freundin der Familie und Verfasserin einer «autorisierten Biographie» über Mandela, schreibt, Nelson habe vermutlich nicht geglaubt, daß eine vorübergehende Liaison seine Ehe gefährden könne. «Wahrscheinlich erwartete er auch, Evelyn werde toleranter und weniger puritanisch sein.»[95]

Von derartigen «Gerüchten» ist in den persönlichen Erinnerungen Mandelas keine Rede; allenfalls räumt er ein, Evelyn habe einen Verdacht gehabt.[96] Er selbst nennt als Hauptgrund für die Entfremdung von seiner Frau ihr fanatisches Engagement bei den Zeugen Jehovas, eine Begründung, die bis zur Veröffentlichung seiner Autobiographie unbekannt war.[97] Während Nelson gegenüber Evelyn darauf bestand, der Nation zu dienen, entgegnete sie ihm, «Gott zu dienen» sei wichtiger. Hitzkopf, der er sein konnte, führte er mit ihr einen *Kampf um Hirne und*

Mandela in Boxerpose. Aufnahme aus dem Jahr 1956

Herzen ihrer Kinder.[98] Gab Evelyn den Kleinen Exemplare des «Wachtturm», um sie in den Townships verteilen zu lassen, lenkte Nelson die Aufmerksamkeit seiner Söhne auf die Bilder an den Wänden ihres Hauses: Roosevelt, Churchill, Stalin, Gandhi und die Erstürmung des Winterpalais in St. Petersburg im Jahre 1917 zeugten von den Idealen, die er seinen Nachkommen zu vermitteln suchte.[99]

In den Jahren 1952 und 1953 trennten sich die Mandelas zeitweilig. Vermittlungsversuche von dritter Seite blieben schließlich erfolglos, als Nelson unumwunden erklärte, er liebe seine Frau nicht länger.[100] Evelyn hatte eine Zeitlang gehofft, die Kinder könnten die Ehe kitten, doch vergebens. Als Nelson im Dezember 1955 zwei Wochen im Gefängnis saß, besuchte Evelyn ihn einmal. Als er herauskam, *war sie ausgezogen und hatte die Kinder mitgenommen. Ich fand ein leeres, stilles Haus vor. Sie hatte sogar die Vorhänge entfernt, und aus irgendeinem Grund fand ich dieses winzige Detail niederschmetternd.*[101]

Nelson wie auch seine Kinder litten noch lange unter der Trennung, und Tembi trug *häufig meine Kleider*, erinnert sich Mandela.[102] Fatima Meer zufolge tat er noch einen ungewöhnlichen Schritt, um einen künftigen Anspruch auf seine Kinder zu wahren: Während des Scheidungsverfahrens lobolierte er die Kinder, er zahlte nachträglich das traditionelle Brautgeld für Evelyn.[103] Als die Ehe im Jahre 1957 geschieden wurde, sprach das Gericht die Kinder der Mutter zu.

Anwalt, Publizist, «Hochverräter»

Als Anwalt einer weißen Kanzlei erwarb sich Mandela den Ruf eines hervorragenden Redners und gewieften Taktikers im Kreuzverhör, der auch Richtern und Staatsanwälten Respekt abnötigte. Immer wieder bestach er vor Gericht durch seine überlegene Argumentation, deren Wirkung er mit Hilfe schauspielerischer Einlagen zu erhöhen wußte. Die Nachricht von einer bevorstehenden Verhandlung mit Mandela verbreitete sich wie ein Lauffeuer in den Townships, und in Ermangelung sonstiger Abwechslung erschienen viele Afrikaner auf den Zuschauerrängen. Stets elegant gekleidet und würdevoll auftretend, zeigte Mandela keinerlei Respekt vor den Bestimmungen der Rassentrennung in den Gerichtssälen. Absichtlich betrat er den Verhandlungsraum durch die Tür mit der Aufschrift «Nur für Europäer». Als er daraufhin einmal von einem Farbigen verdutzt gefragt wurde: «Was machen Sie denn hier?», entgegnete Mandela kurz: *Und was machen Sie hier?*[104]

Nachdem er die Zulassung als Rechtsanwalt erhalten hatte, eröffnete er Ende 1952 zusammen mit Oliver Tambo eine eigene Anwaltspraxis. Es war die erste «schwarze» Kanzlei Südafrikas, unmittelbar in der Nähe

Mandela in der Kanzlei «Mandela & Tambo», 1952

des Magistratsgerichts der Johannesburger City gelegen. Wegen ihrer Beliebtheit und Reputation als Anwälte, die sich tatsächlich der Armen annahmen, konnten «Mandela & Tambo», wie es auf dem Messingschild vor ihrem Büro zu lesen stand, sich über einen Mangel an Mandanten nicht beklagen. Eigentlich hätte sich Mandela wegen seines Banns nun voll in das Berufsleben stürzen können, doch zunächst versuchte noch die Anwaltskammer von Transvaal seine Tätigkeit zu verhindern, indem sie auf die politische Widerstandstätigkeit ihres Kollegen verwies. Im Einspruchsverfahren verteidigte ihn der Vorsitzende der Johannesburger Anwaltskammer, Walter Pollack, pro amico (für den Freund), so daß er seine Arbeit fortsetzen konnte. Nach einem frühen Zeugnis der Mandela-Biographin Mary Benson hat die erfolgreiche Hilfe Pollacks mit dazu beigetragen, daß Mandela einer künftigen Zusammenarbeit mit Nicht-Schwarzen im Kampf gegen die Apartheid aufgeschlossener gegenüberstand.[105] In Mandelas Erinnerungen fehlt indessen ein entsprechender Hinweis.

Tambo beschrieb später die alltägliche Praxis in ihrer gemeinsamen Kanzlei: «Jahrelang arbeiteten wir Seite an Seite in unseren Büros […]. Jeden Morgen mußten Nelson und ich Spießruten laufen, wenn wir an den Menschen vorübergingen, die vor den einzelnen Bürotüren auf dem Korridor Schlange standen. […] Wenn wir bei Eröffnung unserer Anwaltskanzlei nicht schon Rebellen gegen die südafrikanische Apartheid gewesen wären, dann wären wir angesichts der Erfahrungen, die wir in unserer Praxis machten, sicher sehr bald zu solchen geworden.» Die Gesetze waren geradezu dazu angelegt, Nicht-Weiße, vor allem aber Afrikaner, zu kriminalisieren, weil es kaum ein Entrinnen aus dem Dickicht der Bestimmungen gab. Tambo formulierte das so: «Arbeitslos zu sein, ist ein Verbrechen, denn kein Afrikaner kann sich auf die Dauer der Festnahme entziehen, wenn sein Personalausweis nicht den Stempel eines von der Regierung anerkannten Arbeitgebers trägt. Auch der Umstand, daß man kein Land besitzt, kann ein Verbrechen sein. Jede Woche sprachen wir mit grauhaarigen alten Bauern, die in die Stadt gekommen waren, um uns zu sagen, über wie viele Generationen ihre Familien ein kleines Stück Land bearbeitet hatten, von dem sie nun vertrieben worden waren. […] In der ‹falschen Gegend› zu wohnen – in einer Gegend, die Weißen, Indern oder Farbigen vorbehalten ist – kann für einen Afrikaner ein Verbrechen sein. Die südafrikanischen Apartheidgesetze lassen ungezählte unschuldige Menschen zu ‹Kriminellen› werden.»[106]

Auch die Kanzlei «Mandela & Tambo» befand sich in der ‹falschen Gegend›, nämlich in dem Gebäude eines Inders. Nach den gesetzlichen Bestimmungen durften sie nur außerhalb der Innenstadt in solchen Stadtteilen praktizieren, die für Schwarze reserviert waren. *Wir sahen darin einen Versuch der Behörden, uns aus dem Verkehr zu ziehen, und so benutzten wir die Büroräume illegal unter der ständigen Drohung, von dort vertrieben zu werden,* erinnert sich Mandela.[107]

Nicht zuletzt weil sie auch viele Zivilsachen betreute, erwirtschaftete die Kanzlei mit der Zeit ordentliche Gewinne. Im Jahre 1973 erklärte Mandela einem Journalisten, Anfang der sechziger Jahre habe er jährlich etwa 4000 Rand verdient, was nach damaligem Wechselkurs rund 24000 DM entsprach.[108]

Trotz des Banns durfte sich Mandela publizistisch betätigen, wovon er zeitweilig regen Gebrauch machte. In seiner Autobiographie fehlt diese Facette seines Wirkens fast völlig.

Sein Forum bildete vor allem die linksintellektuelle Zeitschrift «Liberation», die von dem Kommunisten Dan Tloome herausgegeben wurde. Außer als erfolgreicher Anwalt und energischer Organisator von Widerstandsaktionen trat Mandela vorübergehend als politischer Publizist hervor, der in seinen Beiträgen oft aggressiv und mit marxistischer Färbung argumentierte. Damit reflektierte er eine damals in der ANC-Führung verbreitete Auffassung, die der kommunistischen Vorstellung anhing, die südafrikanische Regierung sei «faschistisch» und Handlangerin der örtlichen Minen- und Finanzinteressen. Vermutlich hat auch die Kommunistin Ruth First die Beiträge Mandelas in «Liberation» redigiert.[109]

In dem Aufsatz *Menschen werden zerstört* prangerte Mandela eindrucksvoll die erbärmlichen Lebensumstände seiner afrikanischen Landsleute an, die der *unersättlichen Habgier der europäischen Landjunker und Industriekapitäne* ausgeliefert seien. *Afrikanische Jugendliche mit hervorragenden akademischen Abschlüssen* stellten eine *ernsthafte Bedrohung für die herrschenden Kreise dar, da sie wenig Neigung haben werden, zur Bereicherung der Grubenbarone im Stollen herumzukriechen und sich ihre Lungen aus dem Leib zu husten oder für Hungerrationen Kartoffeln auszugraben.* Der Aufsatz beschwor am Ende den *Aufbau einer Einheitsfront* aller demokratischen Kräfte in Südafrika. Nur so könne, warnte Mandela, das *Gespenst von Belsen und Buchenwald* gebannt werden, das in Südafrika umgehe.[110]

Mandela riskierte eine lebenslange Freiheitsstrafe, als er trotz des Banns illegal Vorträge in den Townships um Johannesburg hielt. Als sein Bann im Juni 1953 vorübergehend endete, beteiligte er sich sofort am Widerstand gegen die von der Regierung geplante Zwangsumsiedlung von rund 58000 Afrikanern aus dem Städtchen Sophiatown, westlich der Goldmetropole. In einem Kino von Sophiatown traten neben ihm als Hauptredner der britische weiße Geistliche Trevor Huddleston sowie Walter Sisulu auf. Die Polizei stürmte die Versammlung und warnte Huddleston vor jeglicher Einmischung. Auf dem Gelände des Ortes, der kein Township, sondern eine überwiegend von Schwarzen bewohnte Siedlung mit ausgeprägtem kulturellem Leben war, errichteten die Behörden nach der Räumung eine dem Group Areas Act entsprechende weiße Gemeinde mit dem beziehungsreichen Namen «Triomf».

Für Mandela war Sophiatown der Rubikon in der Gewaltfrage, folgt man seinen Erinnerungen. Kurz nach dem Zwischenfall in dem Kino hielt er dort eine Rede, in der es ihm *gefiel, meine Zuhörer aufzustacheln [...]. Als ich die Regierung wegen ihrer Rücksichtslosigkeit und Gesetzlosigkeit verdammte, überschritt ich die Grenzlinie. Ich sagte, die Zeit für passiven Widerstand sei vorbei, Gewaltlosigkeit sei eine zwecklose Strategie, die niemals den Sturz eines weißen Minderheitsregimes herbeiführen könne [...]. Am Ende des Tages, sagte ich, sei Gewalt die einzige Waffe, welche die Apartheid vernichten werde, und wir müßten bereit sein, in naher Zukunft diese Waffe zu ergreifen.*[111]

Doch hatte er damit, wie er schreibt, *zu früh gesprochen.* Das Nationale Exekutivkomitee des ANC rügte Mandela streng für diese Äußerung. *Ich akzeptierte die Kritik*, erinnert er sich, *und verteidigte anschließend in der Öffentlichkeit getreulich die Politik der Gewaltlosigkeit. Aber im Innern wußte ich, daß Gewaltlosigkeit nicht die Antwort war.*[112]

Hinter dem Rücken des Exekutivkomitees unternahm Mandela einen

49

praktischen Schritt in Richtung des bewaffneten Kampfes. Als Sisulu ihm mitteilte, er wolle eine Einladung nach Bukarest annehmen, drängte Mandela ihn, in die Volksrepublik China weiterzureisen, um dort um Waffenhilfe zu bitten. Bei seiner Rückkehr aus Peking brachte Sisulu zwar propagandistische Unterstützung der chinesischen Führung mit, aber keine Waffen.[113]

Im September 1953 erneuerten die Behörden den Bann über Mandela. Fortan durfte er zwei Jahre lang an keiner Versammlung teilnehmen und Johannesburg nicht verlassen. Schlimmer noch, er wurde gezwungen, aus dem ANC auszuscheiden. Damit endeten fast zehn Jahre offizieller Tätigkeit für die Organisation. In Zukunft würde sein Engagement illegal sein.

Wegen des Banns mußte er seine Ansprache auf der ANC-Konferenz von Transvaal mit dem prophetischen Titel *Kein leichter Weg zur Freiheit (No Easy Walk to Freedom)* verlesen lassen. Neben einem Rückblick auf die «Mißachtungskampagne» von 1952 widmete sich Mandela in der Rede vor allem den sich ständig verschlechternden Lebensbedingungen der breiten Bevölkerung. Eine Überraschung war die Ankündigung des nach ihm benannten M-Plans, der eine Stärkung des ANC durch Dezentralisierung vorsah. An der Basis sollten Zellen organisiert werden, die zusammen mit anderen Elementen von unten nach oben eine hierarchische Struktur ergaben. Das gesamte Netz sollte künftig auch ohne die Einberufung öffentlicher Versammlungen funktionsfähig sein.

Nachdem er gegen Ende seiner Ausführungen den Freiheitskampf verschiedener Völker Asiens und Afrikas gewürdigt sowie die *Kriegspolitik der USA und ihrer Satelliten* attackiert hatte, griff Mandela noch einmal das Thema seiner Ansprache mit einem abgewandelten Nehru-Zitat auf: *Wie ihr seht, bekommt man die Freiheit nicht geschenkt, und viele von uns werden immer wieder das Tal der Todesschatten durchqueren, bevor wir am Gipfel unserer Sehnsucht ankommen.*[114]

Der M-Plan, dessen Umsetzung vielfach an organisatorischen Mängeln und fehlendem Geld scheiterte, ließ erkennen, daß die ANC-Führung den Gang in den Untergrund ins Auge zu fassen begann. Der Chef der Jugendliga warnte Ende 1954 den Leiter der Organisation in einem Brief: «Du mußt Sicherheitsmaßnahmen für Dokumente und Briefe usw. ergreifen, bewahre keine Briefe auf, und lerne Adressen und Telefonnummern auswendig. […] Der Faschismus ist da, es ist zu gefährlich, es darauf ankommen zu lassen.»[115]

Die Bannung führender ANC-Köpfe wie Mandela führte den Kongreß in eine schwere Krise, die jedoch auch seiner schwachen Finanzkraft geschuldet war. Zuviel Rhetorik standen außerdem «zuwenig sorgfältig vorbereitete Aktionen» gegenüber.[116]

In dieser schwierigen Situation trat der ANC-Vorsitzende der Kapprovinz, Professor Zachariah Matthews, mit dem Vorschlag an die Öffentlichkeit, eine Art Nationalversammlung, einen nationalen Volkskongreß aller apartheidfeindlichen Gruppierungen einzuberufen. Matthews schwebte eine Versammlung vor, die «alle Menschen dieses Landes, unabhängig von Rasse und Hautfarbe, vertritt, um eine Freiheits-Charta für das demokratische Südafrika der Zukunft zu entwerfen»[117].

Der ANC sowie die Kongresse der Inder, der Farbigen, der Gewerkschaften und der von weißen Linken dominierte Congress of Democrats schlossen eine Allianz, die einen allgemeinen Volkskongreß vorbereiten sollte. Mandela gehörte dem Nationalen Aktionsrat an, der die Veranstaltung für Ende Juni 1955 plante. Neben anderen Aktivisten sammelten Sisulu und Mandela Vorschläge aus der ganzen Bevölkerung, die auf folgende Fragen geäußert wurden: «Wenn Ihr die Gesetze machen könntet […], was würdet Ihr tun […]? Wie würdet Ihr es anstellen, Südafrika zu einem glücklichen Land für alle Menschen zu machen?» Vorschläge trafen ein von Sport- und Jugendclubs, Kirchengruppen, Mietervereinigungen, Frauenorganisationen, Schulen und Gewerkschaften. Sie standen auf Servietten, Fetzen von Schreibpapier und auf den Rückseiten von Flugblättern. Und: *Es war beschämend zu sehen, daß die Vorschläge einfacher Menschen häufig denen der Führer weit überlegen waren*, wie Mandela bemerkt. *Die am häufigsten erhobene Forderung war die nach One-Man-One-Vote, nach dem gleichen Stimmrecht für alle.*[118]

Das Nationale Exekutivkomitee des ANC billigte schließlich einen Entwurf für eine Freiheits-Charta, der aus den zahlreichen Vorschlägen erarbeitet worden war. Seine Autoren sind bis heute nicht genau bekannt.

Am 26. und 27. Juni 1955 fand in der Ortschaft Kliptown bei Johannesburg jener Volkskongreß statt, der über die Annahme der Charta entscheiden sollte.

Überraschenderweise verboten die Behörden die Veranstaltung nicht, die Polizei begnügte sich mit der Behinderung der aus ganz Südafrika Anreisenden. Über 2800 Delegierte, die mit Bussen, Eselskarren, dem Fahrrad oder zu Fuß ihren Weg nach Kliptown gefunden hatten, stimmten mit Handzeichen über jeden Abschnitt der Charta ab. Aus einiger Entfernung beobachtete Mandela verkleidet das historische Geschehen – der Bann verbot ihm die Teilnahme.

Die Freiheits-Charta wurde zum programmatischen Bekenntnis des ANC, der sie 1956 offiziell annahm. Sie zielte, bei aller Unverbindlichkeit in Einzelaussagen, auf eine bürgerliche Demokratie, deren Grundlage ein naturrechtlich verstandener Liberalismus sowie die formale Gleichheit der Individuen bildeten. Die Präambel begann mit dem Satz: «Wir, das Volk von Südafrika, erklären vor dem ganzen Land und vor aller Welt: daß Südafrika allen gehört, die darin leben, Schwarzen und Weißen […].»[119] Diese Eröffnung rief später innerhalb des ANC ebenso heftige Kontroversen hervor wie die andere Feststellung der Präambel,

Delegierte beim Volkskongreß in Kliptown, Juni 1955

Schwarze und Weiße in Südafrika seien «Gleiche, Landsleute und Brüder». Der afrikanistische Flügel im ANC lehnte die Gleichsetzung von Schwarz und Weiß in dieser Form ab. Die Forderung der Charta nach Nationalisierung der Bodenschätze, Banken und «Industriemonopole» hat immer wieder den Verdacht genährt, der ANC werde letztlich von Kommunisten gesteuert. Demgegenüber ist gerade von marxistischer Seite betont worden, daß der Charta jeder klassenkämpferische Tenor fehlte und die Nationalisierungsforderung Raum für vielerlei Interpretationen bot – so war sie wohl auch bewußt konzipiert worden.[120] Andererseits hätte eine Realisierung der Freiheits-Charta zweifellos eine völlige Umgestaltung der südafrikanischen Herrschaftsverhältnisse bedeutet, legt man den Status quo der Apartheidgesellschaft zugrunde. Diese Deutung vertrat auch Mandela, als er im Juli 1956 seinen Aufsatz *Freiheit noch zu unseren Lebzeiten* veröffentlichte. Darin hieß es u. a.: *Die Charta ist nicht nur eine Liste mit Forderungen nach demokratischen Reformen. Sie ist ein revolutionäres Dokument, weil die dort angesprochenen Veränderungen nicht ohne einen grundsätzlichen Wandel in der gegenwärtigen wirtschaftlichen und politischen Struktur Südafrikas erreicht werden können.*[121]

Die Autobiographie Mandelas reflektiert zum einen die anhaltende Bedeutung der Charta für den ANC am Ende des zwanzigsten Jahrhunderts, zum anderen läßt sie erkennen, daß ihr Autor – entsprechend seinem Aufsatz von 1956 – ursprünglich weit mehr an einer tiefgreifenden Veränderung der Besitzverhältnisse interessiert war, als er dies knapp 40 Jahre später in seiner Position als Präsident Südafrikas und nach dem Untergang der kommunistischen Staatenwelt zuzugestehen bereit ist. In der abschließenden Beurteilung dieses Grundsatzpapiers heißt es nun bei Mandela ein wenig diffus: *Die Charta ist in der Tat ein revolutionäres Dokument, eben deshalb, weil die in ihr angestrebten Änderungen nicht verwirklicht werden können ohne radikale Veränderung der ökonomischen und politischen Struktur Südafrikas.* Doch solle diese Struktur, fährt er fort, *weder kapitalistisch noch sozialistisch sein, sondern ein komplexes Gebilde aus den Forderungen der Menschen, die verschiedenen Formen der Unterdrückung zu beenden.* Und ein wenig unvermittelt endet seine Betrachtung mit dem Satz: *Um in Südafrika nur Fairneß zu erreichen, mußte man das Apartheidssystem zerschlagen, denn es war die Verkörperung der Ungerechtigkeit.*[122]

Die Versammlung in Kliptown näherte sich bereits ihrem Ende, als am Nachmittag des 27. Juni ein gewaltiges Polizeiaufgebot die Abstimmung über die Freiheits-Charta unterbrach. Schwer bewaffnet durchsuchte die Sonderpolizei Hunderte von Teilnehmern, notierte Adressen und beschlagnahmte Massen von Dokumenten. Der Volkskongreß bereite Hochverrat vor, lautete der Vorwurf.

Die Polizeiaktion war der Auftakt eines sorgfältig abgestimmten Vorgehens der Behörden gegen die Anti-Apartheid-Organisationen, das sich in der zweiten Hälfte der fünfziger Jahre steigerte und die politische Atmosphäre im Lande aufheizte. Während der Jahre 1955/56 sammelten die Sicherheitskräfte bei Razzien knapp 10 000 Dokumente und andere «Beweismittel», die in einem monströsen Gerichtsverfahren Verwendung finden sollten.

Im Morgengrauen des 5. Dezember 1956 war es dann soweit. In einer Blitzaktion, die den Widerstand doch überraschte, verhaftete die Polizei insgesamt 156 führende Aktivisten aller Hautfarben, weit überwiegend indes Afrikaner. Bereitgestellte Transportflugzeuge brachten sie aus allen Teilen des Landes nach Johannesburg. Auch Mandela befand sich unter den Inhaftierten, denen Hochverrat vorgeworfen wurde. Das Kernstück der Beschuldigungen bildete die Freiheits-Charta mit ihren angeblich auf ein kommunistisches Südafrika zielenden Forderungen.

Ende Dezember wurden alle 156 Verdächtigen gegen Kaution auf freien Fuß gesetzt. *Wohlmeinende aus allen Schichten meldeten sich, um für jeden der Angeklagten die Kaution zu garantieren,* heißt es dazu in Mandelas Erinnerungen. Auch dabei wirkte die Apartheid: 250 Pfund mußten für einen Weißen, 100 für Inder und 25 für Afrikaner und Farbige hinterlegt werden.[123]

Damit aber begann erst einer der längsten politischen Strafprozesse

53

der Menschheitsgeschichte. Er sollte sich bis 1961 hinziehen. Die kommunistische Zeitschrift «New Age» klassifizierte ihn zu Beginn als neuerlichen Reichstagsbrandprozeß.[124] Mandela und alle anderen Beschuldigten mußten sich für die Dauer des Verfahrens zu Aussagen und Kreuzverhören bereit halten, konnten aber ihren beruflichen Tätigkeiten im Rahmen individuell bestehender Bannbestimmungen weiter nachgehen.

Viel ist über den Sinn des Mammutverfahrens, dessen Hauptverhandlung erst am 1. August 1958 vor den Augen einer Internationalen Juristenkommission eröffnet wurde, spekuliert worden. Die Länge des Verfahrens deutet darauf hin, daß der Staat seinem politischen Gegner in erster Linie Kosten und Probleme jeglicher Art bereiten wollte. Mandela hebt selbst hervor, daß allein die Verlegung des Verhandlungsortes von Johannesburg in die Alte Synagoge von Pretoria zusätzliche Geldausgaben für An- und Abreise der Familien und Freunde der Angeklagten verursachte.[125] Weiterhin fällt auf, daß der ANC und seine Verbündeten gerade zu jener Zeit paralysiert wurden, als die Regierung daranging, ihr rassenpolitisches Fernziel, die Schaffung der afrikanischen Bantustans im Rahmen der «Grand Apartheid», über die parlamentarischen Hürden zu bringen. Internationaler Druck verhinderte, daß das Gericht ernsthaft ein Todesurteil wenigstens für einige Angeklagte anstrebte. Die vorzeitige Freilassung Lutulis, Tambos und 51 weiterer Beschuldigter war ebenso als Geste gegenüber dem Ausland gedacht wie als taktische Maßnahme nach innen, da diese eher gemäßigten Aktivisten eine Radikalisierung der verbitterten Apartheidgegner im Lande verhindern sollten.

Dennoch: Die Tatsache, daß mit dem deutschstämmigen Faschisten und Hitler-Bewunderer Oswald Pirow ein gefürchteter Vertreter der Krone die Anklage übernahm, verhieß auch Mandela nichts Gutes.[126] *Furchtbar* nennt er ihn an einer Stelle seiner Erinnerungen.[127] Um so mehr beeindrucken die Fairneß und Menschlichkeit, mit der Mandela eine Art Nachruf auf den im Oktober 1959 überraschend verstorbenen Pirow formuliert: *Auf eine sonderbare Weise schien unsere kleine Welt in der Alten Synagoge im Gleichgewicht, wenn wir allmorgendlich beobachteten, wie Pirow an seinem Tisch die rechtslastige «Nuwe Orde» las und Bram Fischer [einer der Verteidiger] an unserem Tisch die linke «New Age». Daß er uns mehr als 100 Bände aus der Voruntersuchung kostenlos überließ, war eine großmütige Geste, die der Verteidigung eine beträchtliche Summe Geldes ersparte. Rechtsanwalt De Vos wurde neuer Leiter der Kronanwaltschaft, doch an die Eloquenz und die Schärfe seines Vorgängers reichte er nicht heran.*[128]

Während der Zeit, als Pirow die Anklage vertrat, versuchte die Südafrikanische Botschaft in der Bundesrepublik Deutschland, an Aktenmaterial aus dem Verfahren der deutschen Generalbundesanwaltschaft

Die Angeklagten im Hochverratsprozeß, Mandela stehend in der dritten Reihe von unten. Fotomontage

in Karlsruhe gegen die Kommunistische Partei Deutschlands (KPD) des Jahres 1956 zu gelangen. Als Ergebnis einer Kooperation zwischen der Karlsruher Behörde, dem Bundesministerium der Justiz sowie dem Bonner Auswärtigen Amt wurden schließlich der Botschaft mehrere Antrags-, Anklage- und Urteilsschriften aus dem KPD-Prozeß übergeben.[129] Die deutschen Behörden machten dabei nicht den geringsten Versuch, das Ersuchen der Südafrikaner zu prüfen – es genügte der Hinweis der Botschaft, in Pretoria benötige man die Unterlagen in einem Prozeß gegen «kommunistische Funktionäre»[130]. Die Generalbundesanwaltschaft stellte über ihre eigene Rechtshilfe hinaus auch die Unterstützung des Kölner Bundesamtes für Verfassungsschutz in Aussicht. Der Kalte Krieg ließ auf deutscher Seite offenbar jegliche kritische Distanz gegenüber der südafrikanischen Bitte schwinden.

Es ist nicht bekannt, ob das Gericht in Pretoria von dem der Botschaft ausgehändigten Material Gebrauch gemacht hat. Allerdings berichtete der deutsche Diplomat Harald Bielfeld, der den Prozeß im Auftrag der Deutschen Botschaft beobachtete und Pirow noch persönlich aus seiner Amtszeit in Pretoria während des «Dritten Reiches» kannte, analog dem Karlsruher Verfahren habe die Anklagevertretung in Pretoria ebenfalls auf den international renommierten Kommunismus-Experten Professor Joseph Bochenski von der Schweizer Universität Fribourg als Gutachter zurückgegriffen. Bochenski erhielt jedoch gar nicht erst die Chance einer Aussage vor Gericht. Es verzichtete darauf, nachdem sich der Experte kurz nach seiner Ankunft in Südafrika bereits inoffiziell über die Freiheits-Charta geäußert und ihr eine nicht-marxistische Terminologie bescheinigt hatte.[131]

Die Funktion der deutschen Dokumente in dem Hochverratsprozeß bestand wahrscheinlich darin, der Anklagevertretung in einer Phase schwacher Beweisführung neue Argumente zuzuführen. Mandela weist darauf hin, daß es ihr trotz der rund 10000 vorgelegten Beweisstücke zu keinem Zeitpunkt gelungen sei, ihren Vorwurf eines kommunistisch inspirierten Hochverrats überzeugend zu belegen.[132]

Obwohl der Prozeß Mandela und Tambo jahrelang in Anspruch nahm, fanden sie zunächst dennoch Zeit, ihre Kanzlei weiterzuführen. Mehr noch, Mandela ging an Wochenenden in das Township Orlando, um Hilfesuchende in Rechtsfragen zu beraten.

Im Jahre 1957 gewährten die beiden Juristen Busboykotteuren Rechtsbeistand. Der Boykott richtete sich gegen eine Fahrpreiserhöhung und legte den öffentlichen Bustransport aus dem Township Alexandra nach Johannesburg lahm. Als im April des folgenden Jahres Unternehmen und Behörden einlenkten und im Juli die alten Preise wieder galten, hatten die Schwarzen einen der ganz wenigen politischen Erfolge seit Jahrzehnten errungen.

Während des Hochverratsprozesses unterstützten Mandela und der

ANC-Chef Lutuli den Kampf gegen die seit Anfang 1956 bestehenden Paßgesetze, die nun auch Frauen dem Ausweiszwang unterwarfen. Rund 20000 Frauen protestierten Ende 1956 vor den Union Buildings, dem Regierungsgebäude in Pretoria, gegen die Gesetze. Zwei Jahre später marschierten erneut Hunderte von Frauen mit ihren Babies auf dem Rücken durch die Innenstadt von Johannesburg, um gegen die Paßgesetze zu demonstrieren. Etwa 1300 von ihnen wurden verhaftet, gegen Kaution freigelassen, viele zu Haftstrafen verurteilt. Unter denen, die zwei Wochen ins Gefängnis gingen und zusätzlich eine Strafe zahlten, befand sich auch eine Frau namens Nomzamo Winnifred («Winnie») Mandela.

Als sechstes von elf Kindern des Geschäftsmannes Columbus Madikizela kam Winnie im Jahre 1934 in Bizana zur Welt, einem Städtchen Pondolands, das zur Transkei gehörte. Sie wuchs in bescheidenem Wohlstand auf, legte 1952 das Abitur ab und wurde in Johannesburg Sozialarbeiterin an dem für Schwarze vorgesehenen Baragwanath-Hospital. Nelson lernte sie während des Hochverratsprozesses und noch vor seiner Scheidung von Evelyn kennen. Es war so etwas wie Liebe auf den ersten Blick zwischen Winnie und ihm, so daß sie bereits wenige Wochen nach ihren ersten Begegnungen Heiratspläne schmiedeten. Nelson verschwieg ihr nicht, daß sie künftig von Winnies Gehalt leben müßten, da sich die Anwaltskanzlei mittlerweile *in großen finanziellen Schwierigkeiten* befand.[133] Nachdem er die traditionelle Lobola entrichtet hatte, fand am 14. Juni 1958 die Hochzeit in Winnies Heimat statt. Nelsons Bann war zu diesem Zweck für sechs Tage aufgehoben worden. Anschließend kehrte das Paar nach Johannesburg zurück, wo sich Nelson weiterhin dem Prozeß stellen mußte und Winnie mehr und mehr im Sinne des ANC politisiert wurde. Im Februar 1959 gebar sie eine Tochter, die den Namen Zenani bekam.[134] Ende Dezember 1960 schenkte Winnie einer weiteren Tochter das Leben, die den Namen Zindziswa erhielt.

Der Vorname Nomzamo bedeutet, daß sich jemand bemüht oder Prüfungen unterzieht. In diesem Sinne war die Teilnahme Winnies an den Anti-Paß-Demonstrationen der Frauen in Johannesburg eine Art Generalprobe für zahllose weitere Machtproben mit der Regierung in den folgenden drei Jahrzehnten, in denen sie sich zu einer unerschrockenen, tapferen und herausfordernden Kämpferin gegen die Apartheid entwickelte.

Nelson versuchte vergeblich, seiner Frau die Gefahren einer Teilnahme an den Demonstrationen gegen die Paßgesetze klarzumachen. Als sie deswegen im Gefängnis saß, gelang es ihm, sie dort zu sehen. Sie *strahlte, als sie mich erblickte,* und sie schien *so glücklich* zu sein, *wie man das in einer Polizeizelle nur sein kann. Es war, als habe sie mir ein großes Geschenk gemacht, von dem sie wußte, daß es mich erfreuen würde.*[135]

Sah sich der ANC durch den Prozeß ohnehin in die Defensive gedrängt,

Nelson und Winnie Mandela am Tage ihrer Hochzeit, 14. Juni 1958

verstrickte er sich seit Ende 1958 in interne ideologische Streitigkeiten, die im April 1959 mit der Abspaltung seines afrikanistischen Flügels in Gestalt des Pan Africanist Congress (PAC) ihren Höhepunkt fanden.

Der PAC verfocht eine streng afrikanistische Widerstandsstrategie und lehnte jegliche Zusammenarbeit mit Indern und Farbigen, vor allem aber mit Kommunisten jeder Hautfarbe kategorisch ab. Wenn seine Gründung auch nicht überraschend kam, ärgerte Mandela doch die Zersplitterung der Kräfte, zumal er in manchen PAC-Führern Opportunisten erkannte und deren Ziele als unreif empfand. Besonders das Versprechen des PAC, die Befreiung Südafrikas bis 1963 herbeizuführen, hielt er für *naiv* und unverantwortlich: *Die Voraussage weckte Hoffnung und Enthusiasmus bei Menschen, die des Wartens überdrüssig waren, doch ist es für eine Organisation immer gefährlich, Versprechungen abzugeben, die sie nicht halten kann.*[136]

Um den ANC auszubooten, riskierte der PAC im März 1960 ein gewagtes Manöver. Der ANC hatte für den 31. März zu einer landesweiten, massiven Anti-Paß-Demonstration aufgerufen. Nun versuchte der PAC unter der Führung Robert Sobukwes diese Aktion zu unterlaufen, indem er bereits für den 21. März Demonstrationen organisierte.

In Sharpeville bei Johannesburg kam es an diesem Tag zu einem Massaker der Polizei unter friedlichen Demonstranten, das den weiteren Verlauf der Geschichte Südafrikas wesentlich beeinflussen sollte. Zahlenmäßig den Tausenden von Demonstranten weit unterlegen, schoß die nur 75 Mann umfassende Polizeitruppe in die Menge und tötete dabei 69 Menschen. Mehrere hundert Versammelte wurden verwundet, und im Laufe des Tages breitete sich die Unruhe auch in das Township Langa bei Kapstadt aus.

«Sharpeville» wurde international zum Synonym für Apartheid, es rückte die südafrikanische Rassenpolitik erstmals anhaltend in das Bewußtsein der Weltöffentlichkeit. Und erstmals seit 1948 geriet die weiße Minderheitsregierung in Pretoria in eine schwere Krise, in deren Verlauf die Kurse an der Johannesburger Börse drastisch sanken und die Rettung schließlich durch britische und amerikanische Investoren erfolgte.[137] Doch auch wenn Protestnoten aus aller Welt bei Premierminister Verwoerd eintrafen und sich zum ersten Mal der Sicherheitsrat der Vereinten Nationen mit Südafrika befaßte, behielt die Regierung die Nerven. Sie ging sogar in die Offensive: Ähnlich wie die Regierung Hitlers im Zusammenhang mit dem Reichstagsbrand von 1933 machte sie eine «kommunistische Verschwörung» für die Vorgänge verantwortlich. Und ähnlich der Verabschiedung von Notverordnung und «Ermächtigungsgesetz» im Dritten Reich schuf sich die Regierung in Pretoria mit dem Ende März 1960 verhängten Kriegsrecht einen enormen Handlungsspielraum, um gegen den Apartheid-Widerstand vorzugehen.

ANC-Chef Lutuli, der afrikanische Anwalt Duma Nokwe, Mandela und Joe Slovo trugen für den ANC dem Umstand Rechnung, daß «Sharpeville» dem PAC kurzfristig ungeheure Popularität beschert hatte und der inhaftierte Sobukwe als Held gefeiert wurde. Wenige Tage vor Verhängung des Ausnahmezustands kündigten sie ein landesweites Stay-at-home an, um den *Menschen ein Ventil* zu geben *für ihren Zorn und ihre*

Frühjahr 1960, nach dem Massaker von Sharpeville: Afrikaner verbrennen ihre Pässe

Trauer. Vor der Presse verbrannten zunächst Lutuli, dann auch Mandela und Duma Nokwe ihre Pässe.[138]

Aufgrund der Notstandsgesetze verhaftete die Polizei Mandela am frühen Morgen des 30. März. Für ihn und andere Gesinnungsgenossen folgten nun harte Tage in Haft. Unmenschliche hygienische Verhältnisse und vorenthaltenes Essen im Gefängnis wurden zusätzlich verschlimmert durch einen außerordentlich rüden Umgangston des Wachpersonals. Als gewählter Sprecher der Häftlingsgruppe erzwang Mandela durch unnachgiebiges Auftreten einige materielle Verbesserungen. Wenig später wurden die Häftlinge als Angeklagte im Hochverratsprozeß in das örtliche Gefängnis von Pretoria überstellt, von wo aus sie künftig dem Verfahren beizuwohnen hatten.[139]

Am 8. April verbot die Regierung den ANC und den PAC. Fortan war jegliche Aktivität für diese Organisationen illegal.

Obwohl inhaftiert, erfreute sich Mandela eines *außerordentlichen Privilegs.* Er durfte am Wochenende in das gut sechzig Kilometer entfernte Johannesburg fahren, um dort die Kanzlei «Mandela & Tambo» abzuwickeln. Oliver Tambo war kurz vor Ausrufung des Notstands auf Beschluß des ANC außer Landes gegangen. Seine künftige Aufgabe bestand darin, angesichts der erwarteten Illegalität des ANC eine Exil-Organisation aufzubauen.[140]

Die Wochenendfahrten nach Johannesburg nahmen eine seltsame Situation im Leben Mandelas vorweg, die sich ein rundes Vierteljahrhundert später am Ende einer ungleich längeren Haftzeit ähnlich wiederholen sollte. Bei den Fahrten erwies sich der begleitende und bewachende Sergeant Mandela zufolge als ein *imposanter Mann, der uns fair behandelte. Auf dem Weg [...] hielt er oft an und ließ mich im Auto sitzen, während er in einen Laden ging, um für uns [...] Orangen und Schokolade zu kaufen. Ich hätte aus dem Auto springen können [...]. Wir hatten eine Art Vereinbarung unter Gentlemen: Ich würde keinen Fluchtversuch unternehmen und ihn dadurch in Schwierigkeiten bringen, und er erlaubte mir ein gewisses Maß an Freiheit.*[141]

Aus Protest gegen die Notstandsbestimmungen legte das Verteidigerteam im Einverständnis mit Mandela und den noch übriggebliebenen 29 anderen Angeklagten in dem Prozeß sein Mandat nieder. Die erfahrenen Anwälte Mandela und Duma Nokwe verteidigten sich bis zur Aufhebung des Notstands selbst. Am 3. August 1960, mehr als drei Jahre nach dem Beginn des Verfahrens, war es endlich an Mandela, seine Aussage zu machen.

Auch Mandela verbrennt demonstrativ seinen Paß

Er entschied sich für eine Verteidigungslinie, die Mäßigung und die Verpflichtung des ANC zum gewaltlosen Kampf betonte. Mandela hob gegenüber dem Gericht hervor, daß die Nichtweißen anstrebten, schrittweise und im Dialog mit der weißen Regierung das allgemeine Wahlrecht zu erreichen. Durch das Ausspielen ihrer *zahlenmäßigen Überlegenheit* werde es den Nichtweißen schließlich gelingen, die Weißen zu Zugeständnissen zu zwingen. Unter Hinweis auf die streikähnlichen Stay-at-homes sagte er voraus, daß *die Europäer selbst sich unseren Forderungen nicht ewig widersetzen können, da unsere Politik des wirtschaftlichen Drucks für sie ein ständiger Schlag in den Magen ist.* Gefragt, ob er Kommunist geworden sei, antwortete Mandela mit taktischer Raffinesse: *Nun, ich weiß nicht genau, ob ich ein Kommunist geworden bin. Wenn Sie unter einem Kommunisten ein Mitglied der Kommunistischen Partei verstehen und jemanden, der an die Theorien von Marx, Engels, Lenin und Stalin glaubt und sich streng an die Parteidisziplin hält, dann bin ich kein Kommunist geworden.*[142] Gleichwohl bewies er Loyalität und distanzierte sich nicht von seinen kommunistischen Freunden, ja er hob ihre Unterstützung für den Kampf des ANC hervor.[143]

Auch nach seiner Aussage dauerte das Verfahren noch Monate an. Wenigstens konnte er nach der zum 31. August 1960 erfolgten Beendigung des Ausnahmezustands nach Hause zurückkehren. Angesichts der wiedergewonnenen Freiheit – allerdings noch unter Bann – resümierte er, es seien die *kleinen Dinge*, die man besonders schätzen lerne: die *simple Tatsache, über die eigene Person bestimmen zu können.*[144]

Bereits im September nahm er an einer Geheimsitzung des Nationalen Exekutivkomitees des ANC teil. Trotz der Illegalität wurde beschlossen, die Aktivitäten der Organisation nicht einzustellen, sondern im Untergrund weiterzuführen. Die Jugend- und die Frauenliga wurden jedoch aufgelöst.

Ende März 1961 mehrten sich die Anzeichen für ein baldiges Ende des Prozesses. Für den 29. März rechnete man mit der Urteilsverkündung. Wenige Tage vor diesem Datum nutzte Mandela das Auslaufen seines Banns für einen Überraschungsauftritt auf der Allafrikanischen Konferenz in Pietermaritzburg, der Hauptstadt Natals. Unmittelbar vor seiner nächtlichen Reise nach Natal traf er in einer geheimen Sitzung mit dem Nationalen Arbeitskomitee des ANC eine schwerwiegende Entscheidung: Sollte das Gericht ihn freisprechen, würde er sofort in den Untergrund abtauchen und nicht mehr zu seiner Familie zurückkehren. Nach den Vorstellungen des M-Planes sollte er aus der Illegalität heraus die künftige Arbeit des verbotenen ANC koordinieren. Nelson informierte Winnie über den Beschluß, die ihn *stoisch* aufnahm und umgehend einen Koffer für seine Reise nach Pietermaritzburg packte. Wie lange sie und ihre Töchter ihn nicht mehr sehen würden war ungewiß.[145]

Der Auftritt Mandelas vor den rund 1400 Delegierten von 150 ver-

Mandela auf der Konferenz von Pietermaritzburg, März 1961

schiedenen Organisationen symbolisierte die Tatsache, daß er praktisch die Führung im ANC übernommen hatte. Der nominelle ANC-Chef Lutuli war durch seinen Bann in seiner Bewegungsfreiheit eingeschränkt.

Den konkreten Anlaß der Konferenz bot die für den 31. Mai des Jahres vorgesehene Ausrufung der Republik Südafrika durch die Regierung in Pretoria. Die Anti-Apartheid-Organisationen fürchteten diese Proklamation, da sie den Austritt des Landes aus dem Britischen Commonwealth bedeutete und sich Pretoria dadurch gänzlich der Kritik Londons und anderer Commonwealth-Mitglieder, allen voran Indiens, zu entziehen drohte.

Die Konferenz forderte die südafrikanische Regierung auf, der Einberufung einer Nationalversammlung zuzustimmen, welche eine neue, nichtrassische Verfassung für Südafrika beschließen sollte. Andernfalls sähe sie sich mit einem dreitägigen landesweiten Stay-at-home ab dem 29. Mai konfrontiert.

Mandela machte sich über die Reaktion der Regierung Verwoerd auf diese Forderung ebensowenig Illusionen wie über die Antwort auf ähnlich lautende Briefe, die er Ende April an den Premierminister persönlich sowie Ende Mai an den Führer der parlamentarischen Opposition, de Villiers Graaff, sandte. Beide Schreiben blieben unbeantwortet, jedoch nahm Verwoerd während einer Parlamentsrede Bezug auf den Brief, den er als «arrogant» abqualifizierte.[146]

Pünktlich zur Fortsetzung des Prozesses erschien Mandela am 29. März wieder in der Alten Synagoge von Pretoria. Es sollte in der Tat der Tag der Urteilsverkündung werden.

Das Gericht kam zu dem Schluß, daß das vorgelegte Beweismaterial nicht ausreiche, um dem ANC eine Politik nachzuweisen, die auf einen gewaltsamen Sturz der Staatsordnung abzielte. Ferner habe nicht bewiesen werden können, daß die Freiheits-Charta eine kommunistische Gesellschaftsordnung anstrebe: «Folglich sind die Angeklagten als nicht schuldig befunden worden und sind freizulassen.»[147]

Zuschauer wie Angeklagte brachen bei dem Urteil in lauten Jubel aus, die Verteidiger wurden auf die Schultern gehoben, und die Menge stimmte das Lied «Nkosi sikelel i Afrika» («Gott schütze Afrika») * an. Auch Winnie war herbeigeeilt, *und ich umarmte sie voll Freude*, schreibt Mandela.[148] Aber ihre Freude war getrübt, denn er ging wie vorgesehen sofort nach der Urteilsverkündung in die Illegalität.

Zu Recht weist Mandela darauf hin, daß das Urteil für die Regierung in den Augen des In- und Auslandes eine Peinlichkeit darstellte. Doch war dies nur die halbe Wahrheit. Der schier endlose Prozeß hatte den organisierten Widerstand gegen die Apartheid andauernd und nachhaltig geschwächt. Verwoerd war mit seiner «Grand Apartheid», der Schaffung scheinunabhängiger Bantustans, ein wichtiges Stück vorangeschritten.

Als Individuen stellte Mandela seinen drei Richtern Rumpff, Bekker und Kennedy ein insgesamt von Hochachtung bestimmtes Zeugnis aus. Wie schon bei seiner Beurteilung des weißen Direktors vom College in Clarkebury und des gefürchteten Staatsanwalts Pirow fand er auch hier

---

* Das Lied war lange Zeit die Hymne des ANC, seit dem Ende der weißen Minderheitsherrschaft im Jahre 1994 ist es die offizielle Nationalhymne der Republik Südafrika. Sie wurde 1897 von dem Lehrer Enoch Sontonga komponiert.

Worte des Großmuts und der geradezu verblüffenden Fairneß für die drei: Sie *erhoben sich,* bemerkt er rückblickend, *über ihre Vorurteile, ihre Erziehung und ihren Lebenshintergrund.* Im Menschen, fährt er fort, *ist eine Neigung zur Güte, die vergraben oder verborgen sein kann, um dann unerwartet wieder hervorzutreten.* Das südafrikanische Gesetz hingegen habe sich nach seiner Erfahrung – sowohl als Anwalt wie auch als Angeklagter – keineswegs als *Schwert der Gerechtigkeit* erwiesen, sondern als *Werkzeug [der] herrschenden Klasse, um die Gesellschaft nach ihren Wünschen zu gestalten.*[149]

Im übrigen, so Mandela, habe der Staat aus dem Mammutverfahren die Lehre gezogen, *sich nie wieder auf Richter [zu] verlassen, die er nicht selbst bestimmt hatte. Man würde sich nicht mehr an das halten, was man als juristische Kinkerlitzchen betrachtete, die Terroristen schützten oder verurteilten Gefangenen im Gefängnis bestimmte Rechte zuerkannten.*[150]

Umkhonto und Rivonia

Mandelas Leben im Untergrund spielte sich vor allem in und um Johannesburg ab, wo er von Freunden in leerstehenden Häusern und Wohnungen versteckt wurde. Tagsüber hielt er sich verborgen, nachts traf er sich mit Gesinnungsgenossen und immer wieder auch mit seiner Familie. Allmählich gewöhnte er sich an das einsame Leben. Zwar sei er gesellig, bekennt er, doch liebe er *die Einsamkeit noch mehr*[151]. Verkleidet als Chauffeur oder Gärtner, sein Gesicht ungepflegt und mit einem Bart bedeckt, bewegte sich Mandela im Lande wie ein Fisch im Wasser. Unvermutet tauchte er auf einer Versammlung auf und bewies damit den Sympathisanten des ANC, daß der Kampf weiterging.

Die Presse spekulierte über seinen Aufenthaltsort, und gelegentlich gewährte der von ihr so titulierte «Black Pimpernell» * ein Interview aus einer Telefonzelle heraus. Wiederholt entging Mandela seiner Enttarnung nur knapp. *Eines Nachmittags,* so schildert er eine solche Situation, *wartete ich in Johannesburg, mit langem Staubmantel und Mütze als Chauffeur verkleidet, an einer Ecke, von der ich abgeholt werden sollte. Plötzlich bemerkte ich, daß sich mir ein afrikanischer Polizist gezielt näherte. Ich drehte den Kopf, um zu sehen, ob ich irgendwohin flüchten konnte, doch bevor es dazu kam, lächelte er mir zu, grüßte mit aufwärts gekehrtem Daumen, dem ANC-Gruß, und war verschwunden. Vorfälle die-*

---

* Diese von Mandela als etwas herabsetzend empfundene Bezeichnung geht auf die von der Baroness Orczy erfundene Romangestalt des «Scharlachroten Pimpernell» zurück, der während der Französischen Revolution als Draufgänger für seinen König zahlreiche Abenteuer bestand.

ser Art geschahen sehr oft, und ich fühlte mich bestärkt, wenn ich sah, daß wir die Loyalität vieler afrikanischer Polizisten besaßen.[152]

Zu Beginn seiner Untergrundtätigkeit widmete sich Mandela vor allem der Vorbereitung des Stay-at-home vom 29. Mai. Die Regierung erwiderte einen entsprechenden Aufruf Mandelas mit bürgerkriegsähnlichen Vorkehrungen: Razzien, erweiterte Verhaftungsvollmachten, verstärkte Einberufungen zum Militär und Urlaubssperren für die Polizei sollten die Aktion eindämmen. Der *PAC spielte die Rolle des Saboteurs*, so Mandela, indem er in Flugblättern zum Boykott des Stay-at-home aufforderte.[153]

Im Gegensatz zu seiner öffentlichen Wertung des Aktionsverlaufs, in der er trotz ihres vorzeitigen Abbruchs am zweiten Tag insgesamt zu einem positiven Urteil gelangte, kommt Mandela in seinen Erinnerungen ohne Umschweife zu dem Ergebnis, daß *der Widerhall insgesamt doch dürftiger als von uns erhofft* ausgefallen war[154]. Es hatte sich gezeigt, daß Proteste gegen die Regierungspolitik in ihrer bisherigen Form ohne Ergebnis blieben. Daher wurde die Ausrufung der Republik Südafrika am 31. Mai 1961 ein weiterer Wendepunkt im Leben Mandelas: Hatte er bereits 1952 anläßlich der Räumung Sophiatowns ernsthaft mit dem Gedanken gespielt, den Grundsatz der Gewaltlosigkeit aufzugeben, kam er jetzt zu dem Schluß, *daß die Tage des gewaltlosen Kampfes vorüber seien,* daß der ANC nach seinen Vorstellungen *ein Kapitel über die Frage der gewaltlosen Politik* abzuschließen im Begriff stand.[155] Zwar handelte er sich für diese gegenüber der internationalen Presse im Untergrund getroffene Feststellung die Kritik der ANC-Exekutive ein, aber *manchmal,* so Mandela, *muß man mit einer Idee an die Öffentlichkeit gehen, um eine widerstrebende Organisation in die gewünschte Richtung zu drängen*[156].

Mandelas Entschluß zur Gewaltanwendung gegenüber der weißen Regierung wurde zusätzlich erleichtert durch Unruhen, die in Pondoland ausbrachen und ihren Höhepunkt zwischen 1957 und 1960 erreichten. In diesem Teil der Transkei, der Heimat Winnies, wehrten sich Teile der Bevölkerung gegen die Einführung der sogenannten Bantu-Gesetze im Rahmen der Bantustan-Politik Verwoerds. Bei bewaffneten Zusammenstößen zwischen Gegnern dieser Politik und Regierungstruppen wurden am 6. Juni 1960 zahlreiche Schwarze getötet. Damit war der Widerstand in der Transkei zunächst gebrochen, ehe er 1962/63 in Thembuland, der Heimat Mandelas, noch einmal aufflackerte.[157]

In mehreren endlosen Nachtsitzungen in Durban – die Metropole Natals war gewählt worden, weil ANC-Chef Lutuli auf das nahe gelegene Gebiet des Bezirks Stanger gebannt war – gelang es Mandela, sowohl die ANC-Exekutive als auch die Verbündeten der Konferenz von Pietermaritzburg, also die Organisationen der Inder, der Farbigen, der Gewerkschaften sowie des linken Congress of Democrats, für eine Erweiterung der bisherigen Kampfstrategie zu gewinnen. Gewalt, deren genaue Art und Form noch bestimmt werden mußten, sollte die bisherigen Kampfformen ergänzen.

Mandela war sich darüber im klaren, daß er damit in Widerspruch zu seiner Verteidigungslinie im Hochverratsprozeß geriet: *Überdies hatte ich Bedenken wegen des Zeitpunkts seiner Entscheidung für Gewaltanwendung, denn ich brachte das Thema Gewalt so kurze Zeit nach dem Hochverratsprozeß zur Sprache, in dem wir doch erklärt hatten, für den ANC sei Gewaltlosigkeit ein unantastbares Prinzip und keine Taktik, die sich je nach Umständen ändere. Ich selbst glaubte genau das Gegenteil: Gewaltlosigkeit sei eine Taktik, die aufgegeben werden sollte, wenn sie ihre Wirkung verloren habe.*[158] Mandela mußte sich in Durban insbesondere gegen den gemäßigten Lutuli und Vertreter der Inder durchsetzen, die starke Vorbehalte gegen Gewaltanwendung erhoben. Er aber argumentierte, der rassistische Staat lasse den Nichtweißen Südafrikas keine Alternative im Befreiungskampf, die unterdrückten Menschen seien *bewaffneten Angriffen* ausgesetzt.[159] Es sei höchste Zeit, wenigstens die Symbole der Staatsmacht anzugreifen; im übrigen sei es besser, der ANC übernehme die Initiative bei der Gewaltausübung, bevor andere Kräfte damit begännen.[158] Vor allem Lutuli fiel es schwer, der Kursänderung zuzustimmen, doch schließlich gab er auf. Später begegnete er Spekulationen über seine angeblich übertriebene Friedfertigkeit mit dem Hinweis: «Falls mich jemand für einen Pazifisten hält, so mag er nur versuchen, mir meine Hühner wegzunehmen, und er wird dann schon sehen, wie sehr er sich irrt.»[160]

Um jedoch solche Organisationen zu schützen, die den ANC in seiner Illegalität unterstützten, setzte sich der Häuptling mit seiner Forderung durch, daß die zu schaffende militärische Einheit weitgehend getrennt vom ANC operieren sollte.

Am 26. Juni 1961, dem Freiheitstag der Apartheidgegner, wandte sich Mandela mit einer in London publizierten Presseerklärung an seine Landsleute. Darin verwies er auf kommende Aktionen im Rahmen des *unerbittlichen Massenkampfes* gegen die südafrikanischen *Rassenfanatiker.* Die Erklärung schloß mit den berühmt gewordenen Worten: *Ich werde gegen die Regierung kämpfen, Seite an Seite mit euch, Meter und Meter und Meile für Meile, bis der Sieg errungen ist. Was werdet ihr tun? [...] Ich für meinen Teil habe meine Entscheidung getroffen. Weder werde ich Südafrika verlassen, noch werde ich kapitulieren. Nur durch Leiden, Opfer und militante Tat kann Freiheit erreicht werden. Der Kampf ist mein Leben. Ich werde bis zum Ende meiner Tage für die Freiheit kämpfen.*[162]

Es war diese Entscheidung für die kontrollierte Anwendung von Gewalt, die den Ruf Mandelas als des legendären Führers im Kampf gegen die Apartheid endgültig besiegelte. Umkhonto we Sizwe, der «Speer der Nation» oder kurz: MK, entwickelte sich zum bewaffneten Arm des ANC.

Seine formelle Gründung erfolgte im November 1961. Der militärisch ungebildete Mandela übernahm das Oberkommando. Zu seinen engsten Vertrauten berief er den Weißen Joe Slovo sowie Walter Sisulu. Im Gegensatz zur rein afrikanischen ANC-Exekutive gehörten zur MK-Führungsstruktur auch Weiße, vor allem Kommunisten wie Slovo, Jack Hodgson und Rusty Bernstein. Über die Bewältigung seiner Anfangsschwierigkeiten als Chef von MK schreibt Mandela: *Ich ging an die Aufgabe auf die Weise heran, die mir geläufig war, indem ich las und mit Experten sprach.*[163] Zu seiner bevorzugten Lektüre über Theorie und Technik des Untergrundkrieges gehörten unter anderem Bücher kubanischer Autoren sowie Werke von Che Guevara und Mao Tse-tung. Unter dem Einfluß seiner jüdischen Freunde lernte er viel über die jüdische Guerillabewegung im Palästina der vierziger Jahre, und das Buch des späteren israelischen Ministerpräsidenten Menachim Begin, «The Revolt», berührte ihn besonders sympathisch, weil Begin darin den Untergrundkampf in der Landschaft Palästinas schildert, die in mancher Hinsicht der südafrikanischen ähnelt. Großen Gewinn zog er aus der Lektüre Carl von Clausewitz', dessen Wort vom Krieg als der Fortsetzung der Politik mit anderen Mitteln seiner eigenen Auffassung nahekam. Schließlich griff Mandela sogar auf die Guerilla-Erfahrungen seiner Gegner, der Afrikaaner, im Anglo-Burenkrieg der Jahrhundertwende zurück. Deneys Reitz' Buch «Commando» erlaubte ihm manche Einsicht in die Kriegstaktik, welche die Afrikaaner gegenüber den Briten angewandt hatten.

In Absprache mit dem ANC entschied sich MK dafür, zunächst eine spezifische Form der Gewalt anzuwenden. Man entschloß sich zu Sabotageakten gegen militärische Einrichtungen des Gegners und gegen Kraftwerke, Telefonleitungen, Hochspannungsmasten und Transportwege – gegen sogenannte hard targets, harte Ziele. Sabotage gefährdete Menschenleben am wenigsten, zugleich verband sich mit ihrer Durchführung die Hoffnung, daß das Ausland von weiteren Investitionen in Südafrika abgeschreckt und Pretoria somit indirekt an den Verhandlungstisch gezwungen werde. Die dosierte Anwendung von Gewalt schloß darüber hinaus die Möglichkeit ein, daß sich Schwarz und Weiß nach einem Friedensschluß schneller versöhnen konnten, als dies im Falle eines offenen Krieges möglich gewesen wäre. Mandela stand hier das abschreckende Beispiel des Anglo-Buren-Krieges vor Augen, dessen Beteiligte, Afrikaaner und Briten, auch nach mehr als fünfzig Jahren allenfalls oberflächlich versöhnt waren. Wie schwer mochte eine Versöhnung nach einem Rassenkrieg sein?[164] Im übrigen unterschied sich die begrenzte Gewaltentfaltung seitens des MK für viele Weiße positiv von den einige Zeit später aufflammenden blutigen Attacken der Organisation «Poqo» auf kollaborierende Schwarze und Weiße. Poqo war lose mit dem PAC assoziiert. Somit empfahl sich der MK prinzipiell eher für Verhandlungen mit der weißen Regierung als die terroristische Poqo-Organisation.

Nach Wochen und Monaten der Vorbereitung, in denen eine landesweite Kommandostruktur aufgebaut, Sabotageziele identifiziert und der Umgang mit Sprengmaterialien geübt worden waren, detonierten erstmals am 16. Dezember 1961 Sprengsätze von MK in staatlichen Einrichtungen. Dabei starb ein Saboteur. Das Datum war sorgfältig ausgewählt worden, denn an diesem Staatsfeiertag gedachten die Afrikaaner des Sieges ihrer Vorfahren über die Zulu in der Schlacht am Blood River 1838.

Umkhonto wandte sich mit Flugblättern an die Öffentlichkeit, in denen die neue Phase des Befreiungskampfes erläutert wurde: *Im Laufe ihrer Geschichte wird jede Nation einmal vor die Entscheidung gestellt: sich zu unterwerfen oder zu kämpfen,* hieß es in diesem «Manifest». Und weiter: *Dieser Zeitpunkt ist nun in Südafrika gekommen. Wir werden uns nicht unterwerfen, und wir haben keine andere Wahl, als mit allen uns zur Verfügung stehenden Mitteln zurückzuschlagen, um unser Volk, unsere Zukunft und Freiheit zu verteidigen. Die Regierung hat die Friedfertigkeit der Bewegung als Schwäche interpretiert; die Politik der Gewaltfreiheit wurde von ihr als Freibrief für eigene Gewaltakte genommen.*[165] Gleichzeitig drückte das Manifest die Hoffnung aus, daß es gemäß der Tradition des friedlichen Widerstands in Südafrika zu einer Einigung mit der Regierung kommen und eine weitere Gewalteskalation vermieden werden könne.

Die ersten Anschläge von MK ereigneten sich ausgerechnet einen Tag, nachdem ANC-Chef Lutuli aus Oslo zurückgekehrt war, wo er den Friedensnobelpreis entgegen genommen hatte. Mandela bezeichnet das Zusammenfallen beider Ereignisse als *unglückselig*[166]. Während die Regierung die Anschläge verurteilte oder aber ihre Wirkung herunterzuspielen versuchte, erregten sie gleichwohl Aufsehen in der Bevölkerung. Die Weißen sahen sich erstmals bewaffneten Attacken durch Schwarze ausgesetzt, denen sie es eigentlich nicht zutrauten, Sprengsätze zu basteln und zu zünden. «Moskau» müsse folglich hinter den Angriffen stehen, lautete daher eine verbreitete Ansicht.[167] Umgekehrt stärkten diese ersten Explosionen das Selbstwertgefühl vieler Afrikaner.

In dieser Steigerung des afrikanischen Selbstbewußtseins lag wahrscheinlich die eigentliche Bedeutung der Detonationen, weniger in dem angerichteten Sachschaden. Andererseits berührten sie die Toleranzgrenze mancher Weißer, die mit der gemäßigten ANC-Politik der Vergangenheit gut hatten leben können. Von einem weißen Polizisten, der einen MK-Saboteur gefaßt hatte, wurde etwa die Bemerkung weitergegeben: «Paß auf! Für den alten Kongreß von Lutuli hatte ich Verständnis, nicht aber für diese Sache von Mandela. Das ist keine Organisation, sondern eine verdammte Armee. Daher bist du ein Soldat, und ich werde dich behandeln, wie man einen gefangenen Soldaten behandelt.»[168]

Als Chef des Oberkommandos von MK lebte Mandela einige Zeit auf

69

der Farm Liliesleaf bei Rivonia, einem nördlichen Vorort von Johannesburg. Die Farm gehörte dem MK-Mitglied Arthur Goldreich, der in den vierziger Jahren Kämpfer in der Palmach, einer jüdischen Untergrundorganisation in Palästina, gewesen war.[169] Mandela spielte in Rivonia die Rolle eines Hausangestellten oder Verwalters. Manchmal war sein schauspielerisches Geschick gefordert, wenn er sich gegenüber schwarzen Arbeitern auf dem Farmgelände diesem Status entsprechend verhalten und sich nicht als politischer Verbündeter des Hausherrn enttarnen durfte.

Während der Zeit auf Liliesleaf konnte Mandela sogar ein Familienleben mit seiner Frau, ihren beiden Töchtern und mit Makgatho, seinem Sohn aus erster Ehe, führen, wenn sie ihn dort besuchten. Rückblickend beurteilte Mandela jene Tage als eine *idyllische Seifenblase*[170].

Im Dezember 1961 beschloß die Untergrundexekutive des ANC, Mandela als Leiter einer Delegation des Kongresses zu einer internationalen Konferenz in die äthiopische Hauptstadt Addis Abeba zu entsenden. Nach Zwischenaufenthalten in Bechuanaland (heute Botswana), Tanganyika (heute Tansania), Ghana und dem Sudan erreichte Mandela als «freier Mann in Afrika» schließlich sein Ziel, wo er vor der Konferenz der Panafrikanischen Freiheitsbewegung für Ost-, Zentral- und Südafrika eine Rede hielt. Soeben war mit dem Jahr 1960 ein regelrechtes «Afrikajahr» vergangen, in dem eine Reihe afrikanischer Staaten ihre Unabhängigkeit erlangt hatte. Mandela dankte in seiner Rede für den

politischen Druck, den diese jungen Republiken auf Südafrika ausübten. Er erläuterte den Kampf von Umkhonto und betonte im übrigen, daß die Beseitigung des südafrikanischen Rassismus zuerst und vor allem Sache der Südafrikaner selbst sei. Er wiederholte sein früheres Bekenntnis, in seiner Heimat kämpfen zu wollen, und beteuerte, nur für diese Reise sein Land verlassen zu haben.[171]

Tatsächlich verfolgte Mandela mit seiner Tour durch mehrere afrikanische Staaten sowie nach Großbritannien vor allem die Absicht, Unterstützung für MK zu gewinnen. Insbesondere ging es ihm um Geldmittel und militärische Ausbildungsmöglichkeiten. In seiner Autobiographie weist Mandela wiederholt darauf hin, daß zu seinem Mißfallen nicht der ANC, sondern der PAC überall in Afrika als stärkste Widerstandskraft gegen die Apartheid betrachtet wurde. Afrikanische Staatsmänner wie Julius Nyerere von Tanganyika oder Kenneth Kaunda von Nordrhodesien (heute Sambia) argwöhnten, der ANC sei nicht afrikanisch genug und werde zu sehr von weißen Kommunisten beherrscht.[172] Immer wieder sah sich Mandela gezwungen, die nichtrassische Politik des ANC gemäß der Freiheits-Charta und den Absprachen mit der Kongreßallianz von 1955 zu erläutern.

Nicht überall, wo er um Hilfe für Umkhonto warb, stieß er auf tätige Gegenliebe. Unterstützung ging manchmal nicht über rhetorische Aufmunterung hinaus. Andererseits bedeutete ein üppiges *Taschengeld*, so Mandela, für den «Botschafter» während seiner Mission auch etwas, ebenso wie die Ausstellung eines Diplomatenpasses. Einen Koffer mit nichtkonvertierbarer Währung tauschte die Tschechoslowakische Botschaft eines Landes in konvertierbare um.[173] Handfeste Hilfe in Gestalt fest zugesagter Ausbildungskapazitäten sowie 5000 Pfund für Waffen sagte sofort Tunesiens Präsident Bourgiba zu, wie überhaupt die nordafrikanischen Länder Marokko und Tunesien sowie die algerische Freiheitsbewegung einen starken Eindruck bei Mandela hinterließen.[174] Verblüfft registrierte er anläßlich einer Militärparade im marokkanischen Oujda, welche *große Kraft [...] Nationalismus und [...] Ethnizität* auf ihn selbst ausübten, als er dort in einer Militärkapelle einen Schwarzen an der Spitze der Maghrebiner marschieren sah und ganz spontan darüber in Jubel ausbrach.[175] Andererseits holten auch ihn die eingeschliffenen Verhaltensmuster der Apartheiderziehung ein, als er in Khartum ein Flugzeug der Ethiopian Airways bestieg und schockiert feststellte, *daß der Pilot schwarz war. Ich hatte noch nie einen schwarzen Piloten gesehen, und in diesem Augenblick mußte ich ein Gefühl der Panik unterdrücken. Wie konnte ein Schwarzer ein Flugzeug fliegen?* notiert Mandela in seinen Erinnerungen.[176]

In London nahm er wieder einen Decknamen an und bewegte sich vorsichtig in der Metropole, da er den Einfluß der südafrikanischen Sicherheitskräfte selbst dort vermutete. Immer noch war er ein gejagter

Oliver Tambo und Nelson Mandela in Addis Abeba, 1962

Mann. Er erörterte mit Oliver Tambo und dem indischen Repräsentanten der Kongreßallianz, Yusuf Dadoo, die Notwendigkeit, künftig den ANC innerhalb der Allianz stärker zu profilieren, um sein politisches Gewicht in Afrika zu stärken. Im übrigen erfüllte er sich mit dem Besuch in der britischen Hauptstadt auch einen ganz persönlichen Wunsch, denn: *Ich bekenne, daß ich etwas von einem Anglophilen habe. Wenn ich an westliche Demokratie und Freiheit dachte, fiel mir das britische parlamentarische System ein. In vielerlei Hinsicht war das Vorbild des Gentleman für mich ein Engländer. [...] Obwohl ich den britischen Imperialismus verabscheute, hatte ich nie etwas einzuwenden gegen britischen Stil und Manieren.*[177]

Von London aus brach Mandela wieder nach Äthiopien auf, wo er an einer sechsmonatigen militärischen Ausbildung teilnehmen wollte. Doch bereits nach acht Wochen, in denen er im Schießen und in der Herstellung kleinerer Sprengsätze unterwiesen worden war, rief ihn ein Telegramm zurück in die Heimat: *Der bewaffnete Kampf in Südafrika eskalierte, und sie wollten den Kommandeur des MK dabei haben.*[178]

Auf der Rückreise begegnete Mandela in Daressalam der ersten Gruppe von 21 MK-Rekruten, die zur Ausbildung nach Äthiopien gingen: *Es war das erste Mal, daß meine eigenen Soldaten vor mir salutierten,* erinnert er sich.[179]

Bei Nacht überquerte Mandela im Juli 1962 die Grenze von Bechuanaland nach Südafrika und ließ sich von dem weißen MK-Mitglied und Theaterregisseur Cecil Williams zur Farm Liliesleaf fahren. Nachdem er dort umgehend das ANC-Arbeitskomitee über seine Reise informiert und dringend dazu geraten hatte, den ANC klar als Führungsorganisation innerhalb der Kongreßallianz hervortreten zu lassen, machte Mandela sich in der folgenden Nacht – als Fahrer von Williams verkleidet – auf den Weg nach Natal, wo er Häuptling Lutuli Bericht erstatten wollte. Lutuli reagierte verärgert auf die Vorschläge für eine Kurskorrektur des ANC; er lehnte eine Einflußnahme fremder Regierungen, und seien sie afrikanisch, in die Politik des ANC ab. Mandela schlug daraufhin vor, einige *kosmetische Änderungen* in der Selbstdarstellung des ANC vorzunehmen, um sich den afrikanischen Staaten verständlicher und *annehmbarer* zu präsentieren und dem PAC das Wasser abzugraben.[180] Der Häuptling konnte sich jedoch nicht sofort zu einer Zustimmung durchringen.

In Durban informierte Mandela auch das örtliche MK-Kommando über seine Afrikareise, und er machte bei dieser Gelegenheit die Bekanntschaft von Bruno Mtolo, einem Sabotage-Experten, der das Kommando in der Stadt leitete. Mtolo sollte im Leben Mandelas noch eine bemerkenswerte Rolle spielen.

Zusammen mit Cecil Williams trat Mandela am 5. August 1962 die lange Rückfahrt nach Johannesburg an. Bei Howick, in der Nähe von Pietermaritzburg, hielt ein Polizeifahrzeug ihren Wagen an: *Im selben Moment begriff ich,* so Mandela, *daß meine Flucht zu Ende war; meine 17 Monate «Freiheit» waren vorüber.*[181]

Es ist nie geklärt worden, wer Mandela verraten hat, ob er überhaupt einem unmittelbaren Verrat zum Opfer fiel. Er selbst räumt freimütig ein, *zu lax* gewesen zu sein. *Zu viele Menschen hatten gewußt, daß ich in Durban war.* Noch in Rivonia, auf der Farm im Kreise der anderen MK-Führer, hatte sein Kampfgefährte Govan Mbeki ihn davor gewarnt, die Fahrt nach Natal anzutreten: *Dieser weise Rat,* schreibt Mandela rückblickend, *wurde von allen, auch von mir selbst, überstimmt.*[182]

Während Mandela eigene Leichtfertigkeit für seine Gefangennahme verantwortlich macht und eine Verwicklung des amerikanischen Geheimdienstes CIA als Kolportage abtut, liefert die amerikanische Journalistin Emma Gilbey in ihrer Biographie über Winnie Mandela Hinweise, die eine Beteiligung der Amerikaner an der Verhaftung immerhin möglich erscheinen lassen. Demnach trat der CIA, der eng mit der südafrikanischen Regierung, der Polizei und dem Militär kooperierte, zwar für eine allmähliche Einbeziehung gemäßigter Afrikaner in den politischen Prozeß Südafrikas ein, Mandela galt jedoch nicht als «gemäßigt»,

Mandela im Hauptquartier der algerischen Streitkräfte, 1962

und der ANC stand in Washington in dem Ruf, zu sehr von weißen Kommunisten dominiert zu werden.[183] Indes: Es ist wenig wahrscheinlich, daß der CIA besser über die Aufenthaltsorte Mandelas informiert gewesen sein sollte als die südafrikanischen Stellen, die ihn seit Monaten jagten und sich zweifellos auf Informanten aus den Reihen der Kongreßallianz stützen konnten. Im Zusammenhang mit der knapp ein Jahr nach seiner Verhaftung durchgeführten Aktion der Sicherheitskräfte gegen Umkhonto drängt sich eher der Verdacht auf, daß der südafrikanische Staat nur den optimalen Zeitpunkt für den Schlag gegen den prominenten MK-Führer hatte abwarten wollen. Eine abermalige Blamage vor der Weltöffentlichkeit wie anläßlich der Urteilsverkündung im Hochverratsprozeß konnten sich Regierung und Justiz nicht leisten.

Wenige Tage nach seiner Festnahme überstellten die Behörden Mandela nach Johannesburg, wo ihm der Richter die Anklage eröffnete: Aufruf zum illegalen Streik afrikanischer Arbeiter Ende Mai 1961 sowie Verlassen des Landes ohne gültige Ausweispapiere. Zwar kalkulierte Mandela sofort, daß er mit maximal zehn Jahren Gefängnis rechnen mußte, doch überwog bei ihm Erleichterung. Offenbar hatte die Polizei noch nicht seine Verbindung mit Umkhonto aufgedeckt, was unweigerlich eine Anklage wegen Hochverrats bedeutet hätte.[184]

Es gelang den Behörden, einen Fluchtplan für Mandela zu vereiteln und den Angeklagten daraufhin nach Pretoria zu verlegen. Damit wurde seine Verteidigung durch Joe Slovo, wie eigentlich beabsichtigt, unmöglich, da Slovo auf den Raum Johannesburg gebannt war. Mandela entschloß sich, seine Verteidigung in der ihm bereits vertrauten Alten Synagoge selbst zu übernehmen.

Zunächst zielte seine Argumentation in der am 15. Oktober 1962 eröffneten und auf Betreiben Mandelas um eine Woche verschobenen Hauptverhandlung darauf ab, den Magistrat wegen Befangenheit abzulehnen. Dies war bereits als politische Demonstration gedacht, denn er machte sich keine Illusionen über die Erfolgsaussichten seines Antrags: *Die Weißen machen alle Gesetze, zerren uns vor ihre Gerichte, klagen uns an und sitzen über uns zu Gericht. [...] Warum stehe ich in diesem Gerichtssaal vor einem weißen Magistrat, sehe ich mich einem weißen Staatsanwalt gegenüber und werde von einem weißen Gerichtsdiener auf die Anklagebank geführt? Kann wirklich jemand der ehrlichen Meinung sein, daß in einer solchen Atmosphäre sich die Waage der Gerechtigkeit im Gleichgewicht befindet?* [185] Erwartungsgemäß lehnte das Gericht Mandelas Antrag ab. Auf Befragen erklärte er sich im Sinne der Anklage für nicht schuldig. Zum Erstaunen seiner zahlreichen Anhänger im Verhandlungssaal, die ihn morgens mit dem gemeinsamen Ruf «Amandla! Ngawethu!» («Die Macht gehört uns!») begrüßten, weigerte er sich, sich zu verteidigen. Er hatte seine eigenen Schlüsse aus der Erkenntnis gezogen, daß er juristisch keine Chance gegen die Anklagepunkte, daß der Staatsanwalt im Sinne des Gesetzes überzeugend argumentiert hatte.[186]

Vor seinem rund einstündigen Schlußplädoyer hatte Mandela noch eine Begegnung mit seinem Ankläger Bosch unter vier Augen, die ihn in seinem Bewußtsein stärkte, symbolisch die gerechte Sache vor diesem Gericht durchzustehen. Bosch versicherte ihm, es tue ihm weh, ihn ins Gefängnis zu schicken, zum erstenmal in seiner Laufbahn verabscheue er seine Tätigkeit. *Dann*, so Mandela über diese Szene, *schüttelte er mir die Hand und gab der Hoffnung Ausdruck, daß sich für mich alles zum Guten wenden würde. Ich dankte ihm für seine Worte und versicherte ihm, ich würde seine Worte nie vergessen.*[187]

Mandela hielt sein Plädoyer auf Strafmilderung vor einer großen Zuschauermenge, unter die sich auch Winnie gemischt hatte. Der Angeklagte holte in seinen Ausführungen weit aus: er beschrieb die demokratischen Ansätze afrikanischer Herrschaftsformen, wie er sie in seiner Heimat Transkei schätzen gelernt hatte, er schilderte die demokratischen und nichtrassischen Prinzipien des ANC und ließ gegenüber dem Gericht keinen Zweifel daran, daß er seinen Kampf für ein anderes Südafrika auch nach seiner Strafverbüßung fortsetzen werde. Er schloß mit den Worten: *Ich habe gegenüber meinem Volk und gegenüber Südafrika meine Pflicht getan. Ich zweifle nicht daran, daß die Nachwelt zu dem Urteil kommen wird, daß ich unschuldig war und daß die Mitglieder der Ver-*

75

woerd-Regierung als die wahren Verbrecher vor dieses Gericht hätten gestellt werden müssen.[188]

Mit insgesamt fünf Jahren Haft verhängte das Gericht am 7. November die *schärfste Strafe*, die seit langem in Südafrika für ein politisches Vergehen ausgesprochen worden war.[189] Angesichts des Urteils brachen die Zuschauer in laute Klagerufe aus, Mandela jedoch ballte ihnen gegenüber die Faust und rief dreimal: *Amandla!*

Für ihn begann nun zunächst in Pretoria eine harte Haftzeit, während der der Xhosa-Adlige besonders dadurch gedemütigt wurde, daß man ihn zwang, die einheitliche Gefängniskleidung anzulegen. Zwar trotzte er der Anstaltsleitung lange Hosen ab, diesen «Sieg» bezahlte er jedoch mit strenger Isolationshaft, so daß er schließlich klein beigab und sich dazu durchrang, seinen *Stolz runterzuschlucken*, wie er selbst bemerkt. Er hatte sich dabei ertappt, wie er in seiner Einzelhaft anfing, mit einer Kakerlake ein Gespräch zu beginnen.[190]

Ende Mai 1963 verfügten die Behörden plötzlich die Verlegung Mandelas und anderer politischer Gefangener auf die Häftlingsinsel Robben Island in der Kapstädter Tafelbucht. Mandela erinnert sich an die Überfahrt vom Hafen zu der Insel in der schaukelnden Barkasse: *Wir mußten, immer noch aneinandergekettet, im Laderaum […] stehen,* was wegen der Dünung schwierig war. *Ein kleines Bullauge über uns war die einzige Lichtquelle. Das Bullauge diente aber auch noch einem anderen Zweck: Die Wärter machten sich einen Spaß daraus, auf uns herunterzuurinieren.*[191]

Mit den afrikaansen Worten: «Dis die eiland. Hier julle gaan vrek!» («Dies ist die Insel! Hier werdet ihr verrecken!») empfingen die weißen Inselwärter die Neulinge. Vor allem aufgrund kleinlicher Schikanen des Wachpersonals verbrachte Mandela einige schlimme Wochen auf der Insel, wo damals rund 1000 Gefangene einsaßen. Dann, plötzlich, Mitte Juli 1963, wurde er wieder auf das Festland und nach Pretoria zurücktransportiert. Was war geschehen?

Am 1. Mai 1963 hatte sich die Regierung mit dem sogenannten 90-Tage-Haft-Gesetz ein wirksames Instrument geschaffen, mit dem laut Justizminister Vorster Umkhonto das Rückgrat gebrochen werden sollte. Der bewaffnete Arm des ANC hatte mittlerweile seine Sabotageaktivität erheblich intensiviert.[192] Nun konnte die Polizei Personen ohne Gerichtsverfahren, in Einzelhaft und ohne Kontakt nach außen bis zu 90 Tage festhalten, sie freilassen und sofort wieder festnehmen – bis zu einem Zeitraum, der nach Vorsters Worten auch «bis diesseits der Ewigkeit» ausgedehnt werden konnte.[193] Dieses Gesetz und neuartige Verhörmethoden, zu denen psychologische Einschüchterung, Folter und Vergewaltigungen gehörten, führten zu bedeutenden Fahndungserfolgen. Die Zeit der geradezu legalistischen Strafverfolgung des politischen Widerstands, wie sie noch der Hochverratsprozeß dokumentiert hatte, ging zu Ende.

Am 12. Juli gelang den Ermittlern ein sensationeller Erfolg: Aufgrund

Nelson Mandela, 1962

von Hinweisen hob die Polizei die Farm Liliesleaf in Rivonia als Hauptquartier von MK aus. Neun Männer, darunter Walter Sisulu, Govan
Mbeki, Raymond Mhlaba und Ahmed Kathrada – der ganze illegale
Führungskern von ANC und MK, von wenigen Ausnahmen abgesehen –, gerieten auf einen Schlag in Haft.[194] Darüber hinaus beschlagnahmte die Polizei Berge von Dokumenten, Plänen und Notizbüchern,
in denen auch der Name Mandelas auftauchte. Zwar wurden keine
Waffen gefunden, doch mit dem Plan für die «Operation Mayibuye», der
offen auf einem Tisch herumlag, fiel den Fahndern ein Papier in die
Hände, das im Mittelpunkt des alsbald folgenden «Rivonia-Prozesses»
stehen sollte. Die Operation sah Maßnahmen für die Infiltration Süd-

afrikas durch aus dem afrikanischen Ausland rückkehrende ausgebildete MK-Guerillas vor. Joe Slovo, einer der Hauptorganisatoren von MK, schrieb ein Vierteljahrhundert nach «Rivonia» kritisch über den Plan und die erwartete Hilfe afrikanischer Staaten: «Wir hatten ziemlich euphorische Erwartungen [...]. Wir dachten, sie würden uns sogar Flugzeuge zur Verfügung stellen, die unsere Leute absetzen könnten. Wir waren ein wenig naiv.» [195] Slovo räumt ein, daß sich die Führung von MK leichtfertig verhalten hatte. Die Razzia in Rivonia war *für den Staat ein Volltreffer*, urteilt auch Mandela.[196] Slovo fährt fort: «In gewissem Sinne wurde der Untergrundkampf bis 1960/61 nach ‹Gentleman-Manier› geführt. Es gab noch so etwas wie Regeln des Gesetzes. Vor ihren Gerichten hatte man einen fairen Prozeß. Bis 1963 kenne ich keinen einzigen Fall, in dem irgendein politischer Gefangener gefoltert worden ist. Die ganzen legalen Strukturen lullten uns in dem Gefühl ein, wir könnten viel mehr unternehmen, als wir schließlich wirklich konnten. [...] Wir unterschätzten das Potential für das Wachstum der Bösartigkeit des feindlichen Sicherheitsapparats sowie die Tatsache, daß die Konterrevolution von der Revolution lernt.» [197]

Am 9. Oktober 1963 wurden Mandela und seine Kameraden in einem dick gepanzerten Fahrzeug der Polizei zum Justizpalast von Pretoria, dem Sitz des Obersten Gerichts, gebracht. Offiziell hieß das Verfahren zunächst «The State versus the national High Command and others», später «The State versus Nelson Mandela and others» und in der Öffentlichkeit nur: Rivonia-Prozeß.[198]

Die Anklage umfaßte folgende Vorwürfe: Erstens, Rekrutierung von Personen zum Training für die Vorbereitung und den Gebrauch von Sprengmaterialien sowie für den Guerillakrieg mit dem Ziel einer gewaltsamen Revolution und Durchführung von Sabotageakten; zweitens, Verschwörung zwecks Durchführung der genannten Taten und zwecks Unterstützung ausländischer Militäreinheiten, wenn diese in die Republik eindringen sollten; drittens, Durchführung entsprechender Handlungen mit dem Ziel, die Absichten des Kommunismus zu fördern; viertens, Erbitten und Empfangen von Geld für diese Ziele von Sympathisanten in Algerien, Äthiopien, Liberia, Nigeria, Tunesien und anderswo.[199]

Bram Fischer, einer der Verteidiger, teilte den Angeklagten mit, ein «äußerst gravierender Prozeß» stehe bevor, die Staatsanwaltschaft habe ihn formell wissen lassen, sie werde die gesetzliche Höchststrafe, also die Todesstrafe, beantragen.[200]

Parallel zum Rivonia-Verfahren machte der Staat nun auch von dem 90-Tage-Gesetz rücksichtslosen Gebrauch gegenüber den Angehörigen der Inhaftierten. Winnie Mandela, Albertina Sisulu und Carolina Motsoaledi wurden wiederholt verhaftet. Winnie gelang es jedoch, vom Justizminister die Genehmigung zur Teilnahme an dem Prozeß gegen ihren Mann zu erwirken, *allerdings unter der Bedingung,* schreibt Mandela, *daß sie keine traditionelle Kleidung trüge. Ironischerweise verbot dieselbe Regierung, die uns ans Herz legte, in den Homelands unsere Kultur zu pflegen, meiner Frau Winnie, im Gericht ein Xhosa-Gewand zu tragen.*[201]

In Abstimmung mit ihrer Verteidigung hatten sich die Angeklagten darauf festgelegt, ihre *Verachtung für das Verfahren* zu demonstrieren. Folglich antwortete der Angeklagte «Nummer Eins», Nelson Mandela, auf die Frage, ob er sich schuldig oder nicht schuldig bekenne: *My Lord, nicht ich, sondern die Regierung sollte auf der Anklagebank sitzen. Ich bekenne mich nicht schuldig.*[202]

Einer der Hauptzeugen der Staatsanwaltschaft war Bruno Mtolo, jener Sabotage-Fachmann von MK in Durban, den Mandela noch kurz vor seiner Verhaftung im August 1962 aufgesucht hatte. Mtolo schilderte technisch präzise die Sabotageakte, belastete Mandela jedoch auch durch unwahre Behauptungen. *Mtolos Verrat bestürzte mich*, schreibt Mandela in seiner Autobiographie – dies um so mehr, als der Zeuge offensichtlich ohne Einwirkung einer Folter ausgesagt hatte.[203]

Von Anfang an waren sich die Beschuldigten darin einig, den Prozeß nicht als *rechtlichen Testfall* zu benutzen, sondern als Plattform zur Propagierung ihrer Überzeugungen: *Uns kümmerte nicht, ob wir freigesprochen würden oder ob wir ein geringeres Strafmaß bekämen; sondern wichtig war, daß der Prozeß unsere Sache stärkte, für die wir alle kämpften, ungeachtet dessen, was uns das kostete*, bemerkt Mandela dazu. In seinem eigenen Fall, ergänzt er nüchtern, hatte das Gericht *ausreichende Beweise für eine Verurteilung.*[204]

Mit großer Spannung erwartete das ganze Land, besonders aber die Zuschauermenge im Gerichtssaal den entscheidenden Auftritt des Angeklagten «Nummer Eins» in dem Prozeß. Auch Winnie und seine Mutter waren zu diesem Ereignis erschienen. Es war der 20. April 1964.

Den Redetext hatte Mandela innerhalb von zwei Wochen entworfen, ihn dann mit seinem Verteidiger Bram Fischer noch einmal überarbeitet. Die Ausführungen, die möglicherweise auch auf die Mitarbeit eines weißen Journalisten zurückgingen, zielten auch darauf ab, breite Teile der südafrikanischen, ja sogar der britischen und amerikanischen Öffentlichkeit für den ANC und den bewaffneten Kampf einzunehmen. Dennoch urteilte ein anderer Anwalt, nachdem er vorab den Text gelesen hatte: «Wenn Mandela dies im Gericht verliest, werden sie ihn sofort hinter das Gerichtsgebäude führen und aufknüpfen.»[205]

Dem Gerichtssaal zugewandt, begann Mandela seine etwa vierstündige Ansprache mit den langsam vorgetragenen Worten: *Ich bin der erste Angeklagte. Ich habe einen Bachelor's Degree in Arts und habe eine Reihe von Jahren in Johannesburg als Anwalt praktiziert, als Partner von Mr. Oliver Tambo. Ich bin ein verurteilter Häftling und sitze eine fünfjährige Haftstrafe ab. […].*[206]

Sein letzter Auftritt in der Öffentlichkeit hatte den Charakter eines

Vermächtnisses, das immer wieder publiziert und weltweit verbreitet worden ist.[207]

Zuerst und vor allem, so Mandela vor Gericht, hätten die Afrikaner den Kampf gegen ihre Entrechtung geführt als Ergebnis ihrer eigenen Erfahrung. Keineswegs seien sie das willenlose Werkzeug irgendeiner Gruppe – dies war eine klare Zurückweisung des ständig wiederholten Vorwurfs, die Kommunisten steuerten den schwarzen Widerstand. Zweitens, fuhr er fort, resultiere die Gewalt aus der weißen Unterdrückung. Nach Jahrzehnten friedlicher Bemühungen habe sich der ANC einer Situation gegenüber gesehen, die keine Alternative zur Gewalt mehr ließ. Mandela verwandte beträchtliche Zeit und Mühe darauf, insbesondere die Bedeutung Umkhontos zu erläutern. Er verschwieg seine führende Rolle in dieser Organisation nicht.

Abgesehen von Passagen, in denen er sich gegen die Behauptung verwahrte, er oder der ANC seien kommunistisch, handelte ein wichtiger Teil seiner Rede von seinem Kampf gegen die materielle Not der Afrikaner in seinem Land. Zwei Merkmale kennzeichneten nach seiner Auffassung das afrikanische Leben in der Republik: Armut und das Fehlen menschlicher Würde. Das Gesetz, so Mandela, sei von Weißen gemacht und diene dazu, Afrikaner arm und Weiße reich zu machen.[208] Nachdem er seinen Text vorgetragen hatte, sah Mandela zum Richter und sprach ihm die folgenden Schlußworte auswendig direkt in das Gesicht: *Ich habe mein Leben dem Kampf des afrikanischen Volkes geweiht. Ich habe gegen weiße Vorherrschaft und ich habe gegen schwarze Vorherrschaft gekämpft. Ich bin stets dem Ideal einer demokratischen und freien Gesellschaft gefolgt, in der alle Menschen friedlich und mit gleichen Möglichkeiten zusammenleben. Für dieses Ideal lebe und kämpfe ich. Aber wenn es sein muß, bin ich bereit, dafür zu sterben.*[209]

Nachdem auch die anderen Angeklagten sowie die Verteidiger gesprochen hatten, vertagte sich das Gericht für drei Wochen, um zu einem Urteil zu gelangen. Zweifellos arbeitete diese Zeit für die Angeklagten, da in vielen Teilen der Welt Demonstrationen für sie einsetzten. In der Londoner St. Paul's Cathedral fanden Nachtwachen statt, und die Studenten der Londoner Universität wählten Mandela in Abwesenheit zum Präsidenten ihrer Interessenvertretung. Zwei Tage vor der Urteilsverkündung forderte der UN-Sicherheitsrat bei vier Stimmenthaltungen die südafrikanische Regierung auf, den Prozeß zu beenden und die Angeklagten zu amnestieren.[210]

Mandela besaß die Ruhe und Gelassenheit, im Angesicht der drohenden Todesstrafe eine Reihe juristischer Examensarbeiten für die Universität London zu schreiben. Er bemerkt dazu: *Gewiß wirkte es auf meine Wärter bizarr, die erklärten, daß ich dort, wohin ich ginge, keinen akademischen Grad benötigte. Aber ich hatte während der Prozeßdauer mein Studium fortgesetzt und wollte die Examina machen. In diesem Punkt war ich stur, und später wurde mir klar, daß es ein Weg war, mich von negativem Denken abzuhalten.[...] Ich bestand die Examen.*[211]

Am 11. Juni 1964 erklärte Richter Quartus de Wet den Angeklagten «Nummer Eins» in allen vier Punkten der Anklage für schuldig. Das Strafmaß für ihn und andere für schuldig Befundene sollte am nächsten Tag verkündet werden.

Mandela, Sisulu und Mbeki setzten ihre Anwälte von ihrer Entscheidung in Kenntnis, auch im Falle eines Todesurteils nicht in die Berufung gehen zu wollen. *Unsere Botschaft war: Für den Kampf um Freiheit ist kein Opfer zu groß.*[212] Als *Märtyrer*, so meinten sie, konnten sie ihrer Sache am besten dienen. Darin, daß sie zu Märtyrern zu werden drohten, lag aber zugleich ihre größte Chance, denn die Regierung hätte sich im Falle der Vollstreckung von Todesurteilen schwersten innen- und außenpolitischen Problemen gegenübergesehen. Insofern trifft die Vermutung Mandelas nicht ganz zu, *für den Staat* hätte das Todesurteil *die praktischste Lösung* dargestellt.[213] Mandela war andererseits durch ein Beispiel der jüngeren südafrikanischen Geschichte gewarnt: Er und seine Mitangeklagten hatten erfahren, daß der amtierende Justizminister Vorster, der im Zweiten Weltkrieg als führendes Mitglied einer pro-nationalsozialistischen Untergrundbewegung interniert gewesen war, Freunden gegenüber geäußert hatte, es sei damals der größte Fehler von Premierminister Jan Smuts gewesen, ihn nicht wegen Hochverrats gehängt zu haben. Mit dem Blick auf die eigene Situation schloß Mandela nun kühl, daß die regierenden Nationalisten den gleichen Fehler nicht noch einmal begehen würden.[214] Er jedenfalls erwartete das Todesurteil für sich und seine Freunde: *Wir waren alle vorbereitet, nicht weil wir mutig, sondern weil wir realistisch waren. Ich dachte an die Zeile aus Shakespeare: Sei unbedingt für den Tod; denn entweder wird der Tod oder das Leben süßer sein.*[215]

Am 12. Juni sprach Richter de Wet das Urteil in einem von rund 2000 Demonstranten belagerten Gerichtsgebäude: «[...] nach reiflicher Überlegung habe ich

Balthazar Johannes Vorster,
1961–1966 Justizminister, 1966–1978
Ministerpräsident von Südafrika

entschieden, nicht die Höchststrafe zu verhängen, die in einem Fall wie diesem für gewöhnlich die angemessene Strafe wäre, doch in Übereinstimmung mit meiner Pflicht ist das die einzige Milde, die ich walten lassen kann. Das Urteil für alle Angeklagten wird auf lebenslängliches Gefängnis lauten.» [216]

An die erste Reaktion auf diese Worte im Gerichtssaal erinnert sich Mandela so: *Wir sahen einander an und lächelten. Als de Wet verkündete, er werde uns nicht zum Tode verurteilen, war im Saal ein großes allgemeines Aufatmen zu hören. Aber es herrschte auch einige Verwirrung, da manche Zuhörer de Wets Urteil nicht hatten verstehen können. Dennis Goldbergs Frau rief ihm zu: «Dennis, was ist es?» «Leben», rief er mit einem Grinsen zurück. «Leben! Zu leben!»* [217] Mandela entdeckte das Gesicht Winnies in dem losbrechenden Tumult erst, als er nach unten in die Zelle geführt wurde.

Was am Ende dazu geführt hatte, daß die Todesstrafe nicht verhängt wurde, bleibt ungeklärt. Es mochte die Furcht der Regierung vor unkontrollierbaren Ausschreitungen und vor internationalen Sanktionen sein. Vielleicht hatten auch vertrauliche Bemühungen des britischen und des amerikanischen Außenministers in Pretoria ihre Wirkung nicht verfehlt.

Während die «New York Times» feststellte, daß «die Mehrheit in der Welt die verurteilten Männer als […] die George Washingtons und Benjamin Franklins Südafrikas» ansähen, bot Richter de Wet eine ganz andere Beurteilung: «Ich bin überhaupt nicht überzeugt», erklärte er, «daß die Motive der Beschuldigten so selbstlos waren, wie sie das Gericht glauben machen wollen. Leute, die eine Revolution organisieren, übernehmen gewöhnlich die Regierung, und persönlicher Ehrgeiz kann als Motiv nicht ausgeschlossen werden.» [218]

Mandela schildert die Stimmung im Gefängnis von Pretoria am Abend der Urteilsverkündung: *An jedem Abend, bevor im Pretoria Local das Licht ausging, hallte das Gefängnis wider von den Freiheitsliedern afrikanischer Gefangener. Auch wir sangen mit in diesem großen anschwellenden Chor. Doch jeden Abend, Sekunden, bevor das Licht abgedunkelt wurde, hörte wie aus Gehorsam gegenüber einem geheimen Befehl das Summen der Stimmen auf, und im ganzen Gefängnis wurde es still. Dann schrien Männer von einem Dutzend Orten im Gefängnis «Amandla!» Als Antwort riefen Hunderte von Stimmen «Ngawethu!» Oft begannen wir selbst dieses Wechselspiel von Ruf und Antwort, doch in jener Nacht ergriffen andere namenlose Gefangene die Initiative, und die Stimmen von überall her erschienen außergewöhnlich stark, als wollten sie uns stählen für das, was vor uns lag.* [219]

Der schwarze Stahl

Die Insel

«Du wirst nie deine Freiheit kriegen, du bist nichts, nur ein Kaffer. Der weiße Mann ist hier, um zu herrschen, und dies ist sein Land, du bist hier, um den Weißen dieses Landes zu dienen. Ein Kaffer ist ein Hund, und du bist ein Hund, und Mandela ist ein Hund. Du kannst 101 Doktortitel haben, aber du bist ein Kaffer, du bist eine Nummer, du bist nichts.»[220] Das war die Tonart, die das ausschließlich weiße Gefängnispersonal gegenüber den nichtweißen Verurteilten des Rivonia-Prozesses auf der Gefängnisinsel Robben Island anschlug. Mitte 1964 wurden Mandela, Walter Sisulu, Raymond Mhlaba, Govan Mbeki, Ahmed Kathrada, Andrew Mlangeni und Elias Motsoaledi von Pretoria über Kapstadt auf die Insel transportiert. Für Mandela sollte «die Insel», wie das Stück Fels und Sand von den Häftlingen genannt wurde, für achtzehn Jahre der Ort seiner Verbannung werden.

Rund dreieinhalb Kilometer lang und etwa zwei Kilometer breit, liegt die Insel «des Fegefeuers am Fuße des Paradieses» elf Kilometer vom Kapstädter Hafen entfernt, nicht selten sturmumtost in den eisigen Fluten des Südatlantiks.[221]

Die nach den vielen dort lebenden Robben benannte Insel diente der in Kapstadt ansässigen Holländisch-Ostindischen Kompagnie seit dem siebzehnten Jahrhundert als Gefängnis für widerspenstige Khoikhoi («Hottentotten») auf dem kapländischen Festland. Einer von ihnen, Harry der Strandloper, auch Autshumao genannt, war bis zum heutigen Tage der einzige, dem nachweislich die Flucht von der Insel gelang. Er benutzte dabei ein Boot. Während des achtzehnten Jahrhunderts internierte die Kompagnie alle möglichen politischen «Dissidenten» aus ihrem beinahe weltweiten Einflußbereich: Malayische Prinzen, muslimische Geistliche, Chinesen, Madegassen, indische Sklaven, Khoikhoi, Piraten und Räuber. Die Holländer nannten die schwarzen Gefangenen «Indiaanen bandieten».[222] Im neunzehnten Jahrhundert, nachdem das Kap an die Briten gefallen war, wandelte sich Robben Island zunächst zu einer Leprastation. Seit der Jahrhundertmitte verbrachten die Briten zu-

Die Leprastation auf Robben Island

sätzlich gefangene Xhosa-Häuptlinge dorthin. Auf der Insel fristeten ferner Geisteskranke oder Menschen, welche die Kapstädter Gesellschaft zu solchen erklärte, ihr Leben: Prostituierte, Trinker und Kriminelle. Im Jahre 1921 verließen die letzten Geisteskranken Robben Island, 1931 auch die Leprösen. Die Zahl der Inselbewohner schrumpfte von 2000 auf eine Handvoll Arbeiter und Leuchtturmwärter. Kurz vor Ausbruch des Zweiten Weltkriegs befestigte die Regierung das Eiland militärisch, und 1960 übernahm die südafrikanische Gefängnisverwaltung den Fels im Meer. Seit 1961 wurde dort ein Hochsicherheitstrakt errichtet, der 1964 noch um einen Isolationsblock ergänzt wurde.

Vor allem die frühen Haftjahre empfanden Mandela und seine Kameraden als ausgesprochen hart und entwürdigend.[223] Zwar kam es höchst selten zu vorsätzlichen physischen Attacken des Wachpersonals, doch psychische Demütigungen aller Art waren an der Tagesordnung. Die verbalen Erniedrigungen resultierten nicht zuletzt aus der unter den älteren, ausschließlich afrikaansen Wärtern wie selbstverständlich verbreiteten Vorstellung, sie bewachten eigentlich keine richtigen Menschen, sondern tierähnliche Geschöpfe, die üblicherweise als Affenart angesehen wurden.[224] In diesen Jahren waren die äußeren Haftbedingungen, zu denen die Unterbringung, das Essen und die Kleidung zählten, insgesamt katastrophal. Mandelas erste Machtprobe mit dem Wachpersonal

84

entzündete sich an den obligatorischen kurzen Hosen und an der den Afrikanern verweigerten Unterwäsche. Abgesehen davon, daß die Gefangenen in den Shorts während des kalten und regnerischen Südwinters erbärmlich froren, erinnerte dieses Kleidungsstück Mandela zu sehr an die Rolle des «schwarzen Hausboys». Beharrliches Auftreten, Unbeugsamkeit, aber auch der feste und zugleich verbindliche Umgangston Mandelas mit den Wärtern führten in diesen praktischen Fragen zu allmählichen Verbesserungen.

Mandela weist darauf hin, daß es für die «Lebenslänglichen» von kaum zu überschätzender Bedeutung war, welchen Charakters die Wärter waren – daß die Insel zur Hölle werden konnte, wenn diese sadistisch oder bösartig waren, auch wenn die politisch Verantwortlichen in Pretoria möglicherweise eine korrekte Behandlung der Gefangenen im Sinn hatten.[225] Nahezu alle Rivonia-Inhaftierten berichteten davon, daß sich im Laufe der Zeit sogar Freundschaften zu einzelnen Wärtern entwickelten. Entscheidend dafür war, daß diese begannen, die Gefangenen als Menschen zu behandeln, und sich bereit zeigten, ihre Vorurteile aufzugeben. Bei den Feierlichkeiten anläßlich seiner Vereidigung zum Präsidenten Südafrikas im Mai 1994 ehrte Mandela seinen langjährigen persönlichen Bewacher James Gregory dadurch, daß er ihm einen Platz auf der Ehrentribüne vor den Union Buildings in Pretoria zuwies.

Waren die Haftbedingungen Anfang der sechziger Jahre durchweg unmenschlich, trat eine erste spürbare Verbesserung gegen Ende des Jahrzehnts ein. Etwa seit 1973 empfanden die Häftlinge ihre Situation zunehmend als erträglicher.[226] Im Jahre 1977 erfolgte die Abschaffung der körperlichen Arbeit im Kalksteinbruch – ersatzweise absolvierte Mandela alsbald viermal wöchentlich ein anstrengendes Fitneßprogramm in seiner Zelle. Im Jahre 1979 gewährte die Gefängnisverwaltung endlich allen Gefangenen die gleiche Verpflegung, ungeachtet ihrer Hautfarbe. Seit 1980 besaßen die Häftlinge das Recht, bestimmte ausgewählte Zeitungen zu kaufen, die allerdings zensiert wurden.

Als Häftling der sogenannten D-Kategorie genoß Mandela in den ersten Jahren die wenigsten Privilegien. Das bedeutete, er durfte in sechs Monaten nur einen Besuch empfangen, einen Brief schreiben und einen erhalten, wobei Besuche und Briefe sich auf Verwandte ersten Grades beschränkten. Diese Bestimmung wirkte sich gerade auf afrikanische Gefangene mit ihrem weit gefaßten Familienbegriff *infam* und *rassistisch*[227] aus. Im Laufe der Zeit gelang es Mandela, seinen Gefangenenstatus zu verbessern, wodurch auch die Kontakte zur Außenwelt zunahmen. Im Januar 1979 schrieb er an seine Frau: *Im letzten Jahr habe ich es insgesamt auf 15 Besuche und 43 Briefe gebracht. 15 davon waren von Dir. Außerdem bekam ich 7 Geburtstagskarten[…]. Ich erhielt 5 Besuche mehr als 1977, doch obwohl die Briefe zahlreicher waren als im Vorjahr, habe ich meinen Rekord von 50 aus dem Jahre 1975 nicht erreicht. Diese wundervollen Be-*

suche und herrlichen Briefe machen die Atmosphäre um mich herum relativ angenehm und lassen mich zuversichtlicher in die Zukunft schauen.[228] Die Briefe Mandelas an Winnie lassen einen liebenden und ungemein sorgenden Ehemann und Familienvater erkennen, der sich mit Ratschlägen teilweise im Detail darum zu kümmern sucht, wie die Familie ohne ihn zurechtkommt. Vor allem die Ausbildung seiner Kinder lag ihm außerordentlich am Herzen. Seiner Tochter Zenani, die seit 1977 mit einem Sohn König Sobhuzas von Swaziland verheiratet war, riet er beispielsweise dringend, über ihren häuslichen Pflichten und ihrer Rolle als mehrfache Mutter die Entwicklung ihrer individuellen Fähigkeiten nicht zu vernachlässigen. Sogar um ihre Figur machte er sich Sorgen. Unter dem 30. Oktober 1977 schrieb er an Zenani: *Was du auch immer tust, mein Liebling, vernachlässige nicht Deine Gesundheit. Beide, Deine Mum und Dein Dad, sind von Natur aus schwergewichtig, und das hat sowohl Vor- als auch Nachteile. [...] Am besten hältst Du Dich dadurch in Form, daß Du regelmäßig Sport treibst und für einen bestimmten Klub sagen wir mal Hockey, Basketball oder Tennis spielst, doch natürlich nur, wenn Deine Verwandten dagegen keine Einwände haben.*[229]

Die Besuche Winnies und der Kinder fanden anfangs nur äußerst selten statt. Mandelas Frau sah sich selbst fortdauernden Schikanen, Bannungen und Verhaftungen ausgesetzt. Selbst in sehr persönlichen Familienangelegenheiten zeigten sich die Gefängnisbehörden Mandela gegenüber herzlos und kleinkariert. Folgt man seinen Erinnerungen, trafen ihn in all den Haftjahren keine anderen Nachrichten so schwer wie die über den Tod seiner Mutter im Jahre 1968 und die Mitteilung über den tödlichen Autounfall seines Sohnes Thembi im Juli 1969. In beiden Fällen verweigerten die Behörden seine Teilnahme an der Bestattung. Mandela erinnert sich an die Nachricht über den Tod seines Sohnes so: *Ich kehrte in meine Zelle zurück und legte mich auf das Bett. Wie lange ich liegenblieb, weiß ich nicht mehr, aber zum Abendessen stand ich nicht auf. Ein paar Leute schauten herein, aber sie sagten nichts. Schließlich kam Walter [Sisulu] zu mir und kniete sich neben das Bett; ich gab ihm das Telegramm. Er schwieg und hielt nur meine Hand. Ich weiß nicht, wie lange er bei mir blieb. In einer solchen Situation gibt es nichts, was man einander sagen könnte.*[230]

Auch auf der Insel führten die Gefangenen den Kampf gegen die Apartheid fort. Für Neville Alexander, ebenfalls langjähriger Insasse des Insel-Gefängnisses, wie auch für Mandela war Robben Island die in nuce konzentrierte Form des rassistischen und gewalttätigen Südafrika, ein Mikrokosmos der Republik.[231] Der Kampf um bessere Haftbedingungen und Arbeitserleichterungen spiegelte den Kampf gegen die Apartheid «draußen» wider.

Bei der Arbeit im Steinbruch, wo sich Mandela aufgrund der Einwirkungen von Staub und grellem Licht ein chronisches Augenleiden zuzog,

Der Gefängnishof von Robben Island. Die Gefangenen rechts im Bild nähen Postsäcke, die auf der linken Seite bearbeiten Steine

ergab sich im Laufe der Zeit die Möglichkeit, politische und halbphilosophische Debatten zu führen. Zeitweilig stand etwa das Thema der rituellen Beschneidung afrikanischer Jungen im Mittelpunkt der Diskussionen. Mandela verteidigte dieses Ritual mit der Begründung, es sei ein Kulturgut, das nicht nur gesundheitlichen Nutzen habe, sondern das auch zu einer stärkeren Gruppenidentifikation führe und positive Werte präge.[232] Einigen Argumentationsaufwand erforderte auch die Debatte der Gefangenen darüber, ob in Afrika Tiger lebten. Zwar war, so die allgemeine Übereinstimmung, noch niemals ein Tiger auf dem Kontinent gesehen worden, doch immerhin verfügte die Xhosa-Sprache über ein eigenes Wort für dieses Tier.[233]

Es mochte wohl sein, daß die Regierung kalkuliert hatte, die rivalisierenden Gruppen aus ANC und PAC sowie ungebundener Widerständler auf der Insel würden sich unter den Haftbedingungen hoffnungslos zerstreiten. Tatsächlich jedoch betrachten rückblickend zumindest führende ANC-Vertreter die Zusammenlegung von PAC- und ANC-Gefangenen als den größten Fehler Pretorias, denn über die Jahre kam es unter dem geduldig ausgleichenden Einfluß vor allem Mandelas und Sisulus zu einer Solidarisierung, auch wenn es anfangs gelegentlich noch heftige ideologische Streitigkeiten gegeben hatte. So schreibt Sisulu heute: «Robben Island einte uns mehr, als irgend etwas anderes uns hätte einigen können. [...] Wir entwickelten Freundschaften trotz unserer politischen Differenzen und vereinten uns in Fragen, die Gefängnisangelegenheiten betrafen.»[234]

Eine unvergleichliche Einrichtung auf Robben Island war die «Mandela-Universität»: ein mit der Zeit ausgefeiltes Studienkurs-System, das die Gefangenen für ihre Weiterbildung untereinander entwickelten. Sisulu gab Kurse über ANC-Geschichte, Mandela referierte über politische Ökonomie, wobei der Sozialismus bei ihm, wie er berichtet, immer gut abschnitt als die seiner Meinung nach fortgeschrittenste Wirtschafts- und Gesellschaftsform.[235] Die Insel, erinnern sich heute ehemalige Häftlinge, wurde zu einer einzigartigen Stätte des Lernens und der Erziehung, was auch das weiße Bewachungspersonal einschloß und es beeindruckte. Sie wurde «eine Universität der eindrucksvollsten und ungewöhnlichsten Art»[236]. Während Mandela auch juristische Hilfe gewährte und Mitgefangenen von der Insel aus rechtlichen Beistand in Zivilprozessen gab, lehrten nichtweiße Gefangene ihre afrikaansen Aufseher grammatisch richtiges Afrikaans.[237] Viele Häftlinge schrieben sich außerdem an südafrikanischen Hochschulen und Colleges ein, und Mandela belegte Fernstudienkurse an der Universität London. Die Gefängnisverwaltung tolerierte im Rahmen der gesetzlichen Bestimmungen den Lerneifer der ihr Ausgelieferten. Sie verweigerte zuweilen die Studienmöglichkeiten, wenn es galt, widerspenstige Häftlinge gefügig zu machen. Im übrigen konnte die Studiererlaubnis gegenüber dem kritischen Ausland als «Beweis» für eine großzügige Behandlung der politischen Gefangenen benutzt werden.

Die Behörden gestatteten die Organisation von Theaterstücken und Konzerten sowie Turniere in Gesellschaftsspielen wie Dame, Schach, Scrabble und Bridge. Mandela war insbesondere von der Lektüre griechischer Dramen fasziniert, so daß er einmal in der «Antigone» von Sophokles die, wie er sich erinnert, *unvergleichliche Rolle* des Thebanerkönigs Kreon übernahm. Kreon, so Mandela, *folgt nur den Dämonen in seinem Innern. Seine verbohrte Einstellung und seine Blindheit machen ihn zu einem schlechten Herrscher, denn ein Herrscher muß die Gerechtigkeit durch Gnade mildern. Antigone war das Symbol für unseren Kampf; sie war auf ihre Art eine Freiheitskämpferin, denn sie lehnte sich gegen das Gesetz auf, weil es ungerecht war.*[238]

Wiederholt schmiedeten Mandela und einige andere Gefangene Fluchtpläne. Dabei wäre er selbst beinahe einmal in eine Falle gegangen, als er im Begriff stand, sich auf eine riskante Flucht nach Kapstadt mit Hilfe eines Aufsehers einzulassen. Der Wärter, so stellte sich später heraus, war Mitglied des Geheimdienstes. Die Aktion hätte mit der Erschießung Mandelas auf einem Flugplatz bei Kapstadt enden sollen. Ein anderes Mal gelang es ihm, zusammen mit anderen Häftlingen unter Bewachung bis in die Kapstädter Innenstadt vorzudringen, wo sie sich vorgeblich einer Zahnbehandlung unterziehen wollten. Beim Blick aus dem Fenster der Zahnarztpraxis, von wo aus die Flucht hätte beginnen sollen, entdeckten sie im letzten Augenblick, daß die unten liegende Straße abgesperrt und eine Falle vorbereitet worden war. Durch schnellen Blickkontakt untereinander verständigten sie sich über den Abbruch des Fluchtversuchs und kehrten anschließend wieder auf die Insel zurück.[239]

Im Jahre 1976 versuchte der südafrikanische Justizminister Jimmy Kruger, Mandela zu einem politischen Handel zu überreden. Zwölf Jahre nach Mandelas Deportation machte Kruger den Vorschlag, seine Haftzeit erheblich zu verkürzen, wenn er im Gegenzug bereit sei, sich im Homeland Transkei niederzulassen, das damals von Mandelas Neffen und früherem Wohltäter Matanzima regiert wurde. Mandela lehnte das Angebot ab, weil er, wie er sagte, in Johannesburg zu Hause sei und die Homeland-Politik der Regierung in Pretoria grundsätzlich ablehne. Einen Monat später erschien der Minister erneut auf der Insel und wiederholte sein Angebot. *Nur ein Wendehals* hätte es annehmen können, schreibt Mandela darüber.[240]

Im Urteil anderer politischer Häftlinge war Mandela neben Sisulu die überragende Figur auf Robben Island. Als anfangs häufig ad hoc ernannter Sprecher des inoffiziellen Gefangenenkomitees verstand es Mandela vor allem, gegenüber der Gefängnisleitung einen zwar unnachgiebigen, gleichwohl korrekten Ton zu finden.

Neville Alexander erinnert sich: «Etwas, was Nelson und Walter mir persönlich beigebracht haben, war die ganze Frage, wie man andere Leute respektiert ihres Standpunktes wegen, selbst wenn man mit ihnen nicht übereinstimmt. Anders ausgedrückt, die Wichtigkeit, fähig zur Nichtübereinstimmung zu sein, während man zugleich die Person achtet. Ich denke, wenn ich irgend etwas von meiner Hafterfahrung mitgenommen habe, das von Bedeutung war, dann diese spezielle Sache.» Die «älteren Männer» auf der Insel, schreibt Alexander, seien «wahrhaftig Leute von großer Würde und großartiger Haltung» gewesen.[241]

Fikile Bam, ein weiterer Häftling, fügt hinzu: «Sisulu war die Vaterfigur für die Gefangenen. Es war klar, daß auch Nelson Sisulu etwas schuldete. Sie haben eine wunderbare Beziehung. Aber Nelson wußte, daß es eigentlich Sisulu war, der ihn ‹gemacht› und ihn auf mancherlei Weise geformt hat.»[242] Eddie Daniels, während fünfzehn langer Haftjahre ein Freund Mandelas, betont, daß Mandelas Einfluß auf der Insel «gewaltig» gewesen sei. «Der Mann», schreibt er, «war so bescheiden, und doch so dynamisch. Und Sisulu war ein ebensolcher Gigant.» Und Daniels ruft folgende Szene in Erinnerung: «Als ich einmal krank und nicht in der Lage war, meinen Nachttopf zu entleeren, kam Nelson in die Zelle, erkundigte sich nach meinem Befinden und sagte: ‹Du ruhst dich aus.› Er

89

Mandela und Walter Sisulu im Gefängnis von Robben Island, 1966

nahm den Topf, leerte und reinigte ihn und brachte ihn zurück. Das war eine wahrhaft großmütige Geste, ein Moment, den ich nie vergessen werde.»[243]

In der zweiten Hälfte der siebziger Jahre trafen auf Robben Island neue, junge politische Gefangene ein, die Mandela als *mutig* und *grimmig* empfand.[244] Sie bestätigten den «Alten» auf der Insel, daß in Südafrika eine neue, gewalttätige Phase des Widerstands gegen die Apartheid angebrochen war. Die Neulinge nötigten Mandela und Sisulu in den nächsten Haftjahren erhebliche Geduld und viel Geschick bei ihrem Bemühen ab, sie in die Gruppe der «Alten» zu integrieren.

Der Aufstand der Schüler

Rivonia bedeutete einen schweren Schlag für die Befreiungsbewegungen ANC und PAC. Die Regierung schaltete nicht nur die Führungsspitzen dieser Organisationen aus, schärfere Gesetze machten auch Tausende von Aktivisten politisch unschädlich. Umkhontos gerade erst beginnende Sabotagetätigkeit wurde im Keim erstickt. Was zunächst blieb, war das Exil, für das in den frühen sechziger Jahren Präsident Nyerere von Tanganyika großzügig Raum in seinem Land bot. Seit der Unabhängigkeit im Jahre 1964 bildete Sambia mit seiner Hauptstadt Lusaka das Südafrika nächstgelegene Refugium für ANC und Umkhonto. Das Exil diente sowohl zum bloßen Überleben als auch dazu, aus der Ferne den Widerstand zu reorganisieren. Dies sollte vor allem die Leistung Oliver Tambos werden, der sich geduldig und erfolgreich um den Aufbau einer weltweiten Repräsentanz des ANC kümmerte. Über seinen Anwalt George Bizos, der ihn gelegentlich auf Robben Island besuchte, hielt Mandela einen sehr lockeren und natürlich streng geheimen Kontakt zu Tambo.[245]

Tambos schwierige Aufgabe in Lusaka bestand nicht zuletzt darin, interne Rivalität im Oberkommando von Umkhonto auszugleichen, die mit den Namen Joe Modise und Chris Hani verbunden war.[246] Immerhin gelang es ihm, den ANC und Umkhonto über knapp drei Jahrzehnte des Exils zusammenzuhalten, auch wenn seine eher bedächtige Art den wachsenden Einfluß der moskautreuen Kommunisten nicht aufzuhalten vermochte. Umkhonto hatte im übrigen nicht nur mit Machtkämpfen im Oberkommando fertig zu werden. Mandela erfuhr auf Robben Island, daß kritische MK-Mitglieder, die sich dem von den Kommunisten vorgegebenen ideologischen Kurs nicht beugen wollten, mundtot gemacht wurden.[247] «Abweichler» fanden sich in Disziplinierungslagern wieder, wo auch zu Folterungen und Vergewaltigungen gegriffen wurde, um Unbotmäßige zu «erziehen» oder tatsächliche bzw. vermeintliche Spitzel Pretorias zu entlarven.

Im April 1969 hielten der ANC und seine Verbündeten, darunter indische, farbige und weiße Mitglieder der Kommunistischen Partei Südafrikas, im tansanischen Morogoro ihre erste Nationale Konsultativkonferenz ab. Wichtige Ergebnisse der Konferenz waren zum einen die erstmalige Zulassung von Nichtschwarzen im ANC – nicht jedoch im Nationalen Exekutivkomitee, das als eigentliches Entscheidungszentrum weiterhin ausschließlich Afrikanern vorbehalten blieb –, zum anderen ein deutlicher ideologischer Linksruck. Die auf der Konferenz verabschiedete umfangreiche Erklärung des ANC rückte den nationalen Befreiungskampf in den Kontext des «internationalen Übergangs zum sozialistischen System».[248]

Hier wirkte sich die Tatsache aus, daß die kommunistischen Staaten dank ihrer Waffenhilfe, aber auch dank der ihnen ideologisch ergebenen Genossen in der südafrikanischen KP starken Einfluß auf den ANC ausübten. Ronnie Kasrils, Sohn litauischer Einwanderer nach Südafrika, Kommunist und späterer Chef des Nachrichtendienstes von MK, erinnert sich in seiner Autobiographie freimütig, daß in den sechziger Jahren nur ganz wenige südafrikanische Kommunisten Kritik an der Sowjetunion geübt hätten. Für die meisten schwarzen Exilierten in Moskau gab es wenig Grund, Argwohn gegenüber ihren Gastgebern zu hegen, genossen sie doch eine Art Sonderstatus. Sie betraten vielfach erstmals in ihrem Leben die Wohnung eines Weißen als willkommene Gäste, und die Schattenseiten der sozialistischen Mangelwirtschaft blieben ihnen weitgehend verborgen.[249] Daß die südafrikanische KP als Verbündete Moskaus den Befreiungskampf des ANC auch als Vehikel zur Durchsetzung imperialer Ziele des «Großen Bruders» im südlichen Afrika zu nutzen trachtete, mag vielen Angehörigen des ANC nicht klar gewesen sein, oder es war für sie von zweitrangiger Bedeutung. Kasrils beteuert zwar im nachhinein, es habe in der Kommunistischen Partei keine Konspiration mit dem Ziel gegeben, den ANC oder die Befreiungsbewegung zu kontrollieren. Gleichwohl sollte das befreite, demokratische Südafrika die Basis abgeben, von der aus «ein Fortschreiten in ein sozialistisches Stadium» möglich sein würde.[250]

Der Einzug weißer Kommunisten in den ANC im Gefolge von Morogoro fand nicht die ungeteilte Zustimmung der schwarzen Mitgliedschaft. Als jedoch acht Veteranen im Jahre 1975 gegen die Aktivität der Kommunisten revoltierten, stießen sie damit auf wenig Sympathie. Anders als bei der Abspaltung des PAC im Jahre 1959 regte sich kaum eine Hand zu ihrer Verteidigung, als das Nationale Exekutivkomitee sie aus dem ANC ausschloß.[251]

Während die inneren Querelen des ANC sowie seine auswärtigen diplomatischen Erfolge im Südafrika der späten sechziger Jahre kaum nennenswerten Widerhall fanden, entwickelten sich im Lande selbst zwei autochthone Richtungen schwarzer Politik. Zum einen traten nun die Führer der Homelands an die Öffentlichkeit. Die meisten von ihnen paßten sich zwar der Politik Pretorias an; vor allem einer jedoch, Häuptling Gatsha Buthelezi von KwaZulu, nutzte die Plattform seiner Homeland-Regierung, um auch Kritik an der Apartheid zu äußern.

Zum anderen trat die Bewegung Black Consciousness (Schwarzes Bewußtsein) hervor. Ursprünglich im wesentlichen auf studentische Strukturen gegründet, zielte die von dem schwarzen Medizinstudenten Steve Biko geführte Organisation auf die Stärkung des schwarzen Selbstwertgefühls ab. Black Consciousness setzte auf die kommunale Basisarbeit und lehnte jede Zusammenarbeit mit weißen Anti-Apartheid-Gruppen ab – die Befreiung sollte das Ergebnis schwarzen Selbstbewußtseins werden. Damit stand die Bewegung Bikos in einem wesentlichen Punkt im Gegensatz zum ANC, der stets auf das Bündnis aller Rassen im Kampf um ein demokratisches Südafrika gebaut hatte.

Der entscheidende Impuls für eine neue schwarze Massenbewegung kam in den frühen siebziger Jahren jedoch weder von den Homeland-Führern noch von Black Consciousness. Es war die immer aktiver werdende, zunehmend gut informierte und gebildete schwarze Industriearbeiterschaft, die mit Streiks in Durban 1973 auf sich aufmerksam machte

«Kaiser» Matanzima (vordere Reihe, Mitte) und das erste Kabinett des Homelands Transkei, 1963

und bei dieser Gelegenheit erstmals seit den vierziger Jahren eine Verbesserung ihrer Arbeitsbedingungen durchsetzte.

Große emotionale Bedeutung hatte für diese Arbeiterschaft der Zu-
sammenbruch des portugiesischen Kolonialimperiums um 1975, zeigte er
doch, daß auch ein weißes Minderheitsregime nicht unbesiegbar war.
Umgekehrt demonstrierte Südafrikas Militärintervention in dem gerade
unabhängig werdenden Angola gegen die marxistische MPLA (Movi-
mento Popular de Libertaçao de Angola) und die mit ihr verbündeten
kubanischen Truppen, wie sehr man in Pretoria einen militant marxi-
stisch geprägten Nationalismus im südlichen Afrika fürchtete. Der alsbald folgende Rückzug der südafrikanischen Streitkräfte Anfang 1976
angesichts überlegener kubanischer Verbände stärkte die Hoffnungen in
den schwarzen Townships, daß das weiße Südafrika verletzbar war.[252]

Mitten hinein in dieses Klima ordnete das Ministerium für Bantu Education Mitte 1976 an, daß künftig Afrikaans Unterrichtssprache an Gym-
nasien für Schwarze sein sollte, jenes Idiom, das den Afrikanern als
buchstäbliches Symbol ihrer Unterdrückung galt. Im Gegenzug riefen

Schüler, die teilweise mit Black Consciousness sympathisierten, zu einer Protestdemonstration für den 16. Juni auf. Obwohl sie mit Tränengas und scharfer Munition beschossen wurden, weiteten die Schüler den Protest über die ganze Millionenstadt Soweto aus, griffen Regierungseinrichtungen und Gebäude der Urban Bantu Councils an, die städtischen Verwaltungsorgane der «getrennten Entwicklung» für Schwarze. Wie ein Buschfeuer dehnten sich die Unruhen über Transvaal, Natal und die Kapprovinz aus. In deren westlichem Teil nahmen auch viele Farbige an dem Protest teil. Indem sie zu Stay-at-homes an bestimmten Tagen aufriefen, vermochten sich die Schüler breite Unterstützung zu sichern, ungeachtet des umfangreichen Polizeieinsatzes. Am Ende bezifferte die Regierung die Zahl der Todesopfer auf 547 und nannte mehr als 2000 Verletzte als Folge der Konfrontation. Die tatsächlichen Zahlen lagen vermutlich höher. Wenn auch die Demonstrationen zu keinem Zeitpunkt die Regierungsmacht bedrohten, hatten doch ihre Wucht und ihr Ausmaß die Unerschrockenheit der Teilnehmer signalisiert.

Es gibt keinen Hinweis, daß der ANC den Schüleraufstand inspiriert hätte. Erst später veröffentlichte der ANC im Anschluß an eine Einleitung von Oliver Tambo einen scharf formulierten Aufruf im Namen Mandelas, der die Revolte unterstützte und zur Fortsetzung der aufgeflammten Kämpfe aufforderte: *Schließt Euch zusammen! Mobilisiert! Kämpft weiter! Zwischen dem Amboß der vereinten Massenaktion und dem Hammer des bewaffneten Kampfes werden wir die Apartheid zerschmettern!*[253] Illusionslos sah man diesen Auseinandersetzungen entgegen: *Von den Herrschenden haben wir nichts zu erwarten. Sie sind es, die dem bei seinem Gewehr kauernden Soldaten Befehle erteilen: ihr Geist ist es, der den Finger lenkt, der den Abzug liebkost.* Der Appell beschwor die Einheit des Widerstands gegen das Regime und wiederholte die Prinzipien der ANC-Strategie: *Jeder Versuch, die Schwarzen zu spalten, die eine schwarze Gruppe gegen die andere auszuspielen, muß entschieden zurückgewiesen werden. Unser Volk – Afrikaner, Farbige, Inder und weiße Demokraten – muß zu einem einzigen undurchdringlichen und festen Widerstandswall, zu einer vereinten Massenaktion zusammengeschweißt werden.*[254] Nachdem der Aufruf auf den Sturz der weißen Kolonialregierungen von Mosambik und Angola hingewiesen hatte, erklärte er optimistisch: *Wir sehen voller Vertrauen in die Zukunft. Denn die Gewehre, die die Apartheid schützen, machen sie nicht unbesiegbar. Wer zum Gewehr greift, wird durch das Gewehr umkommen.*[255]

Soweto hatte in mehrfacher Hinsicht weitreichende Bedeutung für die weitere Entwicklung Südafrikas. Es hatte sich gezeigt, daß es noch genügend kampfbereite Aktivisten im Lande gab, die ihr Leben selbst dann riskierten, wenn der unmittelbare Erfolg nicht sicher war. Dem ANC floß während der Unruhen ein gewaltiges Potential an MK-Kämpfern im Ausland zu. Auch innerhalb der Republik schien nun eine Ausdehnung

Soweto, 16. Juni 1976: Hector Petersen, das erste Opfer der Polizeimaßnahmen gegen den Schüleraufstand

der Untergrundtätigkeit wieder möglich zu sein. Aus den Reihen nicht verhafteter oder ins Ausland geflohener Widerständler entstand mit der AZAPO* neben Umkhonto eine neue Gruppierung, die sich radikal äußerte und die Zerschlagung des «rassistischen Kapitalismus» forderte. Unabhängig von der AZAPO schossen in den Townships Jugend-, Arbeiter- und Kulturgruppen wie Pilze aus dem Boden. Sie arbeiteten basisorientiert und taten sich vor allem in der Organisation von Schulboykotts hervor. 1979 formierte sich mit der FOSATU (Federation of South African Trade Unions) eine Gewerkschaftsbewegung, deren Programmatik sich nicht in gewerkschaftlichen Forderungen erschöpfte, sondern das Apartheidsystem selbst angriff.

Nach Soweto wurden viele Weiße erstmals in ihrem Überlegenheitsgefühl verunsichert, während die Regierung ihr Heil in vagen Reformversprechen und handfester Repression suchte. Sie erließ ein Versammlungsverbot, und Winnie Mandela wurde für sieben Jahre in den abgelegenen Ort Brandfort im Oranje-Freistaat verbannt; zusätzlich erhielt sie Hausarrest für die Nachtstunden und die Wochenenden.

Steve Biko, der Führer von Black Consciousness, starb am 17. September 1977 in Polizeigewahrsam. In Erwartung von Massenprotesten verbot die Regierung daraufhin siebzehn politische Organisationen, vor allem solche, die der Bewegung Bikos nahestanden.

Im September des folgenden Jahres stürzte Premierminister Vorster über einen innenpolitischen Skandal. Sein Nachfolger, der Parteikarrierist Pieter Willem Botha, überraschte die internationale Öffentlichkeit sogleich mit reformerischer Rhetorik. «Adapt or die» – anpassen oder sterben, lautete eine seiner ersten Botschaften an seine weißen Landsleute. Viele Beobachter erwarteten in naher Zukunft erste ernsthafte Schritte zum Abbau der Apartheid, nicht wenige auch ein Signal für die baldige Freilassung Mandelas. Tatsächlich jedoch unternahm Botha nichts, um den seit den sechziger Jahren entstandenen umfangreichen Sicherheitsapparat abzubauen, und im April 1979 wurde erstmals ein des Mordes für schuldig befundener MK-Kämpfer exekutiert.

In dieser aufgewühlten politischen Atmosphäre gelang es dem ANC, allmählich seine geheime Präsenz in Südafrika zu erneuern. Viele alte Kämpfer, die nach der Verbüßung langjähriger Haftstrafen entlassen wurden, gingen zwar ins Exil, einige nahmen jedoch sofort nach ihrer Freilassung Kontakt zu Widerständlern auf. Über das unabhängige Mosambik gelangten frisch ausgebildete MK-Aktivisten sowie ANC-Veteranen zurück in die Republik, wobei der Krüger-Nationalpark und das Königreich Swaziland eine schwer kontrollierbare Grenze bildeten. Nicht

---

* Azanian People's Organization: Azania war eine alte, vermutlich aus dem Arabischen stammende Bezeichnung für das südliche Afrika aus der Zeit vor der Ankunft der Weißen.

zuletzt die Tatsache, daß an der nördlichen Grenze Südafrikas im Jahre 1980 aus dem bis dahin allein von Weißen regierten Rhodesien das neue Zimbabwe unter der Regierung ehemaliger, teilweise lange inhaftierter schwarzer Widerstandskämpfer hervorging, lenkte auch in der Republik den Blick in zunehmendem Maße auf die fortdauernde Inhaftierung von Anti-Apartheid-Aktivisten.[256]

Percy Qoboza, Herausgeber der «Sunday Post» und selbst 1977 zeitweilig inhaftiert, machte am 9. März 1980 mit der Schlagzeile «Free Mandela!» auf. Damit löste er eine Kampagne aus, in der fortan Apartheidgegner aller Hautfarben die Freilassung der politischen Gefangenen in Südafrika forderten. Obwohl er nicht zitiert werden durfte, beherrschte Mandela die Schlagzeilen. Er war Symbol des wiederauferstandenen ANC und zugleich mutmaßlicher Führer einer Mehrheitsregierung «nach Botha».

Den Township-Bewohnern brachte sich der ANC nach langer Zeit wieder durch verwegene Anschläge in Erinnerung. Am 1. Juni 1980 röteten die Flammen der in Brand geschossenen Raffinerie von Sasolburg weithin sichtbar den Nachthimmel über dem «veld» von Transvaal.[257]

«Laßt Mandela frei» und «Macht Südafrika unregierbar!»

Sollte die Kampagne zur Freilassung Nelson Mandelas nach mehr als achtzehn Jahren Haft Erfolg haben, bedurfte es jedoch mehr als ausgeklügelter Guerillaanschläge. Die Bewegung benötigte eine Integrationsfigur im Lande selbst, welche die unterschiedlichen Anti-Apartheid-Gruppen einte. Die Wahl fiel auf Winnie Mandela.

Zumindest theoretisch war sie die ideale Symbolfigur des Widerstands: eine ideologisch gleichgesinnte, charismatische, unerschrockene und darüber hinaus auch noch attraktive Frau in einer «tragischen Situation», wie ihre Biographin Emma Gilbey schreibt. Allerdings, fährt die Autorin fort, perfekt war sie nur auf dem Papier.[258] ANC-Führer im Exil wußten um ihre Schwächen. Sie galt als notorisch eigensinnig, sie würde sich weigern, Befehle zu akzeptieren, würde nur das machen, was sie für gut und richtig hielt. Zweifellos war sie tapfer, doch nicht selten zeigte sich ihr Mut rückhaltlos herausfordernd. Sie ließ kein Gefecht mit den Behörden aus, die ihr dazu reichlich Gelegenheit boten; sie liebte es, ihren Widerstandswillen zu demonstrieren, selbst wenn größere Zurückhaltung erfolgversprechender gewesen wäre. Mit ihrer provokanten Art mochte sie wohl auch zu einem Risiko für andere werden. Am Ende stellte sich die Frage: Lohnte sich das Risiko? Der ANC entschloß sich zu einem Ja, auch deshalb, weil das Wagnis durch ihre enorme Medienwirksamkeit aufgewogen wurde.

Journalisten der liberalen, regierungskritischen Presse Südafrikas zeichneten fortan das Leben einer Musterfrau des Widerstands in Brandfort. In Übersee machten vor allem die Journalisten Benjie Pogrund und Allister Sparks ein Millionenpublikum mit dem Martyrium der Gattin des «berühmtesten Gefangenen der Welt» bekannt. Winnie ihrerseits genoß das Medienspektakel in dem verschlafenen Winkel des Freistaats. Gelegentlich provozierte sie wohl auch kleinere Rempeleien mit den Sicherheitskräften für die ausländischen Kameras, die dann das kleinliche Vorgehen der südafrikanischen Polizei dokumentierten.

Der wachsende internationale Druck auf die Regierung in Pretoria, Mandela endlich aus der Haft zu entlassen, kulminierte 1983 in einer entsprechenden Resolution des Weltsicherheitsrates der Vereinten Nationen. Zu dieser Zeit befand sich Mandela bereits nicht mehr auf Robben Island.

Anfang April 1982 hatte ihn die Gefängnisverwaltung überraschend in das Hochsicherheitsgefängnis von Pollsmoor bei Kapstadt verlegt. Mit ihm verließen Sisulu, Ahmed Kathrada, Raymond Mhlaba und Andrew Mlangeni die Insel, um hinter den Betonmauern von Pollsmoor als einzige Gruppe politischer Gefangener gemeinsame Hafträume im dritten, obersten Stockwerk des Gefängnisgebäudes zu beziehen. *Der Hauptraum*, erinnert er sich, *war sauber, modern und rechteckig, etwa fünf mal zehn Meter, und besaß einen abgetrennten Bereich mit einer Toilette, einem Urinal, zwei Waschbecken und zwei Duschen. Es gab vier richtige Betten mit Laken und Handtücher, ein beträchtlicher Luxus für Männer, die einen großen Teil der letzten achtzehn Jahre auf dünnen Matten auf einem Steinboden verbracht hatten. Im Vergleich zu Robben Island befanden wir uns in einem Fünf-Sterne-Hotel.*[259]

Welches Ziel verfolgte die Regierung mit der Verlegung dieser Häftlinge? *Wir wußten*, schreibt Mandela, *daß die Behörden unseren Einfluß auf jüngere Gefangene schon lange übelnahmen und fürchteten. […] Wir glaubten, daß die Behörden versuchten, den ANC auf der Insel zu enthaupten, indem sie seine Führung entfernten. Robben Island selbst war zu einem nachhaltigen Mythos in unserem Kampf geworden […].*[260] Auch Winnie hat diesen Grund für die Verlegung ihres Mannes öffentlich verbreitet.[261] Tatsächlich versuchte die Regierung zu jener Zeit zwei Ziele gleichzeitig zu erreichen: Die Inhaftierung in Pollsmoor war zweifellos ein Versuch, die politischen Häftlinge auf Robben Island zu spalten, indem ihnen die anerkannte Führung, vor allem Mandela, genommen wurde. Im Lichte der weiteren Entwicklung spricht aber auch viel für die Version des späteren Justizministers Coetsee, daß die führenden Köpfe des Widerstands so plaziert wurden, um eine streng geheime Fühlungnahme zwischen ihnen und der Regierung zu ermöglichen. Auf Robben Island wäre dies jedenfalls kaum möglich gewesen.[262]

Insgeheim *sondierte* die Regierung *das Terrain*, schreibt Mandela über jene Zeit.[263] Ende 1984 und Anfang 1985 erhielt er in Pollsmoor Besuch von Lord Nicholas Bethell, einem Mitglied des britischen Oberhauses und des Europäischen Parlaments, und von Samuel Dash, einem amerikanischen Rechtsprofessor und ehemaligen Berater des Watergate-Komitees des amerikanischen Senats. Lord Bethell informierte sich vor allem über die Haftbedingungen und sprach mit Mandela über den bewaffneten Kampf. Die Regierung müsse auf Gewalt verzichten, erklärte Mandela, nicht ihre Gegner: *Ich versicherte noch einmal, wir wollten harte militärische Ziele treffen, nicht Menschen.*[264] Gegenüber Professor Dash umriß er noch einmal das, was er als das *Minimum für ein zukünftiges, nichtrassistisches Südafrika betrachtete: ein einheitlicher Staat ohne Homelands; nichtrassische Wahlen zum zentralen Parlament; eine Stimme für jede Person.* Mandela erklärte Dash, daß er sich nicht mit *Kleinigkeiten* bei der Beseitigung von Gesetzen der Apartheid zufriedengeben werde: *Ich habe nicht den Ehrgeiz, eine weiße Frau zu heiraten oder in einem weißen Pool zu schwimmen. Was wir wollen, ist politische Gleichheit.*[265] Auf dem *Schlachtfeld*, räumte Mandela ein, sei die Regierung *im Augenblick nicht* zu schlagen, *aber wir könnten ihr das Regieren schwermachen.*[266]

Präsident Botha trat am 31. Januar 1985 mit einem Freilassungsangebot an Mandela die Flucht nach vorn an. Mandela könne, so Botha in diesem öffentlich verbreiteten Vorschlag, das Gefängnis unter der Bedingung verlassen, daß er der Gewalt abschwöre.[267] Während einer Europareise kurz zuvor hatten seine konservativen Gastgeber, allen voran der bayerische CSU-Vorsitzende Franz Josef Strauß, Botha in seiner Absicht bestärkt, dieses bedingte Angebot zu machen.[268] Es bleibt ungeklärt, ob Botha damit Mandela den «Schwarzen Peter» zuschieben wollte, um im Falle der Ablehnung seine Hände in Unschuld waschen zu können.

In einer Erklärung, die nichts an Klarheit, Geradlinigkeit und Unerschütterlichkeit zu wünschen übrig ließ, lehnte Mandela die Offerte ab. Während einer Massenversammlung im Jabulani-Stadion von Soweto verlas seine Tochter Zindzi am 10. Februar eine Erklärung ihres Vaters. Darin bekundete Mandela zunächst seine Loyalität zum ANC und zu dessen gewähltem Präsidenten Oliver Tambo. Vielleicht erachtete er diese Eröffnung als notwendig, um Gerüchten entgegenzutreten, er verhandle insgeheim bereits mit der Regierung über seine Freilassung zu Sonderkonditionen. Mandela erklärte ferner sein Befremden über die Bedingungen für seine Freilassung: *Ich bin kein gewalttätiger Mensch,* ließ er Zindzi ausrufen, und: *Meine Kollegen und ich haben 1952 an Malan geschrieben und ihm vorgeschlagen, eine Konferenz am runden Tisch einzuberufen […], aber dieser Vorschlag wurde mißachtet.* Er forderte Botha sodann auf zu beweisen, *daß er anders ist als Malan, Strijdom und Verwoerd. Er soll auf Gewalt verzichten.* Mandela wiederholte die bekannten Forderungen des ANC nach Abschaffung der Apartheid, Aufhebung des Banns über seine Organisation, nach Freilassung der politischen Gefan-

99

10. Februar 1985 im Stadion von Soweto: Zindzi Mandela, nachdem sie die Erklärung ihres Vaters verlesen hat, mit der er die angebotene Freilassung ablehnte.

genen sowie nach dem Recht auf freie politische Betätigung. *Ich schätze meine eigene Freiheit sehr, aber ich sorge mich noch mehr um Eure Freiheit. [...] Ich liebe das Leben nicht weniger als Ihr. Aber ich kann mein angeborenes Recht nicht verkaufen, noch bin ich bereit, das angeborene Recht meines Volkes auf Freiheit zu verkaufen*, erklärte er, und schloß seine Botschaft mit den berühmten Worten: *Nur freie Menschen können verhandeln. Gefangene können keine Verträge abschließen. [...] Eure und meine Freiheit sind nicht voneinander zu trennen. Ich werde zurückkehren.*[269]

Damit befand sich Botha im Zugzwang. Denn jedes künftige Freilassungsangebot mußte für Mandela günstiger ausfallen, wollte sich der Präsident nicht völlig dem internationalen Spott aussetzen. Bedingungslose Freilassung lautete die Lösung, doch das hätte den Gesichtsverlust des autoritär herrschenden Präsidenten bedeutet. Allerdings müssen auch die Grenzen berücksichtigt werden, innerhalb derer Botha sich parteipolitisch bewegte. Ob seine innerparteiliche Machtbasis zu jener Zeit ausgereicht hätte, diesen zweifellos radikalen Kurswechsel durchzuführen, ist sehr fraglich.[270]

Wie auch immer: Die von Zindzi Mandela verlesene Erklärung ihres Vaters waren seit 21 Jahren die ersten öffentlich gesprochenen Worte Mandelas in Südafrika.

Während zu Beginn der achtziger Jahre der ANC den Druck auf die Regierung durch eine gesteigerte Guerillaaktivität im Innern und gleichzeitige diplomatische Sondierungen im Ausland erhöhte, reagierte Pretoria mit Reformen einerseits und Unterdrückungsmaßnahmen andererseits. Mit Reformen, die den Handlungsspielraum der Gewerkschaften erweiterten und die Rassentrennungs- sowie die Zuzugsgesetze in Ballungsgebieten lockerten, versuchte sich Botha Luft zu verschaffen. Erstmals erhielten die Bewohner der Townships auch die Möglichkeit, dort Eigentum zu erwerben.[271] Gleichzeitig jedoch baute Botha die vorhandenen Verteidigungs- und Sicherheitsinstrumente des Staates zu einem schwer durchschaubaren, zunehmend Eigengesetzlichkeit entfaltenden Sicherheitsapparat aus.[272] «Total onslaught» – der Totalangriff des internationalen Kommunismus war der Dämon, den es nach Meinung des Präsidenten mit allen Mitteln abzuwehren galt. Raffinierte Verhör- und Foltermethoden, Giftanschläge sowie der Einsatz von Todesschwadronen gegen politische Gegner im In- und Ausland perfektionierten die Unterdrückungsmechanismen.[273]

Ungeachtet dieser geballten Machtentfaltung entwickelten sich in den Townships neue Formen des Widerstands. Mieten wurden nicht mehr an die Gemeinderäte gezahlt, Verbraucherboykotts schädigten auch weiße Geschäftsleute, und Begräbnisse wandelten sich häufig zu politischen Demonstrationen, nachdem seit 1976 keine Versammlungen unter freiem Himmel mehr stattfinden durften.

Internationales Aufsehen erregte die Regierung Botha 1983 mit ihrer Ankündigung, die Verfassung zu ändern und ein Dreikammersystem einzuführen, in dem Weiße, Farbige und Inder vertreten, Schwarze aber weiterhin von der Macht ausgeschlossen bleiben sollten. Eindeutig zielte diese Reform darauf ab, das multirassische Lager des Widerstands zu spalten. Immerhin galt die so beschlossene Verfassungsreform sechzehn Mitgliedern der regierenden Nationalen Partei als Verrat an der reinen Lehre der Apartheid. Sie traten aus der Regierungspartei aus und gründeten die Konservative Partei.

Unmittelbar nach der Ankündigung Bothas, das Dreikammersystem einzuführen, bildete sich in Kapstadt als Antwort darauf im August 1983 die United Democratic Front (UDF), eine Dachorganisation, die nach eigenen Angaben mehr als 400 Gruppen mit mehr als 1,5 Millionen Mitgliedern umfaßte. Als programmatische Grundlage wählte sie die Freiheits-Charta von 1955. UDF wurde allgemein als legale Vertreterin des gebannten ANC angesehen.

Umkhonto als bewaffneter Arm des ANC führte im Jahre 1983 seinen bis dahin schwersten Sabotageakt durch. Im Mai zündete man in Pretoria eine Autobombe vor einem Büro der Luftwaffe, wobei 19 Menschen getötet und mehr als 200 verletzt wurden. Mandela urteilt über diesen Gewaltakt: *Der Tod von Zivilisten war ein tragischer Unfall, und ich war zutiefst entsetzt über die Todesopfer. Doch sosehr sie mich auch verstörten, ich wußte, daß solche Unfälle die unvermeidliche Konsequenz der Entscheidung waren, einen militärischen Kampf aufzunehmen. Menschliche Fehlbarkeit ist vom Krieg nicht zu trennen, und der Preis dafür ist immer hoch.*[274] Der Bombenangriff sollte *die unprovozierten Angriffe des Militärs auf den ANC in Maseru*, der Hauptstadt des Königreichs Lesotho, *und anderswo vergelten und war eine klare Eskalation des bewaffneten Kampfes.*[275]

Die Regierung in Pretoria antwortete umgehend. Sie verstärkte ihre Unterstützung für die RENAMO (Resistencia Nacional de Moçambique), eine ursprünglich von weißen Rhodesiern ins Leben gerufene antimarxistische Guerillabewegung in Mosambik, die gegen das dortige marxistische Regime kämpfte. Die militärische Kooperation von RENAMO und Pretoria zwang die Regierung von Mosambik schnell an den Verhandlungstisch, wo im März 1984 der sogenannte Nkomati-Vertrag unterzeichnet wurde. Darin sicherten sich Südafrika und Mosambik gegenseitige Nichteinmischung zu, was vor allem bedeutete, daß Umkhonto nicht mehr von Mosambik aus gegen südafrikanische Einrichtungen vorgehen konnte.

Mit Unterstützung der UDF entwickelte sich seit dem 3. September 1984, dem Tag der Veröffentlichung des Nkomati-Abkommens, in Sharpeville ein Mietboykott zu einer Protestdemonstration, in deren Verlauf auch schwarze Regierungsvertreter, Polizisten und deren Familien attackiert wurden. Damit zeigte sich ein neues Muster des Protestverhaltens: Örtliche Beschwerden bildeten den Ausgangspunkt für Protest gegen die Apartheid. Zusätzlichen Schub erhielt der Widerstand Ende 1984 durch die Verleihung des Friedensnobelpreises an den schwarzen Erzbischof von Johannesburg, Desmond Tutu, der mit seinem schneidend scharfen Verstand, seiner Eloquenz und seinem Witz ein ständiger Kritiker der Regierung war und vielen Südafrikanern als einflußreichster schwarzer Führer des Landes außerhalb der Gefängnisse galt.[276]

«Macht Südafrika unregierbar!» – unter diesem Motto grüßte ANC-Chef Oliver Tambo aus dem Exil die Widerstandsgruppen in seiner Heimat zum neuen Jahr 1985.[277] Ob dieser Aufruf tatsächlich ursächlich dazu beigetragen hat, die Townships Mitte der achtziger Jahre teilweise unkontrollierbar zu machen, ist schwer zu entscheiden. Die Unruhen nahmen jedenfalls 1984/85 solche Ausmaße an, daß sich das Militär erstmals

Unruhen in den Townships, Mitte der achtziger Jahre

seit Sharpeville genötigt sah, in die städtischen Wohngebiete der Schwarzen einzurücken, um für Ruhe und Ordnung zu sorgen. Das gelang jedoch nicht, so daß die Regierung ebenfalls zum ersten Mal seit 1960 den Ausnahmezustand über 36 der unruhigsten Magistratsbezirke des Landes verhängte.[278]

Nach dem Eindruck nicht nur der ANC-Führung im Exil, sondern auch vieler weißer Südafrikaner ging die politische Initiative zusehends auf die Widerstandsgruppen über, welche die Rechtsordnung des Landes ernsthaft zu gefährden drohten. Charakteristisch für die Situation war Winnie Mandelas Mißachtung ihres Banns, als sie Brandfort unerlaubt verließ und nach Soweto zurückkehrte.

Um der angeschlagenen Wirtschaft zu helfen, gab die Regierung dem Drängen der weißen Geschäftswelt nach und gestattete die Gründung eines neuen Dachverbandes der Gewerkschaften. Mit der COSATU (Confederation of South African Trade Unions) standen den Arbeitgebern nun völlig legale Tarifpartner gegenüber.

Kennzeichen des neuen Aufruhrs in den Townships war die direkte Aktion von Aktivisten, die eigenes «Recht» notfalls mit Gewalt durchsetzten. Entsetzte Fernsehzuschauer in aller Welt verfolgten das «necklacing», die Lynchjustiz mit der «Halskrause». Dabei wurde einem «Kollaborateur» des Regimes nach dem Schuldspruch eines «Volksgerichts» ein mit Benzin gefüllter Autoreifen um den Hals gelegt. Nachdem das

103

Benzin angezündet worden war, starb das Opfer einen qualvollen Erstickungstod. Ausübung von Volksmacht nannten die Aktivisten des «Volkskrieges» diese Form der «Rechtsprechung» und demonstrierten damit die Ohnmacht der Regierung in den Townships. Nachdem Pretoria am 7. März 1986 den teilweisen Ausnahmezustand aufgehoben hatte, setzte sie ihn angesichts anhaltender Unruhen am 12. Juni erneut in Kraft – diesmal landesweit und vor allem mit Blick auf den zehnten Jahrestag des Schüleraufstands von Soweto.

Ende Februar 1988 verbot die Regierung der UDF und sechzehn anderen Organisationen jegliche politische Betätigung, ohne sie jedoch formal zu verbieten. Auch COSATU wurde jedwede Aktivität untersagt, welche die Regierung für politisch hielt.[279]

Erzbischof Tutu und andere Kirchenführer übernahmen jetzt die Aufgabe, die Regierungspolitik anzuprangern, die bis dahin mehrere tausend Menschenleben gekostet hatte. Es war das Ziel dieser Politik gewesen, die oppositionellen Bewegungen der achtziger Jahre zu zerstören, insbesondere solche, die dem ANC nahestanden. Doch die Wirklichkeit sah anders aus. Die Regierung hatte sich mit ihrem starrsinnigen Präsidenten an der Spitze und mit seinem aufgeblähten Sicherheitsapparat im Hintergrund heillos in eine politische Sackgasse verrannt. Obendrein mußte sie mit einer wirtschaftlich kritischen Situation fertig werden.

War die Apartheid nach dem Zweiten Weltkrieg in einer Phase wirtschaftlicher Prosperität eingeführt worden und hatte das Südafrika der Apartheid in den sechziger und frühen siebziger Jahren stetiges Wirtschaftswachstum genossen, wandelten sich diese Verhältnisse seit etwa Mitte der siebziger Jahre. Zum nachlassenden Wirtschaftswachstum trat eine hohe Arbeitslosigkeit, deren Wirkung auf die Massen ungelernter schwarzer Arbeiter noch durch eine zunehmende Inflation und anhaltende Dürreperioden verschärft wurde. Entwickelten sich somit die wirtschaftlichen Rahmenbedingungen Südafrikas ungünstig, manövrierte die Politik Bothas das Land in eine Situation, in der es immer offenkundiger wurde, daß die Apartheid an ihren Kosten scheitern würde.

Es gehörte zum Stil der Krisenbewältigung Bothas, daß er Probleme zu lösen suchte, indem er neue Institutionen für diesen Zweck schuf.[280] Exemplarisch ließ sich das an dem Sicherheitsapparat erkennen, den Botha während seiner Amtszeit errichtete. Exorbitante Kosten verursachte aber auch die Einführung des Dreikammersystems im Jahre 1983. Wie Frederik van Zyl Slabbert, der Führer der oppositionellen Progressive Federal Party, ausführte, brachte dieses System «151 Regierungsministerien in Südafrika hervor. Diese Ministerien umfaßten 18 Ministerien für Gesundheit und Wohlfahrt, 14 Ministerien für Erziehung, 14 Finanz- und Haushaltsministerien, 14 Landwirtschafts- und Forstministerien, 12 Arbeits- und Wohnungsministerien, 13 Ministerien für städtische Angelegenheiten und örtliche Verwaltung, 9 Ministerien für Wirtschaft oder

Elendsviertel bei Kapstadt

Handel und Industrie sowie jeweils 5 Ministerien für Äußeres, Transport, Post und Telegraphie, Arbeit, Recht und Ordnung, Verteidigung oder nationale Sicherheit, 3 Justizministerien, 1 Ministerium für Bergbau und Energie und 1 Ministerium für Umweltangelegenheiten und Tourismus.»[281] Es war der rassenpolitische Proporz gemäß der Apartheiddoktrin – oder, wie es seit längerer Zeit in Südafrika hieß: der «getrennten Entwicklung» –, welcher diesen Bürokratismus erforderte. Jede der in den drei Kammern vertretenen «Rassen» zuzüglich der Schwarzen wurde mit einer eigenen Verwaltungshierarchie ausgestattet. Absorbierte diese Bürokratie bereits einen Großteil des Steueraufkommens, das ganz überwiegend von der relativ kleinen Bevölkerungsgruppe der Weißen aufgebracht wurde, kamen als weitere Belastungen noch hinzu: das militärische Engagement Südafrikas gegen die marxistischen Regime in Mosambik und Angola sowie die fortdauernde Verwaltung Südwestafrikas / Namibias.*

Darüber hinaus zeichnete die Regierungspolitik für ein bedrohliches Ungleichgewicht in der Wirtschaft verantwortlich, das sich in der Beschäftigungsstatistik widerspiegelte. Nach Regierungsangaben nahm die Zahl der im formalen privaten Sektor Beschäftigten zwischen 1975 und 1987 nur um 16 Prozent zu, während der öffentliche Sektor im gleichen Zeitraum um dramatische 61 Prozent wuchs.[282]

Schließlich dürften auch die Wirtschaftssanktionen zum Niedergang der Apartheid beigetragen haben, die etwa seit dem Schüleraufstand von Soweto seitens verschiedener Staaten und Institutionen gegen Südafrika wegen seiner Apartheidpolitik verhängt wurden. Allerdings ist es schwierig, die Wirkung dieser Boykottmaßnahmen genau zu bestimmen, ja, in mancher Hinsicht war die Wirkung sogar kontraproduktiv. Insbesondere die südafrikanische Rüstungsindustrie entwickelte infolge des früh durchgeführten Waffenembargos einen beachtlichen Erfindungsreichtum. Sie konstruierte mit diskreter Hilfe ausländischer Ingenieure modernstes Material, das etwa in Gestalt der G 5-Geschütze Verwendung im Golfkrieg des Jahres 1991 auf seiten des Irak fand.[283] Im Krieg Südafrikas gegen die MPLA in Angola Ende der achtziger Jahre zeigte sich jedoch auch die Verwundbarkeit der Streitkräfte angesichts sanktionsbedingter Luftunterlegenheit.[284]

Sucht man nach einem Ereignis, das die internationale Sanktionspolitik gegen Südafrika entscheidend verstärkte, muß Präsident Bothas sogenannte Rubikon-Rede vom August 1985 in Durban erwähnt werden.[285] Die Weltöffentlichkeit hatte angesichts der um sich greifenden Gewalt in den Townships eine Kehrtwende der Regierungspolitik einschließlich eines Hinweises auf die Zukunft Nelson Mandelas erwartet. Statt dessen setzte Botha in Durban auf Härte und drohte der internationalen Staatengemeinschaft trotzig: «Ich bin nicht bereit, die weißen Südafrikaner und andere Minderheitsguppen zu Abdankung und Selbstmord zu führen [...]. Treibt uns nicht zu weit! Treibt uns nicht zu weit!»[286]

Die skandinavischen Staaten fügten 1986/87 den bereits 1979 erlassenen Investitionssperren für Südafrika nunmehr Handelssperren hinzu, die Europäische Gemeinschaft verständigte sich ebenfalls auf eine Reihe von Maßnahmen. Eine gemeinsame harte Haltung scheiterte jedoch an den konservativen Regierungen Thatcher in London und Kohl in Bonn.

---

* Die ehemalige deutsche Kolonie war nach dem Ersten Weltkrieg als Mandatsgebiet an die Südafrikanische Union gefallen. Nach dem Zweiten Weltkrieg ignorierte Südafrika wiederholte Aufforderungen der Vereinten Nationen, sich aus Südwestafrika zurückzuziehen. Erst 1990 erlangte das Land als Republik Namibia seine Unabhängigkeit.

Anti-Apartheid-Aktion vor dem Bundeskanzleramt in Bonn, 1985

In den USA verfügte unter dem Einfluß der schwarzen Wählerschaft der Kongreß weit schärfere Sanktionsmaßnahmen, als sie der republikanische Präsident Reagan vorgeschlagen hatte. Immer mehr internationale Fluglinien stellten ihre Dienste nach Johannesburg ein – neben British Airways und Lufthansa flogen nur noch ganz wenige Gesellschaften dieses Ziel an. Südafrika sah sich in schwerer wirtschaftlicher Bedrängnis und war international geächtet.

Hinter den Kulissen

Angesichts drohender Sanktionen des Commonwealth mit Großbritannien an der Spitze gewährte die Regierung in Pretoria einer siebenköpfigen «Gruppe bedeutender Persönlichkeiten» aus Mitgliedsländern dieser Staatengemeinschaft Ende 1985/Anfang 1986 Zugang zu politischen Gegnern in der Republik, einschließlich Mandelas in Pollsmoor. Auch als Versuch der politischen Klimaverbesserung war die Aufhebung des Ausnahmezustands im März 1986 zu verstehen.

Die «Gruppe bedeutender Persönlichkeiten» entwarf nach Unterredungen mit Mandela ein Verhandlungskonzept, demzufolge er und andere politische Gefangene freigelassen sowie das Verbot des ANC und anderer Organisationen aufgehoben werden sollten. Im Gegenzug sagte Mandela die Aussetzung der Gewalt für den Zeitraum kommender Verhandlungen zu. Er war nahezu überzeugt, daß der Besuch der Common-wealth-Vertreter den Durchbruch zu Gesprächen mit der Regierung ankündigte. Mandela bestand darauf, daß sich die Gruppe auch nach Lu-saka begab, um mit Oliver Tambo als dem Chef des ANC zu sprechen. Es war ihm außerordentlich wichtig, Einmütigkeit zwischen ihm und der Exilführung des ANC zu demonstrieren.[287] An dem Tag, als die Politi-kergruppe Mandela noch einmal in Pollsmoor aufsuchen wollte, demon-strierte die Regierung Botha, daß sie sich selbst noch nicht einig über ihr Verhalten gegenüber den neuen Entwicklungen war. Südafrikanische Kampfflugzeuge bombardierten Stellungen des ANC in Zimbabwe, Botswana und Sambia und zwangen die Commonwealth-Politiker zu einer zornigen Abreise aus Südafrika. Richtungskämpfe innerhalb von Bothas Kabinett sowie im Sicherheitsapparat hatten den Ausschlag für diesen rüden Abbruch des Gesprächskontaktes gegeben. Mit Ausnahme Großbritanniens bereiteten daraufhin die übrigen Commonwealth-Staa-ten ein ausgefeiltes Sanktionsprogramm gegen Südafrika vor.[288]

Weitere Versuche, Mandela aus der Haft freizubekommen und eine friedliche Lösung für sein Heimatland zu finden, folgten. Noch im Jahre 1986 wurde er vorübergehend in den Ost-West-Konflikt verwickelt. Im Juli hatte der sowjetische Staats- und Parteichef Michail Gorbatschow öffentlich seine Bereitschaft angedeutet, den prominentesten sowjeti-schen Gefangenen, den nach Gorki verbannten Physiker und politischen Dissidenten Andrej Sacharow, zum Gegenstand von Verhandlungen zu machen. Der Ostberliner Anwalt und Unterhändler Erich Honeckers in Fragen des Freikaufs von Ausreisewilligen aus der DDR, Professor Wolfgang Vogel, erörterte zusammen mit seinen «Gesprächspartnern in der Bundesrepublik» den Gedanken, «geeignete Vorstöße für die Frei-lassung Sacharows zu unternehmen»[289]. Aus Prestigegründen kam für Gorbatschow als adäquate Gegenleistung damals nur die Freilassung von Nelson Mandela in Frage. Mit Rückendeckung Honeckers, der an der Steigerung seiner außenpolitischen Reputation interessiert war, und mit dem Wohlwollen der südafrikanischen Regierung versehen, reiste Vogel für drei Tage nach Südafrika, um die Freilassung Sacharows und Mandelas anzubahnen. Vor Ort gewann Vogel damals den Eindruck, daß die südafrikanische Seite grundsätzlich einer Entlassung Mandelas posi-tiv gegenüberstand, jedoch darauf beharrte, dieser solle sich außerhalb der Republik in einem afrikanischen Staat niederlassen. Wie schon an-läßlich des Angebots von Minister Kruger im Jahre 1976 auf Robben Is-land bewies Mandela auch bei dieser Gelegenheit seine Grundsatztreue. Er weigerte sich, das Land zu verlassen. Auch Sacharow lehnte es ab, um den Preis seiner Zwangsemigration freizukommen. So verlief dieser Ver-such, Mandelas Freilassung zu erreichen, im Sande.[290]

Zu Beginn des Jahres 1986 befand sich Südafrika in größten Schwie-rigkeiten, seine internationalen Zahlungsverpflichtungen zu erfüllen,

108

nachdem am 31. Juli des Vorjahres die Chase Manhattan Bank dem enormen Druck bestimmter Aktionärsgruppen nachgegeben und beschlossen hatte, ihre Kredite in Südafrika zurückzufordern. Im Verlauf des August 1985 waren weitere amerikanische Banken diesem Schritt gefolgt. Vor allem amerikanische und britische Banken, weniger hingegen kontinentaleuropäische, weigerten sich, kurz- und mittelfristige Kredite an den Apartheidstaat zu verlängern. Eine Nichtverlängerung bedeutete jedoch die Zahlungsunfähigkeit des Landes und drohende revolutionäre Verhältnisse, da in der Folge die Arbeitslosenzahlen rapide ansteigen mußten.

Fritz Leutwiler, ehemaliger Notenbank-Chef der Schweiz, stellte sich als Vermittler zwischen den Banken und der südafrikanischen Regierung zur Verfügung. Die Einschaltung eines Vermittlers war notwendig geworden, weil beide Seiten nicht mehr miteinander sprachen. Nach schwierigen Verhandlungen erreichte Leutwiler im Februar 1986 in London eine Atempause für Pretoria, eine Stundung seiner Zinszahlungen nach einem bestimmten Modus für ein Jahr, die dann verlängert wurde.[291] Der Schweizer lernte bei dieser und späteren Gelegenheiten Präsident Botha persönlich kennen, und er war über das völlige Fehlen ökonomischen Sachverstandes bei Botha bestürzt. Diese Unkenntnis

Pieter Willem Botha, 1985

«Free Mandela»: Konzert im Londoner Wembley-Stadion vor 70000 Besuchern und Millionen Fernsehzuschauern, Juni 1988

korrespondierte nach Leutwilers Eindruck mit einem außerordentlich autoritären Habitus, vor allem auch gegenüber Kabinettsmitgliedern, von denen niemand Widerspruch wagte.

Gegen Ende der Ära Botha, im Jahre 1988, nutzte Leutwiler das entstandene Vertrauen des Präsidenten für eine Blitzaktion zugunsten der Freilassung Mandelas. Im Auftrag Bundeskanzler Kohls und der britischen Premierministerin Thatcher reiste er für wenige Stunden nach Wilderness, dem Ferienort Bothas am Indischen Ozean. Im Gepäck trug er einen eindringlich formulierten Brief der beiden Regierungschefs, in dem sofortige politische Reformen und – obenan – die Entlassung Mandelas aus der Haft gefordert wurden. Sollte Botha diesen Forderungen nicht nachkommen, sähen sich Großbritannien und die Bundesrepublik gezwungen, dem Ruf innerhalb der Europäischen Gemeinschaft nach erheblich schärferen Sanktionen nachzugeben. Im Beisein seines Schwei-

110

zer Gastes reagierte der Präsident cholerisch, er tobte und lehnte jedes Entgegenkommen rundweg ab. «Bunkermentalität» registrierte Leutwiler in der Umgebung Bothas.[292] Wenige Wochen später erlitt der Präsident einen leichten Schlaganfall.

Bereits im Januar jenes Jahres hatte Franz Josef Strauß gegenüber Botha, den er seit 25 Jahren kannte, die Notwendigkeit einer Freilassung Mandelas betont, auch wenn er selbst den Gefangenen politisch nicht schätzte.[293] Nach seinen eigenen Worten hatte er dem Präsidenten erklärt: «Ohne Freilassung Mandelas können Sie keine sinnvollen Verhandlungen mit den Schwarzen aufnehmen [...].» Und gegenüber den Homeland-Führern Lucas Mangope und Gatsha Buthelezi argumentierte der bayerische Politiker in bezug auf Mandela: Gelegentlich müsse man «aus politischen Gründen über den Schatten springen» – analog der bundesdeutschen Kronzeugenregelung in Strafverfahren gegen Terroristen. Das fortgeschrittene Alter Mandelas, so Strauß, lege eine baldige Haftentlassung nahe, da der Tod des Gefangenen eine «schwere moralische Belastung» für Botha mit sich bringen würde. Nach dem Eindruck von Strauß war in erster Linie der begrenzte politische Entscheidungsspielraum des Präsidenten dafür verantwortlich, daß sich in dem «ungeheuer schwierigen Fall Mandela» nichts Entscheidendes bewegte.[294]

Auch in Südafrika selbst begann in der weißen Elite ein Umdenken. Es waren ausgerechnet führende Mitglieder des geheimen «Afrikaner Broederbond», die seit dem Beginn der achtziger Jahre Kontakte zum Erzfeind ANC herstellten. Diese Kontakte waren jedoch nur möglich, nachdem sich in internen Richtungskämpfen des Broederbond eine fortschrittliche Linie hatte durchsetzen können. Unter ihrem Anführer Pieter de Lange, der seit 1983 dem Bond vorsaß, vertraten Mitglieder dieser Gruppe die Auffassung, die Zukunft der Afrikaner sei langfristig nur dann zu sichern, wenn auch den Interessen der schwarzen Bevölkerungsmehrheit Rechnung getragen würde. Oder anders formuliert: Wie konnte man die Apartheid abschaffen, ohne als Weiße die Kontrolle über das Land zu verlieren?

Anläßlich einer Konferenz der Ford Foundation auf Long Island im Staate New York 1986 traf sich der Chef des Broederbond erstmals mit einem hochrangigen ANC-Vertreter, dem damaligen Direktor für Information und Öffentlichkeitsarbeit im ANC, Thabo Mbeki, dem Sohn des

Robben-Island-Häftlings Govan Mbeki. Gemeinsam diskutierten sie über mehrere Stunden Fragen der südafrikanischen Politik. Am Ende fragte Mbeki de Lange, welche Botschaft er seinem Präsidenten Oliver Tambo von der Begegnung überbringen solle. De Lange erinnert sich: «Ich sagte ihm, daß Südafrika sich für die Veränderungen, die notwendig waren, bereit machte und daß die Afrikaaner darauf bestehen würden, ihre kulturelle Identität und die dazu notwendigen Bedingungen zu bewahren – Sprache, Erziehung, religiöse Freiheit. Ich glaube, er war ziemlich überrascht und erfreut.» [295] Obwohl Präsident Botha nach außen hin den Eindruck zu vermitteln suchte, er lehne jeglichen Kontakt mit dem ANC ab, wurde er gleichwohl in den achtziger Jahren über solche Gespräche unterrichtet – und er duldete sie, zeigte sogar in wachsendem Maße Interesse an ihnen. Bei den ersten Begegnungen weißer Südafrikaner mit ANC-Vertretern ging es vor allem darum, sich kennenzulernen, Standpunkte zu verdeutlichen und Mißtrauen abzubauen.

Der entscheidende Gesprächsfaden zwischen dem ANC und der Regierung, der schließlich zur politischen Wende in Südafrika führen sollte, entspann sich jedoch bereits zu Beginn des Jahrzehnts und entwickelte sich parallel zu den anderen Gesprächskontakten zu regelrechten Geheimverhandlungen.

Im Oktober 1980 hatte Jacobus («Kobie») Coetsee die Nachfolge von Jimmy Kruger im Amt des Ministers für Justiz, Polizei und Gefängnisse angetreten. Der Zufall wollte es, daß ein Studienfreund Coetsees in eben jenem Ort Brandfort als Anwalt tätig war, in den die Regierung Winnie Mandela verbannt hatte. Als einziger Anwalt am Ort vertrat Pieter de Waal Winnie dort in Rechtsfragen. Zwischen Winnie und de Waals Frau entwickelte sich eine enge Freundschaft, so daß de Waal in seinen privaten telefonischen Kontakten mit Minister Coetsee immer öfter das Thema «Bannerleichterung für Winnie» anschnitt. Schließlich brachte der Anwalt gegenüber seinem Freund in der Regierung sogar das Problem einer Freilassung Nelson Mandelas zur Sprache. Seither bearbeitete de Waal den Minister beharrlich, einen direkten Kontakt zu Mandela in Pollsmoor herzustellen. [296]

Im November 1985 war es endlich soweit. Wegen einer Prostataoperation mußte sich Mandela in ein Krankenhaus begeben. Er erinnert sich: *Unter starken Sicherheitsvorkehrungen wurde ich in das Volks Hospital in Kapstadt gebracht. Winnie flog mit dem Flugzeug herbei und konnte mich vor der Operation sehen. Doch ich hatte noch einen Besucher, einen überraschenden und unerwarteten: Kobie Coetsee [...]. Er war insgesamt liebenswürdig und herzlich, und die meiste Zeit tauschten wir einfach Nettigkeiten aus. Obwohl ich mich benahm, als sei das die normalste Sache der Welt, war ich erstaunt. Die Regierung rechnete sich auf ihre langsame und zögerliche Art aus, daß sie zu irgendeiner Vereinbarung mit dem ANC kommen mußte. Coetsees Besuch war ein Olivenzweig.* [297] Der Minister

112

wiederum glaubte nach dieser Begegnung verstanden zu haben, warum Mandela weltweit Verehrung genoß. Vertraut mit lateinischer Sprache und römischer Kultur, erinnerte sich Coetsee, bei diesem Treffen gedacht zu haben: Er ist wie ein alter «Römischer Bürger, einer mit dignitas, gravitas, honestas, simplicitas»[298]. Mandela sagte später gegenüber dem Journalisten Allister Sparks über dieses bahnbrechende Treffen: *Coetsee ist ein anderer Typ. Er war sehr höflich, und obwohl wir nicht über Politik redeten, war es klar, daß er die Fühler ausstreckte. Aber es war sehr subtil. An einem Punkt sagte er: «Ich wäre daran interessiert, Sie in eine Situation zu bringen, die zwischen Gefängnis und Freiheit liegt.» Ich fragte ihn, ob er meine ganze Gruppe meine, und er sagte nein, nur mich. Ich war sofort in Sorge, daß das so aussehen könnte, als hätte ich mich auf einen Handel eingelassen, aber ich sagte nichts dazu. Ich sagte nur: «Also, schon die Tatsache, daß Sie gekommen sind, vermindert unsere Probleme um 25 Prozent.»*[299]

Es wurde die Aufgabe von Mandelas Anwalt George Bizos, von dem Krankenlager des Gefangenen aus nach Lusaka zu reisen, um dort die ANC-Führung über den Besuch des Ministers bei Mandela zu unterrichten. Anschließend traf Bizos selbst Minister Coetsee und erklärte ihm, zwischen Mandela und dem ANC in Sambia gebe es keine Differenzen.

Nach seiner Rückkehr aus dem Krankenhaus nach Pollsmoor erhielt Mandela dort eine vergleichsweise luxuriöse Zelle, die ihm ebenfalls signalisierte: Die andere Seite will reden. Dies war genau das, was er seit seinem unbeantwortet gebliebenen Brief an Verwoerd im Jahre 1961 immer gewollt hatte: den Gegner an den Verhandlungstisch zu bringen. Jedoch stimmte ihn zugleich die Feststellung bedenklich, daß er in der neuen Zelle allein, ohne seine Kameraden aus dem Dachgeschoß des Gefängnisses, inhaftiert war. Offenbar versuchte die Regierung immer noch, den Gegner zu spalten. Mandela entschied sich trotz der Bedenken, mit der Regierung zu reden. Ohne ständige Rückbindung an die Basis des ANC «draußen» und ohne regelmäßige Kontakte zu Oliver Tambo in Lusaka würde dies zwar *extrem heikel* werden, wie er selbst einräumt. Doch *jemand von unserer Seite mußte den ersten Schritt tun.*[300] Unter strengster Geheimhaltung hatte er eine Strategie anzuwenden, die ihn in die Lage versetzte, *den Leuten mit einem fait accompli gegenüberzutreten. Ich war überzeugt, daß dies der einzige Weg war.*[301]

Coetsee hielt Präsident Botha über seine Kontakte mit Mandela auf dem laufenden. Der Regierungschef ermunterte seinen Minister, die Gespräche fortzuführen, doch fehlte ihm der letzte Mut, sich zur Freilassung der Gefangenen durchzuringen.

Es folgten mehrere Begegnungen zwischen Mandela und Coetsee. Der Minister bemühte sich zunehmend, sie nicht am Ort der Gefangenschaft stattfinden zu lassen. Fred Munro, der Kommandierende Offizier von

Pollsmoor, chauffierte Mandela im grauen Audi nach Savernake, dem kapholländischen Amtssitz Coetsees außerhalb Kapstadts. Freundliche Gespräche gab es dort und einen ersten Drink für Mandela nach zweiundzwanzig Jahren – Sherry Medium-Cream, den er *bis heute auf der Zunge nachschmeckt*[302]. Dennoch brachten die Unterredungen keine konkreten Ergebnisse.

Im Mai 1988 bildete Coetsee ein Sonderkomitee, das sich wiederholt zu langen Gesprächen mit Mandela traf. Mandelas Tagebuch notiert 47 solcher Begegnungen, die detaillierte Diskussionen mit einer Dauer bis zu sieben Stunden umfaßten. Neben Coetsee selbst gehörte dem fünfköpfigen Komitee unter anderem der Chef des Geheimdienstes National Intelligence Service (NIS) Niel Barnard an.[303]

Die Fahrten Mandelas nach Kapstadt und Umgebung nahmen unterdessen zu. Offenbar wollte man den Gefangenen allmählich an ein Leben in Freiheit gewöhnen. Bei einer dieser Touren hielt sein Bewacher und Fahrer vor einem Laden, um dort eine Cola zu kaufen. *Ich saß allein da*, schrieb Mandela im Rückblick. *In den ersten paar Augenblicken dachte ich nicht an meine Situation, doch als die Sekunden vergingen, wurde ich immer erregter. Zum erstenmal seit 22 Jahren war ich draußen in der Welt und unbewacht. Ich hatte die Vision, die Tür zu öffnen, hinauszuspringen und dann zu rennen und zu rennen [...]. Doch dann beherrschte ich mich; ein solches Vorgehen wäre unklug und unverantwortlich gewesen, von der Gefahr ganz zu schweigen.*[304]

Längere und weitere Ausflüge folgten, bei denen Mandela nun von Beamten in Zivil begleitet wurde. Obwohl eine Ikone für sein Volk, erkannte es ihn doch nicht. Oder? Während eines Halts an einer Tankstelle stieg Mandela aus dem Auto und begann eine Unterredung mit den Tankwarten. *Ich machte den Fehler, sie afrikanisch zu begrüßen, und das erregte einiges Aufsehen. Sie schienen zu ahnen, daß sie es mit einem Prominenten zu tun hatten. Ich denke, sie könnten mich erkannt haben.*[305]

In den Gesprächen mit dem Sonderkomitee Coetsees legte Mandela immer mehr Nachdruck auf ein Treffen mit Botha. Auf einen entsprechenden Brief hin erhielt er endlich Anfang August 1988 die Antwort des Präsidenten, eine Begegnung könne noch vor Ende des Monats zustande kommen. Plötzlich jedoch mußte Mandela am 12. August in das Kapstädter Tygerberg-Hospital eingeliefert werden, um eine dringende Tuberkulosebehandlung vornehmen zu lassen. Hierüber war er außerordentlich ungehalten, denn er hatte sich intensiv auf das Gespräch mit Botha vorbereitet. Der Patient erholte sich recht schnell, so daß er Ende September Tygerberg verlassen und eine Privatklinik aufsuchen konnte. Im Dezember erfolgte seine Verlegung auf das Gelände des Victor-Verster-Gefängnisses bei Paarl, wo er das komfortable Haus eines Wärters bezog. (Nach den Bauplänen dieses Hauses ließ sich Mandela nach seiner Haftentlassung einen Altersruhesitz in seiner Heimat Transkei errichten, was selbst bei seinem engen Freund Walter Sisulu verständnisloses Kopfschütteln auslöste.[306]

Zeitlich nahezu parallel zu Mandelas Kontakten mit der Regierung über Minister Coetsee bahnten sich Gespräche zwischen dem ANC, weißen Südafrikanern und Regierungsmitgliedern an mehreren Stellen der Welt an. Ein Treffen weißer Geschäftsleute mit dem ANC in Sambia im September 1985 wurde von Botha routinegemäß öffentlich verurteilt. Auf die Unterredung von Broederbond-Chef de Lange mit Thabo Mbeki in Amerika 1986 folgte 1987 eine Begegnung weißer Akademiker und Politiker mit ANC-Vertretern in der senegalesischen Hauptstadt Dakar. Zunehmend setzte der ANC in Lusaka in Übereinstimmung mit Mandela in Pollsmoor auf eine diplomatische Lösung der Probleme Südafrikas – der bewaffnete Kampf spielte allenfalls noch die Rolle eines zusätzlichen Druckmittels. Dakar wertete den ANC international und diplomatisch auf; zugleich war das Treffen dazu gedacht, die Organisation in den Augen der weißen Öffentlichkeit Südafrikas zu entdämonisieren und das von der jahrzehntelangen Regierungspropaganda Pretorias gezeichnete Bild einer «kommunistischen Terrororganisation» abzubauen.

Ein Nachfolgetreffen fand Ende Oktober 1987 auf Initiative des südafrikanischen Institute for a Democratic Alternative in South Africa (IDASA) und in Zusammenarbeit mit der deutschen Friedrich-Naumann-Stiftung in Leverkusen statt. Das Besondere dieser Begegnung, an der für den ANC unter anderem Thabo Mbeki und Joe Slovo teilnah-

Joe Slovo

men, bestand darin, daß sich hier erstmals hohe sowjetische Afrika-Experten und weiße Südafrikaner mit «ausgesprochenen Multiplikatorenfunktionen» in ihrer Heimat gegenübersaßen. Als aufschlußreich bewertete ein Papier der Stiftung die in Leverkusen vertretenen Positionen des ANC. Vor allem «das Schwinden der Illusion vom kurz bevorstehenden Umsturz, das Eingehen auf weiße Ängste» sowie «die politische Einordnung und zielmäßige Begrenzung des ‹bewaffneten Kampfes› von Umkhonto» fielen auf.[307] Joe Slovo gestand «unumwunden ein, daß die SACP durch Stalinismus und Moskauhörigkeit in der Vergangenheit Vertrauen verspielt habe und beispielsweise kaum mehr Chancen habe, die weißen Arbeiter für sich zu gewinnen […], die SACP müßte als erstes den Nachweis liefern, daß sie aus guten Demokraten bestehe»[308]. Die «sowjetische Delegation» räumte mehrfach ein, «daß durch das bloße Kennenlernen der internen weiß-südafrikanischen Opposition ihr Südafrikabild modifiziert worden sei»[309]. Die sowjetischen Teilnehmer bestritten ferner kategorisch «jegliche Absicht der Sowjetunion, Südafrika auf revolutionärem Wege zu einem sowjetischen Satelliten zu machen»[310].

Von langfristig größerer Bedeutung als diese Begegnungen waren insgesamt zwölf Treffen von ANC-Vertretern mit afrikaansen Akademikern in England, die in der Zeit von November 1987 bis Mai 1990 stattfanden. Wieder war es Thabo Mbeki, der sich in der Gruppe des ANC befand. Zu den Weißen gehörte Willem de Klerk, ein Journalist und Theologe – der Bruder von Minister Frederik Willem (FW) de Klerk, dem späteren Nachfolger Bothas im Amt des Regierungschefs. Willem de Klerk unterrichtete stets seinen Bruder sowie die Führung des «Afrikaner Broederbond» über den Fortgang der Gespräche in Bath. Niel Barnard als Leiter des Geheimdienstes informierte sowohl Präsident Botha als auch Mandela während der Sitzungen des Sonderkomitees. Willem de Klerk notierte über die Gespräche in seinem Tagebuch: «Für mich persönlich bedeuteten sie sehr viel; […] die Erfahrung, am Feuer zu sitzen und an einem politischen Durchbruch mitzuarbeiten, die Nationalpartei und den ANC dazu zu bringen, miteinander zu reden; die Freundschaften, die sich zwischen Thabo […] und mir entwickelten; die Rolle als Vermittler, denn vom Beginn bis heute habe ich FW ‹geheime Botschaften› vom ANC übermittelt, und sogar auch umgekehrt, obwohl FW sehr vorsichtig war und ist.»[311] Nach Willem de Klerks Überzeugung ging es dem ANC auch darum, über Regierungsmitglieder Informationen an die weiße Wählerschaft in der Heimat gelangen zu lassen, so daß sich dort die Vorurteile gegenüber der Organisation abbauten. Die Tagesordnung der Unterredungen in England umfaßte sehr konkrete Fragen: die Freilassung Mandelas, die mögliche Einstellung des bewaffneten Kampfes, Schritte zu Vorverhandlungen mit der Regierung, Verfassungsfragen sowie wirtschaftspolitische Themen. Vor allem die Diskussion um Mandela erwies sich immer wieder als kritisches Moment. Mbeki beharrte darauf, daß Gespräche mit Mandela allein nicht ausreichten, man müsse die Bewegung im Exil an dem ganzen Prozeß beteiligen.[312]

Mit zunehmender Häufigkeit der Gespräche zwischen Mandela und dem Sonderkomitee wurde dem Wunsch Mandelas entsprochen, auch seine Gefängniskameraden von Robben Island und Pollsmoor hinzuzuziehen. Auf dem Gelände der Victor-Verster-Haftanstalt bereiteten nun Gefängnisköche das Essen für ihn und seine Freunde, und Wärter standen für die Gäste bereit. Das Haus entwickelte sich zu einem Verhandlungszentrum, und angesichts der guten Atmosphäre schien der Boden für eine Begegnung zwischen Mandela und Botha bereitet zu sein. Dann erlitt der Präsident im Januar 1989 einen Schlaganfall.

Im März ließ Mandela Botha ein elfseitiges Memorandum zukommen. Darin forderte er als ersten Schritt für eine Verhandlungslösung ein Treffen zwischen der Regierung und dem ANC. *Zur Gewaltfrage schrieb er, die Weigerung des ANC, auf Gewalt zu verzichten, sei nicht das Problem.* Die Wahrheit sei vielmehr, daß die Regierung immer noch nicht zur Machtteilung mit den Schwarzen bereit sei. Er lehnte es ferner ab, mit den Kommunisten zu brechen. *Welcher Mann von Ehre [...] würde auf Verlangen eines gemeinsamen Gegners einen lebenslangen Freund im Stich lassen und trotzdem noch ein gewisses Maß an Glaubwürdigkeit bei seinem Volk behalten?* Und: *Mehrheitsregel und innerer Frieden sind wie die zwei Seiten einer Münze, und das weiße Südafrika muß einfach akzeptieren, daß es in diesem Land niemals Frieden und Stabilität geben wird, solange dieses Prinzip nicht voll angewandt wird.* Mandela gestand schließlich zu, daß die Ängste der Weißen vor einer schwarzen Herrschaft respektiert werden müßten, weshalb mit Hilfe von Kompromissen eine Lösung für dieses Problem zu erarbeiten sei.[313]

Nach Bothas Genesung war es Niel Barnard, der den Präsidenten dazu überredete, sich mit Mandela zu treffen. Die Begegnung wurde für den 5. Juli 1989 vorbereitet. Da Botha immer noch negative Rückwirkungen auf seine Wählerschaft fürchtete, bestand er auf totaler Geheimhaltung der Begegnung. Barnard schmuggelte Mandela an der Sicherheitspolizei von Tuynhuys, der Residenz des Präsidenten in Kapstadt, vorbei. Mandela mußte seine Blutgruppe für den Fall eines Schußwechsels angeben, und große Sorgfalt wurde auf eine korrekte Kleidung des Gefangenen gelegt. In einer symbolträchtigen Szene sah sich Geheimdienstchef Barnard unmittelbar vor der Tür des Präsidentenbüros gezwungen, vor Mandela niederzuknieen, um ihm die Schnürsenkel exakt zu richten. *Dann öffnete sich die Tür,* schreibt Mandela, *und ich trat ein, auf das Schlimmste gefaßt. Von der entgegengesetzten Seite seines feudalen Büros aus kam P.W. Botha auf mich zu. Er hatte seine Schritte perfekt geplant, denn wir trafen uns genau auf halbem Wege. Er streckte die Hand aus und*

117

Das einzige existierende Foto von Mandelas Geheimtreffen mit Präsident Botha am 5. Juli 1989, aufgenommen vom Privatsekretär des Präsidenten, Ters Ehlers: V.l.n.r.: General Johan Willelmse, Nelson Mandela, Geheimdienstchef Niel Barnard, Botha und Justizminister Jacobus Coetsee

lächelte breit, und tatsächlich war ich von diesem allerersten Augenblick an völlig entwaffnet. Er verhielt sich tadellos höflich, respektvoll und freundlich.[314] Mandela empfand das etwa halbstündige Gespräch wie ein *lebhaftes und interessantes Kolloquium*, in dem es nicht um konkrete politische Probleme, sondern mehr um *südafrikanische Geschichte und Kultur* ging. Am Ende brachte Mandela, wie er sich erinnert, *ein ernsthaftes Thema zur Sprache. Ich bat Mr. Botha, alle politischen Gefangenen, mich selbst inbegriffen, ohne Bedingungen freizulassen. Das war der einzige angespannte Augenblick der Begegnung, und Mr. Botha sagte, er fürchte, das könne er nicht tun.*[314]

Perestrojka und «Pretoriastrojka»

Gesundheitlich angeschlagen, trat Botha am 14. August 1989 auf innenpolitischen Druck hin vom Amt des Staatspräsidenten zurück, nachdem er bereits einige Monate zuvor die Parteiführung abgegeben hatte. Mit knapper Mehrheit wählte die Nationale Partei überraschend den Führer der Nationalen Partei in Transvaal, Frederik Willem de Klerk, an ihre Spitze. Die für den 6. September angesetzten Parlamentswahlen gewann de Klerk – mit deutlichen Stimmenverlusten für seine Partei.

De Klerk stand in dem Ruf, ein Konservativer zu sein. Er war seinerzeit auch deshalb zum Vorsitzenden der Nationalen Partei Transvaals gewählt worden, weil man ihm zutraute, mit der Konkurrenz der Konservativen Partei fertig zu werden, welche die Ängste vieler Weißer vor großen Veränderungen in Südafrika zunehmend für sich zu nutzen verstand.

De Klerk war ein ausgesprochener Pragmatiker, der nach eigenem Bekunden keines Damaskus-Erlebnisses bedurfte, um schließlich seine sensationelle 180-Grad-Wende in der südafrikanischen Politik durchzuführen.[316] Eines seiner Hauptprobleme bei der Kehrtwende war Glaubwürdigkeit. Zu oft hatte Botha nach seinem verheißungsvollen Start im Jahre 1978 die Öffentlichkeit mit Reformversprechen genarrt.

Nachdem de Klerk am 20. September 1989 als Staatspräsident vereidigt worden war, entließ er einen Monat später den «geistigen Ziehvater» Mandelas, Walter Sisulu, sowie sieben weitere politische Gefangene aus der Haft. Er ging noch weiter. Er versprach, demnächst einen Grundstein der Apartheid, den Group Areas Act, abschaffen zu wollen, und kurz vor Beginn der Sommerferien ließ er die Badestrände für alle Rassen öffnen. Dies war eine symbolische Geste, hatten doch Anti-Apartheid-Organisationen und ausländische Besucher immer wieder Anstoß an der «Strandfrage» genommen. Die Liste früher, besonders auch publikumswirksamer Reformen de Klerks ließe sich noch um einige Punkte verlängern.

Der entscheidende Anstoß zum politischen Wandel kam allerdings von anderer Seite. Am Ende brachte gerade nicht die Stärke des Kommunismus, wie von Malan, Strijdom – übrigens einem Onkel de Klerks –, Vorster und insbesondere von P. W. Botha immer befürchtet, das Südafrika der Apartheid an den Verhandlungstisch, sondern, ganz im Gegenteil, dessen Schwäche.[317]

Der sowjetische Staats- und Parteichef Gorbatschow hatte 1986 Perestrojka und Glasnost zu den Leitlinien sowjetischer Politik erklärt. Für die Innenpolitik bedeutete dies eine Umgestaltung, einen Umbau des kommunistischen Herrschaftssystems bei gleichzeitiger Gewährung demokratischer Freiheiten. Nach außen signalisierten die Begriffe die Bereitschaft Moskaus, eine neue Phase der Entspannung im Ost-West-Kon-

Frederik
Willem de
Klerk

flikt einzuleiten. Das berührte auch Befreiungsbewegungen in aller Welt, die bislang von der Sowjetunion unterstützt worden waren mit dem Ziel, eigene Herrschaftsansprüche gegenüber der Supermacht USA durchzusetzen. Indem mit Perestrojka und Glasnost der Weltmachtanspruch Moskaus de facto zu schwinden begann, drohte auch dem mit der UdSSR eng verbundenen ANC der Boden unter den Füßen entzogen zu werden. Hier eröffnete sich dem Pragmatiker de Klerk die historische Gelegenheit, den Stier bei den Hörnern zu packen und mit der einflußreichsten schwarzen Widerstandsorganisation ins Gespräch zu kommen.[318]

Veränderungen der politischen Landkarte an den Grenzen Südafrikas, die in engem Zusammenhang mit dem Wandel in der Sowjetunion standen, erleichterten den fundamentalen Kurswechsel de Klerks. Südafrikanische Streitkräfte kämpften im südlichen Angola gegen Verbände der marxistischen MPLA, gegen die namibische SWAPO (South West African People's Organization) und vor allem gegen deren verbündete kubanische Einheiten. Im Mai 1988 kam es zu einem militärischen Patt aller beteiligten Kräfte, als sich die südafrikanischen Truppen nicht dazu entschließen konnten, die südangolanische Stadt Cuito Cuanavale anzugreifen. Das südafrikanische Oberkommando schreckte angesichts kubanischer Luftüberlegenheit vor dem entscheidenden Schritt zurück – das Bild Hunderter gefallener weißer Soldaten in einem mörderischen

Buschkrieg außerhalb der Landesgrenzen wollte man der ohnehin gereizten Wählerschaft daheim am Bildschirm nicht zumuten. Cuito Cuanavale zwang Pretoria an den Verhandlungstisch, an dem es um die Unabhängigkeit Namibias ging. Ob einem Wort des kubanischen Staatschefs Fidel Castros zufolge «nach Cuito Cuanavale» die Geschichte Südafrikas umgeschrieben werden muß, mag fraglich sein; die psychologische Wirkung des Rückzugs der weißen Supermacht aus Angola auf die Weißen in Südafrika war jedoch zweifellos bedeutend.

Daß die Unabhängigkeit Namibias dann nicht zuletzt aufgrund des Einflusses der Sowjetunion auf ihre Verbündeten Angola und Kuba relativ rasch ausgehandelt wurde, überraschte viele Südafrikaner außerordentlich positiv. Im Zeichen von Perestrojka verloren Stellvertreterkriege zwischen den Verbündeten der USA und der UdSSR ihre Bedeutung, und Namibia mußte in Pretoria nicht länger als Aufmarschgebiet des Kommunismus im südlichen Afrika gefürchtet werden. Perestrojka nach Moskauer Art half also ganz wesentlich einer südafrikanischen «Pretoriastrojka» (Pieter-Dirk Uys) auf den Weg.[319]

De Klerk handelte, urteilt ein genauer Kenner der afrikaansen Politikerelite, auf Rat seines Sicherheitsapparates. Der war zu dem Schluß gelangt, daß der ANC aufgrund der ausbleibenden Moskauer Hilfe hinreichend geschwächt sei, um fortan eine kontrollierbare Größe zu sein.[320]

Allerdings war de Klerk zuweilen in seiner «evolutionären Bekehrung» (Sparks[321]) vom konservativen Parteipolitiker zum entschlossenen Reformer mehr der Getriebene als der Treibende. Hinter dem Rücken des amtierenden Präsidenten trafen sich Beamte des NIS mit Thabo Mbeki und anderen ANC-Exilierten seit Mitte September 1989 insgesamt viermal in der Schweiz. Erst nachdem Mbeki eindeutig signalisiert hatte, daß der ANC nun in ernsthafte Verhandlungen eintreten wolle, wurde de Klerk eingeweiht. Zunächst reagierte er erbost, vor allem deshalb, weil die Gespräche ohne sein Wissen begonnen worden waren. Doch dann fügte er sich der Entwicklung, er «nahm den Ball und gab ihn nicht mehr ab»[322].

Endlich frei!

De Klerk hatte sich zur Freilassung Mandelas entschlossen. Gemeinsam mit Minister Coetsee legte er die Vorgehensweise dabei fest. Zu bedenken waren einerseits schwer kontrollierbare Ausschreitungen schwarzer Demonstranten im Moment der Freilassung. Andererseits mußte die Reaktion der weißen, vor allem aber der afrikaansen Wählerschaft auf diesen Schritt überlegt werden. Insofern stellte die überraschende Entlassung Sisulus am 15. Oktober 1989 einen Test dar, zumal Sisulu seine erste

Ansprache in Freiheit ungehindert als Vertreter des verbotenen ANC halten konnte. Dieser Test war zwischen Mandela und dem Sonderkomitee um Coetsee abgesprochen worden. Der Minister erinnert sich, Mandela habe immer darauf bestanden, «daß die anderen zuerst freigelassen wurden […]. Er war wie der Kapitän eines Schiffes. Er wollte sie sicher draußen wissen, bevor er selbst ging.»[323]

Anfang Dezember zog sich de Klerk in einem nächsten Schritt mit seinem Kabinett, fünfzig Beamten und Fachleuten in zwei Herkules-Transportmaschinen in den afrikanischen Busch nahe der botswanischen Grenze zurück, um dort einen «bosberaad», eine Art Buschkonferenz, abzuhalten. Das Lager D'Nyala sollte für die nächsten vier Jahre der Ort intensiver Beratungen der Regierung sein; insgesamt siebenmal konferierte sie dort, um verfahrene Situationen zu klären. Es wurden Verfassungsfragen für das künftige Südafrika diskutiert, und auch die Frage einer Zulassung der verbotenen Organisationen spielte eine große Rolle. Vor allem die Legalisierung der Kommunistischen Partei war außerordentlich umstritten.[324]

Am 13. Dezember hatte de Klerk seine erste von drei Begegnungen mit Mandela in Tuynhuys. *Von Anfang an*, schreibt Mandela über dieses Treffen, *merkte ich, daß Mr. de Klerk dem zuhörte, was ich zu sagen hatte. Das war eine neuartige Erfahrung.* Mandela wies in dem Gespräch einen Punkt des kürzlich verabschiedeten Fünfjahresplans der Nationalen Partei de Klerks zurück, der für ein künftiges Südafrika das Prinzip sogenannter Gruppenrechte vorsah. Vorgeblich, so Mandela zu de Klerk, sollten die Gruppenrechte eine ethnische oder rassische Minderheit vor der Dominanz durch eine andere schützen, aber in Wahrheit liefe dieses Konzept auf die *Aufrechterhaltung der weißen Dominanz* hinaus. *Ich sagte Mr. de Klerk, das sei für den ANC unannehmbar.*[325] Seinen Kameraden in Lusaka konnte Mandela schreiben, de Klerk sei ein Mann, *mit dem wir Geschäfte machen können*; er griff damit ein Wort Margret Thatchers über Gorbatschow auf.[326] Als Winnie Mandela im Anschluß an dieses erste Treffen in Tuynhuys nach den Entlassungsaussichten ihres Mannes gefragt wurde, antwortete sie: «Diesmal ist es ernst.»[327]

Am 2. Februar 1990 hielt Präsident de Klerk seine mit größter Spannung erwartete Rede zur Eröffnung der neuen Parlamentsperiode. Er enttäuschte die Öffentlichkeit nicht, die Ansprache brachte endlich den lange erwarteten politischen Durchbruch. Der Präsident hob das Verbot von ANC, PAC, der Kommunistischen Partei sowie einer Reihe weiterer Gruppierungen auf, kündigte die Freilassung politischer Gefangener an, setzte Zensurbestimmungen für die Medien außer Kraft und den Vollzug bereits ausgesprochener Todesstrafen aus.

Kaum mehr als eine Woche später, am 11. Februar 1990, tat Nelson Mandela nach über einem Vierteljahrhundert Haft die ersten Schritte in Freiheit.

Nach 27 Jahren Haft wieder ein freier Mann: Nelson Mandela, 1990

Sollte das weiße Südafrika eine großartige Geste der Vergebung und Versöhnung Mandelas am Tage seiner wiedergewonnenen Freiheit erwartet haben, sah es sich enttäuscht. Etwa die Hälfte der Rede, die er vom Balkon der Kapstädter City Hall vor der erwartungsvollen Menschenmenge hielt, umfaßte zunächst einmal Gruß- und Dankesadressen an Organisationen und Einzelpersonen sowie an die südafrikanische *Ar-*

beiterklasse, die ihn allesamt jahrzehntelang unterstützt und die Apartheid bekämpft hatten. Um jeden Zweifel an seiner Loyalität zum ANC zu zerstreuen, betonte er, daß er *ein diszipliniertes Mitglied* des Kongresses sei, *in voller Übereinstimmung mit seinen Zielen, Strategien und Taktiken*. An den politischen Gegner gerichtet, fand Mandela gemäßigt anerkennende Worte für Präsident de Klerk. Dieser sei *weiter als jeder andere nationalistische Präsident gegangen, um reale Schritte zur Normalisierung der Situation zu unternehmen. [...] Es muß hinzugefügt werden, daß Herr de Klerk selbst ein Mann von Integrität ist [...]*. Wenig dazu angetan, das weiße Südafrika in Begeisterung zu versetzen, waren jene Sätze, in denen Mandela die Fortsetzung auch des bewaffneten Kampfes von Umkhonto forderte: *Unser Kampf hat einen entscheidenden Moment erreicht. Wir rufen unser Volk auf, die Gelegenheit zu ergreifen, so daß der Prozeß in Richtung Demokratie schnell und ungestört verläuft. Wir haben zu lange auf unsere Freiheit gewartet. Wir können nicht länger warten. Jetzt ist die Zeit gekommen, den Kampf an allen Fronten zu verstärken.*[328]

Der Aufruf zur Fortsetzung der Auseinandersetzungen zu diesem Zeitpunkt war insofern sinnvoll, als die Apartheid noch keineswegs abgeschafft und Gleichheit für alle Südafrikaner noch längst nicht verwirklicht waren. Daneben enthielten diese Worte auch ein taktisches Element, an die Kämpfer von Umkhonto gerichtet, die mit der Überzeugung ausgebildet worden waren, Pretoria werde auf dem Weg des bewaffneten Kampfes erobert.

Gegen Ende seiner Ansprache wiederholte Mandela noch einmal seine legendären Schlußworte aus dem Rivonia-Prozeß von 1964 und unterstrich damit einmal mehr seine Beharrlichkeit und Prinzipientreue: *Ich habe gegen weiße Vorherrschaft gekämpft, und ich habe gegen schwarze Vorherrschaft gekämpft. Ich bin stets dem Ideal einer demokratischen und freien Gesellschaft gefolgt, in der alle Menschen friedlich und mit gleichen Möglichkeiten zusammenleben. Für dieses Ideal lebe und kämpfe ich. Aber wenn es sein muß, bin ich bereit, dafür zu sterben.*[329]

Mit einer Ermahnung zur Disziplin entließ Mandela seine Anhänger vor der City Hall. Die erste Nacht in Freiheit verbrachte er in der Kapstädter Residenz von Erzbischof Tutu, jenem Mann, der *mit seinen Worten und seinem Mut eine ganze Nation inspiriert und die Hoffnung der Menschen in dunkelster Zeit wieder [hatte] aufleben lassen*[330].

Die Fernsehzuschauer, die rund um den Erdball – in vielen Ländern durch eine Live-Übertragung – die Freilassung Mandelas verfolgten, konnten eine strahlende Winnie an seiner Seite beobachten. Doch die Freude über ein gemeinsames Zusammenleben nach Jahrzehnten der Trennung sollte nicht von langer Dauer sein.

Als Symbol des Widerstands hatte Winnie Mandela es zur Übergangsvorsitzenden der ANC-Frauenliga gebracht, war Mitglied des ANC-Vorstands von Johannesburg, Vorsitzende ihres Ortsvereins sowie Vorsit-

Winnie Mandela (links) mit ihren Töchtern Zenani und Zindzi

zende der ANC-Wohlfahrtsabteilung geworden. Sie war nicht mehr nur die Frau des berühmtesten Gefangenen der Welt, sondern am Beginn der neunziger Jahre zu einer eigenständigen politischen Persönlichkeit gereift, welche die Jahre ihrer gnadenlosen Verfolgung durch die Regierung offenbar anders verarbeitete als ihr Mann. Zwischen 1958 und 1982

wurde Winnie Mandela, die für ihre Familie allein sorgen mußte, ungezählte Male verhaftet, gebannt, unter Hausarrest gestellt, angeklagt, wieder freigelassen, um zeitweilig mehrmals am Tag wieder verhaftet zu
werden.[331]

Während Nelson Mandelas Autobiographie an keiner Stelle Haß gegen seine Unterdrücker erkennen läßt, machte Winnie bereits lange, bevor sie sich vor Gericht wegen Gewaltanwendung verantworten mußte,
aus der Wirkung, die die Einzelhaft auf sie hatte, keinen Hehl. Sie
schreibt: «Aber in der Haft ist etwas mit mir geschehen. Es war etwas
Außerordentliches; ich habe mich danach als jemanden entdeckt, der anders geworden war. Heute weiß ich, daß ich schießen würde, wenn der
Mensch, mit dem ich es zu tun habe, da vor mir erscheinen würde mit
einem Gewehr in der Hand. Ich würde schießen, gleichgültig, ob es ein
Mann, eine Frau oder ein Kind wäre […]. Das ist es, was sie mich gelehrt
haben. Ich hätte das vorher niemals tun können. Der Haß, der mir im
Gefängnis entgegenschlug, […] war so überwältigend, daß ich, um mich
zu verteidigen, um zu überleben, exakt das Gleiche in mir habe entwickeln müssen, ihnen gegenüber. […] Wir hatten gedacht, Versöhnung
sei möglich, Verhandlungen seien möglich. Es war ein sehr aufschlußrei-
cher Lernprozeß. Du lernst, die Gültigkeit deiner Ideale einzuschätzen
und ihren Wert zu prüfen.»[332]

Winnie galt unter den ANC-Anhängern als radikal. Sie wußte um die
Stimmung an der Basis, in den elendesten Ecken der Townships. Doch
überschritt sie selbst nach Ansicht vieler ihrer Freunde die Grenze des
Zumutbaren, als sie im April 1986 auf dem Höhepunkt der Unruhen in
den Townships erklärte: «Wir haben keine Gewehre – wir haben nur
Streichholzschachteln und Benzin. Gemeinsam, Hand in Hand, mit unseren Streichholzschachteln und unseren Halskrausen werden wir dieses
Land befreien.»[333] Immerhin hatte diese grausame Form der Selbstjustiz
zwischen 1984 und 1987 rund 400 Todesopfer gefordert.[334]

Nach ihrer Rückkehr aus ihrem Verbannungsort Brandfort nach
Johannesburg «begann sie die auftrumpfendste Phase ihres Lebens»[335].
Sie umgab sich mit einer Schlägertruppe, die sich als Fußballmannschaft
ausgab. Der «Mandela United Football Club» bewachte sie und tat im
übrigen, was sie sagte. Die Bande kam bald in den Ruf, gewalttätig zu
sein, was auch auf Winnie abfärbte. Im Jahre 1988 entführte die Bande
eine Gruppe von Jugendlichen, schlug sie und tötete einen Vierzehn-
jährigen namens Stompie Moeketsi Seipei. Der Anführer der Bande
wurde wegen Mordes zum Tode verurteilt, Winnie bekam aufgrund ihrer
Verwicklung in die Entführung sechs Jahre Gefängnis. Diese Strafe
wurde im Berufungsverfahren in eine Geldbuße von 14 000 Dollar umgewandelt.[336]

Auch wenn Nelson Mandela nach seiner Freilassung Winnie in diesem
Verfahren loyal zur Seite stand, belastete es die Ehe doch schwer.

Gerüchte verbreiteten sich, denen zufolge eine Trennung des Paares nicht ausgeschlossen sei. Schließlich erklärte Mandela im Beisein seiner ältesten Kampfgefährten Walter Sisulu und Oliver Tambo auf einer Pressekonferenz am 13. April 1992: *Kameradin Nomzamo und ich haben unsere Ehe zu einem kritischen Zeitpunkt im Befreiungskampf in unserem Lande geschlossen. Aufgrund des Drucks unserer gemeinsamen Verpflichtungen gegenüber dem ANC [...] konnten wir kein normales Familienleben führen. [...] Kameradin Nomzamo übernahm die beschwerliche Last, unsere Kinder allein aufzuziehen. [...] Meine Liebe zu ihr bleibt unverändert bestehen. [...] Doch angesichts der Spannungen, die in den letzten Monaten zwischen uns aufgrund von Differenzen über eine Reihe von Fragen entstanden sind, sind wir beide zu dem Schluß gekommen, daß eine Trennung für jeden von uns am besten ist.*[337]

Mandela ließ offen, ob es zu einer Scheidung kommen würde. Zerschlagen und entnervt schloß er die Pressekonferenz mit den Worten: *Meine Damen und Herren, ich hoffe, Sie haben Verständnis für die Qualen, die ich durchgemacht habe.*[338]

Erst am Ende ihres Lebensweges wird vielleicht ein Urteil darüber möglich sein, was Winnie zu manchen bösartigen Äußerungen und Taten verleitet hat. War es ein Charakterzug, waren es die schier endlosen Schikanen seitens der Regierung?

Auch nach der Trennung betätigte sie sich aktiv in der Politik. Weiterhin gilt sie als diejenige prominente ANC-Politikerin, die die Nöte der Hoffnungslosen in den Townships am besten begreift, die der «lost generation», der verlorenen Generation der siebziger Jahre, am ehesten Verständnis entgegenbringt. Diese Generation hatte ihre Jugendjahre im Widerstand gegen die Apartheid geopfert. Schneidend wirkte Winnies Kritik am Verhalten mancher ANC-Führer, die nach Nelsons Haftentlassung für ihren Geschmack zu eng mit dem Feind zusammenarbeiteten – angeblich um des persönlichen Vorteils willen: «Die Elite der Nationalen Partei geht mit dem ANC ins Bett, um ihre Seidenlaken zu retten. Und die Führung des ANC geht mit der Nationalen Partei ins Bett, um sich des neu entdeckten Luxus zu erfreuen.»[339]

Nelson erklärte mit der Distanz von Monaten über sein Verhältnis zu seiner Frau: *Ich kann nicht vergessen, wie sehr sie mir in den schwierigsten Jahren meines Lebens geholfen hat. Sie gab mir wahre Unterstützung [...]. Es blieb ihr nichts erspart, aber vielleicht ist es diese Belästigung, die sie heute bitter macht. Wegen dieser Haltung habe ich um die Trennung gebeten.*[340]

Revolution auf südafrikanisch

Bei aller überschwenglichen Begeisterung über die politische Wende – auf den ANC kamen jetzt ungeheure Aufgaben und Probleme zu. De Klerk hatte mit der Schnelligkeit seiner Vorstöße den ANC und auch Mandela überrascht, wenn nicht gar überrumpelt. Von heute auf morgen sah sich die Befreiungsbewegung gezwungen, den unterschiedlichen Erwartungen ihrer heterogenen Anhängerschaft gerecht zu werden; sie mußte vor allem ihr Verhältnis zur verbündeten Kommunistischen Partei und der ihr nahestehenden Gewerkschaftsorganisation COSATU klären.

Mit seinen Maßnahmen verfolgte de Klerk keineswegs das Ziel, die Weißen einer schwarzen Mehrheitsherrschaft auszuliefern und sich selbst aus der Regierungsmacht herauszuverhandeln.[341] Am Anfang seiner Überlegungen stand die Überzeugung, daß es darum gehen müsse, so viele ethnisch begründete Gruppenrechte wie möglich in eine kommende neue Verfassung hinüberzuretten. Machtteilung hieß das Zauberwort. Das künftige Südafrika sollte nach seiner Vorstellung außerdem stark föderalistisch geprägt sein.

Demgegenüber verfocht der ANC unbeirrt das Ziel eines schnell zu schaffenden südafrikanischen Einheitsstaates auf demokratischer, nicht-rassischer Grundlage.

Im Ringen um diese beiden Konzeptionen entbrannte mit dem Zeitpunkt der Freilassung Mandelas ein revolutionärer Prozeß, an dessen Ende eine veränderte Gesellschaft, eine Verkehrung der Herrschaftsverhältnisse und ein völliger Umbau der Rechtsordnung stehen sollte. Über eine radikale Umgestaltung der wirtschaftlichen Besitzverhältnisse wurde seitens des ANC alsbald nicht mehr viel gesprochen. Zwar hatte Mandela am Tag nach seiner Haftentlassung einer «Nationalisierung» wichtiger Industriebetriebe das Wort geredet, womit er den Erwartungen der Basis und der Kommunisten entsprach: *Die Frage der Nationalisierung wird ausschließlich aus der Sicht der Weißen betrachtet und nicht aus der Sicht des ganzen Landes*, erklärte er. In den folgenden Wochen und Monaten rückte jedoch auch Mandela von diesem Punkt ab, wahrscheinlich nicht zuletzt deshalb, weil andere Fragen mehr drängten und die südafrikanische Geschäftswelt Druck ausübte: *Wir haben die Feindseligkeit und Besorgnis der Geschäftsleute wegen der Nationalisierung zur Kenntnis genommen, und wir können ihre Auffassung nicht ignorieren.*[342] In Erwartung drohender Nationalisierungspläne hatten im übrigen Teile der südafrikanischen Großindustrie, die traditionell in ganz wenigen Händen konzentriert war, in aller Stille damit begonnen, ihre teilweise undurchschaubaren Firmenkonglomerate zu zerlegen, zu dezentralisieren und somit die Nationalisierung zu erschweren.

Entgegen verbreiteten Annahmen steigerte sich die politisch motivierte Gewalt im Lande nach der Entlassung Mandelas dramatisch.[343] Es

Südafrikanische Polizei beim Einsatz in einem Township

kam zu Zusammenstößen zwischen Anti-Apartheid-Aktivisten und Sicherheitskräften, zu Schlachten zwischen rivalisierenden Organisationen der Schwarzen, an deren Spitze vor allem Marodeure der Zulu-Organisation Inkatha, aber auch des ANC standen. Agents provocateurs aus dem Umfeld des staatlichen Sicherheitsapparats und der weißen Rechten stifteten Unruhe, die den sich abzeichnenden Verhandlungsprozeß torpedieren sollte. Nachdem die Polizei in dem Township Sebokeng bei Johannesburg im März 1990 elf Demonstranten niedergeschossen hatte, verschob der ANC aus Protest eine erste Diskussion mit Regierungsvertretern an dem geplanten Runden Tisch, in der Hindernisse für Verhandlungen um eine künftige Verfassung ausgeräumt werden sollten.

Endlich, Anfang Mai 1990, trafen sich erstmals Vertreter des ANC und der Regierung zu einem offiziellen Spitzengespräch auf südafrikanischem Boden, zu einem «Gespräch über Gespräche». Treffpunkt war Groote Schuur, die im kapholländischen Stil erbaute ehrwürdige Residenz der Premierminister und Präsidenten Südafrikas in Kapstadt. Mandela gehörte zur ANC-Delegation ebenso wie Sisulu, Joe Slovo – dem als

129

Oberbefehlshaber von Umkhonto für diese Gelegenheit Indemnität erteilt wurde – und Thabo Mbeki. Mandela schreibt über diese Begegnung: *[...] wider Erwarten wurden die Gespräche mit Ernst und in guter Stimmung geführt. [...] Viele wunderten sich laut, warum solche Diskussionen nicht schon viel früher geführt worden seien. [...] Wie Thabo Mbeki später zu Reportern sagte, jede Seite habe entdeckt, daß die andere keine Hörner trage.*[344] Der zentrale Satz des erarbeiteten «Groote-Schuur-Memorandums» lautete schließlich: «Die Regierung und der ANC stimmen in der gemeinsamen Verpflichtung zur Auflösung des herrschenden Gewaltklimas und der Einschüchterung überein. Sie verpflichten sich ebenso zur Stabilität und zu einem friedlichen Verhandlungsprozeß.»[345]

Obwohl Mandela zum Abschluß der dreitätigen Unterredungen betonte, daß der ANC und die Regierung die Hauptakteure bei der Friedenssuche im Lande seien, lud er gleichwohl auch andere Gruppen zur Teilnahme an diesem Prozeß ein. Der rivalisierende PAC lehnte dies jedoch ab, da die Regierung zunächst einige ihrer Vorbedingungen erfüllen müsse. Dazu zählte die sofortige Abschaffung wichtiger Apartheidgesetze. Die weiße Konservative Partei ihrerseits protestierte gegen die in Groote Schuur niedergelegte Absichtserklärung der Regierung, in der diese die Entlassung aller politischen Gefangenen, die sichere Rückkehr aller Exilierten, die Aufhebung des Ausnahmezustands, die Aussetzung politischer Strafprozesse und den Truppenabzug aus den Townships in Aussicht gestellt hatte. Im Gegenzug versicherte der ANC, die Einstellung des bewaffneten Kampfes von MK prüfen zu wollen.

Im Juni 1990 hob die Regierung nach vier Jahren den Ausnahmezustand auf. Wenige Wochen später schwappten die bis dahin auf die Provinz Natal beschränkten Kämpfe zwischen Inkatha und dem ANC auf die Townships um Johannesburg über, wo sich in den nächsten Monaten Schlachten zwischen beiden Seiten in den nur von Männern bewohnten Hostels abspielten. Noch vor Ablauf des Jahres forderten diese Kämpfe mindestens 1200 Todesopfer. Die mit traditionellen Waffen wie Äxten, Speeren, Macheten sowie russischen AK 47-Sturmgewehren angerichteten Blutbäder erschwerten langfristig die Verhandlungsposition des ANC. Dessen Anhänger in den Townships verlangten Schutz vor den Horden der Inkatha und von ihren Führern ein entschlossenes Auftreten gegenüber einer weißen Regierung, die sich als unwillig oder unfähig erwies, dem Morden ein Ende zu bereiten. Manchem Anhänger des ANC mochte die Haltung von PAC und AZAPO konsequent erscheinen, die eine Regierungseinladung zu Vorverhandlungen über eine nichtrassische Demokratie ablehnten.

Am 6. August 1990 fand in Pretoria eine zweite Begegnung zwischen ANC und Regierung statt. Dabei brachten die ANC-Vertreter ihren Zorn über die Rolle der Sicherheitskräfte bei den Unruhen in den Townships sowie in Natal zum Ausdruck. Es wurde der Vorwurf erhoben, extremistische Elemente in Polizei und Armee schürten die Unruhen und unterstützten ANC-feindliche Kräfte. Angesichts – noch – fehlender Beweise konnte es Präsident de Klerk mit der Versicherung bewenden lassen, er werde alles unternehmen, um Extremisten in den Reihen der Sicherheitsorgane zu entfernen.[346]

War diese Erklärung für die gepeinigten ANC-Anhänger in der Townships bereits wenig ermutigend, erhöhte sich ihr Unmut noch durch die überraschende Mitteilung Mandelas, Umkhonto werde mit sofortiger Wirkung seine bewaffneten Aktionen einstellen. Es war nicht Mandela gewesen, der zuvor innerhalb des Nationalen Exekutivkomitees des ANC diese wichtige Entscheidung angeregt und durchgesetzt hatte. Der Vorschlag kam von Joe Slovo, der Mandela klargemacht hatte, man müsse de Klerk und seinen Anhängern zeigen, daß seine Politik dem Lande Vorteile gebracht habe. Mandela erinnert sich: *Meine erste Reaktion war Ablehnung. Ich hielt die Zeit noch nicht für reif.* Mandela verteidigte jedoch schließlich Slovos überraschenden Vorstoß mit dem Argument, Umkhonto habe sein ursprüngliches Ziel erreicht und die Regierung an den Verhandlungstisch gebracht.[347]

Für de Klerk bedeutete die Erklärung Mandelas einen spürbaren Auftrieb seit seiner epochalen Parlamentsrede vom 2. Februar. Nun konnte er seinen rechten Kritikern wesentliche Zugeständnisse des ANC präsentieren. Für dessen Anhänger erhob sich hingegen die Frage, was sie als handfeste Gegenleistungen erhalten hatten.

Während die kriegerischen Auseinandersetzungen in den Townships noch an Heftigkeit zunahmen, tat de Klerk einen wichtigen Schritt, um Mandelas Position zu erleichtern. Im Oktober 1990 widerrief der Präsident das Apartheidgesetz über «getrennte Einrichtungen», und im Februar 1991 kündigte er die Beseitigung der verbleibenden Säulen der Apartheid an: des Group Areas Act, der Land Acts von 1913 und 1936 sowie des Population Registration Act. Noch vor Jahresmitte wurden diese Gesetze aufgehoben, und de jure hörte die Apartheid damit auf zu bestehen. Dieser Vorgang stellte eine lange ersehnte Kapitulation der Regierung dar, und vor allem im Ausland wunderte man sich, daß aus diesem Anlaß keine begeisterten Massenumzüge stattfanden. Tatsächlich aber hatte die südafrikanische Wirklichkeit diese Gesetze längst eingeholt, waren sie immer weniger beachtet und ihre Übertretung immer seltener geahndet worden. Ihre Abschaffung war daher kaum mehr als ein formeller Akt.[348]

Angesichts der brennenden Townships und eines Treffens zwischen Mandela und dem Führer von Inkatha, Zulu-Häuptling Gatsha Buthelezi, das in bezug auf die Gewalteindämmung erfolglos blieb, entschloß sich der ANC zu einem härteren Vorgehen. Am 5. April 1991 sandte er einen offenen Brief an de Klerk, in dem ultimativ mit dem Abbruch jeglicher Gespräche gedroht wurde, falls der Präsident nicht mehr unternehme, die Gewalt im Lande zu beenden. Mandela war zu jener Zeit *überzeugter denn je, daß die Regierung hinter einem großen Teil der Gewalttätigkeiten steckte und daß die Gewalt die Verhandlungen erschwerte*[349]. Die Militanten im ANC begrüßten den Kurswechsel ihrer Organisation, während de Klerk das Ultimatum zurückwies. Dennoch zeigte er eine Geste des guten Willens: Aus einem Erlös von 770 Millionen Dollar durch verkaufte Ölreserven sollten Maßnahmen zur Arbeitsbeschaffung, zur Ankurbelung der Wirtschaft und für Hilfsgüter zugunsten der Gewaltopfer finanziert werden. Ferner versprach er «festes und unparteiliches» Vorgehen der Sicherheitskräfte sowie die Einsetzung einer ständigen Kommission zur Untersuchung der Gewaltvorwürfe und zur Regierungsberatung. Die berüchtigten Hostels sollten erneuert und in Familieneinrichtungen umgewandelt werden. Der ANC faßte diese Ankündigungen vor allem als Maßnahmen zur Imagepflege de Klerks im In- und Ausland auf und setzte am 11. Mai die Verfassungsgespräche aus.

Im Juli 1991 fand die erste ANC-Jahreskonferenz seit 30 Jahren auf südafrikanischem Boden statt. Sie wählte Nelson Mandela ohne Gegenstimme zu ihrem Präsidenten und den Gewerkschaftsführer Cyril Ramaphosa zum Generalsekretär. In seiner Rede betonte Mandela, daß Verhandlungen mit der Regierung bereits einen Sieg bedeuteten, auch wenn *wir uns mit der Regierung in den Haaren liegen.* Der neue ANC-Chef, der zuvor Oliver Tambo für seine jahrzehntelange Präsidentschaft im Exil gedankt hatte, fuhr fort: *Der entscheidende Punkt, der ganz deutlich gesehen werden muß, ist der, daß der Kampf nicht vorüber ist, und die Verhandlungen selbst sind ein Schauspiel des Kampfes, mit Fortschritten und Rückschlägen wie jede andere Form des Kampfes.*[350]

Im September unternahmen der ANC, die Regierung sowie Inkatha zusammen mit 21 weiteren Organisationen einen erneuten Versuch, die Gewalt im Lande mit Hilfe eines «Nationalen Friedensabkommens» einzudämmen. Weitere zwei Monate später einigten sich zwanzig Organisationen auf die Einberufung von CODESA (Convention for a Democratic South Africa).

Das war der Beginn wirklicher Gespräche, wie Mandela rückblickend feststellte.[351] Auf der ersten Sitzung von CODESA im World Trade Centre von Kempton Park bei Johannesburg am 21. und 22. Dezember 1991 unterzeichneten 17 der 19 erschienenen Gruppierungen eine «Absichtserklärung», die richtungweisende Aussagen über die künftige Verfassung der Republik niederlegte. Inkatha und die Regierung des Homelands Bophutatswana zeichneten nicht mit, und der PAC hatte, entgegen seiner ursprünglichen Absicht, gar nicht erst an der Konferenz teilgenommen. Gleichwohl: CODESA markierte den formalen Beginn eines Prozesses, der letztlich zu einer Übergangsverfassung in einem demokratischen Südafrika führte.[352]

Cyril Ramaphosa (links) und Thabo Mbeki bei einer Pressekonferenz
in Johannesburg, 1991

Die Konferenz zeichnete sich zunächst durch ein entspanntes Verhandlungsklima aus. In ruhigem und gemessenem Ton forderte Mandela die Regierung auf, Platz zu machen für eine Zwischenregierung der Nationalen Einheit, die den Übergang zu einem nichtrassischen, demokratischen Südafrika kontrollieren sollte. Der Versöhner Mandela verschaffte sich Gehör, als er ausgerechnet auf afrikaans erklärte: *Die Botschaft des ANC [...] ist schlicht und einfach und für alle Südafrikaner: Die Zeit für ein einziges Südafrika, eine Nation, eine Stimme, eine Zukunft, ist da.*[353] Dennoch endete der erste Verhandlungstag mit einem Eklat. Verabredungsgemäß hatte Präsident de Klerk das Schlußwort an diesem Tag, doch wider Erwarten nutzte er diese Gelegenheit, um den ANC *wie ein Schulmeister* zu ermahnen – und ihn wegen angeblicher Waffenverstecke von Umkhonto anzugreifen.

In unbeherrschten Worten, so Mandela, *stellte er die Frage, ob der ANC wohl so ehrenhaft sei, an Vereinbarungen festzuhalten, die er unterzeichnet habe.* Außerordentlich verärgert ergriff Mandela nun doch noch einmal das Wort im Saal, in dem es absolut still geworden war. Er antwortete dem Präsidenten: *Über das heutige Verhalten von Mr. de Klerk bin ich sehr bestürzt. Er hat den ANC angegriffen und ist dabei alles andere als aufrichtig gewesen. Selbst der Kopf einer illegitimen, diskreditierten Min-*

133

derheitsregierung wie die seine hat sich an gewisse moralische Normen zu halten. Es sei offenkundig, fügte er hinzu, daß die Regierung ein doppeltes Spiel treibe. Selbst während der Verhandlungen finanziere sie heimlich verdeckte Organisationen, die Gewalttaten gegen den ANC begingen. *Ich erwähnte die kürzlichen Enthüllungen über Millionenbeträge an die Inkatha, von denen Mr. de Klerk vorgebe, nichts gewußt zu haben.*[354]

Um jedoch *das ganze Schiff der Verhandlungen nicht zum Kentern zu bringen*[355], schloß Mandela mit einigen versöhnlichen Bemerkungen, und die Kontrahenten gingen am Ende mit einem Händedruck auseinander.

Für die radikalen ANC-Anhänger in den Townships war der wütende Ausfall Mandelas Balsam und endlich die medienwirksam verkündete Bestätigung lange kursierender Gerüchte, daß die Regierung auf irgendeine Weise hinter den Inkatha-Übergriffen steckte. Nach Meinung von Allister Sparks, einem langjährigen Kenner der südafrikanischen Politik, ist nicht anzunehmen, daß de Klerk persönlich die Durchstechereien seiner Sicherheitskräfte deckte. Immerhin hatte eine Untersuchungskommission ein Netzwerk krimineller Aktivität führender Polizeioffiziere enthüllt, das die Inkatha jahrelang waffentechnisch unterstützt und Ermittlungen sabotiert hatte. De Klerk hatte indes einen Ruf zu verlieren, und wahrscheinlich verhielt es sich so, daß er es nicht riskierte, entschlossen gegen Kriminelle in seinem Sicherheitsapparat vorzugehen, weil er sie so besser unter Kontrolle behalten konnte, als wenn er sie vom Dienst suspendierte. Das Gespräch mit dem ANC war in Kreisen der Sicherheitsorgane ohnehin alles andere als populär, und eine Revolte gegen den Kurs der Regierung war nicht völlig auszuschließen.

Objektiv indes profitierte die Regierung von den Schlächtereien unter den Schwarzen – im Gegensatz zu Mandela, der nach jedem Massaker seiner Anhängerschaft aufs neue erklären mußte, warum allein der Verhandlungsweg der Königsweg zum neuen Südafrika war. Im übrigen verfügte er über die Größe und den Mut, auch den ANC der Grausamkeiten zu beschuldigen. Am 7. April 1993 rief er bei einer großen Beerdigung in Mamelodi bei Pretoria den Trauernden zu: *Es gibt Mitglieder im ANC, die unsere Leute töten. Wir müssen der Wahrheit ins Gesicht sehen. Unsere Leute sind genauso wie andere Organisationen an der Gewalt beteiligt. Und Leute, die so etwas machen, sind keine menschlichen Wesen mehr, sie sind Tiere. […] Ihr wollt, daß ich allein Inkatha anklage. Das werde ich nicht tun. Ich werde nicht nur die Regierung und Inkatha kritisieren […]. Die Stärke des ANC ist nicht die Gewalt. Unsere Stärke ist die Gerechtigkeit der Sache.*[356]

Mandelas Verhältnis zu de Klerk kühlte durch die unwillige Art, mit welcher der Präsident den erhobenen Vorwürfen begegnete, spürbar ab. Nach außen hin demonstrierte Mandela zwar weiterhin sachlich-freundliches Einvernehmen, im kleinen Kreis äußerte er hingegen Zorn dar-

«Necklacing»: Eine als Spitzel der Inkatha verdächtigte Frau wurde durch einen brennenden Autoreifen getötet

über, daß der Präsident nicht entschlossen gegen die geheimnisvolle «dritte Macht» auftrat.

De Klerk seinerseits inszenierte gegenüber seinen Kritikern auf der weißen Rechten im März 1992 ein riskantes Manöver, als er die weiße Bevölkerung Südafrikas in einem Referendum um die Zustimmung zur Fortsetzung seiner Reformpolitik bat. Das Ergebnis fiel mit knapp 70 % Ja-Stimmen geradezu sensationell günstig für ihn aus und gab ihm Ruhe gegenüber Vorwürfen, er verfüge für seine Verhandlungspolitik mit dem Gegner von einst über keinerlei Legitimität.

Auf diese Weise gestärkt, nahm die Regierung Mitte Mai 1992 an CODESA II teil, einer zweiten Verhandlungsrunde im World Trade Centre. Am ersten Abend des zweitägigen Treffens begegneten sich de Klerk und Mandela beim Kaffee unter vier Augen. Mandela erklärte dem Präsidenten: *Ganz Südafrika und die Welt schaut auf Sie und mich [...]. Lassen Sie uns den Friedensprozeß retten. Lassen Sie uns zu irgendeiner Art von Einigung kommen [...].*[357] CODESA II scheiterte jedoch. De Klerk vermochte sich immer noch nicht mit dem Gedanken an eine Mehrheitsherrschaft abzufinden, und darüber hinaus blieb vor allem das Gewicht der Provinzen im neuen Südafrika umstritten. Immerhin kamen ANC und Regierung überein, Lösungen in bilateralen Gesprächen anzustreben. Doch neue Entwicklungen verhinderten dies.

Um die Regierung weiter unter Druck zu setzen, entschloß sich der ANC nun auf Drängen seiner radikaleren Anhänger, das Instrumentarium vergangener Zeiten in Gestalt von Massenaktionen wiederzubeleben. «Leipzig-option» hieß dieser Ausweg – in direkter Anlehnung an die Massendemonstrationen in der ehemaligen DDR, die nicht unwesentlich zum Untergang des Regimes von Erich Honecker beigetragen hatten.[358] Der Rückgriff auf Streiks, Boykotts und Sit-ins war im aufgewühlten Südafrika jener Tage ein zweischneidiges Schwert: Vielleicht mochte es gelingen, durch eine solche Strategie die Regierung de Klerk zur Kapitulation in wichtigen Fragen zu bringen. Nicht auszuschließen war aber auch, daß solche Aktionen außer Kontrolle gerieten und das Land in völliger Anarchie versank.

Der 17. Juni 1992 führte Südafrika an den Rand des Abgrunds. Eine Gruppe Schwerbewaffneter schoß im Township Boipatong bei Johannesburg wahllos um sich und tötete dabei 49 Menschen. Augenzeugen berichteten, die Killer seien aus einem von Inkatha-Anhängern bewohnten Hostel gekommen. Präsident de Klerk riskierte einen persönlichen Besuch in Boipatong nach dem Gemetzel, wurde aber von rasenden De-

Nach dem Massaker von Boipatong: Inkatha-Anhänger protestieren gegen die Festnahme von Mitgliedern ihrer Bewegung

monstranten verjagt. Mandela hatte bei seinem Eintreffen in dem Township größte Mühe, die wütende Menge zu beruhigen. Transparente forderten «Mandela, gib uns Waffen» und «Sieg durch Kampf, nicht durch Gespräche»[359]. Anfangs *sympathisierte ich mit dieser Gruppe von Hardlinern*, schreibt der ANC-Chef in seiner Autobiographie, *doch allmählich ging mir auf, daß es für den Prozeß keine Alternative gab.*[360] In seinen Worten an die Menge bekannte er aber: *Ich habe euch zugehört. Der Verhandlungsprozeß liegt völlig darnieder. Wir sind wieder in den Tagen von Sharpeville.*[361]

Mandela erklärte die Gespräche mit der Regierung für ausgesetzt. Nach zwei Jahren Verhandlungen und beinahe 8000 Todesopfern infolge politischer Gewalt sah Südafrikas Zukunft wieder düster aus.[362] Auf ein Memorandum de Klerks, das Mandela zu einem Gespräch unter vier Augen aufforderte, reagierte dieser ablehnend. *Nach meinem Empfinden würde ein solches Treffen den Gedanken nahelegen, wir hätten etwas zu besprechen, doch zu dieser Zeit hatten wir nichts zu besprechen*, schreibt er über seine Weigerung.[363]

Die Gewalteskalation trieb am 7. September 1992 ihrem Höhepunkt zu. Der Führer des Homelands Ciskei, auf dessen Territorium auch die Universität von Fort Hare liegt, hatte sich als bisheriger Verbündeter der weißen Regierung in Pretoria geweigert, Werbeveranstaltungen des ANC auf dem Gebiet der Ciskei zu dulden. An jenem 7. September unternahmen Demonstranten des ANC unter Leitung des Umkhonto-Strategen Ronnie Kasrils den Versuch, sich mit Hilfe einer List an den aufmarschierten Soldaten der Ciskei vorbei den Zugang zur Hauptstadt Bisho zu verschaffen. Dort sollte eine ANC-Versammlung stattfinden. Im Feuer der Maschinengewehre des Militärs von Ciskei starben 28 ANC-Anhänger, mehr als 200 Verwundete mußten versorgt werden.[364]

Bisho markierte einen Wendepunkt im Verhältnis des ANC zur Regierung. Mandela selbst formulierte es so: *Wie in dem alten Sprichwort, das besagt, die dunkelste Stunde liege vor Tagesanbruch, führte die Tragödie von Bisho zu einem Neubeginn der Verhandlungen.*[365]

Es war fortan Mandela, der immer stärker die politische Initiative ergriff. Zunächst rief er den ANC dazu auf, die Massenaktionen unverzüglich einzustellen und keinerlei Abenteuer in den Homelands mehr zu riskieren. Er rügte Kasrils wegen seines leichtsinnigen Vorgehens in Bisho.[366] Präsident de Klerk reagierte und lud Mandela zu einem Gipfelgespräch ein. Mandela akzeptierte unter der Bedingung, daß dieses Treffen durch Cyril Ramaphosa auf seiten des ANC und durch Roelf Meyer für die Regierung gründlich vorbereitet werde. Meyer hatte erst kurz zuvor von seinem Vorgänger Gerrit Viljoen das Ministerium für Verfassungsentwicklung übernommen. Mit Ramaphosa und Meyer betraten zwei Verhandlungspartner die politische Arena, die sich menschlich und sachlich verstanden und deren gemeinsame Anstrengungen wesentlich dazu beitrugen, daß Südafrika trotz weiterer Rückschläge allmählich aus der Misere fand. Weniger als drei Wochen nach der Schießerei von Bisho unterzeichneten Mandela und de Klerk ein «Protokoll des Einvernehmens». Der Präsident verfügte die Freilassung weiterer 500 ANC-Gefangener, er erließ neue Sicherheitsmaßnahmen für die Hostels sowie das Verbot des Tragens «gefährlicher Waffen». Letzteres zielte direkt auf die Inkatha, deren Anhänger den Feind mit Äxten und Speeren bekriegten.

Die Gefangenen in den Todeszellen freizulassen «war eine Frage, die in der weißen Gemeinde leidenschaftliche Gefühle auslöste»[367]. Die Entwaffnung der Inkatha-Kämpfer drohte die Regierung de Klerks zu spalten. Doch in diesen Punkten, bei denen der Präsident zögerte, blieb Mandela unerbittlich. «Er war stahlhart», sagt Ramaphosa, der eingestand, daß er um den Kompromiß fürchtete, den er und Meyer mühsam erarbeitet hatten.[368]

Ähnlich wie in der Frage, ob Umkhonto den bewaffneten Kampf einstellen sollte, führte wieder ein mutiger Vorstoß Joe Slovos dazu, daß der schleppende Verhandlungsprozeß vorangetrieben wurde. In dem Parteiorgan «African Communist» schlug er Ende 1992 vor, in die kommende Übergangsverfassung eine von ihm so bezeichnete «Sonnenuntergangsklausel» aufzunehmen. Dieser Formel zufolge sollte es für eine begrenzte Anzahl von Jahren zu einer Machtteilung kommen, die danach endgültig wegfallen würde. Teile des ANC empfanden dieses Zugeständnis an die Vorstellungen der Regierung als Zumutung, doch da der Vorschlag «von jemandem kam, der einen so makellosen revolutionären Ruf hatte, war es schwer für die Militanten, ihn zu diskreditieren»[369]. Grundlage der Überlegungen Slovos war, daß man dem Präsidenten eine Partnerschaft in einer Regierung der nationalen Einheit für einen begrenzten Zeitraum anbot, Sicherheitsoffizieren eine Amnestie zugestand und Arbeitsverträge von Beschäftigten im Öffentlichen Dienst respektierte. Es war ein Angebot, das die jüngeren Minister im Kabinett de Klerks «unwiderstehlich fanden»[370]. Manchen älteren Regierungsmitgliedern vollzog sich der Wandel indessen zu rasch, und ironischerweise war es auch Kobie Coetsee, der seinerzeit den ersten Kontakt zu Mandela seitens der Regierung hergestellt hatte, der sich nun auf der Seite der Zögerlichen befand. Gleichwohl behielt er immer ein gutes persönliches Verhältnis zu Mandela.

Das «Protokoll des Einvernehmens» vom 26. September 1992 zwischen Mandela und de Klerk signalisierte einen Kurswechsel des Präsidenten, der vom Führer der Inkatha-Bewegung Buthelezi auch als solcher erkannt wurde. De Klerk hatte sich nun eindeutig von der Idee verabschiedet, gemeinsam mit Inkatha und anderen Gruppen, vielleicht auch unterstützt durch bewaffnete Angriffe auf ANC-Anhänger in den Townships, eine Front gegen den ANC aufrechtzuerhalten. Zukünftig

Roelf Meyer

würde seine Regierung gemeinsam mit dem ANC um eine Verhandlungslösung für Südafrika ringen. Buthelezi sah sich jetzt an den Rand gedrängt und sperrte sich im Zorn jeglicher Kooperation.

Die Regierung und der ANC zogen sich im Dezember 1992 und im Januar 1993 zu zwei «Buschkonferenzen» in das abgeschiedene Lager D'Nyala zurück, um ihre Verhandlungen intensiv fortzuführen. «Vier Tage und Nächte» redeten die Unterhändler miteinander, «aßen und entspannten sich […]. Einige joggten morgens zusammen, und abends saßen sie um ein Lagerfeuer unter einem Tamboti-Baum.»[371] Alte Feindschaften lösten sich allmählich auf, und in einigen Fällen entwickelten sich sogar Freundschaften.

In die Regierungshauptstadt zurückgekehrt, machte Verhandlungsführer Meyer im Namen des Kabinetts keinen Hehl aus seiner Überzeugung, daß sich beide Seiten jetzt zielstrebig auf einen Kompromiß zubewegten; die Nationale Partei schien sich dabei auf die Einführung starker föderalistischer Strukturen im neuen Südafrika festgelegt zu haben, um möglichst viel von ihrer Grundvorstellung einer Machtteilung zu retten.

Während sich ANC und Regierung immer weiter annäherten, schmiedete Inkatha-Führer Buthelezi unterdessen ein grotesk anmutendes Bündnis aus seiner Organisation, den Führungen der Homelands von Ciskei und Bophutatswana, der Afrikaner Volksunie sowie der weißen, rechtsgerichteten Konservativen Partei. Ihr einzig einigendes Band als «Gruppe Besorgter Südafrikaner» war die unerbittliche Forderung nach einem ausgeprägten Föderalismus. Erstmals äußerte diese Gruppe die Drohung, ein Bürgerkrieg werde nicht zu vermeiden sein, falls ihre Forderung unerfüllt bliebe.[372]

Gingen im Lande die politischen Gewalttaten ohnehin unvermindert weiter, geriet Südafrika am 10. April 1993 an den Rand einer Zerreißprobe. Chris Hani, der Generalsekretär der Kommunistischen Partei und Idol der radikalen Jugend in den Townships, wurde aus nächster Nähe von einem Einwanderer aus Polen ermordet, der in Verbindung mit rechtsextremistischen Kreisen stand. Der Hinweis einer afrikaansen Hausfrau auf das Nummernschild des Wagens, mit dem der Mörder bei Hani vorgefahren war, führte umgehend zu seiner Verhaftung. Für den Tag der Beisetzung von Hani fürchteten viele Weiße die politische Explosion. Nicht wenige glaubten, jetzt werde wahr, was Südafrika so oft prophezeit worden war: das Land werde in einem unvorstellbar grausamen Bürgerkrieg versinken.

Doch es war Mandela, der alles in seiner Macht Stehende tat, um das Brechen der Dämme zu verhindern. Noch am Abend des Mordtages war er aufgefordert worden, über den Südafrikanischen Rundfunk an die Nation zu sprechen, um das zu erreichen, was Präsident de Klerk wohl nicht mehr vermocht hätte: die Wogen des Zorns in den Townships zu glätten. Mandela erklärte: *Heute abend wende ich mich tief bewegt an jeden einzelnen Südafrikaner, schwarz und weiß. Ein weißer Mann, voller Vorurteile und Haß, kam in unser Land und beging eine Tat, die so abscheulich ist, daß unsere ganze Nation am Rande eines Desasters dahinschwankt. Eine weiße Frau, burischer Herkunft, riskierte ihr Leben, damit wir den Mörder ausfindig machen und ihn vor Gericht bringen können. Jetzt ist es Zeit, daß alle Südafrikaner sich zusammenschließen gegen jene, die von allen Seiten her das zu zerstören trachten, wofür Chris Hani sein Leben gab… die Freiheit für uns alle.*[373]

Ende Juli wurde das Land durch eine weitere Bluttat schockiert. Unbekannte schossen mit automatischen Waffen in eine Kirche im Kapstädter Vorort Kenilworth, in der sich mehr als 1000 Weiße zum Gottesdienst versammelt hatten. Anschließend warfen sie Handgranaten in die Menge. Zwölf Menschen starben, und 56 wurden verletzt. Während der ANC die Tat sofort verurteilte und versicherte, er werde sich selbst an der Fahndung nach den Tätern beteiligen, richtete sich der Verdacht auf die dem PAC nahestehende Organisation APLA (Azanian People's Liberation Army), da APLA-Angehörige in der jüngsten Vergangenheit bereits durch andere Mordanschläge auf Weiße aufgefallen waren. Bewiesen wurde indessen nichts, und so hielten sich hartnäckig Vermutungen, agents provocateurs könnten den Anschlag auf die Kirche begangen haben, die sich schwarzer Komplizen bedienten.[374]

Ungeachtet all dieser Rückschläge brachte das Jahr 1993 jedoch auch den Durchbruch in den Verhandlungen zwischen ANC und Regierung. Bereits am 3. Juni war im World Trade Centre das Datum für die ersten demokratischen Wahlen Südafrikas bekanntgegeben worden: es fiel auf den 27. April 1994. Ein Mehrparteien-Forum, dem über zwanzig Parteien und Gruppierungen angehörten, debattierte im Juli und August 1993 vorliegende Entwürfe für eine Übergangsverfassung. Häuptling Buthelezi verließ unter Protest die Beratungen, weil sie insbesondere seinem Wunsch nach starker Autonomie für die Provinzen nicht weit genug entgegenkamen. Schließlich, am 18. November 1993, billigte eine Plenarsitzung im World Trade Centre eine Übergangsverfassung. Mandela faßt die entsprechenden Bestimmungen über die Exekutive so zusammen: *Das neue Kabinett würde sich zusammensetzen aus jenen, die mehr als fünf Prozent der Stimmen auf sich vereinigen würden, und es würde Beschlüsse durch Konsens fassen, und nicht nach Zweidrittelmehrheit, wie von der Regierung vorgeschlagen; Nationalwahlen würden nicht vor 1999 stattfinden, so daß folglich die Regierung der nationalen Einheit fünf Jahre im Amt wäre; und schließlich fügte sich die Regierung unserer Forderung nach einem einzigen Wahlzettel statt getrennten Wahlzetteln [...]. Zwei Wahlzettel würden eine Mehrheit der Wähler nur verwirren, von denen die meisten zum erstenmal zur Wahl gehen würden. In dem Zeitraum bis zur Wahl* am 27. April 1994 *sollte ein Übergangs-Exekutivrat mit Mitgliedern aus jeder Partei das richtige Wahlklima sicherstellen. Tatsächlich würde dieser Exekutivrat (TEC) zwischen dem 22. Dezember und dem 27. April die Regierung bilden.* Eine unabhängige Wahlkommission mit Sonderbefugnissen würde für *die Organisation der Wahl verantwortlich sein. Wir standen wahrscheinlich an der Schwelle zu einem neuen Zeitalter.*[375]

Ein großer Teil der Verfassung galt, wie Allister Sparks urteilt, der Beschwichtigung der «weißen» Ängste. Den Minderheitsparteien wurden – in sicherer Erwartung eines ANC-Sieges am 27. April – für die ersten fünf Jahre Kabinettsposten zugesichert, die Stellungen und Pensionen weißer Soldaten, Polizisten und Beamten garantiert. Sparks erläutert weiter: «Die neue Verfassung gestand den neun Provinzregierungen bedeutende Befugnisse zu, und sie enthielt [...] Menschenrechtsklauseln, die von einem mächtigen Verfassungsgericht garantiert wurden [...]. Vorgesehen war ein Repräsentantenhaus mit 400 Abgeordneten und ein Senat von 90, für den jede der Provinzen 10 Senatoren abstellte. Die Zweikammer-Legislative sollte auch als konstituierende Versammlung dienen, um innerhalb von zwei Jahren die endgültige Verfassung zu entwerfen – aber da die grundlegenden Prinzipien bereits niedergelegt waren, erwartete niemand große Veränderungen, wenn man von der Frage

Oslo, 14. Dezember 1993: Nelson Mandela und Frederik de Klerk
erhalten den Friedensnobelpreis

der erzwungenen Koalition, also den garantierten Ministerien für Minderheiten absah.»[376]

Im ersten Licht des Morgens öffneten die Delegierten die Bar, «um auf
die Geburt der neuen Nation zu trinken. Es war Ramaphosas 41. Geburtstag, und Meyer überreichte ihm einen Kuchen mit 41 Kerzen. ‹Ich
möchte einen Toast auf Cyril ausbringen›, sagte er. ‹Ich möchte unserem
Land einen glücklichen Geburtstag wünschen›, antwortete Ramaphosa.
Aus der Musikbox kam ‹In the Mood›, und die beiden Hauptunterhänd-
ler begannen, auf der kleinen Tanzfläche miteinander zu tanzen».[377]

Zusammen mit Präsident de Klerk reiste Mandela Ende 1993 nach
Oslo, wo beide den Friedensnobelpreis entgegennahmen. Das Nobel-
preis-Komitee würdigte damit nach Albert Lutuli und Bischof Desmond
Tutu bereits den dritten und vierten Südafrikaner mit dieser Auszeichnung. Sie war gedacht als Anerkennung für die gemeinsame Leistung im
südafrikanischen Friedensprozeß und zweifellos auch als Ermutigung für
die beiden, auf diesem Wege fortzufahren. Mandela hatte, wie er

schreibt, nicht mit dieser Ehrung gerechnet, vor allem deshalb nicht, weil er immerhin den bewaffneten Kampf befürwortet hatte.

In seiner Dankesrede an das Nobelpreiskomitee umriß Mandela knapp seine Vision des demokratischen Südafrika der Zukunft und ergriff die Gelegenheit, Präsident de Klerk *Tribut zu zollen*[378]. In seiner Autobiographie schreibt er: *Ich bin oft gefragt worden, wie ich hätte gemeinsam mit Mr. de Klerk, den ich so hart kritisiert hatte, den Preis in Empfang nehmen können. Auch wenn ich nichts von meiner Kritik zurückzunehmen habe, so kann ich doch sagen, daß er zu dem Friedensprozeß einen echten, unverzichtbaren Beitrag geleistet hat. Ich habe niemals versucht, Mr. de Klerks Stellung zu untergraben, aus dem praktischen Grund, daß je schwächer er wäre, um so gefährdeter wäre der Verhandlungsprozeß. Um mit einem Gegner Frieden zu schließen, muß man mit ihm zusammenarbeiten, und der Gegner wird dein Freund.*[379]

Bei ihrer Rückkehr in die Heimat fanden Mandela und de Klerk eine verwickelte innenpolitische Situation vor, die in den verbleibenden Wochen bis zur ersten freien Wahl dringend der Klärung bedurfte. Im wesentlichen ging es um zwei schwierige Probleme, die eng miteinander verflochten waren. Zum einen mußte die sogenannte Freiheitsallianz, die sich um die inzwischen zu einer Partei umgebildete Inkatha Freedom Party (IFP) gruppiert hatte, zur Teilnahme an der Wahl bewegt werden. Zum anderen harrte noch die Zukunft vor allem zweier Homelands, nämlich der Ciskei und Bophutatswanas, einer Lösung. Vorerst weigerten sich die Führer dieser Apartheidrudimente, ihre Souveränität aufzugeben.

Sowohl die IFP als auch verschiedene mit ihr in der Allianz verbündete afrikaanse Gruppen forderten als Gegenleistung für eine Teilnahme an den Wahlen größere regionale Autonomie sowie eine nachträgliche Verfassungsänderung zugunsten eines Rechts auf Selbstbestimmung. Immerhin repräsentierten die afrikaansen Allianzpartner einen gewissen Teil der weißen Wählerschaft, und die IFP übte starken Einfluß auf das größte schwarze Volk Südafrikas, die Zulu in Natal, aus.

Die rechten Afrikaaner forderten nun sogar ein eigenes weißes Homeland. Carel Boshoff, der Schwiegersohn des ehemaligen Premierministers Verwoerd, ging in seinen Plänen für ein afrikaanses «Orandia» im wasserarmen Nordwesten Südafrikas soweit, den Bau eines gigantischen Walles quer durch den Atlantischen Ozean zu erwägen, der die Meeresströme umlenken und die letzte Rückzugsstätte der Afrikaaner mit ausreichend Niederschlägen versorgen sollte.[380]

Mandela nahm die Ängste dieser weißen Rechten ernst. Er fürchtete ihren destruktiven Einfluß im öffentlichen Dienst: *Sie sind gut trainiert und erfahren, und sie kennen das Land besser als wir [...]. Sie können jede demokratische Regierung in diesem Land entgleisen lassen.*[381] Mit der gemäßigten weißen Rechten unter Führung von General Constand Viljoen von der Afrikaner Volksfront (AVF) kam der ANC überein, im Falle einer Wahlteilnahme der AVF den Gedanken eines weißen «Volkstaats» nach den Wahlen weiterzuverfolgen.

Zu Beginn des Jahres 1994 unternahm Mandela noch einen eigenen Versuch, angesichts eines nicht mehr auszuschließenden Bürgerkriegs persönlich mit den Führern der weißen Rechten zusammenzukommen. Er flog nach Wilderness, wohin sich der ehemalige Präsident Botha zurückgezogen hatte, um seinen Gegner von einst zu bitten, seinen Einfluß bei den Rechten für ein solches Treffen geltend zu machen. Botha versprach ihm Hilfe – er hatte von Mandela in den vergangenen Jahren einen sehr günstigen Eindruck gewonnen. Als Hindernis für ein historisches Treffen Mandelas mit der politischen Rechten entpuppte sich nun de Klerk, der sich jede Einmischung Bothas strikt verbat.[382]

Doch sollte sich das Problem mit den afrikaansen Extremisten im März auf unerwartete Weise von selbst lösen. Lucas Mangope, der Führer des Homelands Bophutatswana, lehnte es ab, seine Macht freiwillig abzugeben. Das war eine Provokation der Regierung in Pretoria insofern, als nach der Übergangsverfassung alle schwarzen Einwohner sämtlicher Homelands seit dem 1. Januar 1994 südafrikanische Staatsbürger waren. Als sich die Beamten, die Polizei und das Personal der Rundfunk- und Fernsehstation Bophutatswanas Anfang März der Regierung Mangopes verweigerten und in den Streik traten, forderte der Regierungschef Hilfe von der gemäßigten weißen AVF an. Als Angehöriger der Volksfront fühlte sich auch Eugene Terre Blanche als Führer der extremistischen Afrikaner Weerstandsbeweging (AWB) aufgerufen, mit eigenen bewaffneten Männern Mangope zu Hilfe zu eilen, was dieser jedoch nicht gewollt hatte. Vor laufenden Fernsehkameras wurden weiße AWB-Extremisten in Schießereien und Plünderungen verwickelt, und am Ende waren die Zuschauer Zeugen einer regelrechten Exekution von AWB-Leuten durch schwarze Soldaten von Bophutatswana. Das wirkte wie ein Schock innerhalb der weißen Rechten: Schwarze erhoben die Waffe gegen Weiße und brachten sie kaltblütig vor der Kamera um. Seither datierte ein rasanter Bedeutungsverlust aller weißen Gruppierungen, die Sonderrechte gefordert hatten. Das Ende der Regierung Mangope in Bophutatswana vor Augen, kapitulierte in der Ciskei Oupa Gqozo vor einem Streik seiner Beamten, die die Auszahlung ihrer Pensionen vor der Wahl im April forderten. Gqozo bat den Übergangsrat in Pretoria, für die Ciskei eine Interimsverwaltung einzusetzen. Mit dem Blick auf das Ende dieser beiden Homelands und das immer noch widerspenstige KwaZulu/Natal unter Buthelezi frohlockte Joe Slovo: «Zwei sind geschafft, bleibt noch eins übrig.»[383]

Mandela war bereit, für die Abhaltung der Wahlen in der Heimat Buthelezis große Zugeständnisse zu machen. Anfang März traf er sich in Durban mit seinem Kontrahenten und verkündete dabei seine Bereit-

Eugene Terre Blanche, Führer der rechtsextremistischen «Afrikaner Weerstandsbeweging»

schaft, *auf die Knie zu gehen und jene zu bitten, die unser Land in Blutvergießen ziehen wollen, dies nicht zu tun*[384]. Mandela stimmte dem Verlangen Buthelezis nach internationaler Vermittlung zu. Im Gegenzug erklärte sich der Inkatha-Führer bereit, die IFP «provisorisch» für die Wahlen registrieren zu lassen. Die Vermittler Lord Carrington und Henry Kissinger reisten jedoch schon bald nach ihrer Ankunft in Südafrika unverrichteter Dinge wieder ab. Der Schritt der IFP veranlaßte auch Constand Viljoen, eine neugegründete konservative Partei, die «Freiheitsfront», für die Wahlen zu nominieren.

Die wenigen noch verbleibenden Wochen bis zum Wahltag am 27. April 1994 entwickelten sich zu einem Nervenkrieg zwischen dem Übergangsexekutivrat und den Machthabern in KwaZulu/Natal. Auch ein militärisches Eingreifen Pretorias dort schien nicht mehr ausgeschlossen. Als Antwort auf eine relativ friedlich verlaufene Demonstration des ANC in Durban am 25. März reagierte die Inkatha mit einer Aktion in der «Höhle des Löwen». Am 28. März marschierten Tausende traditionell bewaffnete Inkatha-Anhänger durch die City von Johannesburg vor das sogenannte Shell-House, das Hauptquartier des ANC. Unmittelbar vor dem Gebäude erschossen ANC-Sicherheitskräfte acht Zulus, von denen sie annahmen, sie wollten in das Hochhaus eindringen. Der sich anschließende Polizeieinsatz forderte 59 Todesopfer. Die Ereignisse um das Shell-House warfen auch einen Schatten auf Mandela, der selbst in dem Tumult versucht hatte, die Polizei am Betreten des Gebäudes zu hindern. Auf einer Pressekonferenz antwortete er auf die Frage, ob sein künftiger Sicherheitsminister ebenfalls dem politischen Gegner die Entscheidung darüber zugestehen werde, wann die Polizei kriminelle Vergehen verfolgen dürfe: *Lassen Sie uns das entscheiden, wenn wir die Regierung sind. Ich bin befugt, mit den Sicherheitsbeamten zu verhandeln.*[385] Sarkastisch bemerkte die Johannesburger «Sunday Times» dazu: «Welch eine bemerkenswerte Großtat des ANC. Er hat es geschafft, sich bereits vor der Machtübernahme über das Recht zu stellen. In den meisten Bananenrepubliken verläuft das umgekehrt.»[386]

Der Zwang zum Handeln nahm unterdessen zu. Nachrichtendienste warnten, daß «Selbstverteidigungseinheiten» der Zulus mit der Unterstützung durch weiße Extremisten einen Guerillakrieg vorbereiteten. Auf der anderen Seite zeigten sich Mandela und de Klerk fest entschlossen, am Wahltermin festzuhalten. Jede Verschiebung hätte Buthelezi in die Hände gearbeitet und den Zorn vor allem der ANC-Anhänger angestachelt. Für Mandela war dieses Datum *cast in stone*, in Stein gehauen.[387]

Um Buthelezi und den mit ihm verbündeten Zulu-König Goodwill Zwelithini weiter in die Enge zu treiben, verhängte Pretoria am 31. März den Notstand über KwaZulu/Natal, was jedoch ebensowenig Erfolg hatte wie ein Gipfeltreffen zwischen dem König, Buthelezi, Mandela und de Klerk in einem Camp des Kruger-Nationalparks rund eine Woche später.

Erst ein Vorstoß Mandelas brachte die Wende. Er sagte Zwelithini zu, daß das neue Südafrika ein Zulu-Königreich innerhalb der Staatsgrenzen respektieren werde. Zwelethini akzeptierte den Vorschlag, und Buthelezi stand plötzlich isoliert da. Innerhalb weniger Tage stimmte er einer konstitutionellen Rolle der Zulu-Monarchie zu und ließ andere Forderungen fallen.

Den Wahlen stand nun nichts mehr im Wege. Im Februar war beschlossen worden, nun doch zwei Stimmzettel für jede wahlberechtigte Person über achtzehn Jahre auszugeben: einen für die Wahlen zur Nationalversammlung und einen für die Provinzparlamente. Aus technischen Gründen legte man drei Wahltage fest, den 26., 27. und 28. April.

Eine gemäß der Übergangsverfassung eingesetzte elfköpfige «Independent Electoral Commission» (IEC), der auch vier ausländische Kom-

Gathsa Buthelezi

missare angehörten, hatte zunächst den kurzen Wahlkampf sowie anschließend den ordnungsgemäßen Ablauf der Wahlen zu beobachten. Die IEC war darüber hinaus eine wirkungsvolle Institution, da sie über Beschwerden entscheiden konnte, die von teilnehmenden Parteien vorgebracht wurden. Schließlich stand ihr am Ende das entscheidende Urteil darüber zu, ob die Wahlen «frei und fair» verlaufen waren oder nicht.[388]

Bezeichnend für den Wahlkampf war, daß die Hauptrivalen im Wahlkampf in vielen Gegenden gar nicht erst gegeneinander antraten. Eine Analyse der IEC zeigte, daß es nicht weniger als 165 solche Regionen gab, in denen eine dominierende Partei eine rivalisierende faktisch ausschloß. Die Nationale Partei ging kaum in die Townships, und der ANC war in ländlichen, konservativ-weißen Gegenden nicht oder nur wenig präsent.[389]

An den drei Wahltagen bildeten sich teilweise endlose Schlangen vor den Wahllokalen. Erstmals stand nun das schwarze Hauspersonal neben seinem weißen Arbeitgeber und wartete unter der heißen Sonne auf den historischen Moment der gemeinsamen Stimmabgabe.

Organisatorische Mängel gab es zuhauf. In einigen Bezirken fehlten die Wahlzettel, in anderen tauchten weit mehr auf, als benötigt wurden. Wahlurnen standen vielfach nicht rechtzeitig bereit, und das hastig aus-

147

«Mandela for President»: Wahlkampf in Südafrika, 1994

gebildete, unerfahrene Personal in den Wahllokalen hatte nicht selten Schwierigkeiten, mit dem Massenandrang fertig zu werden. Die aus Großbritannien mit mehreren Großraum-Flugzeugen ins Land gebrachten Stimmzettel mußten kurz vor ihrer Verwendung in ihrer untersten Spalte noch durch einen Aufkleber für die Inkatha Freedom Party ergänzt werden. Erst in letzter Minute hatte sie sich zur Wahlteilnahme entschlossen. Auch die Stimmauszählung verlief teilweise chaotisch.

Das Wahlergebnis sah schließlich wie folgt aus: ANC 62,6 %, Nationale Partei 20,4 %, Inkatha 10,5 %, General Viljoens «Freiheitsfront» 2,17 %, und die PAC errang 1,2 % der für die Nationalversammlung abgegebenen Stimmen.[390]

Mandela hatte sich zwar mit seiner ganzen Kraft und Persönlichkeit für einen Sieg seines ANC im Wahlkampf eingesetzt, doch bedrückte ihn die Aussicht auf eine Zweidrittel-Mehrheit der Sitze. Ein solches Ergebnis hätte es dem ANC erlaubt, die endgültige Verfassung allein zu schreiben. Das aber widersprach dem Versöhnungsgedanken Mandelas, der zumindest für die Übergangszeit von fünf Jahren die wichtigsten politischen Kräfte in ein GNU, ein «Government of National Unity», einbinden wollte. Das ANC-Wahlergebnis war, indem es zwar deutlich ausfiel, jedoch erkennbar unter der Zweidrittel-Marke blieb, Gegenstand von Gerüchten, denen zufolge die Wahlbeteiligten das Ergebnis in irgendeiner Form ausgehandelt hätten.[391] Beweise dafür wurden jedoch nicht vorgelegt, und die IEC erklärte die ersten freien Wahlen für «frei und fair» – ein Urteil, dem sich insgesamt auch die ausländischen Wahlbeobachter

148

anschlossen. Zahlreiche Einzelfälle von organisatorischen Fehlern, unterbliebenen oder Doppelzählungen von Stimmzetteln widersprachen diesem Eindruck nicht grundsätzlich. Und: Wer hätte nach all dem Blutvergießen der vergangenen Monate und Jahre die Verantwortung auf sich nehmen und eine Wiederholung der Wahlen fordern wollen?

Eine Analyse der Wahlergebnisse für die drei stärksten Gruppen ergab folgendes Bild: Trotz der vielrassischen Zusammensetzung seiner Mitglieder war die Wählerschaft des ANC ganz überwiegend schwarz. Etwas Unterstützung kam von den Farbigen und nur sehr wenig von den Weißen. In der überwiegend von Farbigen bewohnten Provinz Western Cape kam der ANC ebensowenig an die Macht wie in der Inkatha-Hochburg KwaZulu/Natal. Die Nationale Partei hatte sich wider allgemeines Erwarten recht gut behauptet, konnte jedoch trotz gegenteiliger Bemühungen so gut wie keine schwarzen Stimmen erringen. Auffallend war ihr Erfolg in Wahlkreisen, die von Farbigen dominiert wurden. Offenbar fürchteten viele Farbige eine allzu deutliche Dominanz des ANC. Auch Inkatha schlug sich recht erfolgreich. Jedoch zeigten die Ergebnisse, daß sie nur in KwaZulu/Natal mehrheitsfähig war. Außerhalb dieser Provinz spielte sie keine Rolle.

Wenige Tage nach den Wahlen erklärte ein stolzer Nelson Mandela in einer Rede: *Jetzt ist die Zeit zum Feiern, für Südafrikaner gemeinsam die Geburt der Demokratie zu feiern. Ich erhebe ein Glas zu euch allen, weil ihr so hart gearbeitet habt, um das zu erreichen, was als ein kleines Wunder bezeichnet werden kann.*[392] Und de Klerk sagte in Anspielung auf einen berühmten Satz Mandelas: «Mr. Mandela ist einen langen Weg gegangen und steht jetzt auf der Spitze des Berges. Ein Mann des Schicksals weiß, daß hinter diesem Berg ein anderer und noch ein anderer liegt. Die Reise ist niemals zu Ende. Während er den nächsten Berg betrachtet, strecke ich Mr. Mandela meine Hand in Freundschaft und Zusammenarbeit entgegen.»[393]

Südafrika fand sich unmittelbar nach den Wahlen wie verwandelt wieder. Schlagartig hörten die Gewaltakte auf, und vom sezessionistischen Spuk der weißen Rechten war nichts zu hören und zu sehen. Als Wahlsieger konnte Mandela nun darangehen, sein Regierungskabinett der nationalen Einheit zusammenzustellen. Die weitaus meisten der 27 Ministerien gingen an ANC-Mitglieder und solche der mit ihr verbündeten Kommunistischen Partei. Sechs Ressorts fielen an die Nationale Partei, darunter das Ministerium für Provinzangelegenheiten und Verfassungsentwicklung, das Roelf Meyer erhielt. Drei Kabinettsposten gingen an die Inkatha Freedom Party. Präsident und Regierungschef wurde Nelson Mandela, sein erster Stellvertreter Thabo Mbeki. F. W. de Klerk mußte sich mit dem Posten des zweiten Stellvertreters zufriedengeben. Wichtige Ressorts übernahmen Umkhonto-Veteranen wie Joe Modise (Verteidigung) und Joe Slovo (Wohnungsbau). Das Handels- und Industrieministerium ging an den ehemaligen Bürgerrechtler in der UDF, Trevor Manuel, und das ANC-Mitglied Tito Mboweni leitete als Ökonom das Arbeitsministerium. Winnie Mandela fand sich ebenfalls für die Regierungsarbeit berücksichtigt und wurde Stellvertreterin des Ministers für Kunst, Kultur, Wissenschaft und Technologie, Ben Ngubane. Einerseits hatte man damit ihrem Ehrgeiz Rechnung getragen, andererseits war sie nun in die Regierungsverantwortung eingebunden.

Der Versöhner als Präsident

Am 10. Mai erfolgte die feierliche Amtseinführung Mandelas. Sie fand vor der größten Versammlung internationaler Führungspersönlichkeiten statt, die Südafrika je erlebt hat.[394] Nachdem Mandela den Amtseid abgelegt hatte, erklärte er vor den geladenen Gästen und *unter den Augen der Welt*: Aus den *Erfahrungen eines außergewöhnlichen menschlichen Desasters [...] muß eine Gesellschaft erstehen, auf welche die ganze Menschheit stolz sein kann. [...] Wir haben zu guter Letzt unsere politische Emanzipation verwirklicht. Wir verpflichten uns, alle unsere Mitbürger von den weiterhin bestehenden Fesseln der Armut, der Entbehrung, des Leids, des Geschlechts und weiterer Diskriminierungen zu befreien. Niemals, niemals und niemals wieder soll es geschehen, daß dieses schöne Land die Unterdrückung des einen durch den anderen erlebt. [...] Laßt Freiheit herrschen. Gott segne Afrika!*[395] Als einige Augenblicke später eine Staffel Düsenjäger, Hubschrauber und Truppentransporter im Formationsflug über die Union Buildings hinwegzog, empfand Mandela dies nicht nur als Demonstration militärischer Macht und Präzision, sondern auch als Beweis *der Loyalität des Militärs gegenüber der Demokratie, gegenüber einer Regierung, die frei und fair gewählt worden war*[396].

Eine neue Staatsflagge sowie die Einführung des Liedes «Nkosi sikelel i Afrika» als offizielle neue Nationalhymne beendeten symbolisch die südafrikanische Revolution, die zu Recht als eine «ausgehandelte Revolution»[397] bezeichnet worden ist. Nur zu leicht läßt indes diese freundliche Charakterisierung vergessen, daß es auch eine blutige Revolution war, die seit der Freilassung Mandelas mehrere tausend Menschen das Leben gekostet hatte.

Nach der Übernahme der Regierungsverantwortung sah sich das Kabinett der Nationalen Einheit wahren Bergen von Problemen gegenüber. Vielleicht waren es diese Berge gewesen, die de Klerk bei seinen Äußerungen im Sinn gehabt hatte, als er Mandela zu dessen Wahlsieg gratulierte.

Künftig mußte sich die Regierung mit ihrer starken Prägung durch den

10. Mai 1994: Nelson Mandela wird erster schwarzer Staatspräsident von Südafrika. Hier mit seinen Stellvertretern Thabo Mbeki und Frederik de Klerk

ANC und mit Mandela als mächtiger Führungsfigur an den Werbesprüchen messen lassen, die den Sieg ermöglicht hatten. «Ein besseres Leben für alle» – so hatte die Losung des ANC gelautet. Die Bekämpfung der ungeheuren Armut vor allem unter den Schwarzen bildete zweifellos das drängendste Problem. Dazu gehörten im einzelnen: hohe Arbeitslosigkeit, ein katastrophaler Mangel an Wohnraum, verfallene Townships, fehlende Bildungseinrichtungen, mangelhafte Strom- und Wasserversorgung sowie ein dürftiges Gesundheitswesen. Zwar hatte Mandela bereits im Wahlkampf versucht, allzu hochgespannten Erwartungen vorzubeugen, indem er betonte, nach einem Wahlsieg des ANC werde kaum jedermann sofort einen Mercedes fahren können. Dennoch, die Hoffnungen der Ärmsten waren immens: Mandelas Kampf um die Freiheit würde für viele abstrakt bleiben, wenn sich die Lebensumstände nicht in naher Zukunft spürbar verbesserten. Doch auch der weißen Führungsschicht im Lande mußte die Regierung signalisieren, daß sich für sie ein Leben im neuen Südafrika lohnen werde. Die Finanzierung des bald verabschiedeten «Programms für Wiederaufbau und Entwicklung», das vor allem der Armutsbekämpfung diente, erwies sich insofern als schwierig, als die steuerfähige weiße Bevölkerung ohnehin seit Jahren mit die höchsten Steuersätze der Welt zahlte. Zwar läßt sich dies auch als Ergebnis der von ihr gewollten, schließlich nicht mehr finanzierbaren Apartheidspolitik deuten, doch machte diese Erkenntnis die Lösung des Problems nicht einfacher. Auch der Ab- und Umbau von Verwaltungsstrukturen, die das «Funktionieren» der Apartheid leidlich gewährleistet hatten, kostete die neue Regierung enorme Finanzmittel. Zugleich warteten nichtweiße Arbeitskräfte auf eine Anstellung im aufgeblähten öffentlichen Dienst, der bis 1994 nicht zuletzt eine Funktion als Arbeitsbeschaffungsinstrument für Weiße erfüllt hatte.

Nach seiner Ablösung als Präsident Südafrikas durch seinen bisherigen Stellvertreter Thabo Mbeki als Ergebnis der zweiten freien Wahlen im Jahre 1999 konnte Nelson Mandela auf eine insgesamt respektable Bilanz seiner Amtsführung zurückblicken. Jedes Urteil über seine Regierungszeit hat dabei zu berücksichtigen, daß er und seine Regierung die politische Verantwortung zu einer Zeit übernahmen, als die junge südafrikanische Demokratie durchaus noch von weißen extremistischen Rechten einerseits und von dem blutigen Dauerzwist zwischen der Inkatha und dem ANC in KwaZulu-Natal andererseits bedroht schien. Unter diesen Voraussetzungen wirken manche Versöhnungsgesten, die Mandela in Richtung seiner geschworenen afrikaansen Todfeinde von einst entbot, nicht mehr gar so übertrieben, wie sie mit dem Abstand mehrerer Jahre erscheinen mögen. Konkret: Daß Mandela auf die Witwen ehemaliger Premierminister der Apartheid-Zeit zuging und mit ihnen demonstrativ Teestündchen absolvierte, diente unmittelbar nach seiner Amtsübernahme ebenso der Beschämung seiner früheren Gegner wie die äußerst medienwirksam inszenierte Verbeugung vor dem afrikaansen Nationalsport, dem Rugby. Indem der «Terrorist», der leibhaftige «schwarze Antichrist» aus den Jahren der Apartheid während der Rugby-Weltmeisterschaft in Südafrika im Jersey der Springboks auftrat, legte er abermals Zeugnis seiner Fähigkeit ab, den Gegner mittels Symbolhandlungen moralisch mattzusetzen.[398] Indes: Andere Symbole der euphorischen Phase nach der politischen Wende haben sich alsbald abgenutzt. Von der «Regenbogen-Nation», welche die Südafrikaner nach der Vorstellung Mandelas bilden, ist nicht mehr viel zu hören – es mag sein, daß hier die listige Bemerkung eines weißen Rechten ihre Wirkung nicht verfehlt hat, wonach ein Regenbogen die Farbe Schwarz nicht kennt.[399]

Auf innenpolitischem Gebiet erwarb sich die Regierung Südafrikas internationale Hochachtung, als sie sich auf ausdrücklichen Wunsch Mandelas dazu entschloß, die düstere Zeit der Apartheid mit Hilfe einer «Wahrheitskommission» gründlich erforschen zu lassen. Dabei sollte dem Versöhnungsgedanken Vorrang vor dem Bestrafungsmotiv eingeräumt werden. Auch sollte es dieser Kommission unter dem Vorsitz von Erzbischof Desmond Tutu darum gehen, politische Straftaten nicht nur auf seiten der ehemaligen weißen Unterdrücker, sondern auch in den Reihen der Befreiungsbewegungen – allen voran des ANC – zu untersuchen. Nach den Richtlinien der Kommission konnte ein Angeklagter innerhalb einer bestimmten Frist auf Amnestie selbst für schwere Verbrechen hoffen, wenn er die Kommission von seiner Aufrichtigkeit überzeugte und es ihm gelingt, seine Taten als politisch begründet darzustellen. Abgesehen davon, daß diese südafrikanische Form der Vergangenheitsbewältigung insbesondere auf der Opferseite keinen ungeteilten Beifall fand, hat sie wenig über die Verantwortung auf der höchsten Regierungsebene zutage gefördert. Allerdings gilt nunmehr, nach der Überreichung des fünfbändigen Abschlußberichtes der Kommission an Präsident Mandela im Oktober 1998, der Tod des schwarzen Aktivisten Steve Biko im Jahre 1976 als geklärt, nachdem fünf Polizisten sich zu seiner Ermordung bekannten. Aufsehen erregten ferner detaillierte Behauptungen ehemaliger Mitarbeiter des Geheimdienstes, Pretoria sei für die Ermordung des früheren schwedischen Ministerpräsidenten Olof Palme verantwortlich. Palme galt zu seinen Lebzeiten als einer der erbittertsten Gegner der Apartheid in der westlichen Welt.[400]

Mehr als die Ergebnisse der Arbeit der «Wahrheitskommission» interessieren die Menschen in Südafrika die Fortschritte, die auf wirtschaftlichem Gebiet erzielt werden. Mit Mißmut registrieren sie ebenso wie die Regierung, daß Auslandsinvestitionen nur schleppend ihren Weg an das Kap finden, daß neue, dringend benötigte Arbeitsplätze kaum entstehen.

Insbesondere erweist sich die Schwerkriminalität als Hemmschuh für die wirtschaftliche Entwicklung in Südafrika. Johannesburg weist im Weltvergleich die höchste Mordrate pro 1000 Einwohner auf, darüber hinaus entwickelte sich das Land zuletzt zu einem bedeutenden Umschlagsplatz für Drogen. Korruption innerhalb der Polizei und das bisherige Versagen der Exekutive, mit diesen Problemen fertig zu werden, führten zur Gründung der islamischen Organisation «Pagad» (People against gangsterism and drugs), die auf eigene Faust gegen Gesetzesbrecher vorging.

Tendenzen zur Machtballung innerhalb des ANC und autoritäre Gesten Mandelas im Umgang mit Unbotmäßigen in seiner Umgebung ließen zur Mitte seiner Amtszeit gelegentlich die Sorge aufkommen, das politische Südafrika könne in einigen Jahren einen ähnlichen Weg zur Einparteienherrschaft gehen wie die meisten anderen schwarzafrikanischen Staaten. So ließ die rüde durchgeführte Entlassung des allseits beliebten ANC-Premierministers des Freistaats, «Terror» Lekota, ebenso aufhorchen wie das Angebot Präsident Mandelas an die oppositionellen Parteien PAC und Democratic Party – letztere kann als Liberale Partei verstanden werden –, in die Regierung einzutreten. Hinter diesem Schachzug stand der Versuch Mandelas, die Nationale Partei F. W. de Klerks zu schwächen, die im Juni 1996 überraschend aus der Regierung der Nationalen Einheit ausgetreten war, um sich gegenüber der Wählerschaft besser als eigenständige Kraft profilieren zu können. Infolge wiederholter Umstrukturierungen in der südafrikanischen Parteienlandschaft seit den Parlamentswahlen von 1999 ist der ANC auf Republikebene als einzig ernstzunehmende politische Kraft übriggeblieben.

Unterschätzt hat die Regierung möglicherweise das AIDS-Problem in Südafrika, das zu Beginn des neuen Jahrtausends die Ausmaße einer Pandemie angenommen hat und nunmehr von der Regierung Thabo Mbekis energischer angepackt wird.

Außenpolitisch verhielt sich die erste demokratisch legitimierte Regierung Südafrikas in manch schwieriger Situation unerfahren, nach dem Eindruck einiger Beobachter auch enttäuschend. Mandela mußte sich an den Idealen von Menschenrechtspositionen messen lassen, nachdem er selbst und seine Kampfgefährten jahrzehntelang auf die Einlösung solcher Forderungen durch die Apartheid-Regierungen gepocht hatten.

Die Hinrichtung von neun Oppositionellen in Nigeria Ende 1995 – unter ihnen der Umweltaktivist Ken Saro-Wiwa – wäre vermutlich von keiner südafrikanischen Regierung zu verhindern gewesen, doch haben es Mandela und sein Außenminister Alfred Nzo eindeutig an klaren Protesten in Lagos vor der Exekution fehlen lassen. Der Zornesausbruch Mandelas beim Empfang der Nachricht von der Hinrichtung vermochte den kläglichen Eindruck verfehlter Diplomatie nicht zu ändern. Ähnlich wie konservative Regierungen in aller Welt zur Zeit der Apartheid hatte Mandela im Falle Nigerias für eine «stille Diplomatie» plädiert.[401]

Ungeachtet aller Bedenken und nicht eingelöster Versprechen – etwa auf dem Gebiet des Wohnungsbaus für die Armen – konnte Mandela zur Halbzeit der ersten Legislaturperiode im demokratischen Südafrika mit einem beeindruckenden Triumph aufwarten: Am 4. Februar 1997 trat die endgültige Verfassung des Landes in Kraft. Sie gilt als eine der fortschrittlichsten der Erde, nachdem Minderheitenrechte und das Recht auf sexuelle Selbstbestimmung ausdrücklich in ihr verbrieft wurden. Dem Drängen insbesondere der Inkatha auf starke föderalistische Elemente im Staatsaufbau trägt das Verfassungswerk nach Zugeständnissen seitens des ANC insoweit Rechnung, als der alte Senat abgeschafft und durch einen Provinzrat ersetzt wurde, für den der deutsche Bundesrat Pate stand.

Angesichts der neuen Verfassung und eines politisch relativ gefestigten Landes Südafrika kann Mandela insgesamt zufrieden auf seine Regierungsarbeit zurückblicken. Doch auch als Pensionär kann er nicht ganz von der Politik lassen: Seinem Einfluß auf den libyschen Revolutionsführer Gaddafi war es wesentlich zu verdanken, dass die mutmaßlichen libyschen Attentäter des Bombenanschlags auf das Boeing-Passagierflugzeug über dem schottischen Lockerbie im Jahre 1988 im niederländischen Zeist vor Gericht gestellt werden konnten. Für den Geschmack mancher Beobachter ein wenig zu weit ging indes Mandelas

154

Mandela mit seiner
Lebensgefährtin
Graça Machel, 1996

Bemerkung über George W. Bush zu Beginn des Jahres 2003 während der Irak-Krise, der amerikanische Präsident könne nicht «klar denken». Andererseits genoß Südafrika in dieser Krise einen beachtlichen Ruf, indem südafrikanische Politiker in Bagdad glaubwürdig darauf verweisen konnten, daß ihr Land in der Übergangsphase von der weißen Minderheitsregierung zur Regierung Mandelas im Jahre 1993 in bisher beispielloser Weise sein gesamtes Atomwaffenprogramm zugunsten einer medizinischen Nutzung dieses Programms umgestaltet hatte.

In der Grauzone zwischen privatem und öffentlichem Leben versteigert Mandela seit einiger Zeit selbstgemalte und -gezeichnete Bilder, die Erinnerungen an seine Haftzeit auf Robben Island zum Gegenstand haben. Der Erlös fließt in die Mandela-Kinderstiftung, die sich um Straßenkinder kümmert. Ganz privat zeigt sich an seinem Lebensabend ebenfalls ein bemerkenswerter Saldo: Erleichterung dürfte ihm die im März 1996 erfolgte Scheidung von Winnie – jetzt Winnie Madikizela-Mandela – bereitet haben, die einen Schlußstrich unter ein quälendes Kapitel Familiengeschichte der Mandelas setzte. Freuen wird er sich über seine dritte Ehe mit Graça Machel, der Witwe des 1986 bei einem Flugzeugabsturz ums Leben gekommenen Präsidenten von Moçambique, Samora Machel. Doch selbst im Moment des Scheidungstermins vor Gericht in Johannesburg lieferte Mandela einen abermaligen Beweis für seine Fähigkeiten im Umgang mit dem Gegner: Unmittelbar nach der Urteilsverkündung ließ der Präsident den Anwalt seiner einstigen Frau quer durch den Verhandlungssaal zu sich bringen und gratulierte ihm vor den verblüfften Anwesenden zu seiner Verhandlungsführung.

Anmerkungen

Die in der Bibliographie verzeichnete Literatur wird im folgenden mit Autorennamen und Kurztitel zitiert. Das Kürzel «Autobiographie» steht für Nelson Mandelas Buch «Der lange Weg zur Freiheit».

1 Autobiographie, 751 f. – Der Autobiographie liegt ein 500 Seiten umfassendes Manuskript Mandelas zugrunde, das er während seiner Haft auf Robben Island insgeheim verfaßte und 1976 von der Insel schmuggeln ließ. Vgl. a. a. O., 638 ff.
2 Übersicht sämtlicher Ehrungen bis 1988 in: Nelson Mandela. His Life in the Struggle. A Pictorial History. Hg. v. International Defence and Aid Fund for Southern Africa
3 Neue Zürcher Zeitung, Nr. 35 v. 12. Februar 1990, 1
4 Autobiographie, 11
5 A. a. O., 12 f.
6 A. a. O., 24
7 A. a. O., 15 f.
8 A. a. O., 43
9 A. a. O., 20
10 A. a. O., 25
11 A. a. O., 30
12 A. a. O., 32
13 A. a. O., 35
14 A. a. O., 36
15 A. a. O., 37
16 Interview Colombe Pringle / Nelson Mandela, in: Vogue, frz. Ausgabe, Nr. 742, Dez. / Jan. 1993/94, 150 ff.
17 Autobiographie, 46
18 A. a. O., 49
19 A. a. O., 53
20 A. a. O., 65
21 A. a. O., 62
22 A. a. O., 70
23 Ebd.
24 A. a. O., 71
25 A. a. O., 76 ff.
26 A. a. O., 81
27 Vgl. Rainer Falk, die Mandela-Biographin Mary Benson zitierend, in dem von ihm hg. Band: Nelson Mandela. Unser Weg in die Freiheit, 17
28 Autobiographie, 87
29 Zahlen nach: Peter Walshe, The Rise of African Nationalism in South Africa, 135
30 Heribert Adam u. Hermann Giliomee, The Rise and Crisis of Afrikaner Power, 104
31 Autobiographie, 96
32 A. a. O., 99
33 Mitteilung W. Sisulu an den Verf., 10. April 1995
34 Ebd.
35 Autobiographie, 103
36 Vgl. z. B. Mary Benson, Nelson Mandela – die Hoffnung Südafrikas, 25 ff., sowie Jean Guiloineau, Nelson Mandela, 131
37 Autobiographie, 103 f.
38 Ebd.
39 A. a. O., 112
40 A. a. O., 116

41 A. a. O., 143
42 A. a. O., 280
43 A. a. O., 135
44 A. a. O., 136
45 A. a. O., 123
46 A. a. O., 128
47 A. a. O., 129
48 Heidi Holland, ANC, 42
49 A. a. O., 43
50 Stephen Ellis und Tsepo Sechaba, Comrades Against Apartheid, 14
51 Heidi Holland, ANC, 48
52 A. a. O., 49
53 A. a. O., 51
54 Autobiographie, 73 ff.
55 A. a. O., 138
56 Thomas Karis und Gwendolen M. Carter (Hg.), From Protest to Challenge, Vol. 2, Hope and Challenge, 1935–1952, 102
57 Zitiert nach: Nelson Mandela, Der Kampf ist mein Leben, 149
58 T. R. H. Davenport, South Africa. A Modern History, 315
59 Autobiographie, 147
60 Ebd.
61 A. a. O., 145
62 A. a. O., 153
63 A. a. O., 168
64 A. a. O., 169
65 A. a. O., 170
66 Ebd.
67 Die folgende Zusammenfassung nach Sheridan Johns und R. Hunt Davis, Mandela, Tambo, and the African National Congress, 22 ff.
68 Jörn Rüsen und Hildegard Vörös-Rademacher (Hg.), Südafrika, 224
69 T. R. H. Davenport, South Africa, 333 f.
70 Johns und Davis, Mandela, Tambo, 24
71 Allister Sparks, The Mind of South Africa, 196
72 Abdruck des «Aktionsprogramms» in: Mandela, Der Kampf ist mein Leben, 53–55
73 A. a. O., 56
74 Autobiographie, 160 f.
75 A. a. O., 165
76 A. a. O., 166
77 A. a. O., 165
78 Text des Aufsatzes in: Johns und Davis, Mandela, Tambo, 35–40
79 Mary Benson, Nelson Mandela, 50
80 Autobiographie, 178
81 Walter Sisulu gegenüber dem Verf., 10. April 1995
82 Autobiographie, 178 f.
83 Nach R. Falk (Hg.), Nelson Mandela. Unser Weg in die Freiheit, 30
84 Mary Benson, Mandela, 55
85 Karis und Carter, Protest, Vol. 2, 427
86 A. a. O., 421
87 Govan Mbeki, The Struggle for Liberation in South Africa, 64
88 A. a. O., 65
89 Karis und Carter, Protest, Vol. 4, Political Profiles, 1882–1964, 98
90 Mary Benson, Mandela, 59
91 Zitiert nach Heidi Holland, ANC, 88
92 Autobiographie, 200 f.
93 Fatima Meer, Stimme der Hoffnung, 101
94 A. a. O., 97
95 Ebd.
96 Autobiographie, 282
97 A. a. O., 280
98 A. a. O., 281
99 Ebd.
100 Emma Gilbey, The Lady, 35
101 Autobiographie, 283
102 A. a. O., 284
103 Mitteilung Evelyn Mandelas an Fatima Meer: F. Meer, Stimme der Hoffnung, 100
104 Heidi Holland, ANC, 77
105 Mary Benson, South Africa, 169
106 Aus dem Vorwort Tambos zu: Nelson Mandela, Mein Kampf gegen die Apartheid, 8 f.
107 Autobiographie, 210
108 Tom Lodge, Paper Monuments, 267
109 Mitteilung Tom Lodge an den Verf., 12. September 1994

110 Zitiert nach der deutschen Übersetzung in: N. Mandela, Der Kampf ist mein Leben, 102 ff.

111 Autobiographie, 217

112 A. a. O., 219

113 A. a. O., 221

114 Zitiert nach: Mandela, Der Kampf ist mein Leben, 75

115 Zitiert nach Karis und Carter, Protest, Vol. 3, Challenge and Violence, 1953–1964, 39

116 Mary Benson, Mandela, 72

117 A. a. O., 73

118 Autobiographie, 237 f.

119 Zitiert nach: Mandela, Der Kampf ist mein Leben, 87

120 Karis und Carter, Protest, Vol. 3, 63

121 Zitiert nach: Mandela, Der Kampf ist mein Leben, 94

122 Autobiographie, 243

123 A. a. O., 279

124 New Age, Ausgabe vom 6. Dezember 1956

125 Autobiographie, 304

126 A. a. O., 289

127 Ebd.

128 A. a. O., 316

129 Bundesarchiv Koblenz (BA), B 141 / 12733, Vermerk des Bundesministeriums der Justiz vom 11. März 1958 mit Empfangsbestätigung des Geschäftsträgers der Südafrikanischen Botschaft, du Plooy

130 Ebd., Schreiben der Generalbundesanwaltschaft / Bundesministerium der Justiz vom 23. November 1957

131 Politisches Archiv des Auswärtigen Amtes, Bonn (PA), Ref. 307, Bd. 107, Bericht Bielfeld / Auswärtiges Amt vom 16. Oktober 1958. Vgl. auch Mary Benson, The Struggle, 218

132 Autobiographie, 306, 315, 317 und 351

133 A. a. O., 293

134 Sowohl die englische Ausgabe der Autobiographie Mandelas (S. 212) als auch die deutsche (S. 307) nennen irrtümlich 1958 als das Geburtsjahr Zenanis. Zutreffend hingegen F. Meer, Stimme der Hoffnung, 159

135 Autobiographie, 301

136 A. a. O., 311

137 Mary Benson, The Struggle, 268

138 Autobiographie, 324

139 A. a. O., 326 ff.

140 Heidi Holland, ANC, 131 f.

141 Autobiographie, 333

142 Zitiert nach: Mandela, Der Kampf ist mein Leben, 143 ff.

143 A. a. O., 149

144 Autobiographie, 343

145 A. a. O., 348

146 Mary Benson, Mandela, 119

147 Autobiographie, 351

148 A. a. O., 352

149 A. a. O., 353 f.

150 Ebd.

151 A. a. O., 360

152 Mary Benson, Mandela, 131

153 Autobiographie, 363

154 A. a. O., 364

155 Ebd.

156 Ebd.

157 T. R. H. Davenport, South Africa, 348 f.

158 Autobiographie, 366 f.

159 Ebd. Auch der weiße Anti-Apartheidaktivist und Geistliche Trevor Huddleston vertritt die Ansicht, die Gründung einer militärischen Organisation in Verbindung mit dem ANC sei als Verteidigungsmaßnahme gegen die Angriffe des Regimes zu verstehen (Mitteilung T. Huddleston an den Verf. vom 23. Juni 1994).

160 Autobiographie, 367

161 Ebd.

162 A. a. O., 372

163 A. a. O., 370

164 Mary Benson, Mandela, 130

165 Zitiert nach: Mandela, Der Kampf ist mein Leben, 194 ff.

166 Autobiographie, 383

167 Steve Tshwete, MK is Born, in:

Dawn. Journal of Umkhonto we Sizwe. Souvenir Issue, 26

168 Ebd.
169 Autobiographie, 379
170 A. a. O., 380
171 Nach: Mandela, Der Kampf ist mein Leben, 197 ff.
172 Autobiographie, 391, 397 und 408
173 A. a. O., 404
174 A. a. O., 400 ff.
175 A. a. O., 402
176 A. a. O., 393
177 A. a. O., 406
178 A. a. O., 410
179 A. a. O., 412
180 A. a. O., 419
181 A. a. O., 421
182 A. a. O., 423 und 418
183 Detaillierte Informationen mit Abdruck von CIA-Material bei E. Gilbey, The Lady, 304 f., Anm. 14 und 15. Gestützt auf einen amerikanischen Zeitschriftenaufsatz sprechen Stephen Ellis und Tsepo Sechaba ebenfalls von einer «hohen Wahrscheinlichkeit», die für eine Rolle des CIA bei der Festnahme spreche: Comrades, 34. Die Akten des CIA zu dieser Frage sind nicht zugänglich: Schreiben CIA, Washington D. C. an den Verf. vom 26. Oktober 1994.
184 Autobiographie, 426
185 Zitiert nach: Mandela, Der Kampf ist mein Leben, 215
186 Autobiographie, 440
187 A. a. O., 441
188 Zitiert nach: Mandela, Der Kampf ist mein Leben, 252
189 Autobiographie, 447
190 A. a. O., 449
191 A. a. O., 457
192 A. a. O., 455
193 Mary Benson, Mandela, 162
194 Rainer Falk (Hg.), Nelson Mandela, 67
195 Joe Slovo, The Sabotage Campaign, in: Dawn, 24
196 Autobiographie, 470

197 Slovo, The Sabotage Campaign, a. a. O., 24
198 Autobiographie, 471
199 Karis und Carter, Protest, Vol. 4 675
200 Autobiographie, 470
201 A. a. O., 475
202 A. a. O., 477
203 A. a. O., 481
204 A. a. O., 484 f.
205 A. a. O., 487
206 A. a. O., 488
207 Abdruck der Rede auch in: Mandela, Der Kampf ist mein Leben, 253 ff., ferner: Mary Benson, Mandela, 175 ff. sowie bei Karis und Carter, Protest, Vol. 4, 771 ff. und Johns und Davis, Mandela, Tambo, 93 ff.
208 Diese Zusammenfassung nach Johns und Davis, Mandela, Tambo, 93 ff.
209 Zitiert nach: Mandela, Der Kampf ist mein Leben, 285
210 Karis und Carter, Protest, Vol. 4, 682
211 Autobiographie, 501
212 A. a. O., 503
213 Ebd.
214 Ebd.
215 A. a. O., 504
216 A. a. O., 506
217 Ebd.
218 Zitiert nach: Karis und Carter, Protest, Vol. 4, 683
219 Autobiographie, 509
220 Erinnerung Steve Tshwetes an den Beginn seiner zwölfjährigen Haftzeit auf Robben Island, in: Voices from Robben Island, 39
221 Als «Paradies» hatten europäische Autoren die Spitze des Tafelbergs beschrieben, nachdem seit der Mitte des sechzehnten Jahrhunderts portugiesische Entdecker über das Kap der Guten Hoffnung berichtet hatten: a. a. O., 4
222 A. a. O., 6. Die folgenden Angaben zur Inselgeschichte ebd., 6 ff.

223 Autobiographie, 517 ff.

224 Neville Alexander, Robben Island Prison Dossier, 27

225 Prisoner 466/64 Nelson Mandela, in: Voices, 17

226 Neville Alexander, Prison Dossier, 31 ff.

227 Autobiographie, 537

228 Zitiert nach: Fatima Meer, Stimme, 306

229 Zitiert nach: a. a. O., 335

230 Autobiographie, 601

231 Neville Alexander und andere in: Tom Lodge und andere, All, Here, and Now, 310

232 Autobiographie, 579

233 Ebd.

234 Prisoner 471/64 Walter Sisulu in: Voices, 27

235 Autobiographie, 627

236 Alexander und andere, in: All, Here, and Now, 290

237 A. a. O., 303

238 Autobiographie, 611 ff.

239 A. a. O., 613 sowie Prisoner 90/65 Satyandranath ‹Mac› Maharaj, in: Voices, 55

240 Autobiographie, 646

241 Alexander und andere, in: All, Here, and Now, 298

242 A. a. O., 299

243 Prisoner 864/64 Eddie Daniels, in: Voices, 53

244 Autobiographie, 648

245 A. a. O., 635

246 S. Ellis und T. Sechaba, Comrades, 47

247 Autobiographie, 622. Zur Gewaltanwendung in MK-Lagern vgl. auch den Insiderbericht von T. Sechaba in: Ellis und Sechaba, Comrades, 79 ff., sowie Augenzeugenberichte in der Zeitschrift «Searchlight South Africa»

248 Johns und Davis, Mandela, Tambo, 281 ff.

249 Ronnie Kasrils, ‹Armed and Dangerous›, 6 und 89

250 A. a. O., 37

251 Johns und Davis, Mandela, Tambo, 186

252 A. a. O., 1 ff.

253 Zitiert nach: Mandela, Der Kampf ist mein Leben, 298. Mandelas Autobiographie erwähnt diesen Aufruf nicht.

254 A. a. O., 300

255 A. a. O., 300 f.

256 S. Ellis und T. Sechaba, Comrades, 103 ff.

257 Johns und Davis, Mandela, Tambo, 188 ff.

258 E. Gilbey, The Lady, 132

259 Autobiographie, 687

260 A. a. O., 688

261 W. Mandela, Ein Stück meiner Seele, 218

262 Allister Sparks, Morgen ist ein anderes Land, 41

263 Autobiographie, 695

264 A. a. O., 696

265 Ebd.

266 Ebd.

267 Johns und Davis, Mandela, Tambo, 199

268 A. Sparks, Morgen, 78

269 Zitiert nach: Mandela, Der Kampf ist mein Leben, 306 ff.

270 Vgl. Hermann Giliomee, The Imperial Presidency: PW Botha – the First Ten Years, in: South Africa International, Vol. 20, No. 1, July 1989, 43

271 Johns und Davis, Mandela, Tambo, 194 ff.

272 Heribert Adam und Kogila Moodley, The Negotiated Revolution, 41

273 Jacques Pauw, In the Heart of the Whore, 100 ff.

274 Autobiographie, 694

275 Ebd.

276 Tom Lodge, Rebellion: The Turning of the Tide, in: T. Lodge und andere, All, Here, and Now, 114

277 Zitiert nach: Rainer Falk, Südafrika – Widerstand und Befreiungskampf, 200. Jetzt auch Autobiographie, 708

278 Johns und Davis, Mandela, Tambo, 200

279 A. a. O., 203

280 Robert Schrire, Adapt or Die, 120

281 A. a. O., 121

282 Ebd.

283 Sebastian Mallaby, After Apartheid, 151

284 Heribert Adam und Hermann Moodley, The Negotiated Revolution, 47

285 T. R. H. Davenport, South Africa, 463

286 S. Mallaby, After Apartheid, 34

287 Autobiographie, 707

288 T. R. H. Davenport, South Africa, 463 f.

289 Mitteilung Prof. Vogels an den Verf. vom 26. Juli 1994

290 Ebd.

291 Mitteilung Leutwilers an den Verf. vom 15. Juni 1994. Vgl. auch Stephen Gelb (Hg.), South Africa's Economic Crisis, 101 f.

292 Leutwiler gegenüber dem Verf.

293 Franz-Josef Strauß am 2. Februar 1988 vor der CDU / CSU-Bundestagsfraktion über seine kürzlich durchgeführte Südafrika-Reise, in: W. Scharnagl (Hg.), Strauß in Moskau und im südlichen Afrika, 171

294 A. a. O., 171 f.

295 A. Sparks, Morgen, 112

296 A. a. O., 35

297 Autobiographie, 701

298 A. Sparks, Morgen, 43. Übersetzung: Würde, Ernst, Aufrichtigkeit, Einfachheit.

299 Ebd.

300 Autobiographie, 704

301 A. Sparks, Morgen, 44

302 A. a. O., 52

303 A. a. O., 56

304 Autobiographie, 712

305 A. Sparks, The Secret Revolution, 65

306 Sisulu gegenüber dem Verf., 10. April 1995

307 Gerhart Raichle, Die Apartheid friedlich überwinden, NBD Neue Bonner Depesche (Parteiblatt der FDP) 12/88, 52 (Friedrich-Naumann-Stiftung, Dokumentation, Königswinter)

308 A. a. O., 53

309 A. a. O., 52

310 Ebd.

311 A. Sparks, Morgen, 123 f.

312 A. a. O., 125

313 Autobiographie, 731

314 A. a. O., 736

315 Ebd.

316 A. Sparks, Morgen, 135

317 H. Adam und K. Moodley, The Negotiated Revolution, 44

318 F. W. de Klerk im Gespräch mit Marion Gräfin Dönhoff, in: Die Zeit, 22. Juli 1994

319 Uys in: The Weekly Mail & Guardian, 29. April–5. Mai 1994, 15

320 Hermann Giliomee 1992, hier zitiert nach H. Adam und H. Moodley, The Negotiated Revolution, 54

321 A. Sparks, Morgen, 145

322 A. a. O., 164

323 A. a. O., 149

324 A. a. O., 150

325 Autobiographie, 741

326 A. Sparks, Morgen, 153, und Autobiographie, 743

327 Rich Mkhondo, Reporting South Africa, 186

328 Zitiert nach Johns und Davis, Mandela, Tambo, 225 ff.

329 Mandela, Der Kampf ist mein Leben, 285

330 Autobiographie, 757

331 Vgl. Winnie Mandela, Ein Stück meiner Seele, 143 ff.

332 A. a. O., 192

333 Zitiert nach: S. Mallaby, After Apartheid, 175

334 E. Gilbey, The Lady, 146

335 A. Sparks, Morgen, 51

336 Ebd.

337 Autobiographie, 800 f.

338 E. Gilbey, The Lady, 281

339 Zitiert nach Martin Meredith, South Africa's New Era, 60

340 Interview C. Pringle / N. Mandela, in: Vogue No. 742

341 Steven Friedman (Hg.), The Long Journey, 14

342 Zitiert nach Rich Mkhondo, Reporting South Africa, 30

343 A. a. O., 37 ff.

344 Autobiographie, 772

345 Zitiert nach Rich Mkhondo, Reporting South Africa, 187

346 A. a. O., 41

347 Autobiographie, 782

348 H. Adam und H. Moodley, The Negotiated Revolution, 39

349 Autobiographie, 789

350 A. a. O., 791

351 A. a. O., 793

352 Rich Mkhondo, Reporting South Africa, 3

353 A. a. O., 8

354 Autobiographie, 796 ff.

355 A. a. O., 798

356 Zitiert nach Rich Mkhondo, Reporting South Africa, 172

357 Autobiographie, 804

358 H. Adam und H. Moodley, The Negotiated Revolution, 101 ff.

359 Autobiographie, 807

360 Ebd.

361 Zitiert nach Rich Mkhondo, Reporting South Africa, 144

362 A. a. O., 145

363 Autobiographie, 807 f.

364 A. Sparks, The Secret Revolution, 76

365 Autobiographie, 809

366 Martin Meredith, South Africa's New Era, 56

367 A. Sparks, Morgen, 257

368 Ebd.

369 A. a. O., 256

370 A. Sparks, The Secret Revolution, 77 f.

371 A. Sparks, Morgen, 260

372 A. a. O., 263

373 Autobiographie, 813

374 A. Sparks, Morgen, 269

375 Autobiographie, 816

376 A. Sparks, Morgen, 272

377 A. a. O., 273

378 Autobiographie, 818

379 Ebd.

380 S. Mallaby, After Apartheid, 96

381 Zitiert nach M. Meredith, New Era, 74

382 Philip van Niekerk in: The Observer, 18. Dezember 1994

383 Zitiert nach M. Meredith, New Era, 84

384 Zitiert nach: a. a. O., 77

385 Zitiert nach: a. a. O., 91

386 Ebd.

387 Zitiert nach: Steven Friedman und Louise Stack, The Magic Moment. The 1994 Election, in: Steven Friedman und Doreen Atkinson (Hg.), South African Review 7, 301

388 A. a. O., 302

389 A. a. O., 310

390 Ergebnisse nach: M. Meredith, New Era, 184 f.

391 S. Friedman und L. Stack, The Magic Moment, 324

392 Zitiert nach: S. Friedman und L. Atkinson (Hg.), South Africa Review 7, Rückumschlag

393 Zitiert nach M. Meredith, New Era, 188

394 Autobiographie, 829

395 A. a. O., 830

396 Ebd.

397 Vgl. z. B. den Titel des Buches von H. Adam und K. Moodley, The Negotiated Revolution

398 Vgl. R. Malan, Mandela. In der Sackgasse?, in: Lettre international, Heft 34, 1996, 26–29

399 Mail & Guardian, 22. Dez. – 4. Jan. 1996, 2

400 O. Tunander, Die unsichtbare Hand und die weiße Hand. Der vielfache Mord an Olof Palme, in: Kursbuch, Heft 124, Juni 1996, 49–79

401 Mail & Guardian, 17.–23. Nov. 1995, 4

Zeittafel

vor Chr.	Vorfahren der San («Buschmänner») und Khoikhoi («Hottentotten») leben in Südafrika
11./12. Jh.	Einwanderung negroider Gruppen, die zur Bantu-Sprachfamilie gehören, in das südliche Afrika
1488	Der Portugiese Bartolomeu Diaz entdeckt das Kap der Guten Hoffnung
1652	Jan van Riebeeck gründet im Auftrag der Holländisch-Ostindischen Kompagnie eine Niederlassung am Kap der Guten Hoffnung
1717	Verstärkter Sklavenimport aus Ostindien (Java)
1779–1850	Auseinandersetzung zwischen Xhosa und Afrikaanern um das Fish-River-Gebiet
1806	Kapkolonie fällt an Großbritannien, seit 1814 endgültig
1834	Verbot der Sklaverei durch das Parlament in London
1836	Beginn des «Großen Treks»: Fünftausend Afrikaaner verlassen die Kapkolonie ins Landesinnere
1838	Schlacht am Blood River: Eine Minderheit von Afrikaanern besiegt Zulu-Streitmacht
1860	Beginn des Imports indischer Arbeitskräfte für die Zuckerrohrplantagen in Natal
1845–1875	Einführung der Rassentrennung unter britischer Kolonialherrschaft in Natal
1867–1871	Ausbeutung von Diamantenvorkommen
1882–1902	Paul Kruger Präsident der Republik Transvaal
1886	Entdeckung reicher Goldvorkommen am Witwatersrand, Gründung Johannesburgs
1893	Mahatma Gandhi kommt nach Südafrika
1899–1902	Anglo-Buren-Krieg
1906	Erste Aktion gewaltlosen Widerstands gegen Paßgesetze für Inder unter Führung Gandhis
1910	Gründung der Südafrikanischen Union. Das Wahlrecht bleibt mit Ausnahme der Kapprovinz allein auf Weiße beschränkt
1912	Gründung des South African Native National Congress, 1923 mit neuer Satzung in African National Congress (ANC) umbenannt
1918	18. Juli: Geburt von Rolihlahla Nelson Mandela
1939–1940	Mandela studiert an der Universität von Fort Hare

1940	Ankunft in Johannesburg, verschiedene Tätigkeiten; Mandela wird von Walter Sisulu politisiert
1939–1945	Südafrika kämpft im Zweiten Weltkrieg an der Seite Großbritanniens; enorme Zunahme der Verstädterung unter den Schwarzen
1942	Qualifikation Mandelas zum Rechtsanwalt
1944	Mandela tritt dem ANC bei; zusammen mit Sisulu, Oliver Tambo und anderen Gründung der ANC-Jugendliga
1944	Mandela heiratet Evelyn Mase. Geburt des Sohnes Thembekile im selben Jahr, 1946 Geburt der Tochter Makaziwe, die jedoch wenig später verstirbt. 1950 Geburt des Sohnes Makgatho, 1954 Geburt einer Tochter, die erneut den Namen Makaziwe erhält
1948	Knapper Sieg der Nationalen Partei D. F. Malans bei den Parlamentswahlen; systematischer Ausbau der Apartheidgesetzgebung beginnt
1949	Verabschiedung des ANC-Aktionsprogramms
1950	Verbot der Kommunistischen Partei
1950	1. Mai: Gemeinsamer Aufruf des ANC, des South African Indian Congress und der Kommunisten zur Arbeitsniederlegung. Mandela protestiert gegen Kooperation mit Kommunisten, zeigt sich aber vom Erfolg des Aufrufs beeindruckt
1952	«Mißachtungskampagne» gegen «ungerechte Gesetze»; Mandela «nationaler Freiwilligen-Leiter»; Dezember: Wahl Albert Lutulis zum ANC-Präsidenten; Oktober: Wahl Mandelas zum ANC-Vorsitzenden von Transvaal; Dezember: Eröffnung einer gemeinsamen Anwaltspraxis mit Tambo
1954–1958	Johannes G. Strijdom Nachfolger Malans als Ministerpräsident
1955	Volkskongreß in Kliptown nimmt Freiheits-Charta an
1956–1961	Hochverratsprozeß gegen Mandela und 155 weitere Angeklagte; alle freigesprochen, Mandela gehört zur Gruppe der letzten, die freigesprochen werden
1957	Ehe Mandelas mit Evelyn wird geschieden
1958	Mandela und Winnie Madikizela heiraten; 1959 Geburt der Tochter Zenani, 1960 der Tochter Zindziswa
1958–1966	H. F. Verwoerd Nachfolger Strijdoms als Ministerpräsident
1959	Abspaltung des Pan African Congress (PAC) vom ANC
1960	21. März: Massaker von Sharpeville; Verhaftung Mandelas aufgrund der Notstandsgesetze; Tambo geht ins Exil
1961	29. März: Freispruch Mandelas im Hochverratsprozeß, danach sofortiges Untertauchen im Land
1961	31. Mai: Südafrika wird Republik
1961	November: Formelle Gründung von Umkhonto we Sizwe, dem bewaffneten Arm des ANC; Mandela wird Oberkommandierender von MK; erste Anschläge am 16. Dezember; Mandela hält sich auf der Farm Liliesleaf in Rivonia nahe Johannesburg versteckt; Dezember: Friedensnobelpreis an Albert Lutuli
1962	Mandela bereist mehrere Staaten Afrikas sowie Großbritannien; Rückkehr nach Südafrika im Juli, Verhaftung am 5. August bei Pietermaritzburg; Verurteilung zu fünf Jahren Haft mit Zwangsarbeit; kurze Inhaftierung auf Robben Island

1963	1. Mai: «90-Tage-Haft-Gesetz» bedeutet erhebliche Kompetenzerweiterung für Strafverfolger; 12. Juli: Auf der Farm in Rivonia hebt die Polizei das Hauptquartier von MK aus, fast der gesamte Führungskern wird verhaftet; belastendes Material gegen Mandela gefunden
1964	12. Juni: Urteil im sog. Rivonia-Prozeß: Lebenslänglich für Mandela und andere; Haftverbüßung auf Robben Island
1966–1978	Balthazar J. Vorster Nachfolger des ermordeten Ministerpräsidenten Verwoerd
1972–1973	Streik von 100 000 schwarzen Arbeitern in Natal
1975	Portugal entläßt Mosambik und Angola in die Unabhängigkeit
1976	Schüleraufstand nimmt seinen Ausgang von Soweto; Unruhen fordern knapp 600 Tote
1977	Steve Biko, Führer von «Black Consciousness», stirbt unter ungeklärten Umständen in Polizeigewahrsam
1978	Pieter Willem Botha neuer Ministerpräsident
1982	Verlegung Mandelas und einiger seiner Kameraden von Robben Island in das Hochsicherheitsgefängnis von Pollsmoor bei Kapstadt
1983	Dachorganisation «United Democratic Front» gegründet
1984	Neue Verfassung mit Dreikammersystem tritt in Kraft; Friedensnobelpreis an Bischof Desmond Tutu
1985	31. Januar: Bedingtes Angebot Präsident Bothas, Mandela freizulassen; Zurückweisung des Angebots durch Mandela; erste Regierungskontakte mit Mandela an dessen Krankenbett
1986	Unruhen im ganzen Land, Ausnahmezustand; Kontakt des «Afrikaaner Broederbond» zum ANC in den USA; weitere Gesprächsforen zwischen dem ANC und weißen Intellektuellen in aller Welt; Schuldenkrise Südafrikas; Staats- und Parteichef Gorbatschow erhebt Perestrojka und Glasnost zu Leitlinien künftiger sowjetischer Politik
1989	5. Juli: erstes Treffen Mandelas mit Präsident Botha; 20. September: Vereidigung F. W. de Klerks zum neuen Staatspräsidenten
1990	2. Februar: Rede de Klerks zur Parlamentseröffnung; 11. Februar: Entlassung Mandelas nach mehr als 27 Jahren Haft; Mai: Erstes formelles Treffen zwischen ANC und Regierung; Juli: Kämpfe zwischen Inkatha und UDF/ANC-Anhängern springen von Natal auf Townships über; Dezember: ANC-Chef Tambo kehrt nach über 30 Jahren im Exil nach Südafrika zurück
1991	Kämpfe zwischen rivalisierenden schwarzen Gruppen dauern an; Februar: de Klerk kündigt Abschaffung wichtiger Apartheidgesetze an; Juli: erste ANC-Konferenz in Südafrika seit 31 Jahren, Mandela wird zum Präsidenten des Kongresses gewählt; Dezember: CODESA I
1992	13. April: Mandela gibt offiziell die Trennung von seiner Frau bekannt; Juni: Massaker von Boipatong; September: Massaker von Bisho; 26. September: «Protokoll des Einvernehmens» zwischen de Klerk und Mandela
1993	10. April: Ermordung von Chris Hani; 24. April: Tod Oliver Tambos; Mai: CODESA II; 2. Juli: Als Tag der ersten demokratischen

165

Wahlen wird der 27. April 1994 bestimmt; 18. November: Übergangsverfassung verabschiedet; Inkatha und weiße rechtsgerichtete Gruppierungen stellen Bedingungen für Wahlteilnahme

1994 März: Das Homeland Bophutatswana unter Lucas Mangope wird der Übergangsregierung in Pretoria unterstellt; auch im Homeland Ciskei übernimmt Pretoria wieder die Regierungsverantwortung; KwaZulu/Natal unter Häuptling Gatsha Buthelezi sperrt sich weiterhin einer Wahlteilnahme; Vorstoß Mandelas mit Kompromißangebot führt zum Einlenken Buthelezis; bei den Wahlen vom 26. bis 28. April verfehlt der ANC die Zweidrittelmehrheit nur knapp; gemäß der Übergangsverfassung bildet Wahlsieger Mandela eine «Regierung der nationalen Einheit» aus Vertretern der drei stärksten Parteien; Vereidigung Mandelas zum Präsidenten am 10. Mai

1995 6. Januar: Tod von Joe Slovo; Januar: wenige Tage nach ihrem Erscheinen ist die Autobiographie Nelson Mandelas in Südafrika ausverkauft – das Buch ist der größte Verkaufserfolg der südafrikanischen Verlagsgeschichte; April: Präsident Mandela entläßt seine von ihm getrennt lebende Ehefrau Winnie aus dem Amt der Stellvertretenden Ministerin für Kunst, Kultur, Wissenschaft und Technologie; Mai: zur Aufarbeitung der Apartheidpolitik verabschiedet das Parlament ein Gesetz, das die Grundlage für die Einrichtung einer «Wahrheits- und Versöhnungskommission» bildet

1996 19. März: Mandelas Ehe mit Winnie wird geschieden

1997 4. Februar: Die endgültige Verfassung Südafrikas tritt in Kraft

1999 Aus den zweiten freien Wahlen geht der ANC als klarer Sieger hervor. Thabo Mbeki wird Nachfolger Mandelas im Amt des Präsidenten Südafrikas.

2002 August/September: Johannesburg ist Schauplatz der bisher größten UNO-Konferenz. Themen sind die weltweite Armut und nachhaltige Entwicklung

Zeugnisse

Scott MacLeod
Würdevoll, charmant und besonnen, ist Mandela die Sonne, deren Schwerkraft
die ungleichartigen Elemente der südafrikanischen Gesellschaft in einer friedlichen Umlaufbahn hält.

Time, 8. Mai 1995

Gaye Davis und andere
Es ist leicht, über Mandelas Stärken zu sprechen: seine Weitsicht, seine Mischung
aus kraftvoller Führung und einem Willen zum Kompromiß, seinen Pragmatis-
mus, seine moralische Statur, seine Arbeitswut. Er ist nicht ohne Schwächen: es
hat gedauert, bis er die Vetternwirtschaft und Korruption in Regierungskreisen
gestoppt hat, und gegenüber Ministern, die ihrer Aufgabe nicht gewachsen waren,
zeigte er nicht genügend Entschlossenheit.

The Weekly Mail & Guardian, 21.–27. April 1995

Colombe Pringle
Die Existenz dieses Mannes beweist, daß man über dem steht, was man erleidet.
Er ist ein Mensch, der es möglich macht, mit Stolz ein Mensch zu sein.

Aus einer Werbebroschüre des S. Fischer Verlags
für Mandelas Autobiographie, 1994

Wole Soyinka, nigerianischer Nobelpreisträger für Literatur
Glaubte ich an den Eingriff des Göttlichen ins Irdische, dann wäre Mandela dessen Personifizierung.

Frankfurter Allgemeine Zeitung, 17. Dezember 1994

Richard Stengel, Mitarbeiter an Mandelas Autobiographie
Er ist zurückhaltend und zugleich aufgeschlossen, weltoffen und zugleich welt-
fremd. Die Dualität überraschte mich, aber etwas von der Naivität rührt daher,
daß er 27 Jahre weg war. Er ist zugleich Kalender und Kamera: er kann vor seinem
geistigen Auge eine Szene abbilden und wiedererstehen lassen. Er ist keine öffentlich in sich gekehrte Person; er wird einem sagen, was er denkt, aber nicht, wie
er fühlt.

Time, 28. November 1994

Kenneth Kaunda, Staatspräsident von Sambia
Mein einziger Eindruck war, daß er ein großer Mann, ein Mann des Schicksals war.
Es gab für mich keinen Zweifel, daß er ein Mann des Friedens war, daß er die
ganze Menschheit liebte. Es war ihm bestimmt, gegen die Apartheid zu kämpfen,
nicht weil sie von Weißen angewendet wurde, sondern weil es ein böses System
war, das nach seiner Theorie nicht nur die Schwarzen einsperrte, sondern auch die
Weißen.

1962, zitiert nach Rainer Falk (Hg.): Nelson Mandela. Unser Weg
in die Freiheit, Köln 1990, S. 62

James Gregory, Gefängniswärter auf Robben Island
Die Führungsgruppe, es waren acht, nannte sich selbst Exilregierung, und ich
wurde für sie verantwortlich. Ich glaube, mein Befehlshaber dachte, ich sei der
Richtige für den Job. Später, als er die Insel verließ, war ich ausschließlich für
Mandela verantwortlich. Ich lernte seine Familie sehr gut kennen, und ich wurde
mit Dingen vertraut gemacht, die selbst heute die Leute nicht wissen, und natürlich werde ich dieses Vertrauen nicht enttäuschen. Wir wurden tatsächlich
Freunde. Er nannte mich immer Mr. Gregory, niemals bei meinem Rang. Ich
nannte ihn Mandela oder Nelson, und ich fragte ihn, ob er etwas dagegen hätte, so
genannt zu werden. Seit er draußen ist, hat er mich ein paarmal angerufen, und er
nennt mich James, und ich nenne ihn Mr. Mandela. Mr. Mandela ist ein absoluter
Gentleman.

Voices from Robben Island, Randburg 1994, S. 21

Oliver Tambo
Nelson ist ein leidenschaftlicher, gefühlvoller Mann, der sich leicht zu heftigen Re-
aktionen hinreißen läßt, wenn er beleidigt oder hochmütig behandelt wird. Er ist
eine Persönlichkeit mit Charisma, hochgewachsen und gutaussehend. Junge Menschen vertrauen ihm ebenso wie er ihnen, denn ihre Ungeduld entspricht seinem
Temperament. Auf Frauen übt er eine starke Wirkung aus.

Vorwort zu: Nelson Mandela, Mein Kampf gegen die Apartheid, München
1991, S. 11

Winnie Mandela
Das, was er ist, als der, der sein Leben dem Kampf geweiht hat, das ist er aus Liebe
zu seinem Land, aus Liebe zu seinen Wurzeln. Er ist aufgewachsen in einer stam-
mesgebundenen Gesellschaft. Im Grunde ist er ein Traditionalist. Wenn man ihn
darüber philosophieren hört – was es bedeutet, den Ältesten zuzuhören, am Feu-
erplatz, draußen vor dem Kraal – (…) dann wird einem klar, daß es diese Männer
sind, die in Nelson den Stolz geweckt haben und diese tiefe Liebe zu seinem Volk.
Diese Bindung ist so stark, so unantastbar, daß sie es ist, die im eigentlichen Sinn
seine Person ausmacht. Das ist Nelson. Auch er, als Individuum, kommt erst an
zweiter Stelle nach seinem Volk, nach seiner Liebe zu seinem Volk und zur Natur.

Ein Stück meiner Seele ging mit ihm, Reinbek 1984, S. 94 f.

Muammar al Gaddafi, libyscher Revolutionsführer
Es kann Situationen in der internationalen Politik geben, in denen man sich auf
das Wort eines einzigen Mannes absolut verlassen können muß. Ein solcher Mann
ist Nelson Mandela.

Bibliographie

1. Dokumentensammlungen; Werke von und über Nelson Mandela

Benson, Mary: Nelson Mandela – die Hoffnung Südafrikas. Reinbek 1986
–: Wir weinen um unser Land. Nelson Mandelas Kampf um Südafrika. Reinbek 1988
Bridgland, Fred: Katizas Reise. Die wahre Geschichte der Winnie Mandela. Mit einem Vorwort von Emma Nicholson. Reinbek 1997
Dawn. Journal of Umkhonto we Sizwe. Souvenir Issue 1986: 25th Anniversary of MK
Duncan, Paul: The Illustrated Long Walk to Freedom. Chicago 1996
Falk, Rainer (Hg.): Nelson Mandela. Unser Weg in die Freiheit. Reden und Schriften. Köln 1990
Gottschalk, Maren: «Die Morgenröte unserer Freiheit». Die Lebensgeschichte des Nelson Mandela. Weinheim 2002
Gregory, James: Goodbye Bafana. Nelson Mandela, My Prisoner, My Friend. London 1995
Guiloineau, Jean: Nelson Mandela. Paris 1994
Holland, Heidi: ANC. Nelson Mandela und die Geschichte des African National Congress. Braunschweig 1990
International Defence and Aid Fund for Southern Africa: Nelson Mandela. His Life in the Struggle. A Pictorial History. London 1988
Johns, Sheridan, und R. Hunt Davis jr. (Hg.): Mandela, Tambo and the African National Congress. The Struggle Against Apartheid 1948–1990. A Documentary Survey. New York 1991
Karis, Thomas, und Gwendolen M. Carter (Hg.): From Protest to Challenge. A Documentary History of African Politics in South Africa, 1882–1964. Vol. 1: Protest and Hope, 1882–1934. By Sheridan Johns. Stanford, Ca. 1987. Vol. 2: Hope and Challenge, 1935–1952. By Thomas Karis. Stanford, Ca. 1987. Vol. 3: Challenge and Violence, 1953–1964. By Thomas Karis and Gail M. Gerhart. Stanford, Ca. 1987. Vol. 4: Political Profiles, 1882–1964. By Gail M. Gerhart and Thomas Karis. Stanford, Ca. 1987
Mandela, Nelson: Der Kampf ist mein Leben. Gesammelte Reden und Schriften. Dortmund 1986
–: Mein Kampf gegen die Apartheid. München 1991

–: Gedanken und Zitate, zusammengestellt von Allan Momozei. Hg. von Reiner Ansén. Zürich 1994

–: Der lange Weg zur Freiheit. Autobiographie. Frankfurt a. M. 1994

Mandela Winnie: Ein Stück meiner Seele ging mit ihm. Hg. von Anne Benjamin. Reinbek 1984

Meer, Fatima: Stimme der Hoffnung. Nelson Mandela. Bonn 1989

Meredith, Martin: Nelson Mandela. Ein Leben für Frieden und Freiheit. München 1998

Nelson Mandela Speaks. Forging a Democratic, Nonracial South Africa. Hg. von Steve Clark. Cape Town 1994

Pinchuk, Tony: Mandela for Beginners. Cambridge 1994

Sampson, Anthony: Nelson Mandela. Die Biographie. Stuttgart 1999

Venter, Lester: When Mandela Goes. The Coming of South Africa's Second Revolution. Johannesburg 1997

Vogue (franz. Ausgabe). Par Nelson Mandela. No. 742, Décembre 1993/Janvier 1994

2. Sonstige Literatur

Adam, Heribert, und Hermann Giliomee: The Rise and Crisis of Afrikaner Power. Cape Town 1983

–: und Kogila Moodley: The Negotiated Revolution. Society and Politics in Post-Apartheid South Africa. Johannesburg 1993

–: Frederik van Zyl Slabbert, und Kogila Moodley: Comrades in Business. Post-Liberation Politics in South Africa. Cape Town 1997

Alexander, Neville: Robben Island Prison Dossier 1964–1974. Cape Town 1994

–: Südafrika. Der Weg von der Apartheid zur Demokratie. München 2001

Allen, John (Hg.): Archbishop Desmond Tutu. The Rainbow People of God. South Africa's Victory Over Apartheid. London 1994

Beinart, William: Twentieth-century South Africa, Cape Town 1994

–: und Saul Dubow (Hg.): Segregation and Apartheid in Twentieth-century South Africa. London 1995

Benson, Mary: South Africa: The Struggle for a Birthright. Harmondsworth 1966

Bussiek, Christel, und Hendrik Bussiek: Mandelas Erben. Bonn 1999

Buthelezi, Manosuthu G.: Südafrika. Meine Vision. Herford 1990

Chikane, Frank: No Life of My Own. An Autobiography. London 1988

Crocker, Chester A.: High Noon in Southern Africa. Making Peace in a Rough Neighborhood. Foreword by George P. Shultz. Johannesburg 1993

Davenport, T. Rodney H.: South Africa. A Modern History. Basingstoke [4]1991

–: The Transfer of Power in South Africa. Cape Town 1998

Deegan, Heather: The Politics of the New South Africa. Apartheid and After. London 2000

Ellis, Stephen, und Tsepo Sechaba: Comrades Against Apartheid. The ANC and the South African Communist Party in Exile. London 1992

Falk, Rainer: Südafrika – Widerstand und Befreiungskampf. Köln 1986

Fisch, Jörg: Geschichte Südafrikas. München 1990

Friedman, Steven (Hg.): The Long Journey. South Africa's Quest for a Negotiated Settlement. Johannesburg 1993

–: und Doreen Atkinson (Hg.): South African Review 7. The Small Miracle. South Africa's Negotiated Settlement. Johannesburg 1994

Gelb, Stephen (Hg.): South Africa's Economic Crisis. Cape Town 1991

Gilbey, Emma: The Lady. The Life and Times of Winnie Mandela. London 1994

Gregory, James: Goodbye Bafana. Nelson Mandela. My Prisoner, My Friend. London 1995

Grobler, Jackie: A Decisive Clash? A Short History of Black Protest Politics in South Africa. Pretoria 1988

Hagemann, Albrecht: Südafrika und das «Dritte Reich». Rassenpolitische Affinität und machtpolitische Rivalität. Frankfurt a. M. 1989

Harber, Anton, und Barbara Ludman (Hg.): A–Z of South African Politics. The Essential Handbook 1995. London 1995

Hain, Peter: Sing the Beloved Country. The Struggle for the New South Africa. With a Foreword by Walter Sisulu. London 1996

Honoré, Deborah Duncan (Hg.): Trevor Huddleston. Essays on His Life and Work. Oxford 1988

Joffe, Joel: The Rivonia Story. Belleville 1995

Joseph, Helen: Side by Side. The Autobiography of Helen Joseph. London 1986

Kaiser, Andrea, und Thomas O. H. Müller: Das neue Südafrika. Politische Porträts. Bonn 1992

Kasrils, Ronnie: ‹Armed and Dangerous›. My Undercover Struggle Against Apartheid. Oxford 1993

Klerk, Willem de: F. W. de Klerk. Eine Hoffnung für Südafrika. Herford 1991

Kramer, Jutta: Apartheid und Verfassung. Das Staatsrecht als Instrument der Rassentrennung und ihrer Überwindung in Südafrika. Baden-Baden 2000

Lapping, Brian: Apartheid. Südafrika am Scheideweg: Geschichte und Politik der Rassentrennung. München 1987

Lelyveld, Joseph: Die Zeit ist schwarz. Tragödie Südafrika. Frankfurt a. M. ²1986

Lodge, Tom: Black Politics in South Africa since 1945. Johannesburg 1989

–: Paper Monuments: Political Biography in the New South Africa. In: South African Historical Journal No. 28, May 1993, 249–269

–: Bill Nasson, Steven Mufson, Khehla Shubane und Nokwanda Sithole: All, Here and Now: Black Politics in South Africa in the 1980s. London 1992

Maclennan, Ben: Apartheid. The Lighter Side. Cape Town 1991

Malan, Rian: Mein Verräterherz. Mordland Südafrika. Reinbek 1994

–: Mandela. In der Sackgasse? In: Lettre international, Heft 34, 1996, 26–29

Mallaby, Sebastian: After Apartheid. London 1993

Mbeki, Thabo: Africa. The Time Has Come. Johannesburg 1998

–: Learning from Robben Island. The Prison Writings of Govan Mbeki. Cape Town 1992

–: The Struggle for Liberation in South Africa. A Short History. Cape Town 1992

–: Sunset At Midday. Latshon 'ilang 'emini! Braamfontein 1996

McKinley, Dale T.: The ANC an the Liberation Struggle. A Critical Political Biography. London 1997

Meli, Francis: South Africa Belongs to Us. A History of the ANC. Harare 1989

Meredith, Martin: South Africa's New Era. The 1994 Election. London 1994

Mkhondo, Rich: Reporting South Africa. London 1993

Pauw, Jacques: In the Heart of the Whore. The Story of Apartheid's Death Squads. Halfway House 1991

Ramphele, Mamphela: A Life. Mamphela Ramphele. Cape Town 1995

Roberts, Martin: South Africa 1948–1994. The Rise and Fall of Apartheid. London 2001

Ross, Robert: A Concise History of South Africa. Cambridge 1999

Roth, Thomas: Südafrika. Die letzte Chance. München 1993

Rüsen, Jörn, und Hildegard Vörös-Rademacher (Hg.): Südafrika. Apartheid und Menschenrechte in Geschichte und Gegenwart. Pfaffenweiler 1992

Sachs, Albie: The Soft Vengeance of a Freedom Fighter. Cape Town 1991

Scharnagl, Wilfried (Hg.): Strauß in Moskau und im südlichen Afrika. Bericht, Bilanz, Bewertung. Percha 1988

Schrire, Robert: Adapt or Die: The End of White Politics in South Africa. O. O. (London) 1991

Slovo, Joe: The Unfinished Autobiography. With An Introduction by Helena Dolny. Randburg 1995

Sparks, Allister: The Mind of South Africa. London 1990

–: The Secret Revolution. In: The New Yorker, 11. April 1994, 56–78

–: Morgen ist ein anderes Land. Berlin 1995

Suzman, Helen: In No Uncertain Terms. Memoirs. Johannesburg 1994

Tambo, Adelaide (Hg.): Preparing For Power. Oliver Tambo Speaks. London 1987

Tunander, Ola: Die unsichtbare Hand und die weiße Hand. Der vielfache Mord an Olof Palme. In: Kursbuch, Heft 124, Juni 1996, 49–79

Tutu, Desmond: Keine Zukunft ohne Versöhnung. Düsseldorf 2001

Uys, Pieter-Dirk: A Part Hate, a Part Love. The Legend of Evita Bezuidenhout. Groenkloof 1994

Voices from Robben Island. Compiled and Photographed by Jürgen Schadeberg. Randburg 1994

Wahrheits- und Versöhnungskommission Südafrika: Das Schweigen gebrochen. «Out of the Shadows». Vorwort von Erzbischof Desmond Tutu. Frankfurt a. M. 2000

Waldmeir, Patti: Anatomy of a Miracle. The End of Apartheid and the Birth of the New South Africa. London 1997

Walker, Cherryl: Women and Resistance in South Africa. Cape Town ²1991

Walshe, Peter: The Rise of African Nationalism in South Africa. The African National Congress 1912–1952. Berkeley, Ca. 1972

Worden, Nigel: The Making of Modern South Africa: Conquest, Segregation, and Apartheid. Oxford 1994

Namenregister

Die kursiv gesetzten Zahlen bezeichnen die Abbildungen

Alexander, Neville 86, 89
Autshumao («Harry der Strandloper») 83

Bam, Fikile 89
Barnard, Niel 116f., *118*
Begin, Menachim 68
Bekker (Richter) 64
Benson, Mary 47
Bernstein, Rusty 68
Bethell, Nicholas 99
Bielfeld, Harald 56
Biko, Steve 92, 96, 153
Bizos, George 91, 113f.
Bochensky, Joseph 56
Bosch (Ankläger) 75
Boshoff, Carel 143
Botha, Pieter Willem 96, 99ff., 106,
   108–112, 114f., 117–120, *109, 118*
Bourgiba, Habib 71
Bush, George W. 155
Buthelezi, Mangosuthu Gatsha 92,
   111, 131, 138–141, 144ff., *147*

Cachalia, Maulvi 41
Carrington, Lord 145
Castro, Fidel 121
Churchill, Winston 29, 46
Clausewitz, Carl von 68
Coetsee, Jacobus («Kobie») 98,
   112–115, 121f., 138, *118*

Dadoo, Yusuf 36, 72
Dalindyebo, Jongintaba 11ff., 15ff.,
   20

Dalindyebo, Justice 11, 16f., 20
Daniels, Eddie 89
Dash, Samuel 99

Ehlers, Ters *118*
Engels, Friedrich 32, 62

First, Ruth 26, 49
Fischer, Bram 54, 78f.
Franklin, Benjamin 82

Gaddafi, Muammar al 155
Gandhi, Mohendas K. («Mahatma»)
   30, 40f., 46, *31*
Gandhi, Manilal 41
Gilbey, Emma 73, 97
Goldberg, Dennis 82
Goldreich, Arthur 70
Gorbatschow, Michail 108, 119, 122
Gqozo, Oupa 144
Graaf, Sir de Villiers 64
Gregory, James 85
Guevara, Ernesto Che 68
Gumede, Josiah 28

Hani, Chris 91, 140
Harmel, Michael 23
Harris (Direktor) 13
Hertzog, James B. M. 28, 32
Hitler, Adolf 54, 59
Ho Chi Minh 82
Hodgson, Jack 68
Honecker, Erich 108, 136
Huddleston, Trevor 49

Kasrils, Ronnie 91f., 137
Kathrada, Ahmed 77, 83, 98
Kaunda, Kenneth 71
Kennedy, John F. 8
Kennedy (Richter) 64
Kissinger, Henry 145
Klerk, Frederik Willem de 117,
    119–122, 124, 128, 131–138,
    140, 142ff., 149, 150, 154, *120, 142,
    151*
Klerk, Willem de 116
Kohl, Helmut 106, 110
Kotane, Moses 36
Kruger, Jimmy 89, 108, 112

Lange, Pieter de 111f., 115
Lekota, «Terror» 154
Lembede, Anton 26, 29f.
Lenin, Wladimir Iljitsch 62
Leutwiler, Fritz 109ff.
Liebermann, Miss 22
Lincoln, Abraham 15
Lutuli, Albert 42, 44, 54, 57, 59f., 63,
    66f., 69, 73, 142

Machel, Graça 155, *155*
Machel, Samora 155
Madikizela, Columbus 57
Madikizela-Mandela, Winnie 155
Malan, Daniel François 32, 36, 39, 41,
    99, 120, *33*
Mandela, Evelyn 23, 25, 44, 46, 57, *24*
Mandela, Gadla Henry Mphakanyiswa
    9ff.
Mandela, Leabie 25
Mandela, Makaziwe 24
Mandela, Makgatho 24, 44, 46, 70
Mandela, Nomzamo Winnifred
    («Winnie») 7f., 57, 62, 64, 66, 70, 73,
    78f., 82, 85f., 96ff., 103, 112, 122, 124,
    126f., 150, 155, *6, 58, 125*
Mandela, Nosekeni Fanny 9ff., 25, 79,
    86
Mandela, Thembekile 23f., 44, 46, 86
Mandela, Zenani 57, 62, 70, 86, *125*
Mandela, Zindziswa 57, 62, 70, 86, 99f.,
    101, 125
Mangope, Lucas 111, 144
Manuel, Trevor 150

Mao Tse-tung 68
Marks, J. B. 31, 36, 42
Marx, Karl 32, 38, 52, 56, 62, 93, 102,
    105
Mase, Evelyn, s. Mandela, Evelyn
Matanzima, Kaizer D. 15, 34, 89, *93*
Mathona 13
Matthews, Zachariah 50f.
Mbeki, Govan 73, 77, 81, 83, 153
Mbeki, Thabo 111f., 115ff. 121, 130,
    149, 153, *133, 151*
Mboweni, Tito 150
Mda, Peter 26
Meer, Fatima 44, 46
Meyer, Roelf 137ff., 142, 149, *139*
Mhlaba, Raymond 77, 83, 98
Mlangeni, Andrew 83, 98
Modise, Joe 91, 149
Moroka, James 36, 39, 42
Motsoaledi, Carolina 78
Motsoaledi, Elias 83
Mtolo, Bruno 73, 79
Munro, Fred 113

Nehru, Jawaharlal 8
Ngubane, Ben 150
Niemöller, Martin 38
Nokwe, Duma 59ff.
Nyerere, Julius 71, 91
Nzo, Alfred 154

Orczy, Baroness 65

Palme, Olof 153
Peterson, Hector *95*
Pirow, Oswald 54, 56, 64
Pogrund, Benjie 98
Pollach, Walter 47

Qoboza, Percy 97

Radebe, Gaur 22, 25, 29, 31
Ramaphosa, Cyril 132, 137f., 142, *133*
Reagan, Ronald 107
Reitz, Deneys 68
Riebeeck, Jan van 39
Roosevelt, Franklin D. 29, 46
Rumpft (Richter) 42, 64

Sacharow, Andrej 108
Saro-Wiwa, Ken 154
Seipei, Stompie Moeketsi 126
Seme, Pixley 26 ff.
Shakespeare, William 81
Sidelsky, Lazar 21 f.
Sisulu, Albertina 78
Sisulu, Walter, 20–23, 25, 29, 36, 39 f.,
    42, 49 ff., 68, 77, 81, 83, 86–90, 98,
    115, 120 f., 127, 129, *90*
Slovo, Joe 25 f., 59, 68, 75, 78, 115, 129,
    131, 138, 144, 149, *115*
Smuts, Jan C. 29, 31 f., 36, 81
Sobukwe, Robert 29, 59
Sohuza, König von Swaziland 86
Sophokles 88
Sothonga, Enoch 64
Sparks, Allister 98, 113, 134, 141
Stalin, Josef 32, 46, 62, 116
Strauß, Franz Josef 99, 111
Strijdom, Johannes G. 99, 120

Tambo, Oliver 15, 29, 36, 38, 41 f., 46 ff.
    54, 56, 60, 72, 79, 91, 94, 99, 102, 108,
    112, 113, 127, 132, *72*
Terre Blanche, Eugene 144, *145*

Thatcher, Margaret 106, 110, 122
Tloome, Dan 48
Tutu, Desmond 102, 104, 124,
    142, 152

Uys, Pieter-Dirk 121

Verwoerd, Hendrik F. 34 f., 59, 64, 66,
    99, 113, 143, *35*
Viljoen, Constand 143 ff., 148
Viljoen, Gerrit 137
Vogel, Wolfgang 108
Vorster, Balthazar J. 76, 81, 96,
    120, *81*
Vos, de (Anwalt) 54

Waal, Pieter de 112
Washington, George 82
Wet, Quartus de 81 f.
Willelmse, Johan *118*
Williams, Cecil 73

Xuma, Albert B. 28 f., 36

Zwelithini, Goodwill 146
Zyl Slabbert, Frederik van 104

Quellenverzeichnis der Abbildungen

dpa Bildarchiv, Hamburg: 2, 6, 33, 40, 60, 93, 105, 107, 109, 110/111, 120, 123, 125,
    129, 133, 142, 145, 147, 148, 152, 155
Mayibuye Centre, University of the Western Cape, Bellville, South Africa: 12, 14,
    21, 24, 27, 35, 37, 43 (Foto Jürgen Schadeberg, Pinegowrie), 45, 47 (Foto Jürgen
    Schadeberg, Pinegowrie), 52, 55, 61, 63, 70, 72, 74, 77, 81, 87, 90, 95, 100, 103, 115
Aus: Nelson Mandela: Der lange Weg zur Freiheit. Frankfurt a. M. ²1994: 18/19
Ministry of I. and B. (Government of India): 31
DIZ, Süddeutscher Verlag Bilderdienst, München: 58, 136, 139
Aus: Voices from Robben Island. Compiled and photographed by Jürgen Scha-
    deberg. Randburg/Südafrika 1994: 84 ([DrJ 1026] Cape Archives, Kapstadt)
Aus: Allister Sparks: Morgen ist ein anderes Land. Berlin 1995: 118
ullstein bild, Berlin: 135

Über den Autor

Albrecht Hagemann, geb. am 27. Februar 1954 in Detmold; Studium der Neueren und Osteuropäischen Geschichte sowie der Slawistik in München und Bielefeld; Promotion im Fach Geschichte in Bielefeld, Veröffentlichung der Dissertation unter dem Titel «Südafrika und das ‹Dritte Reich›. Rassenpolitische Affinität und machtpolitische Rivalität», Frankfurt (Campus) 1989; weitere, vor allem Südafrika betreffende Arbeiten für Hörfunk, Fernsehen und Zeitschriften; unterrichtet an einem Gymnasium in Herford.

Danksagung

Für bereitwillig erteilte Auskünfte und Unterstützung vielfältiger Art danke ich folgenden Personen: Tilman Dedering (Pretoria), Stephen Ellis (Leiden), Rudolf Gruber (Bonn), Baruch Hirson (London), Trevor Huddleston (Leeds), Fritz Leutwiler (Zürich). Tom Lodge (Johannesburg), Eveline Mazarakis (Kapstadt), Fatima Meer (Durban), Werner Schellack (Pretoria), Walter Sisulu (Johannesburg), Max Josef Strauß (München), Mary-Lynn Suttie (Pretoria), Horst Teltschik (München), Wolfgang Vogel (Berlin).
Meine Familie zeigte im Verlauf der Arbeit an diesem Buch ein bemerkenswertes Maß an Geduld – ihr sei es gewidmet.

FAHRENHEIT

Die Zukunfts-angst der Deutschen

PETER FLEISCHMANN

ROMAN

FAHRENHEIT

1. Auflage 2008
© Fahrenheit Verlag GmbH & Co. KG,
München 2007
Satz: BuchHaus Robert Gigler
Umschlaggestaltung: Gregor Ade, Stephie Schramm,
unter Verwendung einer Fotografie von Billy&Hells
Gesetzt aus der ITC Slimbach
Druck: Clausen & Bosse, Leck
Printed in Germany
ISBN: 978-3-940813-01-5
www.fahrenheit-verlag.de

GANZ UNSCHULDIG war sie nicht mehr, als wir an einem Samstag morgen zur Mühle hinausfuhren. Ich spreche von der Erfahrung, sich mehr als einem Partner hinzugeben. Ihr erstes Abenteuer dieser Art bestand sie ohne mich. Ich war beruflich unterwegs. Da ich bis zum Abend nicht alles erledigt hatte, rief ich sie von einem gräßlichen Café aus an und teilte ihr mit, daß ich erst am folgenden Abend zurückkäme.

Die propere Kleinstadtatmosphäre um mich herum war bedrükkend, ich beschloß, den Abend auf dem Land zu verbringen, wo ich etwas mehr Ursprünglichkeit zu finden hoffte. In einem alten Dorfgasthof bestellte ich etwas zum Abendessen und fragte, ob ich übernachten könne.

Das Essen war fett und lieblos, und als ich die Fenster meines stickigen Zimmers aufriß, überfiel mich ein beißender Gestank von Schweineurin und Schweinescheiße. Ich hörte sie unter mir aufgeregt quieken und grunzen, unsere Verwandten aus der Gattung der Säuger; wahrscheinlich keine tiergerechte Haltung, viel zu eng zusammengepfercht, in ihrem eigenen Kot watend, sich bespringend und gegenseitig an den Ohren reißend. Auf der durchgelegenen Matratze waren bestimmt schon einige Omas und Opas gestorben, und das tonnenschwere Federbett ließ mich alle zwanzig Minuten aus einem Albtraum hochfahren. Am nächsten Morgen hatte ich große Sehnsucht, meine Freundin anzurufen, um ihr zu sagen, wie gerne ich jetzt mit ihr auf unserer Roßhaarmatratze, extrabreit, liegen und an ihren schlaftrunkenen Nippeln saugen würde und wie scharf mein kleiner Bruder darauf sei, ihre Miezekatze zu füttern. Aber ich konnte eine solche Unterhaltung schlecht in der Gaststube führen, in der das Telefon stand. »Laß sie noch ein wenig schlafen«, sagte ich mir und aß zwei teigige Brötchen mit Butter – sogar sie roch nach Schweinemist – und einer gallertartigen Vierfruchtmarmelade zu wäßrigem Kaffee.

Gegenüber der Kirche stand eine Telefonzelle, deren Tür sich kaum öffnen ließ. Ich rief zu Hause an. Es läutete vier bis fünf Mal, dann fragte eine Stimme »Hallo, was gibt's?«. Es war nicht die Stimme meiner Freundin, es war die Stimme eines Mannes. »Entschuldigung, ich muß mich verwählt haben«, stammelte ich.

»Wenn Sie Sandra sprechen wollen«, sagte der Kerl gut gelaunt, »die hab' ich gerade losgeschickt, frische Brötchen holen ...«

Ich wollte ihn fragen, wer er sei, aber aus meinem Hals kam nur ein Krächzen. Er lachte spöttisch: »Aber da ich heute morgen guter Laune bin, werde ich ihr ausrichten, daß Sie versucht haben, sie zu erreichen.« Und schon hatte er aufgelegt.

Meine erste Reaktion war, dieses Arschloch erneut anzurufen. Ich wählte nochmals die Nummer, die ich auswendig kannte, weil es meine eigene war, drückte aber gerade noch rechtzeitig die Gabel nieder. »Ich bin kein Masochist«, brabbelte ich in der Kabine, die für Ferngespräche, nicht für Selbstgespräche errichtet worden war, »dieser Knallkopp hat meinen Anruf genossen, er wird mich nur noch mehr demütigen.« Im Augenblick war er eindeutig der Stärkere. Er lag entspannt auf meiner Roßhaarmatratze und sagte meiner Freundin, was sie tun solle, um ihn zu erfreuen, während ich allein und verkrampft in einer stinkenden Telefonzelle ausharrte.

Zumindest mußte ich mit dem Anruf warten, bis Sandra wieder zurück war. Aber in welcher Situation würde sie sich beim Klingeln des Telefons befinden? Höchstwahrscheinlich würde er sie nochmals ins Bett ziehen, um sie fürs Brötchenholen zu belohnen. Ich malte mir aus, wie er sie dazu brachte, ihm zu sagen, was er hören wollte:

»Gefällt es dir, mein bestes Stück? Sag, daß du es magst, du kleines Luder!«

»Es gefällt mir, ja, ich mag deinen Schwanz, ich mag ihn!«

»Und macht es dir Spaß, deinen Freund zu betrügen? Sag, daß es dir Spaß macht!«

»Ja, es gefällt mir!«, schreit sie, als sein Kolben in ihr auf volle Kraft voraus geht, »ich mag meinen Freund betrügen, es macht mir Spaß!«

In diesem Augenblick würde das Telefon neben ihrem/unserem Bett läuten, er würde abheben, ohne den Koitus zu unterbrechen, würde mich »Hallo? Hallo?« rufen hören und den Hörer an sie weiterreichen. »Für dich«, würde er sagen und sie weiter bearbeiten. »Ich werde dich jetzt fertigmachen, du Frettchen«, würde er ihr zuraunen, und sie würde den Hauch seiner Worte in ihrem Nacken spüren, »sag ihm, er kann dabei zuhören ...«

Meine Knie werden schwach, mein Magen wird zu einem harten Klumpen, so deutlich kann ich mir die Szene vorstellen, ich habe den Eindruck, daß ich mich übergeben muß in dieser übelriechenden Kabine, zitternd und mit großer Mühe gelingt es mir, die Tür zu öffnen, wanke ich zur Kirche, setze mich auf die Steinstufen, die zum Portal führen. Ich versuche, tief ein- und auszuatmen, sage mir, daß ich kein Kind mehr bin, sondern ein Mann mit ausgewachsenen Gehirnfunktionen. Vielleicht ist es ein früherer Klassenkamerad von ihr, der gerade in der Stadt ist, vielleicht stellt sich das Ganze als völlig harmlos heraus, und nur meine krankhafte Phantasie macht daraus ein Drama. Warum sollte sie ihn nicht zum Frühstück eingeladen haben, als er sie am Morgen anrief, ganz spontan – hätte sie es vorher gewußt, hätte sie mir bestimmt davon erzählt ...

Ich erinnere mich, daß ich mit diesen Zweifeln zu meinem Wagen ging, der Schlüssel fiel mir auf die Straße, ich schwankte, als ich ihn aufhob, jeder Polizist hätte mich für betrunken gehalten, doch es gab keinen Polizisten auf dem Dorfplatz. Im Grunde glaubte ich nicht an eine harmlose Erklärung, weil ich wußte, daß meine Freundin nicht harmlos war. Sie war ein Vulkan. Es war selten, daß Männer wagten, sie anzusprechen. Es erschien ihnen als aussichtslos, weil sie so verdammt gut aussah. Hätten sie gewußt, wie leicht es war, sie zu verführen, wenn man es geschickt anging.

Ich war 150 Kilometer von meiner Wohnung entfernt. Es gab damals auf der Strecke noch keine Autobahn. Auch bei schnellem Fahren würde ich drei Stunden benötigen, bis ich zu Hause war, und das wußte sie. Was in diesem Augenblick in meiner Wohnung geschah, war vielleicht schlimmer als meine schlimmsten Albträume, ich konnte hören, wie sie über meinen Anruf lachten und sich daran aufgeilten: »Mach mich fertig, bevor er zurückkommt, mach mit mir, was du willst!«
Nein, ich durfte nicht unentwegt daran denken! Wenn man eine Bergwand erklimmt, soll man auch nicht in den Abgrund schauen. Ich mußte mich auf die Straße konzentrieren. Schon ein kleiner Unfall würde mich weitere Stunden kosten: auf die Polizei warten, Papiere zeigen, Unfall schildern und geduldig zusehen, wie alles fotografiert und protokolliert wurde, wobei mir ständig bewußt wäre, daß jede verlorene Minute dem Lüstling zugute käme, der es mit meiner Freundin trieb.

Neunzig Minuten waren seit meinem Anruf vergangen, im Augenblick würden sie sich noch sicher fühlen und die verbleibende Zeit nutzen. In meinem Bett. Vielleicht inzwischen auf dem Teppich, damit sie sein Instrument noch intensiver spürte. Je näher sie mich wußten, desto aufregender würde das Kopulieren. Sie würden es bis zum letzten Augenblick ausdehnen. Vielleicht schaffte ich den Weg in zweieinhalb Stunden, vielleicht konnte ich sie überraschen. Die Ampel wurde rot, ich raste noch drüber, den Jungen auf dem Fahrrad hätte es fast erwischt. »Scheiße, Scheiße, nimm dich zusammen, du bist in keinem guten Zustand.«

Wir waren jetzt sechs Jahre zusammen. Ich war ihr erster Mann gewesen. Natürlich war mir klar, daß man ein Weib mit ihrem

Temperament nicht wegschließen konnte. Sie war inzwischen einige Male fremdgegangen, ich wußte nicht, wie oft, wir sagten uns nicht alles. Wir verachteten die ›absolute Offenheit‹ sogenannter ›moderner Paare‹, die sich schworen, nichts voreinander zu verbergen. Wir liebten uns, wir erfreuten uns unserer Freiheit, wir genossen das Abenteuer, uns vorübergehend vom Partner zu entfernen; ja sogar die Gefahr, einander zu verlieren, war ein Stimulans für unsere Leidenschaft, von der wir glaubten, daß sie uns in Augenblicken größter Lust mit dem Universum verband. Wir wollten Geheimnisse voreinander haben, und wenn einer dem anderen ein Abenteuer aufdeckte, so war das kein moralischer, sondern ein erotischer Akt.

Es gab Tage und Wochen, an denen ich anderen Frauen nachstieg, weniger aus einem sinnlichen Verlangen, mehr um mir zu beweisen, daß ich imstande war, sie umzulegen. Vanessa, die Frau eines meiner besten Freunde, hielt mir mein pubertäres Verhalten vor: »Du hast einen Tiger zu Hause«, sagte sie, »und gehst auf Hasenjagd.« Weil sie recht hatte, wurde ich so wütend, daß ich sie vögelte; monatelang konnte ich meinem Freund nicht mehr in die Augen schauen.

Im allgemeinen interessierte sich Sandra für meine Geschichten mit anderen Frauen nur dann, wenn diese uns gerade über den Weg liefen. Ich konnte kein Verhältnis vor ihr verbergen. Meist verriet mich schon die Art, wie ich die Frau begrüßte.

»Sagst du mir, ob du sie gefickt hast?«

Ich hatte einer großen, gutgebauten Frau zugenickt.

»Es ist nicht der Rede wert.«

»Du Schwein, diese Bohnenstange, warum hast du einen so schlechten Geschmack?«

»Findest du …? Au, du tust mir weh!«

»Ich werde nie mehr Achtung vor dir haben, du schwanzgesteuerter Neandertaler!«

Sandra fragte nie nach Einzelheiten meiner »läppischen Abenteuer« und signalisierte mir damit, wie sicher sie war, daß sie unter ihrem Niveau lagen.

Ich dagegen war begierig nach jedem Detail ihrer Eskapaden, selbst wenn es sich, wie sie versicherte, nur um flüchtige Begegnungen handelte. Bei ihren Geständnissen kamen neue Züge ihres Charakters zum Vorschein, Eigenschaften, die ich nie an ihr vermutet hätte. Es war, als verwandle jeder Mann, der sie berührte, Sandra wieder in ein mir unbekanntes Wesen.

»Gibt es irgendeinen Liebhaber, von dem du mir nie etwas erzählt hast?« fragte ich sie eines Nachts, als sie unter mir auf der Roßhaarmatratze lag.

»Du kennst alle meine Sünden«, flüsterte sie, »ich habe dir jede einzelne gebeichtet, auch die ganz kleinen, völlig unwichtigen. ... Mach weiter«, spornte sie mich an, da mein Glied in ihr zum Stillstand kam.

»Vielleicht gibt es ein Erlebnis, das du mir nie anvertrauen wolltest, weil du mich dabei auf besonders perfide Weise hintergangen hast.«

»Ich bin nicht perfide, ich bin lebensfroh.« Sie wand sich unter mir wie eine Bauchtänzerin.

»Ganz ruhig, kleine Bestie.« Ich drückte ihren Unterleib mit beiden Händen auf die Matratze. Da ich fast sicher war, daß sie mir einige ihrer Abenteuer vorenthielt, mußte ich zu diesen erpresserischen Methoden greifen.

»Barbar!« rief sie. »Schuft! Du hast keine Liebeskultur!«

»Nicht soviel wie deine Verehrer.« Wir keuchten beide. Sie, weil sie sich unter mir bewegen wollte, ich, weil ich versuchte, sie daran zu hindern.

»Es ist eine so dumme Geschichte«, platzte sie schließlich heraus.

»Sieh mal an«, sagte ich, »erzähl sie mir trotzdem.«

Sie schlang ihre Arme um meinen Hals.

»Versprich, daß du nicht böse sein wirst«, flüsterte sie.

»Ist es so schlimm?«
»Wie ich dich kenne, wirst du mich verhauen«, jammerte sie.
»Das behalt' ich mir vor.« Ich entzog ihr mein bestes Stück und legte mich auf den Rücken. Sie war blitzschnell auf mir, doch ich umfaßte meinen Phallus mit einer Hand und gab nicht mehr als ein Drittel davon frei.

»In Lissabon«, begann sie und war nicht sehr zufrieden mit diesem Arrangement, »als du deinen Bekannten im Aufzug getroffen hast und ihr habt euch umarmt und mit viel Hallo begrüßt, da hat mir ein Finne, der neben mir stand, seine Hand auf den Rücken gelegt und mich gestreichelt.«

»Woher weißt du, daß es ein Finne war?« fragte ich etwas heftiger als nötig.

»Als ihr dann so lange rumgequatscht habt, hab' ich dir den Zimmerschlüssel aus der Hand genommen. Der Finne ist mir gefolgt.«

Ich betrachtete den Traumkörper über mir und sagte mir, daß ihn wahrscheinlich ein weiterer Mann besessen hatte, von dem ich bislang nichts gewußt hatte. Ich schluckte:

»Und?« fragte ich.

»Er hat mir seinen Schlüssel gezeigt und gesagt, er lasse die Tür offen.«

»Was hat er noch gesagt?«

»Nichts.«

»Vielleicht, daß er dich wunderschön findet, daß er verrückt nach dir ist?«

»Dann hätte ich ihn nicht besucht. Es wäre mir zu kitschig gewesen.«

»Wann bist du zu ihm gegangen?«

»Nachdem du dich ruck, zuck in mir befriedigt hattest und eingeschlafen warst.«

»Du hast meinen Beischlaf gerade noch über dich ergehen lassen, in Gedanken schon beim nächsten?«

»Ich wußte, daß du sauer wirst.«
»Entschuldige, ist schon okay, sag mir die bittere Wahrheit ... du hast also gewartet, bis ich eingeschlafen war?«
Aber sie schmollte noch.
»Bis du geschnarcht hast«, präzisierte sie.
»Danke.«
»Du hattest zuviel gegessen und getrunken.«
»Entschuldige bitte noch im nachhinein.«
Um sie wieder zu versöhnen, löste ich den Griff, mit dem ich meinen Liebesknochen umfaßt hielt. Sogleich dehnte sie ihr Revier aus.
»Und dann?« fragte ich.
»Habe ich ein Bad genommen.«
»Um mein Sperma abzuwaschen.«
»Er war mir völlig fremd«, ereiferte sie sich, »ich konnte schlecht wie eine Schlampe bei ihm aufkreuzen!«
»Du hast dich also sauber und nach Badeölen duftend zu ihm aufgemacht.«
Sie bestätigte es mit einem Lächeln.
»Ich habe die Tür zu seinem Zimmer vorsichtig aufgedrückt. Ich war nicht ganz sicher, ob ich mir die richtige Nummer gemerkt hatte. Drinnen war es finster. Ich wollte weder Licht machen noch im Dunkeln weiter in den Raum vordringen. So stand ich vielleicht eine Minute reglos da. Dann leuchtete eine Nachttischlampe auf. Er lag nackt auf dem Bett. Mein Blick blieb an seinem ziemlich dicken Prügel hängen, der obszön von ihm abstand. Spöttisch fragte er, ob er mich auch betrachten dürfe. Ich ließ meinen Regenmantel fallen – ich hatte sonst nichts an – und drehte mich langsam um mich selbst, so daß er meine Schultern und meine Hüften, meinen Rücken und meinen Hintern, meine Brüste und meine Scham begutachten konnte. Als ich mich ihm wieder zuwandte, ist er aufgestanden, zu mir hergekommen und hat mich genommen.«
»Einfach so?«
»Wir hatten beide große Lust«, sagte sie.

»Verrätst du mir, wie er dich genommen hat?«
»Willst du es wirklich hören? Es ist alles so banal.«
»Für mich nicht«, sagte ich und küßte sie auf die Stirn.
»Sein Bett hatte so ein Messing-Fußteil. Daran habe ich mich festgehalten.«
»Ihr habt es im Stehen gemacht?«
Sie nickte.
»Beim ersten Mal schon.«
»Und beim zweiten?« Ich versuchte, meiner Stimme einen normalen Klang zu geben.
»Da hat er mich aufs Bett geschmissen und meine Beine hochgezogen.«
»Auf seine Schultern?«
»Anfangs auf seine, dann auf meine. Ich glaube, man nennt die Stellung »das Klappmesser.«
Sie lachte.
»Hat dir das gefallen?«
»Ich habe mich geniert, weil ich so laut war, es war doch schon spät am Abend. Ich hatte den Eindruck, das ganze Hotel müßte mich hören.«
»Bist du die ganze Nacht bei ihm geblieben?«
»Ein paar Stunden. Dann hat er mir einen Klaps gegeben und gesagt: ›Du mußt zu deinem Verlobten.‹«
»Und als du zurückgekommen bist?«
»Hab' ich mich neben dich gelegt und dich umarmt.«
»So wie du aus seinem Bett gekommen bist?«
»Du warst ja kein Fremder für mich. Und ich war sicher, daß du nichts merken würdest.« Sie schloß die Augen und bewegte sich immer heftiger auf mir.

»Jetzt ist es deine Geschichte, und ich kann sie vergessen«, murmelte sie. Ich griff in ihre Haare.
»Wirst du mich eines Tages auch vergessen?«
»Du bist keine Geschichte, du bist das Leben«, stieß sie hervor, »aber du mußt dich um mich kümmern.«

Als ich endlich mit dem Wagen in unsere Straße einbog, mußte ich an diesen Satz denken. Jede Frau trifft irgendwann auf ihren Idealmann, der sie alles Frühere vergessen läßt. War es heute Nacht passiert? War der neue Mann in unserem Bett inzwischen ihr Leben und ich Geschichte? Sie hatte sich doch schon einigen Männern hingegeben, seit wir zusammen waren. Warum war ich diesmal so mit den Nerven runter?

Wir hatten uns gegenseitig unserer Liebe versichert. Doch konnten wir darauf bauen? Ich dachte an meine ersten Erfahrungen mit dem anderen Geschlecht. Ich war damals fünf Jahre alt. Roswita, das Nachbarmädchen, besaß eine Wippe, die ihr Vater für sie gebaut hatte. Es war ein herrliches Gefühl, uns abwechselnd vom Boden bis in luftige ein Meter fünfzig zu erheben – nur durfte derjenige, der sich gerade unten befand, die Wippe nicht verlassen, da der oben Sitzende sonst unsanft zu Boden krachte. Bevor wir auf die Wippe stiegen, haben wir uns stets zugesichert, dem anderen diese Gemeinheit nicht anzutun, da er unser bester, liebster, einziger Freund sei. Doch immer wieder haben wir das feierliche Versprechen gebrochen, da wir dem Vergnügen nicht widerstehen konnten, den anderen unsere Macht spüren zu lassen, sobald er in unserer Hand war; hauptsächlich aber wegen der Befürchtung, er könnte uns zuvorkommen.

Wie durch ein Wunder fand ich einen Parkplatz fast genau gegenüber dem Neubau, in dessen dritter Etage wir wohnten. Durch die Seitenscheibe sah ich direkt auf die Haustür. Doch um zu den Fenstern des dritten Stockes hochzusehen, hätte ich die Scheibe runterkurbeln müssen. Das wollte ich vermeiden, um nicht entdeckt zu werden. Vielleicht würde sie sich vergewissern, daß die Luft rein war, bevor sie ihren Liebhaber verabschiedete.

»Warum willst du nicht, daß ich ihm begegne? Er weiß doch nicht, wo ich herkomme.«

»Aber er kann sich's denken.«

»Und was nützt ihm der Verdacht? ... Hey, Moment mal, hast

du gerade meine Freundin gebumst? Woher soll ich wissen, wer deine Freundin ist? Trägt sie vielleicht ein Medaillon an ihrer Pussi mit deinem Bild drauf ...?«

Zwei Stunden 45 Minuten waren seit meinem Telefongespräch mit ihrem Liebhaber vergangen. Während der Fahrt hatte ich mir fest vorgenommen, sofort nach meiner Ankunft ins Haus zu stürmen, die Treppen hochzujagen (der Aufzug war noch nicht in Betrieb), kurz zu verschnaufen und möglichst lautlos die Tür zu öffnen ... Aber jetzt, als ich im Wagen vor dem Haus saß, fiel mir der erste Schwachpunkt meiner Strategie ein: An der Wohnungstür gab es eine Sicherheitskette, die man von innen vorlegen, aber von außen nicht entfernen konnte – das war ja ihr Sinn. Warum war mir das vorher nicht eingefallen? Weil Sandra kein Mädchen war, das eine Sicherheitskette vorlegen würde, um ihr sündiges Tun vor Überraschungen zu schützen. Aber er?

Ein Kind läutete an der Haustür. Ich öffnete die Fensterscheibe einen Spaltbreit und konnte die Stimme eines zweiten Kindes in der Gegensprechanlage hören. Dann summte der elektrische Türöffner. Wahrscheinlich Besuch für die Familie vom ersten Stock.

Es war nicht nur die Sicherheitskette, die mich zögern ließ. Denn auch bei geschlossener Kette könnte ich die Tür zirka zehn Zentimeter öffnen und danach alles, was in der Wohnung geschah, sehr viel besser belauschen, mich wegschleichen, wenn sie zum Höhepunkt kamen, und dabei die Tür offenlassen ...»Er war da, er hat alles mit angehört«, würde sie sagen,»laß mich, ich muß nach ihm suchen, ich wollte ihm nicht weh tun ...«

Es waren reizvolle Gedanken, aber ich rührte mich nicht, weil ich fürchtete, ein solches Szenario nicht durchzustehen. Wahrscheinlich würde ich Sturm läuten, wenn ich hörte, wie er sie in meinem Bett bearbeitete.

»Aufmachen. Ich will, daß ihr aufmacht. Ihr habt mich aus meiner eigenen Wohnung ausgesperrt! Das laß ich mir nicht bieten!«

Und er: »Moment ich bin gleich da, ich zieh' mir nur noch 'ne Hose an, he, Mann, nicht so ungeduldig. Wenn Sie so rumschreien, fühle ich mich echt bedroht. Ich ruf' besser die Polizei, bevor ich die Kette losmache.«

Ein junger Mann kam aus der Haustür, ich kannte ihn, er wohnte über uns, ein Graphiker. Er wird doch nicht ... jemand hatte mir gesagt, daß er schwul sei. Er blieb kurz unter der Tür stehen. Ich stieg aus und ging über die Straße zum Haus. »Oh, Entschuldigung«, sagte er, da die Haustür gerade zuschnappte, als ich sie erreichte. Er öffnete mir wieder.

»Vielen Dank.«

»Nichts zu danken.«

Ich stand jetzt im Haus, schloß den Briefkasten auf, den sie offensichtlich nicht geleert hatte, der Menge der Post nach auch am Vortag nicht. Das hieß, sie hatte das Haus gestern verlassen, hatte die Post beim Zurückkommen mitnehmen wollen und es vergessen, weil sie den Kerl dabeihatte. Ich nahm Briefe und Werbung raus, stopfte dann alles wieder rein. Es ging jetzt nicht um meine Post. Entschlossen stieg ich die ersten Stufen hoch, als ich ein Geräusch hörte. Im Treppenhaus konnte ich mich nirgends verstecken. Hastig machte ich kehrt und lief zur Kellertür, dem einzigen Winkel, den man von Haustür und Treppenhaus nicht einsehen konnte. Dann erkannte ich die alte Dame aus der zweiten Etage an ihrem Stock; ganz langsam, Stufe für Stufe, kam sie nach unten. Ich hielt den Atem an, als sie an mir vorbeiging. Mein Herzschlag war so laut, daß ich fürchtete, sie würde sich nach mir umdrehen, sobald sie auf meiner Höhe war. Sie hätte nicht verstanden, warum ich mich in meinem eigenen Wohnhaus wie ein Dieb an die Wand drückte.

»Was ist das für ein Lebenswandel, der zu einem solchen Verhalten führt?« würde sie fragen. »Verstecken Sie sich vor Gott? Wollen Sie Ihren Bruder erschlagen wegen eines Linsengerichts?«

»Fest steht, daß Sie die alte Dame so erschreckt haben, daß sie

einen gellenden Schrei ausstieß, im Weglaufen auf den Steinfliesen ausrutschte und an den Folgen des Sturzes verstorben ist. Ich verlange eine plausible Erklärung, warum Sie in diesem finsteren Treppenwinkel auf der Lauer lagen!«
»Ich wollte meine Liebste nicht verlieren, Herr Richter.«
»Verehelicht seit ...? Gar nicht ...? Schreiben Sie: In wilder Ehe lebend ...! Grund für Ihre Befürchtungen ...?«
»In meiner Abwesenheit waren fremde Truppen in das Haus eingedrungen und hatten sich in meiner Wohnung verschanzt.«

Zuerst zögernd, dann immer schneller begann ich erneut die Stufen zum dritten Stock hinaufzugehen. Ich war der Soldat, der im Krieg ein Gebäude sichert, hinter jeder Tür kann der Tod lauern. Alles hatte ich gelernt während meiner Ausbildung, das Auftreten der Türen, das Werfen von Handgranaten, das Aufpflanzen des Bajonetts – warum konnte ich trotzdem die nervösen Schluckbewegungen nicht verhindern, das angstvolle Atemholen, den Krampf im Magen, jetzt, wo aus der Übung Realität geworden war?

Die Berichte Sandras über ihre Begegnungen mit Männern hatten mich immer erregt, manchmal verletzt, aber nie geängstigt. Wahrscheinlich, weil mein Unterbewußtsein immer ein kleines Türchen für mich offenhielt. Zwar bestand kaum ein Zweifel daran, daß diese Begegnungen tatsächlich stattgefunden hatten, doch mochte ein Gutteil ihrer Schilderungen Ausschmückung sein, die mich in ihren Bann ziehen sollten. Ihre Beichten wären dann wohl mehr das Eingeständnis ihrer Lust auf einen Mann gewesen, an dem sie vielleicht ihren Körper beim Tanzen gerieben hatte, bis sie seine Erektion spürte, dessen Hände sie dabei auf ihrem Hintern geduldet hatte und dem sie sich später in Gedanken hingab, während sie neben mir lag und nicht einschlafen konnte, weil ich wieder mal schnarchte. Der Kerl aber, der heute morgen in meiner Wohnung das Telefon abgenommen hatte, war unzweifelhaft Realität. Die erste Feindberührung hatte stattgefunden. Es blieb wenig Raum mehr für Verdrängungen. Er hatte den Namen meiner Freundin genannt:»Wenn Sie Sandra sprechen wollen, sie holt mir gerade Brötchen.« Daß er im Bett lag, war eindeutig an der Akustik zu hören gewesen.

Ich lauschte durch den Briefkastenschlitz, konnte aber nichts hören. Ich verschnaufte noch ein wenig, bis ich merkte, daß mein Herzklopfen nicht ab-, sondern zunahm. Wie sollte ich ihnen gegenübertreten? Ich durfte keine klägliche Figur abgeben. Nicht ausrasten und Sandra dadurch völlig verlieren. Was tun, wenn sie schlafend im Bett lagen? Kaltes Wasser über sie schütten? Wäre kindisch. Mit ganz normaler Stimme sagen: Guten Morgen, ihr solltet euch jetzt anziehen, es ist spät?

Vielleicht wäre es unklug zu verlangen, daß sich beide anziehen; ich mußte vermeiden, daß sie ihrem Geliebten folgte ... Also mehr die britische Art: Decke wegziehen, ihn mit einem Stöckchen antippen:»Ich wäre Ihnen verbunden, wenn Sie sich anziehen und mein Haus verlassen würden.« Mich nebenan an den Tisch setzen und meine Post öffnen, ohne den Eindringling nochmals eines Blikkes zu würdigen. Die Idee gefiel mir so gut, daß ich wieder treppab lief, dem Briefkasten zum zweiten Mal meine Post entnahm und nun leichter und beflügelter – drei Stufen auf einmal nehmend – nach oben eilte. Ohne zu zögern, jedoch möglichst geräuschlos, schloß ich die Tür auf und drückte vorsichtig dagegen. Es lag keine Kette vor. Auch vernahm ich aus dem Schlafzimmer keine Bumsgeräusche.

Ich schlich in die Küche. Dort stand seit meinem letzten Geburtstag eine Topfpflanze, die an einem Bambusstöckchen Halt fand. Ich zog es heraus und bemerkte jetzt erst die Reste des Frühstücks auf dem Küchentisch: zwei Teller, zwei Tassen, sie hatte sich nicht einmal die Mühe gemacht, etwas zu verbergen, ein ganzes und ein angebissenes Brötchen, aha, in einem Eierbecher die Schale eines Frühstückseies. Ich wußte, daß sie kein Ei zum

Frühstück aß, und sie wußte, daß ich es wußte. Alles stand auf einem Tablett und deutete darauf hin, daß sie das Frühstück im Bett eingenommen hatten. Ohne auf die knarrenden Dielen zu achten, ging ich rasch mit meinem Bambusstöckchen durch das Wohnzimmer, dessen Tür offenstand, zum Schlafzimmer. Es war leer. Wo war Sandra?

So erleichtert ich für einige Augenblicke war, daß die peinliche Konfrontation nicht stattfand, so wütend war ich über ihre Abwesenheit. Sie hätte sich doch denken können, daß ich sofort zurückkommen würde, sobald ich durch die Ungeschicklichkeit oder Frechheit ihres Galans über dessen Anwesenheit in unserer Wohnung Bescheid wußte; daß er Sandra von meinem Anruf unterrichtet hatte, hielt ich für ausgemacht, da er mein hilfloses Verhalten offensichtlich genossen hatte. Ich betrachtete das zerwühlte Bett, schnüffelte an den Bettlaken, roch ihr Parfüm, ihren Körper – und bildete mir ein, daß ich auch seinen Geruch wahrnahm. Fieberhaft durchsuchte ich den Ort der Sünde, fand eine Menge Krümel, wohl vom Frühstück, sowie Haare. Schamhaare! Den Gürtel meines Bademantels. Hatte er den angehabt? Oder sie mit dem Gürtel gefesselt? Das mochte sie ab und zu. Ich war überzeugt davon, daß sie es mit dem Kerl ganz hemmungslos getrieben hatte. Im Spalt zwischen Wand und Matratze entdeckte ich ein winziges Adreßbuch mit Namen und Telefonnummern. Ich nahm es an mich und achtete auf eventuelle Geräusche eines Schlüssels in der Wohnungstür. Sie sollten mich nicht auf allen vieren überraschen.

Das Schlimmste war, daß ich nicht wußte, wann sie wiederkommen würde – es konnte in den nächsten Minuten sein oder in einigen Stunden, vielleicht sogar erst nach Tagen – und daß ich nichts tun konnte als warten, an einem Ort, an dem sie sich die letzten zehn bis zwölf Stunden mit einem anderen Mann vergnügt hatte. Schon jetzt wäre ich nicht mehr in der Lage gewesen, ein Buch zu lesen oder einer Fernsehsendung zu folgen. Alles, was meine Gedanken von ihr ablenkte, bereitete mir Übelkeit. Ein Dämon zwang mich, mir unentwegt auszumalen, was geschehen war. In einigen Stunden würde ich mit meinen Nerven völlig am Ende sein.

Natürlich hätte ich der schmerzhaften Passivität entrinnen können, indem ich mich aufmachte und in unseren üblichen Kneipen nach ihr suchte.

»Kannst du mir sagen, wo Sandra ist?«
»Ist heute nicht aufgetaucht ...«
»Hallo, habt ihr Sandra gesehen?«
»Die ist eben losgezogen mit einem Typen. Habt ihr euch verkracht?«
»In welche Richtung?«
»Ich glaube, da runter ... Mann, der hat's eilig!«

Und was sollte ich tun, wenn ich sie gestellt hatte? Ihr eine Szene auf der Straße machen? »Komm sofort nach Hause!« Und wenn sie nicht mitkam?

Plötzlich traf mich der schreckliche Gedanke, sie könnte mich bereits verlassen haben. Ich sah nach. Im Flur hing noch einer ihrer Mäntel. Ich riß Schränke und Kommoden auf. Kleider und Wäsche waren vorhanden, wenn es mir auch so vorkam, als seien es nicht mehr alle ihre Sachen. Vielleicht würde sie in ein paar Tagen vorbeikommen, um ihren restlichen Besitz abzuholen, in Begleitung ihres neuen Freundes und Beschützers. Ich wäre zu diesem Zeitpunkt nur noch ein Wrack und würde ihr eine unwürdige Szene machen, sie anschreien wie ein Hysteriker oder sie auf Knien anflehen, bei mir zu bleiben. »Faß sie nicht an!« würde ihr Geliebter mich anherrschen, wie man einen bellenden Hund zurechtweist ...

Ich durfte es auf keinen Fall so weit kommen lassen, ich mußte vorher verschwinden. Heute abend sei ich zurück, hatte ich ihr gestern mitgeteilt. Wenn sie bis Mitternacht nicht zurück wäre – das schwor ich mir –, würde ich eine dreiwöchige Reise antreten. Ab 23 Uhr würde ich beginnen, die Koffer zu packen. Punkt Mitternacht würde ich aus der Wohnung gehen, ohne ihr eine Nachricht zu hinterlassen. Wenn sie dagegen, sagen wir, innerhalb einer Stunde zurückkäme, wollte ich ihr alles verzeihen. Auch dies nahm ich mir fest vor. Die Fixierung auf ein Programm verbesserte meinen Zustand ein wenig. Ich setzte mich mit dem Adreßbuch ihres Liebhabers an den Tisch und blätterte es durch. Es enthielt vor allem Namen und Telefonnummern von Frauen, von denen er oft nur den Vornamen notiert hatte. Sandra tauchte nicht darin auf. Das erhöhte die Wahrscheinlichkeit, daß sich die beiden erst gestern kennengelernt hatten.

Dann hörte ich plötzlich, wie die Wohnungstür aufgeschlossen wurde. Mein Herz geriet außer Kontrolle. Ich steckte das Adreßbuch ein und vertiefte mich in meine Post. Ich schaute auf die Uhr. Vierzig Minuten waren seit meiner Ankunft vergangen.

Sie war allein und schien erfreut, mich zu sehen. »Hallo«, sagte sie fröhlich, »bist du schon zurück?« Sie wollte mich küssen, doch ich stand auf und hielt sie mit gestreckten Armen an beiden Schultern. Ich betrachtete sie von oben bis unten. So also sah sie aus, nachdem ein Macker es ihr viele Stunden lang besorgt hatte. Sie sah gut aus, das mußte ich ihr lassen, etwas geschafft, aber glücklich. Wie eine Sportlerin nach einem gewonnenen Wettkampf.

»Wo warst du?« fragte ich.
»Einen Kaffee trinken.«
»Alleine?«
»Mit so einem Typen«, sagte sie so leichthin wie möglich.
»Kenn' ich ihn?« fragte ich. Sie schüttelte den Kopf.
Ich zog sie an mich und küßte sie auf die Wange. Dabei fragte ich: »Was hast du vorher gemacht?«
»Vor was?«

»Vor dem Kaffeetrinken?«
»Da war ich hier.«
»Allein?«
»Nein, mit diesem Typen.«
Ich ließ sie los und setzte mich wieder an den Tisch.
»Wärst du so nett, das Bett zu machen? Ich habe kaum geschlafen.«
»Natürlich«, sagte sie und begann, die Kissen aufzuschütteln.
»Würde es dir etwas ausmachen, es frisch zu beziehen?« fragte ich ebenfalls so leichthin wie möglich. Sie holte Bettwäsche aus der Kommode und machte sich ans Werk.
»Es ist nicht, wie du denkst«, sagte sie. Ich zog es vor, nicht zu antworten, zog mich aus und legte mich in die frischen Laken. Sie kam zum Bett und sah verführerisch lächelnd zu mir herunter.
»Was glaubst du denn, daß ich denke?« fragte ich.
»Daß wir die ganze Nacht gefickt haben.«
»Und, stimmt das nicht?«
Sie entledigte sich des Fetzchens Kleid, das sie auf dem Leib trug, und streifte ihren Slip ab.
»Ich habe Lust auf dich«, sagte sie und kam zu mir ins Bett. Ich lag stocksteif da. So leicht wollte ich es ihr nicht machen. Als sie ihren Kopf unter die Bettdecke steckte, legte ich beide Hände schützend um mein Geschlecht. Wie ein Schlangenmensch wand sie sich weiter nach unten, nahm einen meiner Füße in die Hand, als wäre er etwas ganz Kostbares, und berührte ihn überall mit ihrer Zunge.
»Es war nicht wichtig«, erklärte sie.
»Aber schön!« präzisierte ich. »Kaum bin ich aus dem Haus, holst du dir einen anderen.«
Sie begann, sich langsam nach oben zu küssen. »Ich habe nur einen Mann gebraucht«, schnurrte sie mit ihrer Wildkatzenstimme, »es war rein sexuell.«
Ich tat so, als sei mein Körper immun gegen ihre Verführungskünste, aber immer mehr Blut staute sich in meinem Penis.

»Jemand quatscht dich an, und du schleppst ihn gleich zu uns in die Wohnung?«
»Zuerst sind wir tanzen gegangen«, korrigierte sie mich. Ihre Zunge war angekommen, wo sie hinwollte, sie nahm mir das gute Stück vorsichtig aus den Händen und bedeckte es mit Speichel.
»Warum seid ihr nicht zu ihm gegangen?« insistierte ich.
»Das ging nicht, seine Frau war zu Hause.«
Ohne mich zu berühren, schwang sie sich über mich und nahm mein Glied langsam in sich auf.
»Du verdorbenes kleines Ficktier!« schimpfte ich, um nicht klein beizugeben, und schloß die Augen. Ich hörte ihr spöttisches Lachen.
»Manchmal bin ich wie du«, sagte sie fröhlich, »nicht schwanzgesteuert, aber muschigesteuert.«

Nicht nur, daß sie es die ganze Nacht getrieben hatte, sie machte sich auch noch über mich lustig. Wütend hielt ich ihre Arme mit einer Hand auf ihrem Rücken fest und scheuerte ihr mit der anderen eine links und eine rechts. Sie ließ sich auf mich gleiten, um den Schlägen zu entgehen. Ich riß sie an den Haaren hoch und beutelte ihre Brüste. Sie begann wie rasend zu ficken.
»Du liederliches Weib«, schrie ich, »ich kann dich doch nicht ständig bewachen!«

Damit hätte ich es bewenden lassen sollen. Aber meine Emotionen waren zu lange im roten Bereich gewesen. Mein Körper entspannte sich, nachdem ich in ihr explodiert war. Aber mein Geist kreiste weiter um die Vorstellung, was er mit ihr gemacht hatte und wie sie ihm zu Willen gewesen war. Ich wollte alles wissen, wie oft und wie lange und auf welche Weise.
»Habt ihr sofort gefickt, als ihr in die Wohnung gekommen seid?«
»Er hat mich gleich unten an der Kellertür genommen.« Ich schluckte.

»Hat er dir das Höschen runtergezogen oder hast du es selbst gemacht?«

»Das hat er schon in der Disco haben wollen, als Mutprobe. Ich hab' es auf der Toilette abgestreift und ihm beim Tanzen zugesteckt.«

»Und hast ohne was drunter mit ihm getanzt?«

Sie lachte, als sie sich daran erinnerte:

»Das hat ihn ganz schön spitz gemacht.«

»Woran hast du das gemerkt?« wollte ich wissen.

»Das kannst du dir doch denken ...« Sie tat, als ob sie schmollte. »Ich war dabei, ihn zu vergessen, jetzt wühlst du alles wieder auf.«

»Nein. Du willst die intimsten Dinge für dich behalten.«

»Ich bin nur müde.«

»Kein Wunder.«

Sie erhob sich abrupt aus dem Bett.

»Ich finde es unfair, daß du so auf mir herumhackst. Du tust immer so fortschrittlich. Anscheinend gilt das nur für deine Affären.«

Sie verschwand im Badezimmer und knallte die Tür zu. Mit einem Schlag hatte sie mich meiner Opferrolle beraubt. Sehr gekonnt, als hätte sie einen Kursus besucht: »Wie ziehe ich mich aus der Schlinge?«

Als sie wiederkam, hatte sie ihr Kostüm an.

»Gehst du aus?« fragte ich ungläubig.

»Das hab' ich dir schon vor Tagen gesagt. Gabrieles Krankenschwester-Diplom.«

»Ah ja.«

»Wenn du willst, sag' ich ab. Du kannst aber auch mitkommen. Es ist allerdings ein Weiberabend.«

»Nein, danke«, sagte ich gequält.

Sie beugte sich in ihrem schicken Outfit zu mir runter und küßte mich kurz, aber nett.

»Ich bin bald wieder da, ich verspreche es.«

In meiner verschwitzten Nacktheit kam ich mir armselig vor. Ich weiß noch, daß ich lange rätselte, was sie überhaupt an mir attraktiv finden konnte. Irgendwann schlief ich ein, und irgendwann gegen Morgen kuschelte sie sich an mich.
»War's schön?« fragte ich verschlafen.
»Ach, du weißt ja ...« sagte sie ausweichend. Nach einer Weile fügte sie hinzu »Es war ganz nett.«
Tatsächlich war es mehr als nett gewesen. Aber das wußte ich noch nicht und hätte es wahrscheinlich nie erfahren, wenn sich ihre Freundin Gabriele nicht eines Tages verplappert hätte.

Ich war damals als freier Hörfunkautor für die Kulturabteilung des öffentlichen Rundfunks tätig – private Sender gab es noch nicht – und hatte vor ein paar Monaten ein wenig Aufsehen erregt durch einen Beitrag, in dem alte Menschen Gedichte aufsagen, die sie seit einem halben Jahrhundert im Gedächtnis bewahrt haben. Meine Großmutter hatte mich auf die Idee gebracht. Sie kam aus sehr einfachen Verhältnissen, konnte jedoch ihr Leben lang eine ganze Reihe von Gedichten aufsagen, die ihr der Lehrer in der Volksschule beigebracht hatte. Unter Zuhilfenahme des Rohrstocks? Ich halte es für wahrscheinlich, daß er sie ihr zuweilen eingebleut hat. Noch heute kann ich an diese Gedichte nicht denken, ohne daß sie mit der anrührenden Ausdrucksweise meiner Großmutter verschmelzen, die laienhaft war, aber zugleich zu etwas Endgültigem überhöht wurde, durch die Langzeitspeicherung in ihrem Gedächtnis.

Durch Nachfragen bei Bekannten stöberte ich Frau Minde auf, die sich ebenfalls an Gedichte ihrer Jugendzeit erinnerte. Ich sprach in Altersheimen vor, um noch eine dritte Oma zu finden, mußte jedoch feststellen, daß es mit dem Gedächtnis der Alten rapide bergab ging, sobald sie erst mal aus ihrem gewohnten sozialen Umfeld gerissen und in einer sozialen Einrichtung geparkt worden waren. Fast unverhofft wurde ich dann doch noch fündig, als mich eine ältere Dame aus dem Nachbarhaus fragte, ob ich ihre Katze gesehen hätte. Sie hieß Wesseling.

Zusammen barg das Gedächtnis der drei Großmütter einen Schatz von etwa vierzig verschiedenen Gedichten, meist Balladen, aber auch einigen Liedern von Liebe, Sehnsucht und Tod. Nikolaus Lenau war darunter und Emanuel Geibel, Johann Wolfgang Goethe, Friedrich Rückert, Friedrich Hebbel und Friedrich Schiller, Ferdinand Freiligrath, Eduard Mörike, Matthias Claudius, Ludwig Uhland, Joseph von Eichendorff, Theodor Storm und Theodor Fontane.

Ich engagierte einige Kinder, die die Großmütter zum Vortragen der Gedichte animieren und das Geschehen kommentieren sollten, ähnlich dem Chor in den griechischen Dramen.

»Ihr sollt jetzt schlafen, schlafen sollt ihr«, forderte meine Großmutter ihre fiktiven Enkel auf.

»Nur noch ›Des Sängers Fluch‹, bitte Oma, ›Des Sängers Fluch‹«, bettelten die Enkel. Und die Oma hub an:

»Es stand in alten Zeiten ein Schloß, so hoch und hehr,
Weit glänzt es über die Lande bis an das blaue Meer ...«

»Jetzt kommt der König, der böse König«, flüsterten die Kinder. Sie schauderten. Und die dünne Stimme meiner Großmutter fuhr fort:

»Dort saß ein stolzer König, an Land und Siegen reich,
Er saß auf seinem Throne so finster und so bleich;
Denn was er sinnt ist Schrecken, und was er blickt ist Wut,
Und was er spricht ist Geißel, und was er schreibt ...«

»... ist Blut«, unterstützten die Kinder die Großmutter mit ihren tiefsten Stimmen.

»Ihr mögt euch gerne gruseln?« fragte eine andere Großmutter.
»Jaaaahh!« seufzten ihre Enkel. Und die Großmutter begann:
»Vom Berge, was kommt dort um Mitternacht spät
Mit Fackeln so prächtig herunter?

Ob das wohl zum Tanze, zum Feste noch geht?
Mir klingen die Lieder so munter.«
»Oh nein!« rufen die Kinder. Und ein kleines Mädchen fragt in die Stille:
»So sage, was mag es wohl sein?«
»Das, was du da siehst, ist Totengeleit,
Und was du da hörest, sind Klagen,
Dem König, dem Zauberer gilt es zu Leid,
Sie bringen ihn wieder getragen.«
»Oh weh!« rufen die Kinder.
Und das kleine Mädchen flüstert:
»Sie sind es, die Geister vom See.«
»Oma?« fragt ein anderer kleiner Junge die dritte alte Dame, »Weißt du, was ich mir wünsche?«
»Was denn, mein Liebling?«
»Ich sag' es dir ins Ohr.« Wir hören ihn ganz nahe am Mikrofon flüstern: »Das mit dem Posthorn.«
»Sehnsucht«, sagt die rauhe Stimme von Frau Wesseling. Sie hüstelt. Dann beginnt sie:
»Es schimmern so golden die Sterne,
Am Fenster ich einsam stand
Und hörte aus weiter Ferne
Ein Posthorn im stillen Land.«
»Ich hör' es«, flüstert der Junge, und wir hören es in der Ferne.
»Das Herz mir im Leibe entbrennte,
Da hab' ich mir heimlich gedacht:
Ach, wer da mitreisen könnte
In der prächtigen Sommernacht! ...«
Die Oma hält inne, weil der Junge im Schlaf aufseufzt.
Sehr weit weg hören wir das Posthorn.
»Ich will auch mitreisen«, murmelt der Junge.

Ich engagierte das Ehepaar, das über mir wohnte und sich oft heftig zankte. Sie sollten sich vor dem Mikro ordentlich streiten.

»Warum gerade wir?« fragten sie. Aber sie machten es prima. »Jetzt reicht's, ich halt das nicht mehr aus!« Das Gebrüll des Vaters. Kaffeetassen werden vom Tisch gefegt und Besteck. Ein Klirren und Zerplatzen.
»Dann hau doch ab«, kreischt die Mutter, »befreie uns von deiner Gegenwart!«
»Oma?« Nah am Mikrofon kuscheln sich die Kinder an sie.
»Warum schreien sie so laut?«
Im Hintergrund hört man die Eltern:
»Wenn ich jetzt durch die Tür gehe, dann für immer!«
»Dann tu's doch endlich! Auf was wartest du?«
»Papa geht fort«, flüstert eine Vierjährige schluchzend. Ihre Großmutter sagt feierlich:
»Wenn sich zwei Herzen scheiden,
Die sich dereinst geliebt,
Das ist ein großes Leiden
Wie's größeres nimmer gibt.«
Sie spricht ganz sanft, wir hören das Schniefen der Kinder.
»Als ich zuerst empfunden,
Daß Liebe brechen mag
Mir war's als sei verschwunden
Die Sonn' am hellen Tag ...«

»Über die Liebe weiß ich auch ein Gedicht«, sagte die zweite Großmutter:
»Wo still ein Herz von Liebe glüht
O rühret, rühret nicht daran ...
Den Gottesfunken löscht nicht aus –
Fürwahr es ist nicht wohl getan ...«
Und die rauhe Stimme von Frau Wesseling:
»O lieb', so lang du lieben kannst,
O lieb', so lang du lieben magst,
Die Stunde kommt, die Stunde kommt,
Wo du an Gräbern stehst und klagst ...«

Und da sie dieses Gedicht alle drei können, raunen sie die zweite Strophe im Chor wie drei Nornen:
»Und sorge, daß dein Herze glüht
Und Liebe hegt und Liebe trägt,
So lang ihm noch ein andres Herz
In Liebe warm entgegenschlägt ...«

Ich nannte den Beitrag ganz einfach »Gedichte« und verzichtete auf jeden Kommentar, obwohl die Hörer gewohnt waren, daß ihnen bei »experimentellen« Beiträgen – wie man alles nannte, was nicht dem Schema entsprach – jemand erklärte, was der tiefere Sinn der Sendung sei und was der Autor damit bezwecke. Ich ließe die Hörer alleine und sorge für Irritationen, warf man mir vor; allerdings mehr für Irritationen in den Rundfunkredaktionen als beim Publikum, das durchaus eine gewisse Rührung zeigte.

Der zuständige Redakteur meinte, ich müsse noch viel lernen, und erklärte mir, wie man solche Sendungen aufzubauen habe; er wurde jedoch durch einige wohlwollende Kritiken besänftigt, so daß ich für mein nächstes Vorhaben erneut einen Auftrag von ihm bekam. Es ging um eine Sendung namens »Geschichte«.

Dieser zweite Beitrag sollte eine muntere Bestandsaufnahme der Geschichtskenntnisse werden, über die unsere Jugend verfügt. Vor allem wollte ich erfahren, was sie über den Zweiten Weltkrieg wußte. Als Ort der Aufnahme wählte ich die letzte Klasse Volksschule einer bayerischen Kleinstadt aus. Ich lachte mir schon vorher ins Fäustchen und wurde prompt dafür bestraft.

Die Schüler waren vor allem an der Steinzeit interessiert.
»Da hätte ich dabeisein wollen.«
»Warum?«
»Da haben die Leute noch in Höhlen gewohnt.«
»Die haben das Feuer so angequirlt und das Fleisch drübergehängt.«
»Ich hätte mir das beste Stück gegriffen.«

»Dann hätte ich dir den Knüppel auf den Dez gehauen!«
»Es gab keinen Abort, wer mußte, ging raus in die Büsche.«
»Dort hat einen der Leopard angefallen.«
»Der mußte sich beim Springen die Nase zuhalten.«
Natürlich fühlten sie sich den Steinzeitmenschen überlegen. Sie wußten nämlich, was eine Sonnenfinsternis war – jedenfalls so ungefähr –, hätten als einzige keine Angst und würden zu mächtigen Priestern werden, denen alle Geschenke brächten.
»Sonst habt ihr nichts durchgenommen?« fragte ich.
»Doch, die Griechen.«
Bei denen hatte es ihnen vor allem der Marathonläufer angetan. Da es noch kein Telefon gab, mußte er losrennen, um den Sieg zu melden, wonach er tot umfiel.
»Was kann uns diese Geschichte heute noch sagen?« fragte der Lehrer.
»Man soll sich nicht abhetzen«, rief ein wohlgenährter Junge.
Bei den alten Römern war es die »Schlacht im teutonischen Wald«, wo wir es »den Spaghettis mal so richtig hingerieben haben«. Ich kam zu meinem eigentlichen Anliegen: zu eruieren, was sie über die jüngste Vergangenheit gelernt hatten.
»Die Neuzeit habt ihr noch nicht durchgenommen?« fragte ich.
»Ja klaro«, riefen sie.
»Der Erste Weltkrieg, der Zweite Weltkrieg?«
»So weit sind wir noch nicht.«
»Wo seid ihr denn?«
»Bei Ludwig dem Vierzehnten.«
»Und was habt ihr über ihn gelernt?«
»Er hat sich nie gewaschen!« brüllten sie im Chor.

Einige fanden die Sendung lustig. Doch es gab vermehrt kritische Stimmen. Jemand schrieb, ich hätte mir die dümmsten Schüler ausgesucht, es gäbe in Deutschland nicht nur Zwergschulen, und die Presse meinte, ich müsse aufpassen, daß mein kommentarloses Interview-Modell nicht zur Masche werde. Trotzdem unterschrieb mein Redakteur einen weiteren Auftrag, vielleicht nur, weil ich dafür eine Nacht in einem deutschen Polizeirevier verbringen wollte, was einigermaßen staatstragend zu werden versprach. Ich wollte mir von den diensthabenden Beamten ihre bisher schlimmsten Berufserlebnisse erzählen lassen. Zwei Nächte lang versuchten sie sich elegant aus der Schlinge zu ziehen und mich mit Kuriositäten abzuspeisen, die sie sehr gekonnt und mit einem gewissen Unterhaltungswert vorbrachten. So erzählte mir ein eher fröhlicher Polizist vom ersten Supermarkt in jener Stadt, in der er einst seinen Polizeidienst begonnen hatte. Da die Leute Selbstbedienung nicht gewohnt waren, wurde viel geklaut. Um die Diebstähle einzudämmen, setzte der Geschäftsführer Detektive ein und veröffentlichte die Namen der Überführten an einem Schwarzen Brett vor dem Geschäft. Eine bis dahin unbescholtene Metzgerin, die gerade ihre beiden Söhne durch einen Autounfall verloren hatte, wurde beim Klauen einiger kosmetischer Artikel erwischt. Als ihr die Kunden in der Metzgerei zutrugen, daß sie auf der Tafel öffentlich als Diebin angeprangert werde, ertrug sie die Schande nicht, ging in die Wurstkammer, entledigte sich ihrer Kleider, stellte den Thermostaten auf maximale Kälte und erhängte sich.

Alle Würste seien gefroren gewesen, sagte der Polizist, ebenso die Metzgerin. Er sei auf eine Kiste gestiegen und habe den Strick durchtrennt. Doch er habe die vereiste Leiche nicht halten können. Sie sei ihm aus den Händen geglitten und auf die Fliesen geklatscht. Dabei habe sich der obere Teil des Kopfes gelöst und sei wie eine Schüssel unter ein Regal gekullert ... Alle Kollegen lächelten, sie hatten die Story schon mehrmals gehört.

Erst in der dritten Nacht hatten die Diensthabenden das Mikrofon so weit vergessen, daß einer das joviale Ambiente durchbrach und von »lähmenden Erinnerungen« sprach, an die niemand zurückdenken wolle.

»Ich war damals erst neunzehn«, sagte er, »und völlig überfordert.« Er habe seine Karriere im Polizeidienst in Smolensk begonnen ... persönlich habe er sich nichts vorzuwerfen, aber er sei halt dabeigewesen ...
»Ich war älter als du ...«, unterbrach ihn ein Kollege, »... ich war erwachsen ... voll verantwortlich. Und trotzdem ... Wir hätten ja schlecht in eine andere Richtung marschieren können als die Offiziere ...«

Ich gab dem Beitrag den Namen »Gewichte«. Diesmal machten nicht wenige der Hörer ihrem Unmut Luft. Sie nannten die Schilderung der nackten, tiefgefrorenen Metzgerin eine Sauerei, die man sich nicht bieten lassen müsse. Doch es war nicht das, was ihren Zorn erregt hatte: Es waren die Pausen, die immer wieder entstanden, wenn die Polizeibeamten jene qualvollen Erinnerungen aus den Abgründen ihres Gedächtnisses hervorholten. Ich hatte diese Pausen in voller Länge stehenlassen.

Kritiker nannten die Sendung »manieriert«. Der Redakteur bestellte mich zu einem grundsätzlichen Gespräch. Seine Distanz mir gegenüber war zur offenen Abneigung geworden. Ein Radioreporter müsse redegewandt sein und über eine gute Aussprache verfügen, erklärte er mir, beides Fähigkeiten, an denen es mir gebreche. Vor allem aber müsse er in der Lage sein, elementare Entschlüsse an Ort und Stelle zu fassen:

Welche Person nehme ich auf? Welche Fragen stelle ich ihr?

Da ich dazu nicht fähig sei – aus Mangel an einem Ziel, im Grunde also in Ermangelung eines Weltbildes –, würde ich die notwendigen organisatorischen und künstlerischen Entscheidungen immer wieder hinausschieben, mit dem Resultat, daß ich zu viel Material aufnähme, um mich abzusichern, und später die Schnittplätze blockierte, um die richtigen Aufnahmen aus Bergen von Bändern auszuwählen. Ich gab ihm in Einzelheiten recht, fühlte mich jedoch grundsätzlich mißverstanden. Meine Arbeiten, betonte ich, hätten nichts zu tun mit den üblichen Stellungnahmen von Bürgern an der Straßenecke zu irgendwelchen aktuellen Ereignissen. »Bei derart schludriger Befragung geben die Menschen Vorformuliertes von sich, Aufgeschnapptes, Halbverdautes«, rief ich, »im Grunde labern sie rum, sobald man das Mikro auf sie richtet.« Um eine einigermaßen persönliche Äußerung zu erhalten, müsse man auf die Leute eingehen, was mit ihnen trinken gehen oder mit ihnen feiern.

»Manchmal begleite ich sie beim Einkaufen, setze mich neben sie beim Friseur, steige mit ihnen in die Straßenbahn und gehe notfalls mit ihnen nach Hause!« Das alles sei sehr zeitintensiv, erklärte ich ihm; an einem Beitrag, den andere an einem Tag aufnehmen und am nächsten Tag schneiden würden, arbeitete ich oft mehr als zwei Wochen.

»Du bist ein Künstler, wir haben verstanden«, sagte einer der alten Reporter, die sich nach und nach um uns versammelten, »der Auserwählte braucht kein Skript.« Die Runde lachte.

»Ihr habt es aufgegeben, an der Entdeckung der Wahrheit zu arbeiten«, rief ich zornig. »Ihr bildet euch zuerst eine Meinung, untermauert sie durch einen vorfabrizierten Kommentar und würzt das Ganze mit ein bißchen Volkes Stimme!«

»Die von Ihnen verachteten Kollegen liefern das tägliche Brot fürs Programm«, sprach salbungsvoll der Redakteur. »Wissen Sie überhaupt, was das ist, das tägliche Brot? Ich zweifle daran, denn Sie backen Torten, die Sie kunstvoll garnieren – mit Kacke, mit gequirlter Kacke!«

Es sah so aus, als verfügte ich über keinen allzu großen Rückhalt mehr in dieser Abteilung. Die konkurrenzlose Situation einer einzigen öffentlichen Rundfunkanstalt pro Land verlieh dem zuständigen Redakteur beachtliche Macht. Wenn er sich weigerte, mir weitere Aufträge zu erteilen, war ich praktisch draußen vor der Tür. Und da ich nicht über Protektion verfügte, kein Liebling der Massen war und auch bei den Medien nicht gerade als das kommende Genie gehandelt wurde, würde das niemanden jucken.

Um so erfreulicher war es, daß ein Schweizer Verleger beabsichtigte, meine bisherigen Arbeiten innerhalb der Reihe »Neue Formen des Hörfunks« auf Kassette herauszubringen. Vielleicht konnte ich einige Mark dazuverdienen. Auf jeden Fall war es gut für mein Prestige. Ich sollte mich in Paris mit einem literarischen Agenten in Verbindung setzen, der die Rechtsfragen gegenüber der Rundfunkanstalt regeln würde.

Der Name Monier, so hieß der Agent, war einigen meiner Pariser Freunde bekannt, in erster Linie allerdings nicht aufgrund seiner beruflichen Tätigkeit, sondern bezüglich seiner Frau. Es sei in gewissen Kreisen ein offenes Geheimnis, daß er seine Gattin, die eine Schönheit sei, in Etablissements einführe, in denen sie sich jedem hingeben müsse, der sie begehre. Auch veranstalte Monsieur Monier in seiner Wohnung intime Partys, bei denen er Madame Monier seinen Gästen überlasse.

Ich traf ihn in seinem Büro. Er mochte vierzig Jahre alt sein. Seine Frau, die kurz hereinschaute, war wohl zehn Jahre jünger. Ich sah sie beim Mittagessen wieder, zu dem er mich nach der Besprechung einlud. Die Atmosphäre des Restaurants war angenehm und das Essen ausgezeichnet. Es hätte meine volle Aufmerksamkeit verdient. Doch Madame Monier saß mir gegenüber, und ich konnte nicht umhin, mir vorzustellen, wie fremde Männer sie in Besitz nahmen, vielleicht Schlange standen, um sie als nächste zu besteigen. Ich vermied es, ihr in die Augen zu schauen, aus Angst, sie könnte mir meine Gedanken anmerken. Sie sah nicht aus wie eine Nymphomanin, sondern wie eine vollendete Lady; sie hatte ein offenes Lachen und eine ungekünstelte Art, sich zu bewegen. Ihre Kleidung war von einer selbstverständlichen Eleganz, die eher einschüchternd wirkte. Wenn sie die Männer beeindrucken wollte, dann nicht durch eine Andeutung lockerer Sitten, eher durch ein Flair von Kühle und Unnahbarkeit. Ich dachte daran, wie es auf die Anwesenden wirken mußte, wenn eine Dame von einer solch hoheitsvollen Ausstrahlung am Ort der Orgie erscheint und es offensichtlich wird, daß sie ihnen zur Verfügung steht, daß es genügt, ihr den eleganten Rock über ihren Hintern hochzuziehen ...

Ein junger polnischer Schauspieler, den mir meine Freunde im Bistro vorstellten, war mal von Monsieur und Madame Monier zu einer der intimen Partys eingeladen worden, für die ihr Haus bekannt war. Kazimierz verbreitete sich ausführlich darüber, welch großen Wert auf Etikette man bei einer solchen Zusammenkunft lege. Diniert werde zunächst in Abendgarderobe am makellos gedeckten Tisch, Anzüglichkeiten seien verpönt, Komplimente müßten geistvoll sein.

An jenem Abend habe man sich eines Gesellschaftsspiels bedient, um zum orgiastischen Teil des Banketts überzuleiten, erzählte Kazimierz. Zufällig sei er der Gewinner jenes Spieles gewesen, das Frau Monier verloren habe. Er wolle fair bleiben und nicht preisgeben, was sich im einzelnen zwischen ihr und ihm abgespielt habe; er sei jedoch verblüfft gewesen über die schlagartige Verwandlung dieser ausgeglichenen, selbstbewußten Frau, die er nackt an einer Leine zu den anderen Gästen zurückgebracht habe.

Nach allem, was ich von ihr gehört hatte, wurde Madame Monier – »Sie können Claire zu mir sagen« – für mich zu einer Obsession, gerade weil ich sie regelmäßig sah und wußte, daß sie verfügbar war. Sie regte meine Phantasie an, und meine Phantasie regte meine Hand an, wenn ich des Nachts alleine im Hotelbett lag. Das brachte mich der Realisierung meiner Wunschträume nicht gerade näher und kratzte mein Selbstbewußtsein an. Sie gibt sich allen hin, und du weißt nicht, wie du an sie rankommst. Aber ich konnte ihr doch nicht einfach an den Busen fassen, wenn sie mich nicht in irgendeiner Weise dazu einlud.

»Du hast offensichtlich nichts, was ihr imponiert. Weder die ruhige Männlichkeit, der sie sich vertrauensvoll hingibt, noch das

Riesending, von dem sie sich gerne bearbeiten läßt. Du bist nicht der brillante Kopf, den sie bewundern kann, noch hast du den Erfolg, der sinnlich macht«, analysierte ich wenig selbstbewußt die Lage.

An einem der nächsten Tage lud mich Monsieur Monier ein, mit ihm zum Pferderennen zu gehen. Ich solle ihn abholen, er wohne gleich hinter der Rennbahn. Zum ersten Mal betrat ich sein Domizil, eine verwinkelte Maisonette-Wohnung in der Rue d'Auteuil, die hervorragend geeignet war für das, was Monsieur und Madame Monier angeblich darin trieben.

»Nehmen Sie noch einen Drink? Wir haben noch etwas Zeit«, meinte Herr Monier, und während ich den alten Armagnac kostete, stellte ich mir seine Frau an jeder Stelle dieser Räumlichkeiten vor: über die sanft geschwungenen Polster des Diwans gebeugt; auf allen vieren auf dem flauschigen Spannteppich ausharrend; rücklings auf dem wuchtigen Tisch aus Rotbuchenholz liegend, die Beine auf den Schultern eines derben Kerls, der das massive Möbel bei jedem Stoß zum Ächzen brachte; an den hölzernen Stützpfosten gefesselt, nackt oder im zerfetzten Unterrock, mit verbundenen Augen oder den Kopf unter dem hochgezogenen Abendkleid verborgen ...

»Sie sollten nach Claire sehen«, sagte Monsieur Monier, als ahne er meine wilden Phantasien. »Sie würde es Ihnen sehr verübeln, falls Sie gingen, ohne sie begrüßt zu haben.«

Er stand auf, und ich folgte ihm. Wir betraten ein Schlafzimmer mit ungemachtem Bett. Er wies auf eine Tür, in die ein Foto eingelassen war, das in natürlicher Größe den Rücken einer nackten Frau zeigte. War es Claire?

»Gehen Sie nur rein, sie wird sich freuen«, sagte Monsieur Monier hinter mir.

Ich öffnete die Tür und rief: »Oh, pardon!«

Denn sie saß mit dem Rücken zu mir in einer altmodischen

Wanne, die in der Mitte eines geräumigen Badezimmers stand. Sie war ebenso nackt wie auf dem Foto, was allerdings in einer Badewanne nicht verwunderlich ist.

»Ich wußte nicht, daß Sie ... also daß Sie gerade ...«
»Sie kommen wie gerufen«, lachte sie, »Sie können mir den Rücken einseifen. Wären Sie bereit, mir diesen Dienst zu erweisen?«

Ich ging zögernd auf die Wanne zu. Ihr Gatte schloß hinter mir diskret die Tür.

»Guten Tag, übrigens«, sagte sie und hielt mir die Wange hin, erst die eine, dann die andere, und ich küßte sie zur Begrüßung, wie das in Frankreich üblich ist, auf beide. Um sie nicht gleich anzustarren, schloß ich dabei die Augen.

»Haben Sie was zum Einseifen?« fragte ich.

Durch die Milchglasscheiben in der Decke fiel sanftes Tageslicht auf ihre makellose Haut.

Sie ließ ein großes Stück wohlriechender Seife in meine Hände gleiten. Ich tauchte die Hände hinter ihr in das Wasser, in dem sie saß, was mir ungeheuer intim vorkam, drehte die Seife in meinen Händen und berührte mit beiden Handflächen ihren Rücken, was mir noch viel intimer vorkam. Es war sogar ungeheuer intim, über diese warme, weiche Haut zu streichen. Kein Gedanke mehr an die billige Hure, an die läufige Hündin, die alle Rüden drüber läßt, als die ich sie in meinen nächtlichen Phantasien bezeichnet hatte. Hier war nur noch Schönheit, Musik, Vollendung. Nein, ich bekam keinen Steifen, die Emotionen gingen tiefer. »Die Knie wurden ihm schwach«, wie genau dieser Ausdruck meiner Situation entsprach, als ich mit steifen Beinen über ihren Rücken gebeugt stand! Ich zwang mich zur Sachlichkeit, seifte nicht zu locker und nicht zu fest. Es wäre mir billig vorgekommen, die Situation auszunutzen.

Im Spiegel konnte sie mich sehen.

»Sie machen das hervorragend«, sagte sie. »Sie haben wunderbare Hände.«

Sie erhob sich, gerade als ich dachte, ich hätte meine Aufgabe erfüllt, und stand nun leicht erhöht vor mir in der Wanne, ihr Hinterteil in greifbarer Nähe.

»Haben Sie noch etwas Seife übrig?«, fragte sie, »Sie können das besser als ich.« Es gibt sicherlich wenige Männer, die den Popo einer schönen Frau eingeseift haben, die sie gar nicht kennen. Anfangs wagte ich kaum, ihn zu berühren.

»Packen Sie ruhig zu«, ermunterte sie mich, »er braucht eine feste Hand.«

Es waren zwei perfekt geformte Backen, die sie meinen seifigen Händen entgegenreckte und die ich ihrem Rat folgend tüchtig durchwalkte. Ich seifte wie in Trance, glitt die Rille zwischen ihren Backen entlang nach unten, seifte den Ansatz ihrer Schenkel ein, fuhr zwischen ihre Beine und drang mit seifigen Fingern in ihre Spalte.

»Mach weiter«, flüsterte sie und drehte sich um. Auch ihre Brüste wollten von meinen Händen eingeseift werden, ihr Leib, ihr Venushügel mit dem krausen Schamhaar; mit seifigen Fingern öffnete ich meine Hose, mein Glied fuhr wie der Leibhaftige heraus, es war mir wurscht, ob ihr Mann uns zusah ...

Er hätte nicht viel gesehen, denn es hat sich nicht viel ereignet. Ganz ehrlich: Das Ende meines kleinen Abenteuers, so wie ich es erzählt habe, hat sich leider nicht so zugetragen, wie ich es gern gehabt hätte. Nein, sie hat sich nicht in der Wanne erhoben. Als ich mit ihrem Rücken fertig war, legte ich die Seife zurück.

»Ich bin soweit«, sagte ich, »und werde mal nach Ihrem Gatten sehen, wir wollen zusammen zum Derby.«

»Haben Sie Dank für Ihre Mühe«, sagte sie lachend.

»Gern geschehen«, sagte ich.

Wir gingen dann doch nicht gleich zum Derby, weil ihr Mann unbedingt warten wollte, bis Claire aus dem Bad kam. Vielleicht hatte sie Lust auf mich gehabt und sich nur nicht aufdrängen wollen, sagte ich mir. Aber wie hätte ich sicher sein können? Sie ging dann mit zum Rennen, doch ich war nicht mehr der Star des Abends, ich hatte meine Chance gehabt. Sie begrüßte Bekannte (die sie vielleicht schon besessen hatten), gab Küßchen links und rechts, hakte sich bei ihrem Mann ein, und während die Pferde rannten, sann ich darüber nach, wie es hätte kommen können.

Nein, ich habe nicht mit Claire geschlafen und ich hatte auch noch nie zu mehreren eine Frau gebumst, als ich mir vornahm, den Körper meiner Freundin mit einem anderen Mann zu teilen.

Meine Wahl fiel auf Francesco, der fast täglich in meiner Stammkneipe auftauchte und sich über das deutsche Wetter beschwerte. Kam er nicht vorbei, so vermuteten wir ihn in Italien, wo das Klima um Klassen besser war, wie er stets betonte. Es hieß, er habe dort in einem Spaghetti-Western mitgewirkt, als Darsteller und Stuntman, wie er mir bestätigte, doch der Titel des Films sagte mir nichts.

Francesco, der laut Paß eigentlich Franz hieß, war groß und breit gebaut und stolz auf seine körperlichen Fähigkeiten. Er könne mit bloßen Füßen Wasserski fahren, versicherte er mir. Ja, völlig ohne Skier, das würde ganz schön Aufsehen erregen. Wenn er in voller Fahrt die Leine loslasse, könne er noch bis zu zwanzig Schritte auf dem Wasser voranschreiten, bevor er untergehe. Wie Jesus, fügte er hinzu. Andere Italienfreaks behaupteten, er habe tatsächlich gebrüllt, er sei Jesus, der wieder zur Erde zurückgekehrt sei, und die Carabinieri hätten ihn wegen Erregung öffentlichen Ärgernisses festgenommen.

Francesco war ein Angeber. Er gab allerdings nie mit Frauen an, die er distanziert und auf eine altmodische Art ritterlich behandelte. Als ich mit ihm über die Rolle sprach, die ich ihm zugedacht hatte, gelobte er mir feierlich absolute Diskretion. Er freue sich über mein Vertrauen, sagte er mit einer gewissen Würde und fügte hinzu: »Ich kann ficken, bis er pelzig wird.«

Ich bewohnte damals ein Zwei-Zimmer-Appartement in einem unverputzten Neubau, in dessen Treppenhaus noch Kabel herumhingen. Der Jugoslawe, dem das Haus gehörte, konnte die Arbeit nicht zu Ende bringen, weil er im Gefängnis saß. Er hatte seine Appartement-Häuser mit dem Verkauf von Dosen ungarischen Pferdegulaschs finanziert, das er als Rindergulasch deklariert hatte.

Auch Francesco hatte vor einiger Zeit im Gefängnis gesessen. Nicht wegen der Jesus-Nummer, sondern wegen Hehlerei, wie ich von einem Kriminalbeamten erfahren hatte, der die Gäste im Stammcafé über ihn ausfragte. »Bist du sicher, daß sie mitmacht?« fragte er im Treppenhaus, als wir zum dritten Stock hochlatschten. Den Aufzug hatte das Ordnungsamt wegen fehlender technischer Abnahme außer Betrieb gesetzt.

»Sie ist ein kleiner Fickteufel«, beruhigte ich ihn. Diesmal hielt ich alle Fäden in meiner Hand, und nichts würde mich davon abbringen, mit meiner Freundin die Gipfel sexueller Lust zu erklimmen.

Sie begrüßte uns reserviert.

»Hast du was zu trinken?« fragte ich.

»Was wollt ihr denn?« fragte sie zurück.

»Was hättest du gern?« fragte ich Francesco. Er sagte: »Einen Campari-Soda.«

Wir hatten keinen Campari. Ich entkorkte einen Riesling.

»Francesco wird heute nacht bei uns schlafen«, teilte ich Sandra mit.

»Wo denn?« fragte sie verdammt unerotisch. Tatsächlich gab es außer der Matratze auf dem Boden keine Schlafgelegenheit, was durchaus meinen Plänen entsprach.

»Das Bett ist breit genug«, sagte ich leichthin, um meinen Status als Herr des Hauses zu wahren.

»Er wird nicht hier schlafen«, sagte Sandra sehr bestimmt. Sie trat wütend hinaus auf den Balkon und knallte die Tür hinter sich zu.

»Ich hab' gewußt, daß es nicht klappen würde«, sagte Francesco sehr abgeklärt; er war der welterfahrene Realist, ich der verklemmte Intellektuelle.

»Wart's ab«, sagte ich und lächelte ihn an. Aber es war kein selbstbewußtes Lächeln. Tatsächlich habe ich sehr schnell Schuldgefühle, wenn es um meinen Charakter geht. Warum wollte ich unbedingt miterleben, wie ein anderer meine Freundin bumste? Für 95 Prozent meiner Mitbürger wäre ich ein Psychopath. Seelenklempner würden mich einen Voyeur oder Masochisten nennen ...

Aber gab es nicht auch Menschen, die bereits in einer neuen Art sexueller Freiheit lebten, in der all diese Perversionen wie Sadismus, Masochismus, Voyeurismus, Fetischismus natürliche Komponenten des menschlichen Sexuallebens waren, so wie Magnus Hirschfeld bereits in den Dreißiger Jahren gelehrt hatte?

Ich schaute auf Francesco, der verlegen im Raum stand und sich zum Gehen bereitmachte. Ich wollte wirklich sehen, wie er meine Freundin fickte. Und wie fast immer bei derartigen innerlichen Kämpfen siegte mein Stammhirn mit seiner langen Reihe tierischer Vorfahren über meine Ratio. Ich bat Francesco mit einer Handbewegung um etwas Geduld und ging zu Sandra hinaus auf den Balkon. Ich lehnte mich neben sie über die Brüstung.

»Schau, er kommt aus dem Gefängnis«, sagte ich, »er weiß nicht, wo er übernachten soll.«

Sie schmollte noch immer, und ich hütete mich, sie zu berühren.

»Wir würden ihm damit helfen, ins Leben zurückzufinden«, setzte ich noch einen drauf. Wir schauten beide hinunter auf die Straße. Es gab nicht viel zu sehen.

Schließlich sagte sie: »Von mir aus kann er bleiben. Aber ihr dürft mich nicht anfassen.«

»Ist gut, ich sag' es ihm, während du im Bad bist.«
Ich zeigte Francesco einen nach oben gereckten Daumen, als ich wieder ins Zimmer trat.
»Willst du ein paar Erdnüsse? Nimm dein Weinglas mit.«
Während wir in der Küche an dem winzigen Klapptisch saßen und belangloses Zeug redeten, zog sich Sandra im Zimmer aus und verschwand im Bad.
»Sie will nicht, daß wir sie anfassen«, flüsterte ich Francesco zu, »aber sie wird das nicht lange durchhalten.« Wir grinsten uns an.
»Ich möchte auch noch duschen«, sagte er.
»Wenn sie aus dem Bad kommt, kannst du reingehen, ich werde darauf achten, daß sie in der Mitte liegt. Du legst dich neben sie, aber ohne sie zu berühren.«
»Nackt?« fragte er.
»Ich werde auch nackt sein.«
Wir waren konspirativ wie zwei Kinder, die Indianer spielen.

Sandra kam aus dem Bad, sie hatte ein Handtuch um sich geschlagen. Bevor sie ins Bett stieg, ließ sie es fallen. Wir registrierten es beide.

Nach zwei Minuten gingen wir zu ihr rein und entkleideten uns. Francesco behielt seine Unterwäsche an. Er verschwand im Bad. Ich sah, daß sie in der Mitte des Bettes lag, was ich als positives Zeichen deutete. Vorsichtig stieg ich über sie hinweg und legte mich an die Wand, ohne sie dabei zu berühren. Wir hörten, wie Francesco die Dusche betätigte. Wir bewegten uns nicht und sprachen kein Wort. Ich glaube, sie war wütend gewesen, weil sie es entwürdigend fand, als Gegenstand männlicher Kumpanei gehandelt zu werden. Wenn sie sich dennoch in die Rolle fügte, die ich ihr zugedacht hatte, so weil sie im Grunde Lust auf den strammen Kerl verspürte, den ich mitgebracht hatte.

Francesco kam aus dem Bad, er war ebenfalls in ein Handtuch gehüllt, das er über einen Stuhl legte. Während er nackt ins Bett stieg, richtete sich sein Penis auf, was Sandra nicht entging.

»Machst du das Licht aus?« fragte ich ihn, da er dem Nachttisch am nächsten war. Er suchte und fand den Schalter. Dann war es dunkel.
»Gute Nacht«, sagte ich sehr brüderlich.
»Gute Nacht«, sagten meine beiden Bettgenossen. Dann geschah einige Zeit scheinbar nichts. Wir lagen alle drei auf dem Rücken und schwiegen.

Und doch geschah eine ganze Menge; unsichtbar, unhörbar stauten sich in der dritten Etage eines halbfertigen Wohnblocks irgendwo in Deutschland Energien kosmischen Ausmaßes. Die beiden Männer, die die nackte Frau in ihrer Mitte umrahmten, hielten sich strikt an das ihnen auferlegte Berührungsverbot und schufen dadurch ein Spannungsfeld, das sich immer mehr auflud, bis die Atmosphäre, die sie umgab, zähflüssig war und das Ein- und Ausatmen ständig schwieriger wurde. Ich spürte, wie sich der Körper meiner Freundin verkrampfte, weil sie keinesfalls als erste ihren Begierden nachgeben wollte. Als Initiatorin des Tabus hätte sie das als demütigende Niederlage empfunden, die Degradierung einer selbständigen Frau zu einem triebhaften Betthasen. Als die Spannung zwischen uns eine Million Volt überschritt, strich ich ganz leicht mit dem Rücken meiner Hand über die Außenseite ihres Schenkels. Ihr Körper bäumte sich auf, als habe man Jack Nicholson im »Kuckucksnest« einen Elektroschock verabreicht. Nie mehr habe ich bei einer Frau eine derart heftige Reaktion auf eine so leichte Berührung erlebt. Ich drehte sie auf die Seite, so daß sie Francesco zugewandt war, zog ihren Unterleib zu mir heran und drang unvermittelt in ihr erregtes Fleisch ein. Während ich sie nach Kräften bearbeitete, preßte Francesco ihren Oberkörper an sich, nahm ihren Kopf in seine Hände und fuhr ihr mit der Zunge in den Mund. Sie ließ uns beide gewähren, doch kaum spürte sie, daß ich mit ihr fertig war, als sie sich auch schon Francesco unterwarf. Mit einem einzigen Schwung war er über ihr und begann in sie hineinzuhämmern, als wollte er keine Sekunde verlieren. Sie schrie:»Ja, ja!«, faßte mit beiden Händen nach ihm und stieß bei jedem Schlag seines Beckens mit weit geöffnetem Mund die Luft aus, bis Francesco »Sorry« sagte und sich von ihr zurückzog. Er stand auf und verschwand im Bad.

»Warum war er so schnell?« maunzte sie kläglich.

»Er hatte zu große Lust auf dich«, tröstete ich sie,»das wird schon wieder.«

Ich beugte mich über sie und nahm die Brustspitze in den Mund, die mir am nächsten war. Es war mir genau so ergangen wie Francesco, doch mein vorzeitiger Samenerguß hatte sie nicht gestört.

Wortlos glitt Francesco wieder ins Bett und nahm sich die andere Seite ihres Busens vor. Sie begann unter der Aufmerksamkeit unserer Zungen und Lippen zu zucken. Wir preßten ihre Brüste mit unseren Händen zusammen, so daß die Nippel uns entgegenragten, und saugten an ihnen mit der Beharrlichkeit einer Melkmaschine.

Ich sah, wie ihre Hand nach seinem Geschlecht griff (nur nach seinem) und es rhythmisch zu pressen begann. In wenigen Augenblicken hatte sie seine Panne behoben. Sie drückte ihn an der Schulter in Rückenlage und war blitzschnell auf ihm. Bevor er selbst irgendeine Initiative hätte ergreifen können, hatte sie sein Glied in sich aufgenommen und bewegte ihren Unterleib wie eine Besessene, wobei sie die Hände hinter ihrem Hals verschränkte. Ich bewunderte die Geschmeidigkeit ihres unglaublich schönen Körpers. Vanessa hatte recht, sie war eine Tigerin. Für einige Minuten gelang es Francesco, ihrem wilden Eroberungsdrang völlig bewegungslos standzuhalten, dann zog er sie zu sich herab und kam durch eine kraftvolle Drehung seines Körpers über sie. Indem er seine Arme durchdrückte und sein Hinterteil ein wenig anhob, schuf er soviel Abstand zwischen ihren Leibern, daß sein voll ausgefahrenes Glied aus ihr herausglitt.

»Mach weiter, komm, mach weiter«, bestürmte sie ihn.

Doch er wollte kein zweites Waterloo erleben und verordnete seinem Freund eine kurze Verschnaufpause.

»Gib ihn mir, ich mag ihn«, bettelte sie und bäumte sich auf.

Doch er ließ sich durch ihr Drängen nicht zur Eile verleiten, schaute auf sie herab wie auf ein Stück Wildbret, das zubereitet werden soll, entfernte das Kissen unter ihrem Kopf, so daß sie flach auf der Matratze lag, faßte unter ihre Kniekehlen, winkelte ihre Beine stärker an, spreizte sie auseinander und prüfte mit der flachen Hand, ob alles für ihn bereit sei, wobei er ihren Unterleib so lange im Griff behielt, bis sie ruhig dalag. Dann erst begann er, sie mit langsamen, aber kraftvollen Bewegungen zu nehmen. Ein Langstreckenläufer, der sich nicht zu früh verausgaben will.

Ich lag nur wenige Zentimeter von den beiden entfernt, so daß ich die Erschütterung bei jedem Aufeinanderprallen ihrer Körper am eigenen Leib verspürte. Ich rückte ein wenig von ihnen ab, um einen besseren Überblick auf das Geschehen zu bekommen. Ich sah, wie sich seine Arschbacken jedesmal zusammenzogen, wenn sein Stößel das Endziel erreichte, und wie Sandras Kopf im gleichen Augenblick zurückgeworfen wurde. Ich hatte ihm meine Freundin zum Ficken angeboten, nun bearbeitete er sie wie ein Gerät für Muskeltraining. Es war die Rücksichtslosigkeit, mit der er sich ihrer bediente, so wie ihr Gefallen daran, auf diese Weise hergenommen zu werden, die zur Folge hatten, daß die Bilder, die so dicht vor meinen Augen abliefen, von meinem Sehnerv direkt an meine Magendrüsen übermittelt wurden. Ich war allein, obwohl ich mit zwei Personen zusammen im Bett lag, aber diese Personen waren derart ausschließlich miteinander beschäftigt, daß ich befürchtete, jede Einmischung meinerseits würde als Belästigung empfunden werden. Sandras Wehklagen wurde lauter. Ich sah auf die Uhr. Er nagelte sie jetzt seit einer halben Stunde.

»Ich kann nicht mehr«, stieß sie hervor, »ich halte es nicht mehr aus!«

Aber unermüdlich bewegte Francesco sein Becken im gleichen Rhythmus weiter, höchstens daß er etwas härter zustieß. Im Vorfeld hatte ich ihm berichtet, wie unersättlich sie sei. Ich konnte ihm schlecht in den Arm fallen. Aber ich wollte ihre Schreie auch nicht mehr so dicht an meinem Ohr hören. Ich erhob mich leise, schwankte, stolperte über etwas – es waren Francescos Schuhe – und riß anderes in die Tiefe, als ich mich am Schreibtisch festhalten wollte. Zusammen verursachte all dies ein ziemliches Getöse, doch die zwei auf dem Bett machten unbeirrt weiter. Ich merkte, daß mir schlecht war, stürzte ins Badezimmer, würgte über dem Waschbecken, kotzte grünes Schleimzeug; ich drehte den Wasserhahn auf, versuchte, alles runterzuspülen, besah mich im Spiegel, mußte mich festhalten. Ich zitterte sehr stark und ich fror. Die Schreie Sandras drangen durch die geschlossene Badezimmertür.

»Ich habe Fieber«, dachte ich, »verdammt, ich habe Fieber.«

Mit dem Thermometer schlich ich mich zurück ins Schlafzimmer, legte mich hin wie ein Fremder, meine Zähne klapperten, ich mußte mich zudecken, steckte mir mühsam das Thermometer in den Arsch. Während ich auf das Ergebnis wartete – drei Minuten –, gab das Bett die Erschütterungen des entfesselten Koitus an mich weiter, hörte ich ihre Lustschreie, nahm ich ihre völlige Hingabe wahr. Ich sah auf die Uhr, hatte aber vergessen, wann ich mit dem Messen, wann sie mit dem Bumsen angefangen hatten. Das Thermometer stand jedenfalls auf 40,6, als ich es rauszog. Mußte ich sterben? Würden sie es nicht bemerken, bevor mein Körper erstarrt war? Irgendwann dämmerte ich weg, fuhr ich hoch, hörte Schreie, Schreie, Schreie, als wäre ich unter Damhirschen. Dann war Stille. Nur mein Herz wummerte. Jetzt küssen sie sich, dachte ich. Dann erhob sich Francesco und ging ins Bad. Sandra drehte sich zu mir um.

»Wie geht's?« fragte sie, immer noch schwer atmend.

»Beschissen«, sagte ich, »ich hab 40,6.« Ich zeigte ihr das Thermometer.

»Soll ich dir einen Tee machen?« fragte sie.

»Das wäre nett.« Ich strich ihr über die Haare.

Francesco hielt sie von hinten umschlungen, als sie mir den Tee brachte. Sie war noch nackt.

»Ich geh in die Disco, kommst du mit?« fragte er mich und fuhr in seine Hose.

»Ich habe Fieber«, sagte ich.

»Macht es dir was aus, wenn ich sie mitnehme?«

Er wies mit dem Kinn auf seine Bettgenossin, die dabei war, sich ebenfalls anzuziehen.

»Sandra bleibt hier!« rief ich fast hysterisch.

»Ist gut«, sagte sie sofort.

Sie begleitete ihn noch zur Tür. Sie blieben ziemlich lange. Dem Geräusch nach zu urteilen hat sie ihm einen geblasen. Dann schnappte die Tür ein, und sie kam ins Zimmer.

»Trink deinen Tee«, sagte sie.

Sie setzte sich auf meinen Schreibtischstuhl und blätterte im »Spiegel«.

»Leg dich zu mir«, bat ich.

»Schlaf lieber ein wenig.«

Als ich aufwachte, saß sie immer noch an der gleichen Stelle. Sie hielt ein Buch in der Hand.

»Du bist naßgeschwitzt«, stellte sie fest, holte ein Handtuch aus dem Schrank und rubbelte mich damit ab.

»Eigentlich wäre er der ideale Mann«, bemerkte sie dabei. Ein Lächeln der Erinnerung verklärte ihr Gesicht. Ich war ihr dankbar für den Gebrauch des Konjunktivs.

»Was würde denn das Wäre zu einem Ist machen?« wollte ich sie fragen, aber ich unterließ es. Sicherheitshalber. Ich war froh, daß sie sich zu mir legte.

Einige Tage später traf ich ihre Freundin Gabriele an einer Tankstelle. Sie versuchte gerade, zerquetschte Mücken von ihrer Frontscheibe abzuwaschen. Während mein Benzin einlief, sah ich ihr dabei zu.

»Scheiß Viecher«, schimpfte sie.

»Meinen Glückwunsch noch für das Schwestern-Diplom«, sagte ich, um sie etwas aufzumuntern.

»Du willst mich wohl verscheißern«, entfuhr es ihr.

Zunächst brachte ich ihren aggressiven Ton mit ihrem vergeblichen Kampf an der Frontscheibe in Verbindung (tatsächlich hätte sie besser einen Schaber benutzt), doch dann erklärte sie mir, »diese Schweine« hätten sie durchrasseln lassen. Sie hatte ihr Schwestern-Diplom gar nicht feiern können, weil sie die Prüfung verpatzt hatte. Wäre Sandra bei ihr gewesen, hätte sie mir logischerweise davon berichtet, als sie am frühen Morgen nach Hause kam. Was also hatte das kleine Miststück in jener Nacht getrieben?

»Und keine Ausflüchte!« sagte ich drohend und haute ihr links und rechts eine runter. Ihre Arme hielt ich auf ihrem Rücken fest.

»Ich sag es dir nur, wenn du nett bist«, hauchte sie.

»Ich will wissen, wo du hingegangen bist, als du mich an jenem Abend verlassen hast!«

»Komm zuerst in mich«, flüsterte sie.

Ich gab ihr zwei weitere Ohrfeigen.

»In ein Café«, sagte sie schließlich, »ich hab' ihn dort getroffen.«

»Denselben?« fragte ich. Sie nickte.

»Wir haben was getrunken. Er hat mir gesagt, ich sei für die Liebe geschaffen. Dann sind wir zu ihm gegangen.«

»War seine Frau nicht zu Hause?«

»Er wollte mit uns beiden schlafen«

»Du hattest doch schon genug gevögelt!« schrie ich.

»Ja, aber nicht zu dritt.« Ich fühlte mich so unglaublich hintergangen, daß ich es kaum glauben konnte.

»Du Dirne!« rief ich wütend. Sie hatte nicht nur mit ihm weitergemacht nach ihrem Geständnis, sie hatte dem Kerl auch noch seinen Wunschtraum erfüllt, mit zwei Frauen zusammenzusein.

Ich umfaßte ihre Taille, bevor sie flüchten konnte, und legte sie übers Knie. Dann schob ich ihr das Unterhemd über die Hüften hoch (es war alles, was sie trug) und ließ meine Hand auf ihren Po niedersausen.

Sie strampelte mit den Beinen.

»Hör auf, ich erzähl' dir alles«, versprach sie.

»Fang an«, befahl ich.

»Es ist schon so lange her«, jammerte sie.

Ich schlug fester zu.

»Wir haben getanzt«, stieß sie hervor.

»Und dann?«

»... haben wir uns ausgezogen ...«

»Alle drei?« Sie ließ sich jedes Detail aus der Nase ziehen.

»Er hat immer ... mit einer ... getanzt ... und sie dabei ... geküßt ...«

Ihre Worte kamen stoßweise, synchron zu der aufklatschenden Hand.

»War seine Frau nicht eifersüchtig?«

»Wir haben ... ihr ... nicht gesagt ... daß wir uns schon ... näher ... kannten ...«

»Du bist das hinterlistigste Weibsbild, dem ich je begegnet bin!« rief ich. Ich rannte in die Küche, riß das Bambusstöckchen aus dem Blumentopf und ließ es vor ihr durch die Luft zischen.

»Das wirst du nicht tun«, rief sie, »du hast sie nicht mehr alle!«

Trotz ihres lautstarken Protestes packte ich sie und ließ das Stöckchen auf ihren Hintern niedersausen.

»Hör auf«, schrie sie, »das tut zu weh.«

»Erzähl weiter«, befahl ich.

»Du bist ein Rohling«, schimpfte sie. Ich verpaßte ihr einen weiteren Hieb; doch ich war bei diesem Ritual nur scheinbar der Stärkere.

»Wir mußten uns küssen, wir Frauen«, sprudelte sie hervor, »er sagte, das törne ihn an, dann mußte ich mich rücklings auf den Teppich legen ...«

»Hast du alles gemacht, was er verlangt hat?«

»Das hatte ich ihm vorher versprochen.«

»Du mannstolle Person!« rief ich. »Ich werde dir deine Geilheit austreiben.«

Doch sosehr sie auch Zeter und Mordio schrie: sie würde mich demnächst wieder betrügen, würde mir ihr Abenteuer – vielleicht – irgendwann gestehen und die Bestrafung auf sich nehmen.

»Weiter!« herrschte ich sie an.

»Seine Frau war über mir ...«

»Auf allen vieren?«

»Ja, aber umgekehrt.«

Ich ließ sie von meinen Knien gleiten, damit ich ihr Gesicht sehen konnte. Wir atmeten beide schwer.

»Und dann?« fragte ich.

»Das weißt du doch«, sagte sie und schien etwas verlegen über die pornographischen Details, die ich von ihr verlangte. »Ich habe den großen Schwengel angestarrt, der dicht über meinem Gesicht in sie hineinfuhr und wieder herauskam. Das hat mich in Trance versetzt.«

Trotz Bambusstöckchen konnte ich nicht mehr zum Helden dieser Geschichte werden. Ich konnte froh sein, daß sie mich an ihren Erlebnissen teilhaben ließ.

»Hat er dich auch genommen?« fragte ich so sachlich wie möglich.

»Natürlich«, sagte sie und betastete ihren malträtierten Hintern. »Er hat sie zuerst genommen, aber in mir ist er gekommen.« Es lag ein gewisser Stolz in ihrer Stimme. »Eines habe ich festgestellt«, fügte sie hinzu, »die Geliebte ist immer im Vorteil.«

»Ich darf also keine mitbringen?« fragte ich.

»Ich werde dir eine zum Geburtstag schenken«, versprach sie und lachte trotz der Striemen auf ihrem Popo.

Meiner Meinung nach gibt es einen Zusammenhang zwischen der Harmonie des Ortes, an dem man sich gerade aufhält und dem Ausmaß der Eifersucht, die man empfindet, wenn man sich um seine ferne Freundin Sorgen macht. In Venedig wirst du weniger ausrasten als, sagen wir, in Salzgitter. Leider ist die Häßlichkeit, die nach Veränderung schreit, oft aufregender für unsere Arbeiten als Schönheit, die es lediglich zu bewahren gilt. Mein nächstes Vorhaben führte mich an einen besonders unwirtlichen Ort: eine psychiatrische Heil- und Pflegeanstalt, die als ziemlich rückständig galt. Ich wollte die Patienten über unsere Zukunft befragen. Vielleicht wußten sie Dinge, die wir noch nicht ahnten.

Die Vorbereitungen zu dieser Sendung waren etwas holprig verlaufen. Eine Sekretärin hatte mir im Rundfunk mein Manuskript zurückgegeben. »Er möchte es nicht machen.«
»Wo ist er?«
Aber der Redakteur war tagelang nicht für mich zu sprechen.
»Dieses Arschloch«, schwor ich mir, »wird deine Laune nicht verderben.« Trotzdem saß ich recht niedergeschlagen herum und wurde immer mißmutiger. Sandra bemühte sich redlich, meine Gemütslage zu verbessern. Sie schlug vor, mich auf eine Party mitzunehmen. Doch ich winkte ab.
»Geh nur alleine, wenn's dich juckt.«
Sie zeigte mir die Einladung.
»Es wird vielleicht ganz schön.«
»Villa Engelbrecht, die gehört doch ... woher kennst du den Gastgeber?«
»Ich kenn' ihn überhaupt nicht.«
»Wieso bist du dann eingeladen?«
Vorsichtshalber schlug ich ihr links und rechts eine runter.
»Ich kenn' einen Freund von ihm«, stammelte sie.
»Wir kommen der Sache schon näher.« Wortlos ging ich in die Küche und zog das Bambusstöckchen aus dem Blumentopf. Ich legte sie übers Knie. Sie war verblüfft über diese Wendung der

Dinge.« Es ist wegen seines Bruders«, jammerte sie, »nicht auf die alten Striemen, das tut zu weh!«
»Was ist mit dem Bruder, na sag?« Für alle Fälle zog ich ihr das Stöckchen ein paarmal übers Gesäß.
»Er ist Bischof!« schrie sie.
»Treibst du es jetzt mit denen?«
»Er sitzt im Rundfunkrat ... ich dachte weil man dir keinen Auftrag geben will ... du könntest ihm erzählen, was du vorhast.«
»Eine wahrhaft geniale Idee«, sagte ich sarkastisch. Sie schluchzte jetzt. Ich tätschelte ihren Hintern:
»Falls du die Prügel schuldlos bezogen hast, bekommst du sie gutgeschrieben«, versprach ich ihr. Sie wälzte sich von meinen Knien und bedachte mich vom Boden aus mit wilden Blicken.
»Du siehst jedenfalls gut aus«, stellte ich fest.
Sie erhob sich mühsam.
»Du hast dir das so angewöhnt, rohe Gewalt auszuüben.«
»Du siehst, wie weit du mich gebracht hast. Ich kann Männer allmählich verstehen, die ihre Frauen im Affekt erschlagen.«
»Ich werde dich verlassen, hörst du? Dann, wenn du es am wenigsten erwartest.« Wie eine Schicksalsgöttin wies sie mit dem Arm auf mich: »Aber vorher laß ich dich verprügeln von einem Muskelprotz ... und schänden!«

»Rot sind die Schreie der gehäuteten Seele, die einer chaotischen Außenwelt preisgegeben ist wie offenes Fleisch den Fliegen und Maden«, erklärte der Direktor der Anstalt neben mir. Ich sah noch mal genauer hin und erkannte menschliche Figuren, die ein Bassin umstanden. Aus ihren Mündern quoll ein schmutzig-roter Brei, der sich in das Becken ergoß. Ein Blutbrunnen. An allen Wänden hingen ähnlich bizarre Bilder. Professor Quint galt als Experte für die Malerei von Geisteskranken. Ich war umgeben von Honoratioren und ihren Gattinnen, die mit ihm durch die Ausstellung pilgerten.

»Auf den Bildern gegenüber – wenn Sie mir folgen wollen – finden Sie kein Rot, kein Grün, kein Blau, hier herrschen das Gelb und das Schwarz. Gelb ist die Sehnsucht nach Ferne, aber auch die Revolte der gequälten Existenz; Schwarz die Vernichtung der Farbe, das Ende allen Lebens. Sie erinnern sich an das letzte Bild von van Gogh, die schwarzen Raben über dem gelben Feld, das er kurz vor seinem Selbsttod gemalt hat, ja, Sie haben recht, auch dieser Patient ist in hohem Maße suizidgefährdet.«

Ich benötigte noch eine Genehmigung des Professors für die geplanten Aufnahmen mit den Patienten. Der Bischof hatte mir den Auftrag der Rundfunkanstalt tatsächlich besorgt. Ich hatte ihm in seinem Amtssitz von meinem Vorhaben berichtet, geistesgestörte Patienten über die Zukunft der Menschheit zu befragen. »Gesichte« wollte ich den Beitrag nennen. Er fand das überhaupt nicht abwegig. In früheren Jahrhunderten habe man den »Irren« tatsächlich prophetische Gaben zugeschrieben. Gott habe durch ihre Zungen gesprochen. »Heute bezeichnen wir sie scheinbar korrekt als geistig Verwirrte. Was früher als göttliche Vision verstanden wurde, gilt nun als Deformation des Gehirns.«

Mehrmals traf mich der Blick des Anstaltsdirektors. Er war sich offenbar nicht sicher, wie er mich einordnen sollte. Professor Quint hatte den Ruf, besonders mißtrauisch zu sein gegenüber der Außenwelt. Schwierigkeiten konnten von den Behörden kommen, von den Angehörigen der Patienten und von der Presse, vor allem von ihr, sie war bösartig. Er bewegte sich in der riesigen Anstalt wie ein Ritter in einer belagerten Burg.

Ich hatte gerade drei kleinere Bilder entdeckt, die sich deutlich von der übrigen Malerei der Ausstellung unterschieden. Kein Fanal eines gehetzten Geistes, sondern bestürzende Intensität. Kein verzweifelter Ausbruch an Farben und Formen, sondern Harmonie, eine – ich kann es nicht anders ausdrücken – bis zum Zerreißen angespannte Harmonie. Plötzlich stand der Professor hinter mir. Ich fragte ihn, wer der Künstler sei.

»Sie haben ein gutes Auge«, sagte er,»hängt wohl mit Ihrem Beruf zusammen.« Er lächelte ein klein wenig.»Ist Ihnen aufgefallen, daß alle drei Bilder einen Hahn zum Thema haben?«

»Äh, ehrlich gesagt, nein«, sagte ich und schaute noch mal hin: Wenn man so wollte, konnte man tatsächlich, wie in einem Vexierbild, da einen Hahnenkamm, dort ein Federkleid, ein Vogelauge, einen Schnabel erkennen.

»Ich bin stolz auf diese Bilder«, sagte der Professor,»sie sind das Resultat einer Langzeittherapie. Kommen Sie mit!«

In einem Nebenraum, der den Besuchern nicht zugänglich war, zeigte er mir weitere Werke des Patienten. Er habe immer Hähne gemalt, sagte er, anfangs ganz realistisch.

Da hingen sie, detailgetreu wiedergegeben. In einer eher impressionistischen Phase verloren sie ihre scharfen Konturen, waren auf einem pointillistischen Gemälde nur noch zu ahnen und verschwanden in einigen gegenstandslosen Bildern ganz; ich sah genau hin, doch kein Hahn wollte auftauchen.

»Und doch kreisen auch diese Bilder um das gleiche Motiv«, sagte der Professor an meinem Ohr.»Sie müssen auf die kleinen Ornamente achten.«

Jetzt entdeckte ich sie, und es lief mir kalt den Rücken runter: Es waren winzige geometrische Zeichen, mit unglaublicher Akkuratesse ausgeführt, aus denen die Materie aller Bilder gewirkt war. Sie ähnelten kleinen Hakenkreuzen.

»Es ist Ihnen hoffentlich klargeworden, daß der Hahn nichts anderes darstellt als das Ich des Patienten«, sagte der Professor hinter mir.»Je mehr sich das Ich auflöst, desto pedantischer beharrt der Kranke auf diesem Grundmuster, das die Welt zusammenhält, die zu verstehen er nicht mehr in der Lage ist.« Ich drehte mich zu ihm um:»Warum hat man ihn eingesperrt?« wollte ich wissen. Dem Professor mißfiel das Wort, doch er beließ es bei einem Stirnrunzeln.

»Er war ein bekannter russischer Biologe. Während eines Kongresses in Deutschland kam es zum Ausbruch von Wahnvorstellungen. Er glaubte, er werde verfolgt. Seine Schwester, die hier verheiratet war, ließ ihn untersuchen und in die Anstalt einweisen.«

»Wann war das?«

»1934.«

»Ich weiß nicht«, stotterte ich, »vielleicht wurde er ja wirklich verfolgt.«

Der Professor lächelte milde. »Möglich«, sagte er.

»Warum lassen Sie ihn dann nicht frei?«

»Er käme draußen nicht mehr zurecht. Von seiner Familie lebt niemand mehr. Aber Sie können sich gern mit ihm unterhalten.«

Er gab einer Angestellten Anweisungen, den Patienten zu holen, und kehrte zu seinen Gästen zurück.

Mir war hundeelend zumute. Dieser selbstgerechte Typ fühlte sich als der eigentliche Urheber der Bilder; die Maler waren Patienten, aus denen er sie herausgekitzelt hatte. Was wollte ich hier? Die Idee für mein Hörspiel erschien mir plötzlich kindisch und meine Vorgehensweise dilettantisch.

Als er hereingebracht wurde, war mein erster Gedanke: »Er sieht aus wie Einstein.« Ich war sehr bewegt und versicherte ihm, daß ich seine Bilder großartig fände. Er betrachtete mich aufmerksam. »Wenn das wirklich stimmt«, sagte er, »und Sie sind ja ein gebildeter junger Mann, dann bin ich vielleicht doch nicht so verrückt, wie einige glauben.«

»Sie sind überhaupt nicht verrückt«, rief ich, »Sie sind ein großartiger Künstler. Und ich werde alles tun, damit möglichst viele Menschen Ihre Werke zu sehen bekommen.«

Als habe er nebenan gelauert, tauchte der Direktor wieder auf. Er wolle mir noch etwas zeigen, sagte er, bevor er wieder an die Arbeit müsse.

»Ich bin gleich zurück!« rief ich dem russischen Maler zu und folgte dem Professor durch mehrere Flure in einen Neubautrakt, den wir über eine verglaste Brücke erreichten.

»Für Sie sind diese Bilder ein Beweis, daß der Patient gesund ist«, sagte er, »für mich enthalten sie das Kainsmal seiner Krankheit. Ich will Sie mit einem Parallelfall bekannt machen, um Ihnen meine Diagnose begreiflich zu machen.«

Wir betraten einen häßlichen Saal, der nach lebensfeindlichen Desinfektionsmitteln stank, offenbar ein Aufenthaltsraum für Schwerkranke. Diensteifrige Pfleger drängten sabbernde, vor sich hin stierende Patienten zurück. Behutsam näherte sich der Professor einem aufgedunsenen Kranken, der im hinteren Teil des Raumes seine Runden drehte und dabei brüllte:

»Pocken schocken
Rocker zocken
Doggen joggen
Koggen docken
Flocken locken ...«
Er schleuderte die Worte ohne Pause heraus. Ich fragte mich, woher er die Luft nahm.

»Auch er erlebt die Auflösung seiner Person bei lebendigem Leib!« schrie mir der Professor ins Ohr. »Das erfüllt ihn mit Todesangst. Der Reim ist sein letzter Ordnungsfaktor!«

»Glocken blocken
Nocken bocken
Brocken stocken
Zocker hocken
Gonokokken
in den Socken ...«

»... Mein Mund ist trocken!« wandte sich der Kranke plötzlich an den Professor, der Wasser in einen Plastikbecher laufen ließ, den er dem Patienten reichte. Der trank einen Schluck und schüttete ihm den Rest über die Schuhe.

»Aber Sie können doch dieses Gequake nicht mit den Bildern des russischen Malers vergleichen!« protestierte ich. »Wie heißt er eigentlich?«

Der Professor begutachtete seine durchweichten Socken.

»Gequake!« schrie der Kranke, »Gequake, Gesage!« Ein athletischer Pfleger stieß ihn unsanft zurück.

»Künstler bewegen sich immer auf einem schmalen Grat«, sagte der Professor. Er blickte mich an wie einen künftigen Patienten.

»Kümmern Sie sich um unseren Gast«, befahl er dem Pfleger. »Ich muß zur Konferenz.«

»Sind Sie mit den Aufnahmen einverstanden?« rief ich ihm nach. Aber er war bereits aus dem Saal.

»All das Gequake, die himmlische Plage ...« setzte der Kranke lauthals wieder ein, »das ganze Gesage, zerschlage die Waage, ertrage die Lage, beklage die Tage, verzage im Hage, zernage die Frage ...«

Ich starrte ihn an, wie er unerbittlich seine Runden drehte und seine Reime im Delirium herausschrie.

Vielleicht war auch Sandra gerade außer sich, wenn auch auf ganz andere Art.

»Wollen Sie ihm noch länger zuhören?« fragte der Pfleger, dessen nackte Oberarme fast so dick waren wie die Schenkel meiner Freundin.

»Nicht unbedingt«, sagte ich.

»Würden Sie dann mitkommen?«

Ich ging ihm nach durch menschenleere Flure, hörte Seufzer, ohne zu wissen, woher sie kamen. Er schloß Zwischentüren auf, die hinter uns zufielen.

»Ich möchte wieder zurück zu dem russischen Maler, ich weiß nicht, wie er heißt«, sagte ich zu seinem Rücken, »der, mit dem ich vorhin gesprochen habe, wissen Sie, wen ich meine?«

Er reagierte nicht. Warum hatte ich mich dem Maler nicht vorgestellt, ihn nicht mal nach seinem Namen gefragt? Weil er ein Patient war? Ein Bekloppter, der hier seit Jahrzehnten vergammelte?

Der Adrenalinstoß durchfuhr mich wie ein Stromschlag: Und wenn sie mir das gleiche antun? Würde ich je wieder aus diesem Gebäude herauskommen, falls ich eine Gefahr für sie darstellte? … Vielleicht nach Jahrzehnten, wenn ich kein Bedürfnis mehr danach verspürte, weil längst ein anderer jene Kette in der Hand halten würde, mit der ich Sandra an den Felsen meiner Begierden geschmiedet hatte.

»Ich muß dringend jemanden anrufen, gibt es irgendwo ein Telefon?« Auch diesmal gab sein breiter Rücken vor mir nicht zu erkennen, ob er meine Bitte registriert hatte. Wir stiegen eine Treppe hinab und kamen in den Versorgungsbereich. Hier blieb der Pfleger abrupt stehen und wies mit der Hand auf ein Wandtelefon, das unter einer offenen Glashaube hing.

Ich hatte Sandra versprochen, ihr nicht zwangsläufig Untreue zu unterstellen, sobald ich unterwegs war. »Je mehr Vertrauen du aufbringst, desto weniger werde ich dich hintergehen«, gelobte sie. Ich versuchte positiv von ihr zu denken, kleinliche Gedanken erst gar nicht aufkommen zu lassen. Doch das Ambiente, das mich seit einer Stunde umgab, war zu grauenvoll.

Ich erschrak, als sie sofort abnahm.

»Ich will dich nicht kontrollieren«, beschwor ich sie, »es ist nur, weil ich Angst habe. Hör zu: Sie halten hier einen russischen Maler unter Verschluß. Seit Jahrzehnten. Möglicherweise haben sie etwas zu verbergen.« Ich linste zu meinem Herkules.

»Was sollte das sein?« fragte meine Freundin.

»Vielleicht gar nichts Bestimmtes. Solche Leute haben ständig Angst, durchschaut zu werden.«

»Hör auf zu spinnen, die können dich nicht einfach dabehalten.«

»Und wenn ich etwas Dummes anstelle?«

»Das mußt du ja nicht.«

»Ich hab' aber Lust dazu.«

»Vielleicht solltest du wirklich zum Psychiater, wenn du schon mal dort bist«, sagte sie verärgert.

Ich begann wie ein Irrer zu lachen.

»Ich könnte zu der Ansicht kommen, daß du mit ihnen unter einer Decke steckst. Das wäre dann Verfolgungswahn!«

Aber sie hatte aufgelegt. Ich nahm mir fest vor, das Arschloch umzubringen, das ich heute abend bei ihr im Bett finden würde.

Tageslicht brach sich plötzlich in der Glashaube des Wandtelefons. Eine Gruppe junger Schwesternschülerinnen betrat durch eine Außentür das Gebäude. Ich stürzte auf diese Tür zu, doch der Pfleger packte mich am Arm.

»Da können Sie nicht durch. Am besten, Sie schließen sich den Damen an.« Er ging hinter mir her.

Eine Oberschwester ging voraus und erklärte den Mädchen, welche Art von Aufgaben sie künftig hier erwarte:

»Wir befinden uns im neuesten Gebäudetrakt, gerade erst fertiggestellt. Ihr seht es an den großen Fenstern«, begann sie ihre Führung.

Doch die Fenster gingen nicht nach draußen, sondern zum Flur. Man würde die Patienten dahinter beobachten können wie Fische im Aquarium. Ich klopfte gegen eine der Scheiben: Panzerglas. Vor der letzten Zelle stauten sich die Schwesternschülerinnen: Der Raum war bereits belegt, und die Mädchen zögerten, daran vorbeizugehen. Der Patient hinter der Glasscheibe umklammerte seinen scharlachroten Penis mit fester Hand und wichste, was das Zeug hielt.

»Bitte nachrücken, rücken Sie nach!« rief der Pfleger. Er überholte mich und schubste die Mädchen, die dabei den Kopf abwendeten, an der Zelle vorbei.

»Wart nur, du Drecksau, wenn ich vorbeikomme!« stieß er zwischen den Zähnen hervor und wummerte mit der Faust gegen das Glas.

Hinter der Oberschwester betrat die Gruppe einen Raum, der als Kapelle eingerichtet war. Ein Geistlicher erklärte, daß Gott die

Menschen, deren Gemüt verwirrt sei, nicht weniger liebe als seine anderen Geschöpfe. Deshalb blicke er mit Wohlgefallen auf alle, die sich ihrer annähmen.

Zwei der Mädchen konnte man als echte Schönheiten bezeichnen, aber auch die anderen steckten sicher voller Leben, wenn man sie erst mal auf den Geschmack gebracht hatte. Ich mußte dringend Wasser lassen und fragte mich, was passieren würde, wenn ich vor all diesen reinen Herzen meine Hose öffnen, meinen Schniedel rausholen und an die Wand pinkeln würde.

Ich würde in eine neue Phase meiner Existenz eintreten und mit dem russischen Maler Schach spielen. Mein kleiner Bruder würde ruhiggestellt, sobald er sich regte. Ich würde nie mehr eifersüchtig sein und Sandra selbstgeflochtene Körbe mit Papierblumen schicken. Entschlossen wandte ich den Minderjährigen den Rücken zu, öffnete den Reißverschluß meiner Hose und griff hinein. Aus dem Augenwinkel sah ich Herkules, der anscheinend alles mitbekommen hatte und auf mich zutrat wie auf einen Patienten. Im letzten Augenblick entkam ich ihm, rannte aus dem Raum und lief in Todesangst quer durch Gänge und Flure, bis ich mich schließlich im Eingangsbereich befand.

»Machen Sie auf!« herrschte ich den Pförtner an.

»Aber gern«, sagte er und ließ das Türschloß aufschnappen. »Ihr Hosenlatz steht offen«, teilte er mir diskret mit, als ich mit einem »Dankeschön« an ihm vorbei ins Freie trat. Ich beruhigte mich erst, als mein Wagen die Schranke des Besucherparkplatzes passiert hatte. »Du mußt den russischen Maler wiederfinden, das bist du ihm schuldig«, sprach ich immer wieder ins Licht meiner Scheinwerfer hinein. Doch wie so oft in meinem Leben habe ich nicht getan, was ich mir vorgenommen hatte.

Es war Nacht, als ich leise die Tür unserer Wohnung aufschloß. Ich fand sie allein auf der Matratze, ich brauchte niemanden umzubringen. Ich legte mich zu ihr und nahm sie auf die rüde Art. Der Samenerguß brachte kaum Entspannung. Als ich schlaflos auf das Lichtmuster starrte, das die Tankstelle gegenüber an die Decke warf, versuchte ich über mich nachzudenken. Natürlich hätte ich ihrem Galan kein Haar gekrümmt, auch wenn sie in seinen Armen gelegen hätte; ich hatte ja auch nicht an die Wand gepinkelt. Ich war kein Tatmensch. Vielleicht war ich nur deshalb ein unbescholtener Bürger, weil ich zu feige war, eine kriminelle Handlung zu begehen.

Aus dem Dunkeln kam die Stimme von Sandra.

»Ich glaub', ich werd' morgen früh verreisen.«

»Wohin willst du?« fragte ich.

»Nach Hause. Du kannst dich ja vergewissern, daß ich angekommen bin ...«

Sie ließ mir Zeit, etwas zu sagen, aber ich schwieg.

»... Ich trau' mich nicht mehr aus der Wohnung, wenn du unterwegs bist«, fuhr sie fort, »damit ich ans Telefon gehen kann, sobald du anrufst ... ich will dir nicht deshalb treu sein, weil du Druck auf mich ausübst, sondern weil ich keine Lust auf andere Männer habe.« Ich wollte etwas Neckisches antworten, es lag mir auf der Zunge, aber ich war plötzlich müde.

»Vielleicht passen wir einfach nicht zusammen«, sagte sie, bevor ich einschlief.

Am Morgen sah ich mir meine Post an, ein dicker Umschlag war vom Rundfunk gekommen: Stellungnahmen von Hörern zu der Sendung »Gewichte«. Fast alles böse Briefe:

»... kann der Autor meinetwegen diesen Schwachsinn bei sich zu Hause laufen lassen, aber er sollte ihn nicht mit den Rundfunkgebühren kleiner Leute finanzieren ...«

Das Schlimmste war, daß man mich der Manipulation bezichtigte, mich, der ich jeden verachtete, der mit vorgefertigter Meinung an ein Thema heranging: »... Dieser Reporter läßt euch so lange quatschen, bis ihr als Deppen dasteht ...«, schrieb ein bayerischer Kapellmeister; sogar ein Pionier der Rundfunkgeschichte im Ruhestand hatte zur Feder gegriffen:

»... Von hundert Aufnahmen, wie ich dies von Kollegen erfahren habe, suchen Sie die übelste aus, um sich auf Kosten anderer zu profilieren ...«

Eines der Beschwerdeschreiben war direkt an den Intendanten gerichtet, der darauf vermerkt hatte:»Weiter an Kultur.« Mein Abteilungsleiter hatte daruntergeschrieben»weiter an Autor« und hinzugefügt:»Die meisten fühlen sich verarscht. Haben Sie mal überlegt, ob das an Ihnen liegen könnte?«

Es gab jedoch auch positive Stimmen. Allerdings nur zwei.

Sandra kam mit gepackter Reisetasche aus dem Schlafzimmer. Sie gab mir einen Kuß auf die Stirn:»Erhol dich gut von mir«, sagte sie lächelnd. Sie wußte immer, wann sie mich allein lassen mußte. Ich bestand darauf, sie zum Bahnhof zu fahren. Der Abschied war kurz, da ich keinen Parkplatz bekam und hinter uns ein Taxifahrer nervte.

Auf dem Rückweg vom Bahnhof fiel die ständige Anspannung von mir ab, die ein Zusammenleben mit meinem Haustiger mit sich brachte. Ich zwängte meine Karre in eine zu kleine Parklücke und überhörte die beiden Penner, die sich für das Eigentum ihrer Mitmenschen einsetzten, sobald meine Stoßstangen den Wagen vor oder hinter mir berührten. Sie riefen mir etwas von einer Anzeige nach, als ich den Boulevard überquerte. Die Stadt kam mir plötzlich provinziell vor. Wo waren all die aufregenden Geschöpfe, nach denen ich mich umsah, wenn Sandra neben mir ging? Waren sie zufällig alle zur gleichen Zeit nach Hause gefahren?

»Spare, lerne, leiste was, dann haste, kannste, biste was!« behaupteten Plakate an den Litfaßsäulen. Ein perfekt gescheitelter junger Mann mit zwei wohlgeratenen Kindern war vor seinem schmucken Haus abgebildet und verstärkte meine Trübsal. Gönnerhaft hatte er seinen Arm um die Schultern des etwas kleineren Weibchens gelegt, das gehorsam, aber strahlend zu ihm aufsah. Aus dieser Perspektive gesehen war Leidenschaft nur eine Hürde auf dem Weg zum Eigenheim.

In meinem Stammcafé traf ich Theo.

»Du steigerst dich«, sagte er, »war deine weitaus beste Sendung, diese Bullenbefragung.«

Theo war neun Jahre älter als ich und machte Dokumentarfilme fürs Fernsehen. Sein Lob tat mir gut.

»Kommst du mit nach Dachau?« fragte er.

»Was soll ich in Dachau?«

»KZ besuchen.«

»Ist nicht ganz mein Fall.«

»Du willst keiner von denen sein, die sich an die Brust klopfen, ja?«

»Stimmt, ich hab' was gegen Pflichtbesuche, das wird alles ein wenig forciert.«

Theo hatte kurz vor Kriegsende mitgeholfen, ein antifaschistisches Flugblatt zu verteilen, und war dabei erwischt worden. Da er minderjährig war, kam er in ein Strafbataillon, wo es ihn bereits am zweiten Tag erwischte.

Ich habe ihn schließlich doch nach Dachau gefahren, da er ohne Wagen war. Unterwegs reichte ich ihm einige der schlimmsten Hörerbriefe. »Macht dich schon ein wenig stolz, was?« fragte er grinsend, während er sie überflog. »Da gewinnt man doch gleich an Profil ... Erzähl den Leuten, es handle sich um eine neue Kunstform, um Radio-Lyrik, du wirst sehen, sie werden das akzeptieren.«

»Erklär das meinem Redakteur.«

»Sag ihm, daß er verpflichtet sei, auch Minderheiten ihre geistige Nahrung zu verabreichen. Diesen Verfassungsauftrag wenden sie gerne gegen uns an, behaupten, der und jener Beitrag seien zu einseitig. Das ist natürlich Quatsch. Das Programm muß ausgeglichen sein, nicht die einzelne Sendung. Sie zeigen ja auch, wie der Papst im Petersdom den Leib Christi an seine Herde verfüttert. Hab' nichts dagegen. Nur müssen sie im Gegenzug Sendungen für ein anderes Zielpublikum anbieten, zum Beispiel für intelligente Menschen. Und wenn sie sagen, davon gebe es zu wenige, dann vielleicht, weil sie diese Art von Publikum bereits dezimiert haben durch ständige Berieselung mit Schrottprogrammen.«

Wir fuhren auf das Ortsschild von Dachau zu. Ganz gegen meinen Willen lief mir ein Schauer den Rücken hinab. Einfach weil ich mir sagte, daß dieser Städtename zu den bekanntesten weltweit gehörte. Und weil mir bewußt war, weshalb.

»Bist du zum ersten Mal hier?« fragte Theo. Ich nickte.

»Wie weit, glaubst du, liegt die Uni München vom KZ Dachau entfernt?«

»Keine Ahnung.«

»14 Kilometer Luftlinie. Und wieviel Prozent der Münchner Studenten besuchen während des Studiums das KZ?«

»Ein Drittel?«

»Nach meiner persönlichen Erhebung – denn darüber gibt es keine Statistik – sind es knapp zwei Prozent ... von wegen Pflichtbesuch.« An einer roten Ampel schaute er sich um:

»Ich glaube, wir haben uns verfranzt.« Er kurbelte die Scheibe runter und rief einem Passanten zu:

»Oh bitte, wo geht's hier zum Krematorium?« Ganz normal, als frage er nach dem städtischen Freibad. Er tat, als habe er nicht gehört, und setzte mit verschlossenem Gesicht seinen Weg fort.

»Dabei drehe ich gar keinen Film übers KZ«, erklärte Theo.

»Sondern?«

»Über die Stadt Dachau. Also, nicht, wie es denen erging, die damals drinnen saßen, sondern wie die draußen heute damit fertig werden.«

Er sprach eine Dame an, die dicht am Wagen vorbeiging:

»Ach, gnädige Frau, bitte, wie kommt man zum KZ?«

»Wenn Sie an der nächsten Ampel rechts abbiegen, kommen Sie zu einer Informationsstelle. Am besten, Sie fragen dort nach. Es ist etwas kompliziert«, fügte sie entschuldigend hinzu.

»Sie würde Verrat begehen, wenn sie uns den Weg beschreiben würde.«

»Du provozierst die Leute.«

»Du wirst auch keine unbelastete Antwort erhalten.« Ich parkte den Wagen am Straßenrand, stieg aus und sprach – sehr behutsam – einen Mann in Arbeitskleidung an.

»Da sind Sie falsch gefahren. Sie müssen wenden und aus der Stadt raus.«

»Und dann?«

»Müssen Sie noch mal fragen.«

An der Informationsstelle bekam ich einen farbigen Prospekt mit dem Titel ›Dachau, anmutiges Amperstädtchen‹. Er enthielt einen Straßenplan der Innenstadt, also ohne KZ. Auf meine Frage wurde mir auf einem getrennten Papier eine Beschreibung der Zufahrtswege zur ›Gedenkstätte‹ sowie der Omnibusverbindungen ausgehändigt.

In einem Gasthaus der Innenstadt tranken wir Dachauer Bier und aßen Weißwürste, beides hervorragend. Es war Mittagszeit, und das Lokal war rappelvoll. Zwei jüngere Angestellte setzten sich zu uns an den Tisch. Ich sah mir den Prospekt an: »Im Jahr 805 erstmals als Ort erwähnt«, las ich vor ... »33 800 Einwohner ... Hier: Am Ortsrand befand sich eines der ersten nat.-soz. KZ (seit 1933) ... etwa 206 000 Menschen ... waren hier interniert, von denen mindestens 32 000 umkamen ... Umkamen, wie findest du das? Sie kamen einfach so um.«

Theo nahm den Prospekt. »Ganze drei Zeilen«, sagte er, als hätte er es schon geahnt.

»Die Dachauer haben mit dem KZ auch herzlich wenig zu tun«, mischte sich einer unserer Tischnachbarn in aggressivem Ton ein.

»Das Wort ›herzlich‹ gefällt mir in diesem Zusammenhang besonders gut«, meinte Theo.

»Weil das Gelände nämlich bis 1931 zu München gehört hat!

Das haben Sie nicht gewußt, was? Jetzt hat man es uns angehängt: Jeder sagt KZ Dachau.«

»Das kriegt ihr auch nicht mehr weg«, sagte Theo.

»Und das ist ungerecht!« rief einer der beiden zornig. »Warum müssen gerade wir das ausbaden?«

»Müßt ihr halt den Namen eurer Stadt ändern.« Theo griff nach seinen beiden Krücken, die unauffällig an der Tischplatte lehnten. »›Ampern‹ zum Beispiel oder ›Moorwiesen‹. Macht doch mal eine Volksbefragung!« Er erhob sich.

»Blöd daherreden kannst auch noch!« schimpfte einer der Dachauer. Dann sah er, daß Theo nur ein Bein hatte. Er schaute ihm nach, wie er mit seinen Krücken zur Toilette stakste.

»Hab' ich gar nicht mitgekriegt«, murmelte er betreten, »ist ja ein armer Kerl.«

Er konnte nicht ahnen, daß Theo sein ›Phantombein‹, wie er sein fehlendes Glied nannte, stets an dem Ort zurückließ, von dem er sich entfernte, damit es in seiner Abwesenheit als ›Botschafter des guten Willens‹ wirken konnte. So war es nicht verwunderlich, daß unsere beiden Tischnachbarn bei seiner Rückkehr wie ausgewechselt waren: Theo hatte ein Handicap. Er gehörte, wie sie, zu den Benachteiligten des Menschengeschlechts.

»Sie müssen die Animosität entschuldigen«, sagte der eine, »aber die Fremden, die hierherkommen, schauen uns doch alle an wie Mörder.«

»Weltweit sind wir verfemt«, bestätigte der andere; »wenn jemand am Nummernschild erkennt, daß wir aus Dachau kommen, kratzt er uns mit einem Nagel Schrammen in den Lack. Was können wir dafür? Wir sind die nächste Generation.«

»Und überhaupt«, meinte sein Kumpel, »auch mein Vater hat nix dafür gekonnt, selbst wenn er die manchmal hat zur Arbeit marschieren sehen.«

»Tatsächlich können sie auch nicht mehr dafür als die Münchner«, sagte ich im Wagen.

»Aber auch nicht weniger«, knurrte Theo, »oder tun sie dir leid, diese Sensibelchen? Sind sie irgendwie in Gefahr oder nimmt man ihnen was weg? – Fahr nach links!«

Wir parkten vor dem Eingang der Gedenkstätte.

»Wahrscheinlich werde ich hier nur sehr wenige Aufnahmen machen«, sagte Theo, »unsichtbar wird das KZ über der Stadt lasten, wie ein nicht darzustellendes Grauen.« Ich half ihm aus dem Auto. »Aber du«, sagte er, »wirst es dir jetzt anschauen.«

Wir gingen über einen Platz aus gestampfter, fast schwarzer Erde. Rührte der Schrecken, der durch jede Pore meiner Haut in mich eindrang, aus meinem Wissen über das, was sich hier zugetragen hatte, oder war die Luft über diesem Ort tatsächlich von einer anderen Konsistenz? Wie in jenem Horrorfilm, in dem ein Immobilienhai ein Grab überbaut, das die Gebeine Ermordeter enthält und die Käufer des Gebäudes nicht zur Ruhe kommen können? Ausdünstungen schienen aus dem Boden aufzusteigen, die jede Erinnerung an mein bisheriges Leben in weite Ferne rückten: Die Gaststätte, in der wir soeben gespeist hatten, meine Unterhaltung mit Theo in unserem Stammcafé und Sandra, die auf dem Bahnhofsplatz mit ihrer Reisetasche aus meinem Wagen stieg.

»Wenn man bedenkt, daß dieser ganze Komplex noch vor zwei Jahrzehnten in Betrieb war«, sagte Theo und klopfte mit einer seiner Krücken an die verrosteten Eisenträger in der Verbrennungsanlage. Ich starrte schweigend vor mich hin.

»Soll ich dir die KZler vorstellen?« fragte er.

»Gibt es noch Bewohner?«

»Es gibt wieder welche. Nur, daß sie jetzt Miete zahlen müssen.«

»An wen?«

»Wem, glaubst du, untersteht das Gelände? Hundertmal darfst du raten.«

»Ich weiß nicht ... dem Wirtschaftsministerium?«

Theo grinste: »Der Bayerischen Schlösser- und Seenverwaltung. Wärst du nicht drauf gekommen.«

»Ich bin wirklich von den Socken.« Ich blickte ihn ungläubig an.

»Es ist eigentlich logisch. Die verwalten eben die Gedenkstätten. Es ist nur unglaublich pietätlos. Genau wie der Einfall, hier Ostflüchtlinge zu logieren.«

Er führte mich von dem kleinen Museum über den Appellplatz zu den Wohnbaracken.

Kinder spielten mit einer leeren Konservendose Fußball. Es machte eine Menge Lärm. Als sie Theo sahen, bolzten sie die Dose in seine Richtung.

»Mich dürft ihr nicht anschießen«, rief Theo, »ich falle leicht um. Aber ich hab' einen mitgebracht, der Fußball spielen kann.«

Sie fielen über mich her. Ich brachte mich in den Besitz der Dose und schlug Haken, um sie auszutricksen. Sie kreischten vor Vergnügen.

»Erzählt ihm mal, wie sie euch nennen, die Dachauer«, forderte Theo sie auf.

»KZler sagen sie zu uns, die Stadterer. Aber wir hauen ihnen eine rein.«

Es gab ein Gerangel um den Ball, einige der Kinder hängten sich an mich, und wir purzelten alle lachend übereinander. Eine hübsche Besucherin der Gedenkstätte, die gerade des Weges kam, warf uns einen vernichtenden Blick zu, ob unseres ungebührlichen Benehmens an diesem Ort.

»Na, wie gefällt es Ihnen?« fragte Theo, als sie an ihm vorbeiging.

»Gefallen ist wohl kaum das richtige Wort«, sagte sie entrüstet. Sie ging zu einer nagelneuen, leuchtendgelben Telefonzelle, die sich zwischen den Baracken ausnahm, als hätte Dalí sie dort hingemalt. Theo sah ihr grinsend nach. Er stand – zufällig oder nicht? – hinter einem Stapel leerer Bierkisten, so daß sie sein Phantombein nicht hatte wahrnehmen können.

»›Dachau, einmal anders‹ wollte ich den Film nennen«, sagte er, »wie findest du den Titel?«

»Gefällt mir.«

»Nicht zu sarkastisch?«
»Schon. Aber erst auf den zweiten Blick.«
»Sie haben ihn bereits abgelehnt«, sagte er.

Wir sahen die junge Dame wieder, als wir vom Parkplatz fuhren. Sie stand an der Bushaltestelle und versuchte den Fahrplan hinter einer gesprungenen Glasscheibe zu entziffern. Sie hatte keine schlechte Figur. Ich hielt bei ihr an.

»Wo wollen Sie denn hin?« fragte ich sie.

»Das geht Sie wohl kaum etwas an«, gab sie zurück.

Ich schaute in den Fahrplan der Informationsstelle.

»Morgen früh, 9 Uhr 40, fährt der nächste«, teilte ich ihr mit.

»Oh«, sagte sie und schaute die Straße hinauf und hinunter, als könnte sie den Bus herbeibeschwören. Es kam aber keiner. Um ihr Mißtrauen zu überwinden, reichte ich ihr den Plan. Sie studierte ihn lange.

»Der letzte Bus ging tatsächlich 18 Uhr 15«, stellte sie fest, »da bleibt mir wohl nichts anderes übrig, als Ihr Angebot anzunehmen.« Ich öffnete ihr die Tür zum Rücksitz. Immer noch zögernd nahm sie dort Platz.

»Sie brauchen sich nicht so überschwenglich bei uns zu bedanken«, sagte Theo.

»Tue ich doch nicht«, rief sie. Sie gab mir den Plan zurück, »der Besuch der Gedenkstätte wird einem nicht leichtgemacht«, sagte sie, während ich anfuhr, »meinen Sie, die machen das absichtlich?«

Ich zuckte mit den Schultern.

»Früher mußten die Pilger auf Knien zu den heiligen Stätten rutschen«, knurrte Theo grimmig. Daraufhin hielt sie erst mal den Mund. Ich sah sie mir beim Fahren im Rückspiegel an. Eine Frau, mit der man sich durchaus blicken lassen konnte.

Es war Theo, der das Schweigen brach: »Würden Sie mir verraten«, fragte er, »ob Sie irgend etwas ganz speziell erschüttert hat auf Ihrer Tour durchs KZ?«

»Was mir wirklich nahegegangen ist?« Sie dachte nach. »Vielleicht ist es für Sie eine Kleinigkeit, aber im Krematorium stehen Eisentröge, in denen man die Leichen ins Feuer geschoben hat. Einige Besucher haben pfeildurchbohrte Herzen in diese Tröge geritzt und mit ihren Namen versehen. ›Henry and Ingrid‹ und so ...«
»Und das hat Sie verstört?« Theo sah mich an und verdrehte die Augen. »Sie haben recht, so was tut man nicht.«
Ich wollte ihr helfen. »Wahrscheinlich sind es G.I.s aus der Kaserne, die an den Wochenenden mit ihren Mädchen das Lager besuchen. Es gibt ja hier draußen sonst keine Zerstreuung.«
»Das KZ Dachau als Zerstreuung«, sagte sie bitter.
»Die sollen sich mal ordentlich benehmen, wenn sie schon im Land der Dichter und Denker sind«, pflichtete Theo ihr lautstark bei. »Die haben keinen Sinn für Geschichte, die Amis. Die haben ja noch nicht mal mittelalterliche Folterkammern!«
»Sie gehört immerhin zu den zwei Prozent«, versuchte ich seinen Sarkasmus zu dämpfen.
»Welche zwei Prozent?« fragte sie.
»Die er bumsen will.« Theo deutete auf mich.
Ihr Blick traf meinen im Rückspiegel.
»Er ist auf KZ-Besucherinnen spezialisiert, weil sie nach all den pfeildurchbohrten Herzen, die sie auf Leichentrögen entdecken, sehr triebhaft werden, wie er herausgefunden hat. Das Leben fordert sein Recht, wie man so sagt.«
Das Wetter war schön, eine Menge Menschen flanierte auf dem Boulevard. Theo drehte sich zu unserem Fahrgast um:
»Wie heißen Sie?« fragte er
»Birgit.«
»Gestatten Sie mir eine persönliche Frage, liebe Birgit? Hätten Sie gern, daß er Sie flach legt?«
»Ich ... ich glaube nicht, daß Sie das Recht haben ...«
»Laß gut sein«, hielt ich Theo zurück, aber es war zu spät. Wir standen im Stau, so daß sie leicht die Tür öffnen und aussteigen konnte, was sie auch tat.

»Danke fürs Mitnehmen!« rief sie, bevor sie die Autotür zuschlug und dem Bürgersteig zustrebte.

»Du hast mir jede Chance genommen, bei ihr zu landen.«

»Du wolltest doch nicht im Ernst ...?« fragte er.

»Doch«, sagte ich und schaute ihrem Hintern nach, bis er in der Menschenmenge verschwand.

»Wenn das so ist, tut es mir leid«. Er hielt vergebens nach ihr Ausschau.

Wir sahen sie wieder, als wir hundert Meter weiter an einer roten Ampel hielten und sie vor uns die Straße überquerte. Ich stieg aus dem Wagen und sprach sie an, als sie auf der Höhe des Kühlergrills war.

»Ich möchte noch einen Kaffee mit Ihnen trinken.«

»So? Wollen Sie das?«

»Oder einen Wein.« Ich wies auf das Lokal.

»Es gibt da ein Problem«, sagte sie. »Ihr Kumpel gefällt mir ganz gut, aber Sie sind mir zu oberflächlich.«

»Ich werde ihn mitbringen«, versprach ich.

Die Ampel sprang auf grün, und die Autoschlange hinter mir begann zu hupen, eine Unordnung, die sie nicht aushielt.

»Sie müssen weiterfahren«, drängte sie nervös.

»Werden Sie kommen?« fragte ich und setzte mich lässig auf die Motorhaube meines Fahrzeuges.

»Vielleicht,« versprach sie, »aber jetzt müssen Sie die Fahrbahn freimachen.«

Sie war noch nicht da, als wir unsere Stammkneipe betraten. Theo schien das ganz recht. Er konnte sich so plazieren, daß sie das Phantombein bei ihrer Ankunft nicht sofort bemerkte.

»Die also willst du dir zu Gemüte führen?« fragte er, als sie hereinkam, »Aus deutschen Landen frisch auf den Tisch.«

Sie hatte im Supermarkt eingekauft und trug eine Plastiktüte. Ich bot ihr einen Stuhl an.

»Schön, daß Sie gekommen sind.«

»Verdient haben Sie es nicht«, sagte sie, als sie sich setzte.
»Was muß man tun, um Sie zu verdienen?« fragte Theo
»Anständig sein.«
Wir waren baff. Theo musterte sie.
»Halten Sie sich für ein anständiges Mädchen?«
Sie überlegte ernsthaft.
»Da bin ich mir nicht ganz sicher.«
»Wie können wir sündigen, wenn es keine anständigen Mädchen mehr gibt?« rief Theo und ließ sie dabei nicht aus den Augen.
Ich spürte, daß er nervös war. Wie immer. Denn der Augenblick würde kommen, an dem er sein Phantombein präsentieren mußte. Es war das Aufstehen, das er fürchtete und das ihn zugleich erregte. Manchmal hatte er nicht den Mut dazu, blieb unter einem Vorwand sitzen und verabschiedete die Dame.

Natürlich hat jede Frau eine Schrecksekunde, wenn sich unter dem markanten Kopf, der ihr seit einer Weile gegenüber sitzt und unter den breiten Schultern nur ein einzelnes Bein erhebt, zumindest nur ein sichtbares. Theo belauerte die Frauen: Wenn der Schreck länger dauerte als zwei Sekunden, war die Sache für ihn gelaufen. Er war dann unerbittlich, denn er wollte auf keinen Fall, daß sie es aus Barmherzigkeit taten. Zuweilen ließ er sie mir zukommen, seine abgelegten Frauen in spe.

Birgit bestand die Prüfung. Als eine seiner Krücken, die hinter ihm an der Wand lehnten, zu Boden fiel, während er danach griff, war sie als erste zur Stelle und hob sie auf. Es war eine spontane Geste, und er akzeptierte sie.

»Dann wollen wir mal einen kleinen Ortswechsel vornehmen«, sagte er und schaute mich fragend an. »Wir können zu mir gehen«, schlug ich vor, »heute morgen haben sie unseren Aufzug freigeschaltet.« Sie widersprach nicht. Theo stakste als erster hinaus.

Ihre Beine waren ein wenig stramm und ihr Becken ein bißchen ausladend, doch wir waren von ihrer imposanten Nacktheit überwältigt, als sie ohne irgend etwas am Leib aus meinem Badezimmer trat. Sie blieb abrupt stehen, als sie uns entgegen der Absprache unverändert in unseren Klamotten erblickte.

»Das finde ich nicht sehr galant«, sagte sie.

»Wir wollten dich nicht gleich bedrängen«, erklärte ihr Theo mit vertraueneinflößender Stimme. Auf eine seiner Krücken gestützt, setzte er den Tonarm des Plattenspielers in Bewegung, der sich sanft auf eine Rille senkte.

»Schau ihr in die Augen, nicht auf die Figur«, hatte er mir eingeschärft, »das ist eine Grundregel für Frauen mit üppigem Busen.«

Jetzt sah ich, wie er sich auf ihr Gesicht konzentrierte trotz vielversprechender Körperteile, die seinen Blicken dargeboten wurden. Ich tat es ihm nach.

»Tanz mit ihr«, forderte er mich auf, »ich will dieses Mordsweib in Bewegung sehen.«

»Ich werde sie dir von allen Seiten präsentieren«, versprach ich ihm und ergriff sie an Hand und Hüfte.

Sie nahm es hin, daß wir über sie verfügten.

»Zieh dich auch aus«, bat sie mich, als wir Wange an Wange Tango tanzten und meine Hose sich ihrem Schritt entgegen wölbte. Ich erfüllte ihren Wunsch nach und nach. Beim Blues berührte mein befreiter Penis schließlich ihren Leib, beim Boogie, bei dem ich sie maximal herumschleuderte, hopste er im freien Raum auf und ab. Doch ihre Erziehung ließ sie Unanständigkeiten übersehen, sie dehnte und wölbte ihren üppigen Körper im Zustand der Unschuld.

»Na, wie findest du sie?« rief ich Theo zu.

»Sie ist eine Wuchtbrumme«, lachte er und nahm einen Schluck Rotwein. Doch er trank aus dem falschen Glas.

Auf dem Weg zu mir hatte sich Theo kurz bei seiner Wohnung absetzen lassen, um seine Medizin zu holen, wie er sagte. Später, als

Birgit im Bad war, zeigte er mir das kleine rote Döschen, das ein unscheinbares graues Pulver enthielt. Ein koreanischer Regisseur hatte es ihm auf einem Dokumentarfilmfestival geschenkt. Wie er Theo versichert hatte, mache es Frauen bereit zur Liebe.

»Hast du es schon mal ausprobiert?«

Er schüttelte den Kopf.

»Wo tun wir es rein?« fragte ich. Ich schaute in Birgits Einkaufstüte und entdeckte eine Flasche Wein. Theo grinste.

»Sie wußte, daß wir sie abschleppen würden. Mach die Bottel auf!«

Ich entkorkte die Flasche und kostete.

»Er schmeckt so scheußlich, daß es nicht auffällt.«

Ich schenkte drei Gläser ein. In das linke schüttete ich eine großzügige Portion des grauen Pulvers. Ich brauchte einen Löffel, um es zu verrühren.

»Lust steigt, Hemmung fällt«, zitierte Theo den koreanischen Freund.

Jetzt, da ich ihm die tanzende Birgit präsentierte, sah ich ihn aus dem linken Glas trinken. Weil ich um seinen prekären Gesundheitszustand wußte, gab ich ihm Zeichen, doch er prostete uns zu und trank von neuem. Ich unterbrach den Tanz, nahm ihm das Glas aus der Hand und setzte ihm die schweißnasse Maid aufs einzige Knie. Sie fragte, ob sie eine Dusche nehmen könne.

»Ich stehe auf Schweiß«, sagte Theo und leckte an ihrem Busen. Doch ich führte Birgit zum Bad, machte ihr Licht und schloß die Tür hinter ihr.

»Warum trinkst du aus ihrem Glas?« fragte ich Theo

»Scheiße, das hättest du verhindern sollen.«

»Tu ich doch gerade.«

Theo besah sich das Glas. Die Hälfte hatte er intus. Er zog das Telefon zu sich her und bestellte ein Taxi.

»Soll ich dich nach Hause bringen?«

»Quatsch ... reine Vorsichtsmaßnahme. Legt eine Ehrenrunde für mich ein.«

Nach Theos Abgang trank ich das Glas vollends aus, um zu testen, wie das Pülverchen wirkte. Sie kam aus dem Bad und fragte nach meinem Freund.

»Es war ihm nicht gut«, sagte ich.

Wir standen beide nackt voreinander. Ich zog sie aufs Bett »Ich hab mich nicht zu fragen getraut, wie es passiert ist,« sagte sie, als sie neben mir lag. Sie deutete ersatzweise auf eines meiner Beine.

»Eine Granate, kurz vor Kriegsende«, erklärte ich ihr. »Ihm fehlt nicht nur das Bein, er hat noch siebzehn Splitter im Körper ...«

Meine Hand strich an ihrem Arm entlang über ihre Schulter und kraulte sie ein wenig im Nacken.»...Nach dem Krieg ist er mit seinen Krücken durch halb Europa getrampt wie ein Symbol des geschlagenen Landes ...«

Ich sah, daß eine Träne über ihre Wange lief, beugte mich über sie und drückte meine Lippen auf die feuchten Winkel ihrer Augen, auf ihren Hals, ihre straffen Brüste und hier und da und dort auf ihren festgefügten Leib, wobei ich mich ein wenig bange fragte, wie ich wohl mit dieser ansehnlichen Jungfrau zurecht käme, die alles andere als eine Nymphe war. Plötzlich aber durchflutete mich eine heiße Welle, so als würde mein Körper mit Raketentreibstoff abgefüllt. Die Essenzen des Zaubertranks waren in meiner Blutbahn eingetroffen und ließen mich nach ihren Schenkeln greifen.

Das ewig Weibliche ziehe uns hinan, behauptet Goethe. Ich hatte eher das Gefühl, daß es mich hinabzog wie den Fischer in seinem Kahn. Sandra hatte mich allein gelassen, damit ich besser arbeiten konnte, und was tat ich mit meiner Zeit?

»Ich nutze sie, um normal zu bleiben«, sagte ich mir. »Ich möchte auch mit anderen Käfern meinen Spaß haben können.«

»Spaß? Daß ich nicht lache!«, hörte ich Vanessa rufen. »Du gibst dich nur mit ihnen ab, um Sandra zu betrügen.«

»Und sie? Hintergeht sie mich etwa nicht?«
»Sandra steht auf Männer, das ist nicht vergleichbar.«
»Was heißt, sie steht auf Männer, sag es mir, du Fotze!«
»Sie mag von ihnen hergenommen werden, Mistkerl, das weißt du ganz genau, ja, du kannst mir welche scheuern, da steh' ich drauf.«

Ich rief bei Theo an. Eine fremde weibliche Stimme, irgendeine Verwandte, war am Telefon; sie sagte, er liege im Krankenhaus.
»Was Schlimmes?«
»Eine Herzschwäche. Etwas muß bei ihm immer gerichtet werden, ein Wunder, daß er überhaupt noch lebt.« Sie nannte mir das Krankenhaus und die Zimmernummer.
Bevor ich mich auf den Weg zu ihm machte, rief ich Sandra bei ihren Eltern an und war froh, sie dort zu erreichen. Ich sagte es ihr.
»Na hör mal«, rief sie, »wo soll ich denn sonst sein?«
»Magst du nicht zurückkommen?«
»Brauchst du Fleisch für deinen Knochen?«
»Das ist nicht das Problem.«
»Was hat er denn für eines?«
»Er will nach Hause.«
Es entstand eine kleine Pause, ich hörte sie schlucken.
»Manchmal gebrauchst du äußerst schlichte Worte, um deine Gefühle auszudrücken.«
»Und du?«
»Ich brauche einen Mann.«
»Irgendeinen?«
»Meinen Favoriten darf ich ja nicht von der Arbeit ablenken.«
»Ich bin auch abgelenkt, wenn ich dich allzusehr vermisse«, sagte ich. Das sah sie ein.

Ich fand Theo nicht im Krankenzimmer vor, da er gerade geröntgt wurde. Sein Bettnachbar stöhnte ständig vor sich hin. So trat ich auf den Flur hinaus und wartete. Schon nach kurzer Zeit wurde sein Bett herangerollt.

»Es hat nichts mit dem Pülverchen zu tun, also bezichtige dich gar nicht erst einer Mitschuld!« Theo hob warnend die Hand und bat mich ins Zimmer. Die jugoslawischen Pflegerinnen schoben sein Bett gekonnt durch die Tür.

»Ich bin froh, daß du kommst, du mußt mich bei den Dreharbeiten ersetzen.«

»Wie meinst du das?«

»Ich muß für sechs Wochen zur Kur. So lange wird das Tor nicht offen bleiben, wir müssen die Stadt einnehmen, bevor sie sich zur Wehr setzt.«

Ich wollte protestieren.

»Ich weiß, du hast noch nie ...« kam Theo meinen Einwänden zuvor. »Der Kameramann ist ein alter Hase, da kann eigentlich nicht viel passieren. Du darfst dich nur nicht vor die Optik stellen... im Grunde mußt du nur machen, was du immer machst...«

»Theo«, unterbrach ich ihn, »ich hatte noch nie mit einer Kamera zu tun.«

»Ich biete dir die Co-Regie in meinem Film an«, sagte er feierlich. »Und weißt du, warum ich an dich glaube? Weil du – genau wie ich – ein Handicap hast, deine Kritiker haben recht: Du stellst deine Fragen holprig und ungeschickt.«

»Vielen Dank«, sagte ich.

»Außerdem versteht man dich kaum, ich meine: akustisch.«

»Du redest wie mein Chef.«

»Der bedenkt nicht, daß die meisten deiner Interviewpartner über deinen Mangel an Routine erleichtert sind. Sie brauchen deinetwegen nicht ihr Sonntagsgesicht aufzusetzen. So bleiben sie normal und sagen, was sie meinen. Versuch nicht, das Verschwitzte, Unfertige wegzubügeln, mach es zu deinem Markenzeichen. Ich bin den Leuten nahe, weil ich Invalide bin, du, weil du ein stotternder Amateur bist. Komm, sei nicht beleidigt!« Er wandte sich an uns beide: »Wißt ihr eigentlich, wie ich gemerkt habe, daß ich zu ihnen gehöre?«

»Lass hören«, sagte sein Bettnachbar.

»Als sie mich in den Krieg schickten, hatte ich es nicht weit. Der Feind stand schon im Land, von der Schule bis zur Front waren es zwanzig Kilometer«, erzählte Theo. »Zwei Tage habe ich dem Vaterland gedient. Als ich nach zwei Monaten an Krücken aus dem Lazarett kam, war der Krieg zu Ende und die Menschen auf der Straße schauten mir nach. Ich bestieg die Linie 5. Ein alter Wermutbruder half mir hinauf, ein Muttchen in der Tram bot mir ihren Platz an. Ich lehnte dankend ab, nahm beide Krücken in eine Hand und griff mit der anderen nach einer der Plastikschlaufen.«

»Sie armer, armer Mann«, sagte das Muttchen, »wie ist denn das passiert?«

»Im Krieg«, sagte ich.

»Wo denn da?«

»Im Schwarzwald.« Sie strahlte mich an.

»Im Schwarzwald? Wie schön!« rief sie aus.

»Hören Sie auf!« schrie der Bettnachbar, »es tut weh, wenn ich lache.«

Zwei Tage später war ich wieder in Dachau. Theo hatte mir noch einige Ratschläge mit auf den Weg gegeben: »Wenn die Leute fragen, wann sie den Film sehen können, sagst du, es sei ungewiß, ob er überhaupt ausgestrahlt werde; es sei deine erste Sendung. Bitte um ihre Mithilfe: Was müßte ihrer Meinung nach in einem solchen Beitrag enthalten sein? Ich bin sicher, du wirst sie zum Reden bringen.«

Bevor das Team eintraf, wollte ich zur Vorbereitung ein paar Tonaufnahmen machen. In der Gaststätte traf ich unsere beiden Bekannten wieder, die mich freundlich begrüßten. Sie nannten mir ein preiswertes Hotel in der Altstadt, brachten mich hin und luden mich für den Abend auf eine Party ein, auf der es hoch hergehen werde, wie sie mir versicherten.

Ich nahm ein Doppelzimmer und rief zu Hause an. Sandra war zurückgekehrt, doch sie weigerte sich, zu mir zu kommen. »Wenn du arbeitest, mußt du alleine sein und leiden«, beschied sie mich ebenso fröhlich wie unbarmherzig.

Ich nahm mein tragbares Uher-Tonbandgerät aus dem Auto, verkabelte das Mikro und schaltete auf »Sprache«. Ich konnte zwar nur Halbspur aufnehmen, doch für die geplanten Tests würde das genügen. Ich schlenderte durch die Innenstadt, bereit, jederzeit aufzunehmen. Es fehlte nicht an Passanten, aber keiner wollte sich von mir ansprechen lassen. Einige wandten sich wortlos ab, andere schleuderten mir zuvor noch ein paar Unfreundlichkeiten entgegen:

»Hören Sie auf mit dem Quatsch!«

»Lassen Sie uns bloß in Frieden.«

»Ich sag' nichts, hab' ich gesagt.« So ging es weiter. Da es zu regnen begann, betrat ich ein Warenhaus. Doch schon nach wenigen Minuten nahmen mich zwei Wachmänner in die Zange:

»Haben Sie eine Genehmigung für Ihre Aufnahmen?«

»Ich stelle doch nur ein paar Fragen.«

»Wir haben Sie aufzufordern, das Gebäude zu verlassen.«

»Sind Sie auch aus Dachau?« versuchte ich mich bei ihnen anzubiedern.

»Ja, und ich bin stolz darauf, ob es Ihnen paßt oder nicht«, sagte der eine.

»Schalten Sie Ihr Gerät aus!« befahl sein Kollege mit Nachdruck. Er machte Miene, es an sich zu nehmen. So gehorchte ich und trat so lässig wie möglich den Rückzug an. Doch sie wollten mir den letzten Stolz nehmen und stießen mich aus dem Eingangsportal wie einen Penner, den man morgens schlafend in der Bettenabteilung erwischt hatte.

Unter dem Vordach standen Leute unter Regenschirmen und warteten darauf, daß sie die Schirme nicht mehr brauchten. Nach einer

kurzen Schamfrist machte ich einen letzten Versuch und fragte eine Dame mittleren Alters, ob ich ihr einige Fragen stellen dürfe.
»Es sind ja doch immer dieselben Fragen«, gab sie zur Antwort.
»Was für Fragen?«
»Ob es nicht schrecklich sei, hier zu wohnen, so nah an diesem grauenhaften Ort.«
»Und was pflegen Sie darauf zu antworten?«
»Daß man ihn etwas ansprechender gestalten könnte, diesen Ort, mit einem sauberen Rasen und Bänken, damit man sich auch mal hinsetzen kann, so wie in jeder anständigen Gedenkstätte. Von mir aus soll man da ruhig etwas Geld reinstecken, bitte, ich sag' ja nicht, das ganze Lager muß verschwinden – nur diese schmuddeligen Baracken, die braucht keiner mehr, da ist doch Ungeziefer drin und was weiß ich noch. Am liebsten würden sie noch die Blutflekken konservieren, das ist doch makaber.«
»Was würden Sie denn die Leute fragen, wenn Sie eine solche Sendung machen müßten?«
»Ach Gott. Ich hab' nur mit Ihnen gesprochen, weil man Sie so unsanft an die Luft gesetzt hat. Da kommt mein Taxi.« Mit einer energischen Geste klappte sie ihren Schirm zu. Ich sprang zurück, um ihn nicht ins Auge zu bekommen.

Es hatte aufgehört zu regnen. Wie eine Folklore-Figur strich der Stadtgammler auf dem Weg zum Brunnen an mir vorbei, in jeder Jackentasche eine Rotweinpulle.
»Völlig abriegeln«, rief er, »Stacheldraht drum rum.«
»Sie würden das KZ zumachen?« Ich hielt ihm das Mikro hin.
»Ein unberührbarer Schandfleck. Verflucht für alle Ewigkeit. Amen.« Er nahm einen Schluck.
»Sie sehen doch, daß der Mann besoffen ist«, schimpften Passanten.
»Möchte wissen, für wen der arbeitet?«
»So schwer ist das nicht zu erraten. Wer hat denn Interesse daran, unsere freiheitliche Grundordnung zu zerstören?«

»Er darf das auch noch, Demokratie macht's möglich.«
»Ja, leider.«
Die Stadt begann mir ernsthaft aufs Gemüt zu gehen. Ich ließ es mir nicht anmerken, schleppte mein Uher ins Hotel zurück und nahm es mit zur Party, als meine beiden Bekannten mich abholten.

Die Gäste sahen aus wie Bürger einer ganz normalen Kleinstadt. Sie waren freundlich zu mir und aufgeschlossen, was mein Vorhaben betraf. Vielleicht mußte ich meine Einschätzung der Dachauer revidieren. Ich stellte mein Tonbandgerät ins Schlafzimmer, das als Garderobe diente. Die abgelegten Mäntel würden zur Verbesserung der Akustik beitragen.

Es wurde viel getrunken, meist Bier und Obstler. Und bald schon wurde ebensoviel geknutscht. Überall sah man Hände und Münder, die sich darum bemühten, die Körper ihrer Besitzer einander näherzubringen: In den Sofaecken, auf der Tanzfläche und auf kunstvoll hergerichteten Kissenlandschaften, die dazu einluden, sich's gemütlich zu machen. Sogar in der Küche stieß ich auf zwei sich umschlingende Leiber und aus dem winzigen Gästeklo sah ich ein Pärchen mit erhitzten Gesichtern heraustreten. Ich hatte bereits kurz nach meinem Eintreffen Blickkontakt mit einer großen, schlank gewachsenen Dachauerin aufgenommen. Als der Gastgeber zwei chinesische Becken zusammenschlug und die Dame des Hauses bekanntgab, daß eine schon heute morgen angesetzte Bowle auf die Gäste warte, fragte mich die Schöne, ob ich davon kosten wolle. Sie schenkte mir ein. Trotz Ehering schien sie allein dazusein. Wir tanzten zusammen. Die Körperteile, auf die es mir ankam, waren wohlgeformt. Doch ich dachte an die in Kürze beginnenden Dreharbeiten, ging ins Schlafzimmer, schob die abgelegte Garderobe etwas zur Seite und machte das Tonbandgerät klar. Dann bat ich einige der Gäste einzeln herein, um sie zu befragen. Doch so nett sie auch waren und so locker sie sich gaben, es kam nicht viel dabei heraus. Im Grunde sagten alle das gleiche, auch wenn sie es je nach Temperament variierten: Sie empfanden das Verhalten der Welt gegenüber den Dachauern als zutiefst ungerecht.

»Den Deutschen wird man verzeihen, den Dachauern nie«, sagte der erste. »Sogar Deutsche aus anderen Regionen zeigen sich in unserer Gegenwart betreten«, behauptete ein anderer, »am schlimmsten sind die Österreicher. Die zeigen mit den Fingern auf uns, mit welchem Recht denn?«

Und eine betrunkene Apothekerin sagte: »Angeblich haben wir Herzen aus Stein, weil wir diese Greueltaten in unserer Stadt geschehen ließen. So jedenfalls sieht es die Welt. Dabei gibt es in Dachau genausoviel Barmherzigkeit, jawohl, wie in irgendeiner Stadt in Frankreich, in Polen oder den USA, da wett' ich drauf.« Tränen traten ihr in die Augen.

Wie ein Klagechor berichteten fast alle von bittern Erlebnissen im Ausland. »Ich habe dort null Chancen«, so die Apothekerin, »mich selbst als Persönlichkeit einzubringen, ich bin für die einfach eine Dachauerin.«

Ich muß zugeben, daß auch mich der Gedanke erregte, meine erste Dachauerin zu vögeln, so wie man sagt »Meine erste Chinesin«. Oder: »Jetzt hab' ich auch mal eine Polizistin gefickt.« Der Reiz entsteht im Kopf.

Schließlich war sie an der Reihe: Meine schöne Dachauerin betrat das provisorische Tonstudio und schloß die Tür hinter sich. Auf meine Aufforderung hin setzte sie sich neben mich aufs Ehebett und lehnte ihren Rücken an die abgelegten Mäntel.

»Bist du hier geboren?« fragte ich und hielt ihr das Mikro hin. Sie nickte, begriff dann, daß sie sich äußern mußte.

»Ja«, sagte sie, »ja, ich bin von hier.«

»Ich habe noch nie eine Dachauerin gekannt«, sagte ich. Ich küßte sie und stieß auf keinerlei Widerstand. Auch nicht, als ich mit einer Hand unter ihr Kleid fuhr und ihre Schenkel liebkoste.

»Und wenn wir von hier verduften?« fragte ich.

»Wo willst du hin?«

»In mein Hotel zum Beispiel.«

Sie hatte nichts dagegen. Ich wollte mich auf Französisch empfehlen, doch sie mußte nochmals zur Toilette. Meine Bekannten sahen mich im Flur stehen.

»Gehst du schon?«

»Ich bring' sie nach Hause.«

»Da wärst du schön blöd.«

»Ist sie verheiratet?«

»Ihr Mann ist bei der Bundeswehr. Aber er ist auf Manöver in Norddeutschland.«

Die Gaststätte des Hotels schien abendlicher Treffpunkt Typ Sportsfreunde zu sein.

»Möchtest du noch was trinken?« fragte ich.

»Einen Sekt«, sagte sie und warf mir einen sündigen Blick zu. Halb hatte ich sie aus Höflichkeit gefragt, halb wegen des Problems, sie unauffällig nach oben zu lotsen. Wir setzten uns an die Bar, eine verruchte Ecke in einem sonst eher bäuerlichen Ambiente. Wir saßen unter Fischernetzen, in denen Muscheln hingen und schummrige rote Lämpchen. Die Sitze der Barhocker waren perverserweise von innen beleuchtet. Ich stieß mit ihr an und erklärte ihr das Problem.

»Müssen wir eben getrennt hinaufgehen«, sagte sie. Der Gedanke schien ihr Spaß zu machen.

»Bist ein kluges Köpfchen!« Ich stieß erneut mit ihr an und sagte ihr ins Ohr: »Ich hab' Lust, dich richtig ranzunehmen!« Sie lachte herausfordernd und verschränkte ihren Arm mit meinem, so daß ich aus ihrem, sie aus meinem Glas trank. Mitten in der Zeremonie stieß jemand so heftig an ihren Ellenbogen, daß unsere Gläser hart zusammenstießen und zerbrachen, was die Aufmerksamkeit der anderen Gäste auf uns lenkte.

»Karl-Heinz!« rief sie protestierend, doch der großgewachsene junge Mann mit dem Kurzhaarschnitt riß sie unsanft vom Hocker. Mich beachtete er nicht. »Auf geht's!« befahl er und schleifte sie quer durch den Raum zur Tür. Sie war unglücklich aufgetreten, als sie vom Barhocker rutschte, so daß sie jetzt jammernd hinter ihm her humpelte. Alle Augen im Raum sahen den beiden nach und richteten sich, kaum waren sie verschwunden, vorwurfsvoll auf mich. Ich hatte den Eindruck, daß sie mich für einen ziemlich miesen Kerl hielten, und war versucht, die Flucht anzutreten; aber das hätte nach schlechtem Gewissen ausgesehen. Immerhin wollte ich in dieser Stadt Aufnahmen machen. Es war nicht sehr geschickt, daß ich gleich als Bruder Leichtfuß auftrat. Ich entschloß mich zu stoischem Ausharren, bestellte einen weiteren Drink und noch einen, trank schnell und zuviel, konnte nachts nicht schlafen und wälzte mich am nächsten Morgen mit trüben Gedanken im Bett, obwohl mein kleiner Reisewecker schon vor zwei Stunden geklingelt hatte.

In den wirren Träumen dieser Nacht hatte Sandra an meinem Bett gekniet und mir zugeraunt, sie sei durchaus in der Lage, mir treu zu sein, wenn ich es verdiene. Aber verdiente ich es?
»Das mußt du selbst wissen«, flüsterte sie. »Ich denke jedenfalls ständig an dich, wenn du nicht da bist.«
»Auch wenn du dich gerade einem anderen hingibst?« wollte ich wissen. Mit zauberhaftem Lächeln sagte sie: »Gerade dann.«

Als das Telefon endlich läutete, war es einer meiner Dachauer Bekannten. Er wollte sichergehen, daß mich der Ehemann nicht erschossen habe.
»Ein Glück, daß du noch nicht mit ihr im Bett warst«, sagte er, »der hätte die Tür eingetreten.« Der brave Soldat habe sich zu Beginn der Manöver die Finger in der Motorhaube eines Militärlasters eingeklemmt und sei wieder nach Hause geschickt worden, erzählte er.
»Und gleich hat ihm einer gesteckt, daß ich mir seine Frau gegriffen habe?«
»Einer ist immer da, der Blut sehen will.«
Vor mir habe es bereits einen anderen gegeben, erzählte er

mir, der sei schon auf dem schönen Frauchen drauf gewesen, als ihn der Angetraute überrascht habe.»Wenn du dem armen Kerl begegnest, weißt du sofort: Das ist er!« Genüßlich breitete er sich über die verdrehte Nase des Ehebrechers aus, die immer noch ulkig aussehe und über das verschrumpelte Ohr, das der Gehörnte ihm fast abgerissen habe. Er sprach vom Dienstapparat der Krankenkasse aus, bei der er arbeitete. Er schien viel Zeit zu haben. Mir kam der Gedanke, daß Sandra möglicherweise gerade versuchte, mich zu erreichen. Überstürzt verabschiedete ich mich von ihm, um den Empfang anzurufen. Ich probierte alle Ziffern aus von eins bis zwölf; lediglich bei der zwei und der sieben läutete es an, doch niemand nahm ab. In einer klebrigen Plastikmappe auf dem Schreibtisch fand ich die Hausordnung in fünf Sprachen, an der Wand hingen Hinweise im Brandfall. Mit der Null kam man direkt nach draußen. Ich brach mit dem festen Vorsatz, sie in Ruhe zu lassen, und wählte meine eigene Nummer. Ich würde ihr gleich zu Anfang sagen, daß ich nicht anrufe, um sie zu kontrollieren, ich wolle nur ihre Stimme hören, da ich mich einsam fühle. Es läutete zwei, drei, vier, fünf mal. Nach welchem Klingelzeichen verlierst du deinen Glauben? Beim elften, beim zwölften Mal? Vertrauen wollte sie, als Zeichen meiner Liebe? Je mehr Vertrauen ich ihr entgegenbrachte, desto leichter konnte sie mich hintergehen. Stopp, nein, ich durfte nicht rückfällig werden. Wahrscheinlich machte sie irgend eine Besorgung – holte vielleicht gerade Brötchen. Schluß jetzt! Aufhören! Ich verbot mir derartige Überlegungen, aber die Gedanken tauchten ohne mein Zutun auf, teilten mir mit, sie seien frei und ließen sich nicht lenken. Nach zehn Minuten rief ich erneut an und nach weiteren fünf Minuten wieder. Vielleicht nahmen sie diesmal nicht ab? Oder er hatte sie in seine Wohnung bestellt? Sie kann nicht so geschmacklos sein, sagte ich mir, nein, nicht am heutigen Tag! Als ich einhängte, läutete das Telefon. Es war der Wirt. Es sei viertel vor zehn. Wenn ich frühstücken wolle, müsse ich sofort runterkommen, sie servierten eigentlich nur bis 9 Uhr 30.

»Hat jemand für mich angerufen?« fragte ich.
»Anrufe stelle ich durch«, sagte er.
»Auch wenn ich gerade spreche?«
»In diesem Falle lasse ich den Anrufer warten.«
»Also hat niemand angerufen?«
»Doch, aber den habe ich durchgestellt.«
»Einen Mann?«
»Ich glaube schon. Hören Sie, wegen dem Frühstück?«
»Können Sie es mir nicht aufs Zimmer bringen? Ich hab nämlich Geburtstag.«
»Ich werde eine Ausnahme machen«, sagte er nach einer Weile, »es kann aber etwas dauern. Meine Frau muß sich ums Mittagessen kümmern.«

Jetzt wartete ich auf das Frühstück und auf ein Lebenszeichen von Sandra. Schließlich wurde mir beides zuteil.
»Herzlichen Glückwunsch zum Geburtstag!« rief Sandra unter der Tür, die sie schwungvoll aufriß. Hinter ihr stand eine junge Frau mit meinem Frühstück. Sie war umwerfend.
Ich hatte sie noch nie hier gesehen. Meine Blicke verloren sich in ihrem Ausschnitt, als sie das Tablett sanft auf meine Beine stellte.
»Ich bin die Susanne«, sagte sie.
»Sie ist dein Geburtstagsgeschenk!« teilte mir Sandra mit.
»Hab ich sie nicht gut ausgesucht?«
»Trink deinen Kaffee«, ermahnte mich das Geschöpf. »Ich bleibe heiß, aber er wird kalt.«
»Am Morgen ist mir urplötzlich eingefallen, daß ich noch kein Geschenk für dich habe«, erzählte Sandra und begann sich auszuziehen. »Ich bin ins Café Rembrandt gegangen. Ich wollte ja was Besseres für dich finden.« Susanne lachte.
»Ich suche ein Geburtstagsgeschenk für meinen Freund, hat sie zu mir gesagt.« Sie entkleidete sich ebenfalls. »Und du weißt nicht, was du ihm schenken sollst? hab ich ganz naiv gefragt.«

»Du wärst genau das Richtige für ihn, hab ich ihr erklärt«, übernahm Sandra wieder. Sie warfen ihre Klamotten über meine Sachen.
»Das hat mich natürlich neugierig auf dich gemacht«, sagte Susanne und kam zu mir ins Bett. Sandra legte sich an meine andere Seite.
»Erst die Geliebte, dann die Frau?« fragte sie an meinem Ohr, »ist es dir so genehm?« Ich nickte.
Es war das erste Mal, daß ich mit zwei Frauen im Bett war.

Bevor sie mich am Abend verließen, übergab Sandra mir Theos Unterlagen zum Film. Es war nicht eigentlich ein Drehbuch, mehr eine Kladde mit Notizen und Gedanken.
»Hast du ihn im Krankenhaus besucht?« fragte ich. Sie schüttelte den Kopf.
»Er hat sie vorbeigebracht.«
»In die Wohnung?«
»Der Aufzug war wieder mal außer Betrieb. Er war so außer Atem, daß ich gedacht habe, er stirbt.«

»Dachauer Volksfest!« las ich. »Mit den Leuten saufen, das Bier loben!!!« Theos Klaue war manchmal schwer zu entziffern. Außer möglichen Motiven, Namen, Adressen enthielt der Klemmordner Zeitungsausschnitte und Veröffentlichungen örtlicher Vereine sowie Prospekte zu Ereignissen, auf denen er das Datum umrandet hatte: zu einem Stadtfest, einer öffentlichen Versteigerung, zu einer Tagung des Schützenvereins mit Wahl der Schützenkönigin und zum Treffen verschiedener Trachtengruppen aus Bayern und Österreich. Außerdem enthielt er zwei Exemplare einer Dachauer Schülerzeitung, in der einige Artikel rot angestrichen waren, Gedichte eines Dachauer Heimatdichters sowie diverse Lagepläne der KZ-Gedenkstätte.
Der hintere Teil von Theos Mappe bestand aus seinen hand-

schriftlichen Notizen zum Inhalt des geplanten Films, Reflexionen über das, was ihn beschäftigte. Und ängstigte.

Denn eines wurde beim Entziffern dieser Gedankensplitter klar: Theo fürchtete ein erneutes Aufflackern des Faschismus. Er glaubte, die Gefahr anhand von vielen, scheinbar alltäglichen Vorkommnissen zu erkennen. »Viele warten darauf«, schrieb er, »daß sie ihre Gesinnung wieder offen zeigen können. Noch müssen sie aufpassen!!« Und er sprach von demokratischen Floskeln, die den Amtsträgern aus den Mündern flössen. Eine Zeitungsnotiz war eingeklebt: Einer unserer Minister war der Ansicht, die Deutschen würden sich allzu eifrig auf die neue Gesellschaftsform stürzen; auch ein Zuviel an Demokratie könne schädlich sein.

»Werden diese Kerle noch mal an die Macht kommen?« schrieb Theo daneben. »Diesmal werden sie keine S.A. und keine Kristallnacht benötigen. Die Metastasen des Faschismus haben sich im Alltag des deutschen Bürgers eingenistet.« Ein Kreuzchen war dahinter.

Und weiter unten las ich: »Bei fortgeschrittener Metastasenbildung ist keine Heilung mehr möglich, nur ein Zurückdrängen. Der Erreger kapselt sich ab und wartet auf einen Augenblick der Schwäche im Organismus seines Wirtes.«

Auf der folgenden Seite hatte er ein Bein aufgeklebt, ein schönes Frauenbein, das er wohl aus einer Illustrierten ausgeschnitten hatte. »Mein Phantombein ist mein Minensuchgerät«, stand daneben. »Es schlägt aus, wenn ich einem dieser Kerle gegenübersitze.« Und etwas weiter: »Die Chance ist gering, daß ich in Dachau jemandem begegne, der mir unverkrampft in die Augen schauen kann. Nicht zu meinen Lebzeiten.« Ein großer Pfeil verwies auf ein eingerahmtes Feld, dort stand: »Der Gott Zebaoth bestraft die Sünden der Väter bis ins dritte und vierte Glied.«

In der Rubrik »Recherchen«, die hinter einem gelben Zwischenblatt begann, fiel mir eine dick umrandete Frage auf: »Wo ist der alte Galgenbaum?????« Ich zählte die Fragezeichen, es waren tatsächlich fünf. Ein winziges Foto, wohl aus einer Zeitschrift, zeigte einen knorrigen Baum mit ausladenden Ästen.

»Hier wurden Gefangene wegen geringfügiger Vergehen aufgeknüpft«, entschlüsselte ich Theos Handschrift, »etwa wegen eines Stückes Brot, das sie angeblich gestohlen hatten, vielleicht mit einem Schild um den Hals: ›Ich ehrloser Lump habe meine Kameraden beklaut‹«.

Auf einem Ausschnitt des KZ-Lageplans hatte Theo den Standort des Galgenbaums mit einem Kreuz markiert. Wieso dann die Frage?

Ich fuhr von neuem ins Lager. An der bezeichneten Stelle befand sich kein Baum, der als Galgen hätte dienen können. Ich ging hinüber zur Museumsbaracke. Dort hing eine Übersichtskarte des Hauptlagers. Ein Index erläuterte die eingekreisten Ziffern auf der Karte. Unter Nummer sieben stand: Platz des Galgenbaumes. Die Position der Nummer entsprach dem Kreuz auf Theos Karte. Anstatt in der gedämpften Atmosphäre des kleinen Museums jemanden flüsternd zu fragen, wo der Galgenbaum sei, ging ich auf einem anderen Weg nochmals sehr aufmerksam zu der angegebenen Stelle zurück.

Diesmal erblickte ich den Hinweis »PLATZ DES GALGENBAUMS«. Dann sah ich auch die Platte aus weißem Marmor, die in den gepflegten Rasen eines frisch angelegten Rondells eingelassen war. In goldenen Lettern stand darauf:

»Den Toten zur Ehr'
Den Lebenden zur Mahnung.«

»Das war's dann auch schon«, dachte ich. Theos Skizze war durch die Realität überholt worden, der Baum wohl inzwischen zu Brennholz verarbeitet. Theo wollte ja ohnehin nicht im KZ drehen. Doch weshalb die fünf Fragezeichen? Was wollte Theo herausfinden? Ich schrieb daneben: Wer hat den Baum umgehauen?

Und aus welchem Grund? Ich war beim Thema des Films angelangt: Wie geht man heute mit so etwas Ungeheuerlichem wie dem KZ um? Um eine Antwort zu finden, mußte ich außerhalb des KZ recherchieren, ganz wie Theo es gesagt hatte. »Gibt es einen Zirkel von Personen, der die Erinnerungen ans KZ auslöschen will?« schrieb ich unter die beiden Fragen.

Bänke gab es keine. Ich hockte mich auf die Einfassung des Rondells, was nicht gerade bequem war, und schlug Theos Mappe unter »Namen und Adressen« auf. »Bayerische Schlösser- und Seenverwaltung«, da war es, »Regierungsrat Weber«, na bitte. Keine Telefonnummer, ich mußte zu Dalís gelber Kabine pilgern. Vom angeketteten Telefonbuch war nur noch der Einband vorhanden, doch über die Telefonauskunft, die Zentrale des Regierungsbezirks Oberbayern, mehrere Telefonistinnen und eine Sekretärin bekam ich schließlich Regierungsrat Weber an die Strippe. Als ich ihm mitteilte, daß ich mitten in der Vorbereitung einer Fernsehdokumentation über Dachau stecke, war er sofort bereit, mich zu empfangen.

Hinter der Telefonkabine hämmerten zwei Barackenbewohner auf einem alten Küchenherd herum. Auf dem Weg zum Parkplatz mußte ich an ihnen vorbei.

»Na, wie lebt sich's hier?« versuchte ich sie in jenem lockeren Ton anzusprechen, der nicht meine Stärke war. Sie hätten schon Schlimmeres gesehen, meinte der eine. Sehr weit sei es zur Stadt, monierte der andere, und die ambulanten Händler seien zu teuer.

»Ist es nicht bedrückend, in dieser Atmosphäre ... ich meine, auch wegen der Kinder, die hier aufwachsen müssen, an einem Ort, wo so viele Verbrechen geschehen sind?«

»Wir nix kriminell«, mischte sich unwillig ein Dritter ein, dem der Schnauzbart über den Mund hing, »was willst du?« Offensichtlich suchte er Streit. Ich wünschte noch einen guten Tag, und sie hämmerten weiter.

Regierungsrat Weber hatte gepflegte Manieren und versprühte bayerischen Charme. »Auf eine elegante Art hölzern«, hätte Theo gesagt. Oder vielleicht auch: »Auf eine hölzerne Art elegant.«

Er musterte mich kritisch.

»Vor Beginn des Gespräches möchte ich gern wissen, für wen Sie arbeiten. Nehmen Sie doch Platz.«

Ich nannte ihm die Abteilung der Fernsehredaktion. Er schrieb es sich auf.

»Erzählen Sie mir, was Sie vorhaben, oder noch besser, gewähren Sie mir einen Einblick in Ihr Drehbuch.«

Er blickte begehrlich auf Theos Mappe, die vor mir auf dem Tisch lag.

»Ein Drehbuch gibt es noch nicht«, sagte ich und schlug die Mappe ganz hinten auf, wo es noch eine Anzahl leerer Blätter gab. »Ich wollte Ihnen heute nur ein paar Fragen stellen.«

»Fragen Sie«, sagte er und blickte auf die Uhr.

»Es sind nur fünf Fragen«, beruhigte ich ihn, »erstens: Brauche ich von Ihnen eine Erlaubnis, wenn ich auf dem Gelände drehen will, oder genügt das Okay der Stadt?«

»Natürlich brauchen Sie meine Erlaubnis.«

»Auch wenn wir ohne Stativ drehen?«

Er nickte ungeduldig.

»Warum?« wollte ich wissen.

»Ist das jetzt die zweite Frage?«

»Wenn Sie wollen.«

»Sie könnten ja vorhaben, in der Dachauer Kulisse einen Werbefilm für, na sagen wir, für Reizwäsche zu drehen.« Er erlaubte sich ein kleines Grinsen ob seiner verwegenen Phantasie.

»Näherliegend wären Schaftstiefel«, wandte ich ein.

Er runzelte die Stirn. »Im Ernst«, sagte er, »wir müssen als Verwaltung alles tun, um die Gedenkstätte vor Verunglimpfungen zu schützen. Wenn Sie wüßten, wie schnell das Geschrei losgeht, vor allem im Ausland.«

»Dann verstehe ich nicht, warum Sie die Lagerbaracken an

Ostflüchtlinge vermieten. Als ehemaliger Gefangener fände ich das ganz schön geschmacklos.«

»Ist das Ihre dritte Frage?« Er schaute erneut auf die Uhr.

Ich nickte.

»Die Vertriebenen brauchten ein Dach über dem Kopf. Wir wollten spontan helfen und haben ihnen eine vorläufige Heimstatt besorgt.«

»In einem KZ?«

»Alle Wohnbaracken wurden generalüberholt, gereinigt, gestrichen, mit einer Heizung versehen und mit neuen sanitären Anlagen.«

»Da kann es ja ganz so spontan nicht gewesen sein.«

Sein Gesicht verzog sich zu einem sardonischen Lächeln: »Niemand hatte bisher dagegen Einwände. Fragen Sie nach im Komitee. Dem Verband ehemaliger Häftlinge. Kennen Sie doch? Nein? Sollten Sie aber. Wenn Sie wünschen, kann ich den Kontakt herstellen.«

Ich wußte, daß er ohnehin dort anrufen würde, um die Leute vor mir zu warnen. Also bedankte ich mich.

»Machen wir doch gerne«, sagte er, »nun zu Ihrer vierten Frage, mir läuft allmählich die Zeit davon.«

Alles Bisherige war nur Vorbereitung gewesen.

»Warum haben Sie den Galgenbaum gefällt?« fragte ich sehr direkt.

»Was für einen Galgenbaum?«, fragte er zurück.

»An dem man früher die Gefangenen wegen irgendwelcher Vergehen aufgeknüpft hat.«

»Wahrscheinlich war er krank.«

»Was hatte er denn?«

»Oh Gott, wenn ich von allen Bäumen in allen Parks und Gärten wüßte, warum sie kahl werden. Vielleicht war er ganz einfach alt. Oder er war von Ungeziefer befallen. Ich weiß es nicht. Jedenfalls war er morsch, wenn ich mich recht erinnere, und wir mußten ihn umhauen, weil er zu einer Gefahr wurde für die Besucher der Gedenkstätte. Wir hätten uns ja strafbar gemacht, wenn wir nicht gehandelt hätten.«

»Gibt es da irgendeinen schriftlichen Befund?«

»Möglich«, sagte er, »aber schicken Sie mir erst mal Ihr Drehbuch.«

Mein Blick fiel auf ein Poster an der Wand: Schloß Herrenchiemsee. Die Beschriftung wies darauf hin, daß dort ein Festival stattfinden werde. Herr Weber hatte wahrlich Erfreulicheres zu verwalten als das KZ Dachau.

»Junger Mann«, drängte er mich, »ich warte auf Ihre letzte Frage.«

»Die stelle ich Ihnen das nächste Mal«, sagte ich.

»Auch gut«, lächelte er und erhob sich. Ich lächelte ebenfalls. Wir gingen auseinander wie zwei zivilisierte Menschen, die sich nicht mehr duellieren.

In einem Kaufhaus erstand ich einen soliden Gummiball, Fußballgröße, Lederimitation. Eine Zeitlang würde er halten. Ich fuhr damit zur Gedenkstätte. Jetzt nach Schulschluß wuselten wieder jede Menge Kinder zwischen den Baracken herum, schrien und lachten.

»Na, ihr KZler?« rief ich und bolzte ihnen den Ball zu. Ein Chor des Jubels war meine Belohnung. Selbst die Erwachsenen, die in ihrer dunklen Kleidung vor den Türen saßen, nickten mir zu. Es gelang mir, mit ihnen ins Gespräch zu kommen. Wie lange wohnten sie schon hier? Zwei Jahre. Ich zeigte ihnen das kleine Foto des Galgenbaumes in Theos Mappe. Hatten sie den Baum noch erlebt, der dort drüben gestanden hatte? Ich wies in die Richtung. Einige erkannten den Baum wieder.

War er krank gewesen? Hatte er welke Blätter oder kahle Äste?

Nein. Ein kraftvoller Baum sei es gewesen, mit ausladenden Ästen voller Laub. Eines Tages seien Männer gekommen und hätten eine Motorsäge an seinen Stamm gesetzt.

»Meine Tochter hat gesagt, der Baum weint«, berichtete ein anderer. Sie hätten ihn an Ort und Stelle in Stücke geschnitten und auf einen Laster geworfen. Die Marmorplatte, die jetzt an seiner Stelle am Boden liege, spende keinen Schatten.

Die Sache wurde zum Krimi. Gesucht wurde die Person, die den Mord an einem gesunden, kräftigen Baum in Auftrag gegeben hatte. Wie war diese Person beschaffen? Und: Aus welchen Gründen hatte sie den Auftrag erteilt? Wer waren die Hintermänner?

Der deutsche Delegierte des internationalen Dachau-Komitees arbeitete in einem bayerischen Ministerium. Ich setzte mich telefonisch mit ihm in Verbindung, und er sagte, ja, ich könne vorbeikommen. Ich hatte nicht auf Regierungsrat Weber Bezug genommen und er auch nicht. Doch er hatte keinerlei Fragen zu meiner Person gestellt, was mich vermuten ließ, daß er informiert war.

Die Akustik in der überhohen Eingangshalle war so abscheulich, daß ich den Portier, der mich per Lautsprecher durch ein Schutzglas ansprach, kaum verstand, auch dann nicht, als er mir auf meine Bitten hin zum zweiten Mal den Weg erklärte. Ein junger Mann, der in der Halle gewartet hatte, trat auf mich zu. Er könne mich hinbringen, bot er an und stellte sich vor: Er sei der Aufnahmeleiter des Fernsehteams, das ich für morgen erwarte.

»Woher wußten Sie ... oder ist das Zufall?« Seine glatten Gesichtszüge formten sich fast unmerklich zu einem Lächeln.

»Ich dachte, es sei vielleicht hilfreich, wenn ich an Ihrem Treffen teilnehme, so kann ich Fragen der Organisation gleich vor Ort klären.« Er führte mich zu einer Tür in der zweiten Etage, an der neben der Nummer und dem Namen des Sachbearbeiters ein kleines handgeschriebenes Kärtchen zu sehen war:

int. Dachau-Komitee
hier Auskunft

»Ich weiß noch nicht mal, ob bei dem Gespräch etwas rauskommt«, sagte ich abwehrend. Doch er klopfte kurz an und öffnete die Tür, bevor ich ihn daran hindern konnte. Es war ein kleines Büro, der Delegierte des Komitees erhob sich hinter seinem Schreibtisch.

»Wir kennen uns ja schon«, nickte er dem Aufnahmeleiter zu.

Mir streckte er die Hand hin: »Wir haben uns am Telefon gesprochen, was kann ich für Sie tun?«

Obwohl mich die Anwesenheit des Aufnahmeleiters irritierte, schilderte ich das Vorhaben Theos, seinen Klinikaufenthalt und daß ich versuche, ihn zu vertreten. Ich bat um Entschuldigung, falls mein Wissensstand ungenügend sei.

»Was wollen Sie denn wissen?«

»Wie kam es zu der Zahl von 32 000 Toten?«

»Es sind die von der Lagerverwaltung registrierten Sterbefälle.«

»Sie verlassen sich da ganz auf die Buchführung der Henker?«

»Es gibt sonst keine detaillierten Angaben, auf die wir uns stützen könnten.«

»Viele hat man doch an andere Orte gebracht, zum Beispiel in ein Schloß in Österreich, und sie dort exekutiert?«

»Schloß Hartheim, ja.«

»Und viele starben, bevor man sie registrieren konnte, auf dem Transport oder bei Fluchtversuchen?«

»Oder einfach, weil jemand bei einem Arbeitseinsatz Lust hatte, auf sie zu schießen, ich weiß. Wir haben uns darüber unterhalten und uns auf die Zahl 32 000 geeinigt.«

»Mit wem?«

»Mit der zuständigen Behörde.« Er bog eine Büroklammer auf und zu, bis sie abbrach. »Ob es jetzt 32 000 sind oder 40 000, vielleicht sogar 50 000, wo ist da der Unterschied? Das Leid läßt sich nicht in Zahlen ermessen.«

»Irgendwann wird jemand behaupten, es handle sich gar nicht um 32 000 Tote, sondern höchstens um 20 000, wie neuere Forschungen ergeben hätten, was angesichts der Tatsache, daß das Lager zwölf Jahre existiert habe, dazu in Kriegszeiten, eine fast normale Sterberate bedeute, wie sie in Gefängnissen auf der ganzen Welt registriert werde.«

»Ich weiß um diese Gefahr«, sagte er müde. »Gibt es sonst noch etwas, das Sie anprangern möchten?«

»Wie finden Sie es, daß man in den Häftlingsbaracken wieder Leute wohnen läßt?«

»Wir können uns sozialen Argumenten schlecht verschließen, diese Baracken gehören ja nicht uns, den ehemaligen Häftlingen, sondern dem Staat. Sie wurden ausgebaut, mit sanitären Anlagen ausgestattet.«

»Und die Besucher, die vorbeigehen, sagen sich: So schlecht haben die doch gar nicht gelebt!«

»Das wäre bedauerlich«, sagte er.

»Aber ist vielleicht beabsichtigt!« Ich erschrak über meinen rechthaberischen Ton. Der Mann hatte sicherlich genug durchgemacht.

»Immerhin hat man Geld aufgewendet, um die Baracken zu erhalten«, verteidigte er tapfer die Entscheidung der Schlösser- und Seenverwaltung.

»Den Galgenbaum zu erhalten hätte gar nichts gekostet«, sagte ich angriffslustig, »trotzdem hat man ihn umgehauen. Eines Tages wird man auch die Baracken einreißen und an ihrer Stelle eine Musterbaracke errichten, die genau so steril sein wird wie die Marmorplatte am Platz des Galgenbaumes.«

»Den Gedenkstein hat die Regierung gespendet«, sagte er, »es ist ein schöner Stein.«

Warum sollte ich ihm den Stein miesmachen, wenn er ihm gefiel.

»Die Inschrift könnte etwas deutlicher sein«, murmelte ich.

»Was hätten Sie denn geschrieben?« fragte er und sah mich neugierig an.

»Hier wurde kurzer Prozeß gemacht«, improvisierte ich, »oder: Hier hat man Menschen aufgeknüpft aus purer Lust am Töten.«

»Mich hat der Apostroph gestört«, sagte er leise.

»Der Apostroph?«

»Warum hat man die Ehre verstümmelt?«

Den Toten zur Ehr' – es war mir nicht aufgefallen, aber er hatte recht.

»Es hört sich so nach Kriegerdenkmal an«, stimmte ich ihm zu.

»Dabei sind sie nicht im Kampf gefallen«, sagte er, »sie wurden zu Tode gequält.«

Wir schwiegen beide. Dann fragte er mich:

»Was hätten Sie getan? Ein Geschenk wegen eines Apostrophs zurückgewiesen? Wir wollen Frieden, nicht unbedingt Gerechtigkeit.«

Statt in Anzug und Krawatte stellte ich mir mein Gegenüber in jener Häftlingskleidung vor, die ich im Museum gesehen hatte, ausgemergelt, erniedrigt und um sein Leben bangend.

»Die Gerechtigkeit hängt in unserem Falle sehr hoch«, fuhr er fort, »deshalb müssen wir manchmal Kompromisse machen. Wir würden es nicht durchstehen, wenn sie uns zu hassen beginnen, weil wir zuviel von ihnen verlangen.«

»Warum quälst du diesen Mann so?« fragte mich mein Alter Ego. Ich erhob mich.

»Ich danke Ihnen für Ihre Mühe«, sagte ich.

»Ich werde Ihnen bis morgen abend Bescheid geben, ob das Komitee Ihr Vorhaben befürwortet.« Er hielt mir seine Hand hin. Zu meinem Erstaunen gab mir mein Aufnahmeleiter ebenfalls die Hand.

»Sie bleiben noch?« fragte ich und spürte, daß es mir nicht gelang, meinen Ärger zu verbergen.

Am nächsten Morgen sollte mein Team eintreffen. Ich wartete vergebens. Am frühen Nachmittag rief ich beim Fernsehen an und verlangte den Redakteur, der in Theos Mappe vermerkt war. Man verband mich mit einem jungen Mann, der etwas verlegen von einem momentanen Engpaß sprach. Sie würden Bescheid geben, sobald ein Aufnahmeteam frei werde.

»Kurzfristig«, fragte ich, »oder kann das länger dauern? Dann brauche ich nicht hier herumzusitzen.«

»Wo sind Sie?«

»In Dachau.«

Er glaube nicht, daß ich dort ausharren müsse, meinte er. Allerdings sei er nur der Praktikant, Herr von Stetten sei heute anderweitig beschäftigt.

Ich saß bereits im Auto, als der Wirt mir einen Brief mit Sandras Handschrift nachtrug. Als ich den Umschlag aufriß, fand ich einen zusammengefalteten Zettel, auf dessen Rückseite Sandra geschrieben hatte:

»Diesmal ging der Aufzug, sonst hätte er es nicht bis hoch geschafft. Ich liebe dich.« Ich faltete das Papier auseinander und las, in Theos schwer zu entziffernder Schrift hingekrakelt: »Mea culpa! Habe völlig vergessen, Dir die Grundregel des Dokumentarfilmers beizubringen: Niemals Recherchen machen ohne Kamera. Du gibst sonst Deinen Gegnern Zeit, sich zu formieren.

Das Komitee hat angerufen. Versöhnung habe für sie Priorität. Deshalb bitten sie Dich, von ihrer Mitwirkung bei Deinem Filmvorhaben abzusehen. Sie wünschen Dir jedoch – und sie schienen mir sehr ehrlich – alles Gute für Dein Schaffen.«

Wenigstens einen Titel für die Sendung hatte ich dank des Komitees gefunden. Käme sie doch noch zustande, so würde ich sie ›Der Apostroph‹ nennen.

Einige Wochen waren seit jener Verschiebung der Dreharbeiten vergangen, als ein Freund Sandra und mich zu einem Empfang einlud, auf dem eine große Zeitung die besten Karikaturisten prämierte. Mein Freund, der einen der Preise erhalten sollte, wurde aufs Podium gebeten, kaum, daß wir angekommen waren. Da ich aus diesem Milieu kaum jemanden kannte, standen Sandra und ich alleine da und hielten uns an unseren Sektgläsern fest. Ein gutaussehender Mann in einem perfekt sitzenden Anzug gesellte sich zu uns. Er trug sein extravagantes Hemd offen. Seine lange Mähne war sorgfältig gebürstet und glänzte wie Frauenhaar. Er mochte Mitte Dreißig sein, war jedoch trotz seiner frühen Jahre bereits Professor an der Kunstakademie und ein bekannter und gefürchteter Kunstkritiker, wie mein Freund mich später aufklärte. Höflichkeitshalber richtete er einige einleitende Sätze an uns beide, ließ jedoch bald ohne Umschweife erkennen, daß er es auf Sandra abgesehen hatte. Sein jugendlich mitreißender Charme, den ich für völlig aufgesetzt hielt, schien bei ihr anzukommen. Sie wolle sich noch einen weiteren Sekt am Tresen holen, gab sie bekannt. Er begleitete sie. Was konnte ich tun? Hinterherschlappen?

»Möchtest du auch noch einen?« fragte sie über die Schulter zurück. Ich verneinte, da ich ungern Sekt trinke. Taktisch war es ein Fehler, weil sie jetzt nicht mehr zurückkommen mußte, um mir das Glas zu bringen. Was sie auch nicht tat. Geschenke verpflichten. Ich befand mich offensichtlich in einer Situation, in der Sandra eine ähnliche Großzügigkeit von mir erwartete, wie sie mir mit der Übergabe des Geburtstagsgeschenkes zuteil geworden war. Sie hatte den Preis für das nächste Abenteuer im voraus entrichtet. Wie beim Ablaßhandel im ausgehenden Mittelalter, bei dem man auch für künftige Sünden bezahlen konnte. Ich entdeckte sie mit ihrem Verehrer im Saal, wo sie den Preisreden lauschten. Sie fragte ihn etwas, und er beugte sich nah zu ihrem Ohr und setzte zu einer langatmigen Erklärung an, wahrscheinlich um die Berechtigung der einzelnen Auszeichnungen aus seiner Sicht zu kommentieren; dabei bedachte er Sandra mit einem spöttischen Lächeln, so als frage er unentwegt, »können Sie mir folgen?«. Ich kannte sie gut genug, um mitzubekommen, wie sehr sie beeindruckt war. Sie hielt ihn offensichtlich für einen überlegenen Geist, zu dem sie aufschauen konnte. Ich hielt ihn für aufgeblasen. Mein Freund meinte später, der Kerl sei zwar arrogant, halte aber ein hohes Niveau.

»Er weiß, wovon er redet«, sagte er, »und du bist nicht objektiv.«

Aber bevor ich sauer reagieren konnte, legte er mir einen Arm um die Schultern – in der anderen Hand hielt er seinen Preis – und sagte grinsend: »Ich mag ihn auch nicht.«

Das war es, genau das, was mich wurmte. Daß Sandra sich von einem Kerl abschleppen ließ, der mir physisch zuwider war, den ich nicht ausstehen konnte, schon bevor er Sandra anmachte. Und natürlich war ich beschämt, daß ich seiner dreisten Anmache nichts entgegengesetzt hatte und mich wie ein Idiot hatte zur Seite drängen lassen. Dabei hatte sich Sandra durchaus korrekt verhalten. Als die Band zu spielen begann, war sie zu mir gekommen und hatte gefragt, ob sie mit ihrem neuen Bekannten tanzen könne oder ob ich mich zu einsam fühle. Aber genau in diesem Moment war mein Freund zu mir getreten und hatte mir seine etwas kitschige Trophäe unter die Nase gehalten. Wir lachten beide. »Du hast ja Gesellschaft«, sagte Sandra vergnügt und enteilte. Ich entdeckte sie ab und zu in der Menge. Ihr Partner bewegte sich lässig und nicht zu nah an ihr (wie ich zugeben muß). Von überall her folgten dem schönen Paar Blicke, wurde ihnen freundlich zugenickt. Es war offensichtlich ein Privileg, von ihm betanzt zu werden. Als Sandra nach einer guten halben Stunde erhitzt zu mir kam, stand ich wieder allein herum, da mein Freund gerade ein Interview gab.

»Rudolf will noch in ein anderes Lokal gehen«, erklärte sie mir etwas außer Atem, »er meint, hier seien zu viele Deppen. Willst du mitkommen?« fragte sie ganz neutral. Der Kunstprofessor in ihrem Schlepptau näherte sich bis auf Hörweite; er trug immer noch sein überlegenes Lächeln zur Schau. Obwohl es nicht gerade höflich war, nahm ich Sandra zur Seite:

»Wieso fragst du, ob ich mitkomme? Er will doch mit dir allein sein.«

Sie nickte eifrig: »Ich bin froh, daß du es so siehst.«

»Wohin hat er dich eingeladen«, wollte ich wissen, »zu sich?«

»Noch nicht«, sagte sie spitzbübisch, »in ein anderes Lokal. Bist du eifersüchtig?«

»Auf den?« Ich schnaubte verächtlich, »ich finde ihn widerlich«.

»Du mußt ihn ja auch nicht mögen.« Sie küßte mich schwesterlich.

»Er hält mich sicher für das letzte Arschloch«, knurrte ich. Sie schüttelte den Kopf: »Ich hab' ihm gesagt, daß wir beide nicht monogam seien. Stimmt doch?« fragte sie im Weggehen.

Ich sah hinter ihr her, wie sie brav neben dem großen Kritiker den Saal verließ; ich versuchte, Haltung zu wahren. Da war sie also, die Retourkutsche. Geben und nehmen. Gleiche Rechte für Mann und Frau. Gleiche Rechte? Er nimmt sie, sie gibt sich ihm hin, diesem Fatzke! Im Augenblick noch nicht, aber sie wird sich ihm hingeben, in einer Stunde, in einer halben, vielleicht schleppt er sie direkt in seinen Wigwam. Und sie wird ihm zu Willen sein, das sah ich ihr an; es war so sicher wie wie wie ... die Tatsache, daß ihre Möse bereits feucht war!

Mein Freund hatte zu viele Verpflichtungen auf diesem Empfang, ich wollte nicht mit fremden Leuten herumlabern, während sie, während sie, während sie ...

Scheiße, ich stolperte auf der Treppe, als ich das Gebäude verließ, eine junge Dame vom Ordnungsdienst fing mich gerade noch auf.

»Danke«, murmelte ich verwirrt.

»Gern geschehen«, meinte sie munter.

Ich kam mir vor wie mein eigener Opa.

Zusammengesunken saß ich vor meinem Schreibtisch: Ich konnte ihn hören, wie er sie mit seiner gewinnenden Stimme bat, ihre Kleidung abzulegen. Er wolle ihren Körper sehen, bevor sein Blick allzusehr vom Taumel der Sinne getrübt sei. Wie ich sitzt er an seinem Schreibtisch und dreht den Stuhl in ihre Richtung.

»Dann müssen Sie sich mit mir ausziehen, sonst habe ich Hemmungen«, sagt Sandra.

»Auch der Arzt zieht sich nicht mit Ihnen aus.«

»Ich bin nicht Ihre Patientin.«

»Sie setzen sich in beiden Fällen professionellen Blicken aus, nur sucht der Arzt nach Symptomen einer Krankheit und ich nach den Geheimnissen Ihrer Schönheit ... Nein, bitte nicht setzen, entkleiden Sie sich im Stehen. Meine Augen werden sich Ihre Formen einprägen ... ja, legen Sie alles ab.«

Ihr Kleid hat sie im Nu über den Kopf gezogen, den BH geöffnet und den Slip abgestreift. Während sie sich bückt, um ihre Schuhe und Strümpfe auszuziehen, geht er um sie herum:

»Wie ich geahnt habe, sind Sie das Modell, auf das ein Maler – oft vergebens – sein Leben lang wartet. Bleiben Sie hier in der Mitte des Raumes, wir wollen dieses große Ereignis feiern.«

Sie richtet sich wieder auf und steht nackt in seinem Atelier, während er in Abendgarderobe vor ihr steht und Cognac in einen Schwenker gießt. Er geht um sie herum und stellt fest:

»Perfekt wie die Venus von Milo.«

»Die hat keine Arme mehr.«

»Stimmt.« Er stellt das Glas ab und bindet ihr die Handgelenke mit Hilfe einer mexikanischen Stirnbinde zusammen, die an meiner Stehlampe hängt.

»Jetzt kann ich nichts mehr trinken«, wendet sie ein.

»Dafür bin ich da, Ihr Mundschenk.« Er setzt das Glas behutsam an ihre Lippen, faßt mit der Hand in ihre Haare und zieht ihren Kopf kraftvoll nach hinten. Behutsam, aber stetig läßt er die Flüssigkeit in ihren Mund rinnen, bis sie nach Luft schnappt.

»Stark«, sagt sie und atmet tief ein und aus. Ihre Brüste heben und senken sich. Ich versuche, Sandra durch seine Augen zu sehen: ein perfektes, sinnliches Geschöpf, das ihm ausgeliefert ist und darüber keineswegs unglücklich zu sein scheint. Er setzt den Cognacschwenker unter eine ihrer Brüste und kippt das Glas kurz, bevor er es wieder abnimmt. Er beginnt das Naß behutsam von ihrem Busen zu lecken, streicht mit der Zunge wie zufällig über den Nippel und saugt schließlich verspielt an ihm.

»Ausgezeichnet«, sagt er und nimmt sich die andere Brust vor, »man sollte Cognac immer anwärmen, bevor man ihn kostet.«

In diesem Moment hörte ich, wie die Wohnungstür aufgeschlossen wurde. »Sandra?« rief ich. »Das ging aber schnell.« Ich sah auf die Uhr. Ich war noch keine Stunde zu Hause.

»Bin ich zu früh?« fragte sie und kam hereinspaziert, die Haare ein wenig zerzaust, die Kleidung ein bißchen zerknittert, und rundherum eine starke Aura von Sexualität. Sie beugte sich zu mir herab und küßte mich auf den Mund.

»Du riechst nach Cognac«, bemerkte ich.

»Stört es dich?«

»Es wirkt lasterhaft. Wie war's denn?«

»Hat sie oder hat sie nicht?« fragte sie neckisch und stieg vor mir aus ihren Kleidern. »Ich geh' erst mal 'ne Dusche nehmen.«

Sie ging nackt ins Badezimmer, ließ aber die Tür einen Spalt offen. Ich hörte das Wasser rauschen, wartete zwei, drei Minuten, bis sie es abstellte, und ging zu ihr. Durch den Duschvorhang sah ich, wie sie sich einseifte. Sie summte dabei ein Kinderlied.

»Wo bist du gewesen?« fragte ich.

»Wir waren noch im Georges-Club«, sagte sie. Sie stellte das Wasser wieder an, Dampf verhüllte sie.

»Und«, rief ich, »was habt ihr gemacht?«

»Wir haben geredet«, rief sie zurück. Sie stellte das Wasser auf kalt und stieß kleine, spitze Schreie aus. »Er hat mir sogar zugehört, das hat mir geschmeichelt.«

»Was tut man nicht alles ...« bemerkte ich.

»... Man hört sogar einer blöden Kuh zu, nur um sie ins Bett zu kriegen, das willst du doch sagen?«

Sie stellte das Wasser ab und kam triefend naß zum Vorschein.

»Das hatte er nicht nötig«, sagte sie spitz und nahm mir das Handtuch ab, das ich für sie bereithielt, »es war nämlich sonnenklar – auch für die anderen, als wir gegangen sind –, daß ich vorhatte, mich mit ihm einzulassen.«

Jetzt war ich beleidigt. Ich ließ sie stehen, ging ins Zimmer und warf mich aufs Bett. Sie kam kurze Zeit später:

»Friede?« fragte sie und streckte die Hand aus.

Ich zog daran, bis sie neben mir lag. Wir fielen übereinander her, wir konnten nicht anders.

»Du riechst immer noch nach Cognac«, flüsterte ich ihr ins Ohr.

»Ich hab' ja auch welchen getrunken.«

»Wo denn?«

»Bei ihm zu Hause.«

»Ich wußte es«, sagte ich, »hast du mit ihm geschlafen?«

»Nein.«

»Warum nicht?«

»Das ist doch meine Sache.«

»Du könntest es mir ja verraten.«

Sie begann, die Innenseite meiner Hand zu lecken.

»Habt ihr euch geküßt?« fragte ich. Sie nickte.

»Hast du dich ausgezogen?« Sie nickte wieder.

»Und er?« fragte ich. Sie schüttelte den Kopf.

»Hat er nur die Hose aufgemacht?« Sie lachte und schüttelte wieder den Kopf. »Er hat einen Anruf bekommen.«

»Von einer anderen Frau?«

»Blödian«, sagte sie und zog mich an den Haaren. »Von der Polizei. Wegen eines Einbruchs im Museum.«

»Bist du sicher?«

»Kannst es ja morgen in der Zeitung lesen. Er hat gesagt, ich solle bleiben, wie ich bin, er sei bald zurück.«

»Und?«

»Ich bin fünf Minuten splitternackt bei ihm herumgetigert. Aber ich warte doch nicht in einer fremden Wohnung auf einen Mann, den ich gar nicht kenne, bis er geruht zurückzukommen und mich zu vögeln.«

»Ich bin also nur der Ersatzmann?«

»Ist das nicht auch schön?« fragte sie und schwang sich auf mich.

In jener Zeit las ich Helmut Spangenbergs Buch »Die Zukunftsangst der Deutschen«, das inzwischen zum Bestseller geworden ist. Er vertritt darin die These, die Deutschen seien gar nicht so ordentlich, wie man das gemeinhin annehme und wie die Deutschen dies von sich selbst glaubten. Sie gehörten vielmehr zu den chaotischsten Menschen, die je auf diesem Planeten existiert hätten. Gerade deshalb könnten sie Unordnung auf den Tod nicht ausstehen und gingen in ihrem Drang, die Dinge des Lebens in ein geordnetes System zu zwingen, über Leichen. Im wörtlichen Sinne. Denn die endgültige Ordnung, nach der sie strebten, bedeute Stillstand, und der führe zum Tod. Die von ihnen selbst so genannte Todessehnsucht in ihrer Dichtung, ihrer Musik, aber auch in ihrer Philosophie, entsetze die Nachbarländer. Dabei sei es keineswegs die deutsche Tüchtigkeit, die ihnen Sorge bereite, auch wenn die meisten Deutschen dies gern so sähen. Angst mache ihnen vielmehr, daß die Deutschen bereits banale Probleme und alltägliche Konflikte als Bedrohung empfänden, was dazu führe, daß wir nie loslassen, uns nie entspannen, nie ganz hingeben könnten; dies mache uns für unsere Nachbarn zu einem labilen Faktor in der Gemeinschaft der Völker, selbst dann, wenn wir uns ruhig verhielten. Ein dürrer Baum biege sich nicht in stürmischen Zeiten, er breche plötzlich. Deshalb sei es gefährlich, sich in seiner Nähe aufzuhalten.

Die Sicht der Deutschen wiederum sei der ihrer Nachbarn diametral entgegengesetzt: »Sie halten die Außenwelt für beängstigend, unredlich und labil«, so Spangenberg, und sich selbst für unerschütterliche Felsen in der Brandung: geradlinige, anständige Menschen, umgeben von Schmutz, Inkompetenz und Schlitzohrigkeit. »All das könnt ihr bei euch machen, aber nicht hier bei uns«, hielten sie den Fremden vor, »wir wollen nicht in etwas reingezogen werden, was nicht unserem Wesen entspricht.« Die Rückbesinnung auf »deutsche Innerlichkeit« nehme oft autistische Züge an.

»Ihre irrationale Angst vor Unordnung treibt sie ständig dazu, nach Gewißheiten zu suchen und Meinungen als endgültige Wahrheiten anzusehen«, schreibt Spangenberg, »was wiederum zur Intoleranz führt; denn sobald man sich im Besitz der Wahrheit glaubt, fällt es schwer, andere Meinungen gelten zu lassen oder sich auch nur für sie zu interessieren. Die vielleicht schwerwiegendste Folge ihrer Chaos-Angst aber ist ihr Verhältnis zur Zukunft: da diese immer ungewiß ist, wird sie ständig als Bedrohung empfunden.«

Spangenberg beschreibt, wie die Deutschen im Kampf gegen diese Bedrohung alles zu regeln, einzuteilen, zu normieren versuchen. Das mache sie nicht gerade unterhaltsam. Ihre Ungeduld und permanente schlechte Laune trage nicht dazu bei, sie auf der Beliebtheitsskala der Völker zu Favoriten zu machen. Darüber seien sie sehr gekränkt, denn sie wollten geliebt werden und empfänden es als ungerecht, daß ihre diesbezüglichen Anstrengungen so wenig honoriert würden. »Ihr werdet sehen, auch wir können uns vergnügen!« würden sie drohend verkünden. »Wenn wir uns richtig ins Zeug legen, können wir die Nummer eins werden in puncto Heiterkeit. Wir werden die lautesten Volksfeste mit der größten Besucherzahl organisieren. Und niemand wird abseits stehen. Denn wenn wir was machen, machen wir es richtig!«

So würden sie sich zum Ausgleich für ihren bedrückenden Alltag kollektiven Frohsinn verordnen. Sie scheuten sich dabei nicht, Druck auszuüben, auf daß jeder sein Scherflein zur Belustigung beitrage: »Geselligkeit mit Lachzwang«, wie Spangenberg das nannte, bei der jeder in seinem eigenen Behagen bade, statt Interesse für den Nachbarn zu entwickeln. »Allein das Schunkeln ist eine Beleidigung des Individuums, das Klatschen im Takt in ihren Bierzelten erinnert fatal an eine Massenkundgebung, und ihre fabrikmäßig betriebenen Bordelle sind zynischer Ausdruck durchrationalisierten Lustbedarfs ...«

»Die Zukunftsangst der Deutschen« war für mich das Werk einer verwandten Seele, nicht zuletzt, da es mir half, eine Antwort auf die Frage zu finden, die viele meiner Generation seit Jahren beschäftigte: Wieso hatte der Faschismus uns so flächendeckend befallen können wie Viren einen kranken Organismus – trotz der Epoche der Aufklärung, trotz Humanismus, trotz der zahlreichen brillanten Geister, die unser Volk hervorgebracht hatte –, und wieso war die faschistische Gesinnung auch nach zwei Jahrzehnten Demokratie immer noch latent vorhanden? Ich trug das Buch fast ständig bei mir, las Sandra daraus vor, empfahl es allen Freunden, und wenn es ihnen gefiel, war ich stolz, als hätte ich es selbst verfaßt. Ich raffte mich sogar dazu auf, ihm zu schreiben, was dazu führte, daß wir an einem frühen Junitag, mit dem Auto von Dijon kommend, auf die »Route du Soleil« einbogen, eine der wenigen Autobahnen, die damals schon in Frankreich existierten. Etwa drei Wochen waren seit jenem Festakt in der Akademie vergangen.

Als ich den Wagen beschleunigte, stellte ich die Frage, die ich schon seit Hunderten von Kilometern hatte an sie richten wollen:

»Hast du ihn wiedergesehen?«

»Wen?«

»Du weißt schon.«

»Warum willst du das wissen?«

»Weil ich mich unentwegt frage, ob dieses penetrante Arschloch dich gekriegt hat.«

»Du würdest von jedem Mann so reden, der reifer ist als du.«

»Ich bin also unreif?«

»Sehr.«

Ich drosch auf das Lenkrad ein und nahm mir vor, es beim Tachostand 130 loszulassen, bis das Auto sich irgendwo überschlagen und zu einem Knäuel reduzieren würde.

»Du willst, daß ich mir einen ganz Harmlosen aussuche, der keine Gefahr für dich darstellt«, sagte sie. »Weil du nicht an unsere Liebe glaubst.«

Die Tachonadel zeigte auf 95. Ich trat das Gaspedal ganz durch, die alte Karre kam mit Mühe auf 110.

»Hast du mit ihm geschlafen, ja oder nein?« fragte ich mit Grabesstimme und nahm die Hände vom Steuer.

»Nein!« schrie sie. »Einmal hat er mich auf der Straße angesprochen, ob ich mit ihm zur Sixtinischen Kapelle fahren wolle. Ich habe abgelehnt.«

»Hör ich zum ersten Mal.« Der Wagen kam immer mehr von der Spur.

»Es stimmt aber! Ich war dir vollkommen treu, obwohl ich eine Abwechslung verdient hätte.«

Ich nahm den Fuß vom Gaspedal und ließ den Wagen ausrollen, fuhr ihn rechts ran, obwohl da nicht viel Platz war. Ich sah Sandra durchdringend an.

»Er hat mir doch gar nicht gefallen«, beschwor sie mich, »er ist überhaupt nicht mein Typ.«

»Warum bist du dann mit ihm losgezogen?«

»Ich wollte wissen, wie er's bringt ... und was er für einen Schwanz hat. Ich war neugierig auf ihn«, fügte sie hinzu, als müsse sie einem Außerplanetarischen unsere Sitten erklären, »wie im Zoo, wenn du dir vorstellst, daß der Gorilla dich vögeln würde.«

»So was stellst du dir vor?«

»Flüchtig. Für den Bruchteil einer Sekunde. Das zischt so als Gedanke vorbei.«

»Ich habe mir so was nie vorgestellt, auch nicht im Zoo.«

»Dafür schaust du jedem Rock nach.«

»Das stimmt nicht.«

»Jedem zehnten.«

»Hm.«

»Wenn dir fünfhundert Röcke am Tag begegnen, sind das immer noch fünfzig Weiber, die du dir täglich im Zusammenhang mit deinem Wunderhorn vorstellst, um es mal milde auszudrücken.«

Dieser Kelch war anscheinend an mir vorübergegangen. Es war ein herrliches Gefühl, in der Vorsommerzeit, wenn die Autobahn noch nicht so belebt und unsere Sehnsucht nach Sonne besonders groß ist, unbeschwert und pfeilgerade Richtung Süden zu fahren und dabei mit jeder Minute dem Mittelmeer fast zwei Kilometer näher zu kommen. Nein, wir fuhren nicht in die Ferien. Jetzt, wo ich den Kunstkritiker ad acta legen konnte, lenkte ich meine Gedanken wieder auf den berühmten Schriftsteller, der mich eingeladen hatte. Ja, tatsächlich: Helmut Spangenberg, Autor des Bestsellers »Die Zukunftsangst der Deutschen«, ein Buch, das für mich zur Offenbarung geworden war und Ansporn zu eigenem künstlerischen Schaffen, hatte auf meinen langen Fanbrief geantwortet. »Kommen Sie einfach vorbei, wenn Sie mal in der Gegend sind.« Seit seinem großen Erfolg hielt er sich in Südfrankreich auf. Nach einer kurzen Schamfrist schrieb ich ihm, da ich ohnehin in der näheren Umgebung zu tun hätte, würde ich Anfang Juni bei ihm auftauchen, wenn es ihm recht sei. Ich mußte mir noch zurechtlegen, was ich angeblich in der Region zu tun hatte, falls er mich danach fragte.

Vor einigen Tagen dann die große Freude: Eine Ansichtskarte von der »Ile du Levant«. Ein Pfeil zeigte auf ein kleines Strandcafé: »Fragen Sie dort nach mir«, stand in des Meisters Schrift am Rande.

Vor Vienne verließen wir die Autobahn, weil das nächste Teilstück noch im Bau war. Wie würde unsere Begegnung verlaufen? fragte ich mich, während wir auf der Route Nationale weiter nach Süden fuhren. Würde der Aufenthalt auf der Ile du Levant für mich zu einer Quelle der Inspiration? Und würde der erfahrene Schriftsteller mir Gelegenheit geben, über meine eigenen künstlerischen Pläne zu sprechen? Über meine Selbstzweifel? Meine gelegentliche Euphorie? Würde er mir einen Rat geben?

»Hier war es doch?« fragte Sandra kurz nach Vienne.
»Was?«
»Die Jugendherberge mit dem Schlüssel«, rief sie aus.
»Der Friedhof mit dem hohen Gras«, erinnerte ich mich.

An beiden Orten hatten wir uns geliebt.

»Bist du sicher?« fragte ich. »Da müßten doch Hügel sein zu unserer Linken.« Von den Ruinen der Kirche aus hatte man tief hinabgesehen auf die Rhône. »Und am anderen Flußufer stand ein riesiges Kraftwerk!«

Wir kannten uns damals noch nicht lange und hatten unterwegs kaum Gelegenheit gehabt, eine Nacht alleine zu verbringen. Selbst wenn wir zu zweit in meinem Schlafsack lagen, waren wir von anderen Jugendlichen umgeben, die diskret weghörten, wenn wir in der Nacht zusammenfanden, und die uns am Morgen gutmütig neckten. Um so erfreulicher war die Entdeckung einer Jugendherberge ohne Herbergsvater, mitten in einem völlig verlassenen Dorf. Eine kleine Französin, die mit einem baumlangen Australier unterwegs war, hatte uns den Tip gegeben. Wie vorausgesagt, wies ein an die Haustür geheftetes Stück Pappkarton darauf hin, daß der Schlüssel zur Herberge bei Frau Bourguignon, Dorfstraße Nr. 3, abzuholen sei. Das war ein gutes Stück weiter unten, wo der Ort noch bewohnt war. Gegen Bezahlung der geringen Übernachtungsgebühr wurde uns der Schlüssel ausgehändigt. Die Betten seien frisch bezogen, wir könnten uns eines aussuchen, da wir im Augenblick die einzigen Gäste seien. Wir erhielten kleine Ermahnungen, den Haupthahn des Gasherdes vorm Weggehen wieder zu schließen und den Schlüssel zurückzubringen. Niemand übte die Aufsicht aus. Seltsam für uns, die wir aus einem Land kamen, in dem der Kuppelei-Paragraph galt. Jeder konnte mit Gefängnis bestraft werden, der der Unzucht Vorschub leistete – zum Beispiel ein Hotelier oder eine Zimmerwirtin, die zuließen, daß Unverheiratete bei ihnen übernachteten. Wohlgemerkt, Erwachsene. Bei Jugendlichen, die moralisch noch nicht gefestigt waren, wurde ein solcher Mangel an Fürsorge zum schwerwiegenden Delikt.

Die Angst vor dem moralischen Chaos war in der Bundesrepublik weit verbreitet. Wie Spangenberg feststellte, störte sich kaum jemand an der Rolle des Staates als Tugendwächter. »Wir brauchen doch auch eine Polizei, damit die Diebstähle nicht überhandnehmen«, sei die allgemeine Ansicht. »Warum sollten die sittlich-geistigen Werte in einem zivilisierten Land wie dem unseren weniger gut geschützt werden?«

Sandra studierte den Straßenatlas.
»Da war doch auch diese Nougat-Stadt weiter südlich«, sagte sie, »wie hieß die doch gleich?«
»Du denkst an den jungen Mann mit dem Nougatstäbchen?« fragte ich sie.
»Du denkst an ihn, nicht ich«, gab sie zurück.

Die Tage, die wir in dem verlassenen Dorf verbracht hatten, stellten vor sieben Jahren den Beginn unseres Zusammenlebens dar. Im Unterdorf, das noch bewohnt war, versorgten wir uns mit Brot, Käse, Wein und einer Hartwurst. Wir spazierten durch die Gassen zwischen den verlassenen Häusern und waren allein wie die einzigen Überlebenden eines Atomkriegs. Auch auf den Feldern sahen wir niemanden. Die Zikaden zirpten sehr laut, und die Pfirsiche waren reif. Wir klauten welche und aßen sie auf unserem Lieblingsplatz: dem verwilderten Friedhof mit den Ruinen einer Kapelle ganz oben auf dem Hügel. Nachts in der Herberge entdeckten wir gegenseitig unsere Körper und fütterten unsere unstillbare Begierde immer wieder von neuem. Es gab kein elektrisches Licht, aber wir vermißten es nicht. Die Nächte waren ohnehin kurz. Wir fanden eine Kerze, die wir neben das Bett stellten, denn wir wollten uns beim Lieben sehen. Zuweilen hatten wir den Eindruck, als schauten uns auch andere dabei zu, der Raum mit unserem Bett – dem einzigen Doppelbett – befand sich zu ebener Erde und hatte keine Vorhänge. Aber die Hirten und Bauern der Gegend hatten wohl anderes zu tun, als in fremde Zimmer zu schauen. Am Morgen des dritten Tages, als Sandra nackt in die Küche ging, um Kaffee zu kochen, saß dort ein junger Mann in unserem Alter.
»Suchst du was?« fragte sie, ohne in Panik zu geraten.

»Ich will hier übernachten«, sagte der junge Mann. Er war Italiener. Sein prall gefüllter Rucksack stand neben ihm auf der Bank.

»Hat er dich angestarrt?« hatte ich damals Sandra gefragt, als sie mir von ihm berichtete.

»Nicht angestarrt, er hat mich detailliert gemustert«, hatte sie zur Antwort gegeben.

»Und wie hast du reagiert?«

»Ich hab' gesagt, ich zieh' mir nur kurz was an.«

Wir mußten lachen, als wir uns die Szene in Erinnerung riefen.

»Ich war ja nicht nur nackt«, sagte Sandra neben mir im Auto. »Wir hatten uns gerade geliebt und meine Pussi war noch ganz erregt. Ich stand vor ihm. Er saß auf der Küchenbank und betrachtete eingehend mein Schamhaar, auf dem wohl noch einige Schlieren von deinem Sperma zu sehen waren.«

»Und du hast ihn schauen lassen?«

»Jedenfalls habe ich nicht Huch und Hach geschrien, sondern mich so verhalten, als hielte ich meine Nacktheit für ganz natürlich.«

»Diese Details hast du mir vor sechs Jahren vorenthalten.«

»Ich wollte nicht, daß Unfriede aufkommt. Du warst schon damals eifersüchtig. Völlig ohne Grund.«

»In weiser Voraussicht«, sagte ich. »Wann hat er dir sein Nougat-Stäbchen angeboten?«

»Am nächsten Morgen. Du warst ins Unterdorf gegangen, um Brot zu kaufen, und ich hab' in der Küche Kaffee gemacht. Es war schon heiß. Er ist hereingekommen, nur mit einer Unterhose bekleidet. Ich konnte schlecht was dagegen sagen, wenn ich an meinen Aufzug vom vergangenen Morgen dachte, also habe ich etwas Konversation gemacht und gehofft, daß du bald wiederkommst.«

»Über was habt ihr geredet?«

»Das weiß ich nicht mehr im einzelnen; daß ich hoffe, er finde meinen Kaffee genießbar. Wir hatten ja nur so eine altmodische

Metallkanne zur Verfügung, bei der man ein Sieb nach unten pressen muß. Ob er die Gegend kenne. Und ob er schon in dieser Stadt gewesen sei, in der das Nougat hergestellt werde. Nein, sagte er, aber er besitze selbst eine Nougat-Stange, ob ich davon kosten wolle?«

»Und wie hast du auf sein Angebot reagiert?«

»Damals war ich noch unschuldig, ich wußte nicht, daß man mit zwei Männern ins Bett gehen kann.«

»Warum nur mit zweien?«

»Weiter habe ich es noch nicht gebracht.«

Sie lachte.

»Hattest du Lust auf ihn?« fragte ich.

Sandra zuckte mit den Schultern.

»Ich hatte ja dich«, sagte sie. »Ich war ein wenig geniert und wollte aus der Küche gehen, aber er hat sich unter die Tür gestellt. Gestern sei es nicht das erste Mal gewesen, daß er mich nackt gesehen habe, sagte er leise. Ich glaube, er hat sich ebenfalls geniert und all seinen Mut zusammengenommen, um mir das zu beichten. Er sei bereits zwei Nächte zuvor angekommen. Anfangs habe er uns nicht stören wollen. Dann habe er es wunderbar gefunden, uns zuzuschauen oder genauer, mich beim Sex zu beobachten. Ich habe nicht alles verstanden, was er stammelte, daß ich eine Meisterin der Liebe sei, daß ich mich beim Orgasmus zur Göttin verkläre ... sein Glied sprengte fast die Unterhose, während er mir das zugeflüstert hat. Ich konnte nicht umhin, ab und zu hinzuschauen. Plötzlich hat er meine Hand ergriffen und an seinen Leib gepreßt. Ich hab' gespürt, wie sein Schaft sich entlud und habe ein klein wenig zugedrückt, bis die Nässe durch den Stoff gedrungen ist.«

»Und ich hab' neben ihm gefrühstückt. Nichts ahnend!«

»Die Hand hab' ich am Brunnen abgewaschen.«

»Wahrscheinlich hat er uns auch auf dem alten Friedhof beobachtet, als wir allein sein wollten.«

»Kann schon sein«, sagte sie.

»Und du wußtest es.«

»Ich wußte es nicht. Ich habe mit der Möglichkeit gerechnet.«

Ich legte meine Hand auf die Innenseite ihres Schenkels: »Vielleicht warst du damals noch bis zu einem gewissen Grade unschuldig«, sagte ich, »aber die Anlagen zum Laster waren vorhanden.«

Ein aschblonder Junge stand am Straßenrand und winkte, um eines der Autos zum Anhalten zu bewegen.

»Mhm«, gab Sandra von sich, als wir an ihm vorbeifuhren.

»Gefällt er dir?« Ich trat auf die Bremse.

»Weiß ich noch nicht«, sagte sie.

Meine Hand verließ ihren Schenkel und legte den Rückwärtsgang ein. Der Junge sprang zur Seite, um nicht überfahren zu werden.

»Pardon«, sagte ich, »wo wollen Sie hin?«

»Direction de Marseille.«

Sandra räumte ihm auf dem Rücksitz einen Platz frei. Er stieg unter Dankesbezeugungen ein.

Während der ersten Minuten sprach niemand. Sandra vertiefte sich in den Straßenatlas. Ich stellte Musik ein und besah mir unseren Fahrgast unauffällig im Rückspiegel, stellte mir vor, daß Sandra ihn verführen würde. Er war sehr jung.

»Die Stadt hieß Montélimar,« sagte sie plötzlich, »und das Dorf liegt im Département Drôme.«

»Hast du es gefunden?«

»Es ist nicht eingezeichnet. Aber die Abzweigung müßte bald kommen.«

Dann begann sie mit dem Jungen zu reden. Er hieß Harold, war aus Glasgow und wollte an die Côte d'Azur wie wir auch. Eine längere gemeinsame Strecke also. Ja, er sei schon mal in Frankreich gewesen, aber mit seiner Mutter. Jetzt versuche er es per Autostop. Er habe Glück gehabt, er sei ganz gut vorangekommen. Es gebe sehr freundliche Leute. Er lächelte, und Sandra lächelte zurück. Die beiden schienen sich zu verstehen. Sie sprachen zusammen französisch, das Sandra besser beherrschte als englisch. Auch Harold sprach ganz gut französisch. Deutsch verstand er offenbar nicht.

Was er denn vorhabe an der Côte d'Azur, fragte Sandra. Er wolle sich mit einem Freund treffen, der sich dort bei französischen Bekannten aufhalte.

»Und diesmal hat Sie Ihre Mutter alleine ziehen lassen?« fragte sie. Er sei gerade achtzehn geworden, so leicht könne man ihm nichts mehr verbieten, erklärte er selbstbewußt.

»Gesetzlich freigegeben für den allgemeinen Gebrauch«, sagte ich zu Sandra auf deutsch. Sie tat so, als verstehe sie nicht, worauf ich hinauswolle. Bei der nächsten Abzweigung bog ich nach links ab. Die kleine Straße wand sich einen Hügel hinauf, dahinter war Wald. Obwohl ich erkannte, daß es nicht der Weg war, den wir suchten, fuhr ich weiter. Neben mir hatte Sandra die Rückenlehne ihres Sitzes ein wenig gesenkt, um sich leichter mit Harold unterhalten zu können. Sie erklärte ihm, daß wir auf der Suche nach einem verlassenen Dorf seien, das uns vor sechs Jahren sehr gut gefallen habe, »als wir nicht viel älter waren als Sie heute«, fügte sie hinzu. Ob ihn der Umweg störe. Im Gegenteil, er fand das sehr romantisch.

Ich drang in einen Waldweg ein, der zu einer sonnenbeschienenen Lichtung führte. Besser hätte ich es nicht treffen können. Ich stellte den Motor ab.

»Ich bin seit heute morgen sechs Uhr am Steuer«, erklärte ich ihm in meinem holprigen Englisch. »Ich muß mich eine Stunde ausruhen.« Ich stieg aus, holte eine Decke aus dem Auto und nahm das Buch von Spangenberg aus unserer Reisetasche. Auch Sandra und Harold stiegen aus. Die Lichtung gefiel ihnen. Sie lag in einer kleinen Mulde und war rings umgeben von Mischwald.

»Ihr könnt ja spazierengehen, während ich mich ausruhe«,

schlug ich vor. Es war warm, Sandra zog ihre Strickjacke aus. Ich legte ihr einen Arm um die bloßen Schultern. Der Junge blieb diskret zurück, als wir die Waldwiese betraten, in deren Mitte ich die Decke ausbreitete. Sandra half mir dabei und setzte sich zu mir, als ich mich darauf niederließ. Bis jetzt hatte sie nicht zu erkennen gegeben, ob sie den Grund für meinen Aufenthalt durchschaute und ob sie ihn billigte.

»Weißt du inzwischen, ob er dir gefällt?« fragte ich und blinzelte in die Sonne.

»Er ist niedlich«, sagte sie.

Ich ließ meine Blicke über ihren Körper gleiten.

»Dann zeig mal, was du kannst«, sagte ich schmunzelnd.

Sie fuhr mit den Fingern durch meine Haare.

»So etwas kann man nicht planen.«

»Warum nicht? Es muß ja nicht klappen, ich jedenfalls schlaf' jetzt ein wenig.« Ich drehte mich zur Seite, bettete den Kopf auf meinen Arm und schloß die Augen. Sie blieb noch eine Zeitlang neben mir sitzen, dann stand sie auf. Ich dachte, sie würde zu dem Jungen gehen, hörte Geäst knacken, wollte mich aber nicht nach ihr umdrehen. Sie kam mit einem Arm voll belaubter Zweige zurück, die sie mir unter den Kopf schob.

»So hast du's bequemer«, sagte sie. Sie entfernte sich wieder. Diesmal linste ich ihr nach. Sie gesellte sich zu Harold, der am Rande der Lichtung nach Brombeeren suchte und ihr welche anbot. Eine ganze Weile hielten sie sich an verschiedenen Stellen der Wiese auf. Gesprächsfetzen drangen an mein Ohr, dann hörte ich beide lachen. Aus irgendeinem Grund jagten sie sich, ich glaube, sie hatte ihm sein Tagebuch aus dem Parka gezogen und tat so, als wolle sie es lesen. Wie Kinder, sagte ich mir, viel Aufregung um nichts ...

Dann plötzlich hörte ich sie nicht mehr. Ich hob vorsichtig den Kopf, schaute mich auf der ganzen Lichtung um, konnte sie aber nirgends entdecken. Sie hatte ihren niedlichen Burschen außer Sichtweite gebracht. Jetzt würde es ernst werden.

Mit dem festen Vorsatz, mich auf etwas anderes zu konzentrieren, nahm ich Spangenbergs Buch in die Hand, um mich auf das bevorstehende Gespräch mit ihm vorzubereiten. Ich traf auf die Stelle, wo er behauptet, ein Großteil des populären deutschen Musiklebens stütze sich auf zwei besonders stupide Rhythmen, den Marsch und den Walzer. Jeder spanische Bolero, jeder argentinische Tango, jeder schottische Squaredance, jeder afrikanische Trommelwirbel, jedes amerikanische Kirchenlied habe mehr Schwung als unsere rhythmisch einfallslose Volks- und Schlagermusik, die so enthaltsam daherkomme, als wolle sie vermeiden, die gut gebohnerte Oberfläche unserer Welt durch Temperamentsausbrüche zu zerkratzen. Er spreche dabei ausdrücklich nicht vom Wiener Walzer, der seine rhythmische Spannung aufbaue und halte, ähnlich einer Woge am Strand, die nur langsam überkippe, sich selbst überhole, dabei bereits neue Spannung auflade, welche wiederum bis zum letzten Augenblick gehalten werde. Er spreche vom Humbaba, Humbaba, das auf deutschen Tanzparketten gespielt werde, er spreche vom Tschäterä, Tschäterä, Tschäterä bum bum bum bum unserer Militär-Schützen-Feuerwehr- und Trachten-Kapellen, wobei er eine Reihe bayerischer Kapellen ausnehme, sofern sie noch nicht von rheinischem Touristenfrohsinn korrumpiert seien. Der niederbayerische Zwiefache, auch Stolpertanz genannt, versuche dem stupiden Takt zu entkommen, indem er die Tanzenden durch plötz- liche Tempiwechsel in Verwirrung bringe. Auch die Synkopen Beethovens seien wohl als Auflehnung gegen die Diktatur des Taktes zu verstehen. Aber so heroisch diese Auflehnung auch sei – Synkopen seien noch kein Rhythmus ...

Ich hatte gehofft, daß der Text mich in seinen Bann schlagen würde. Doch die Begeisterung, mit der ich beim ersten Lesen Spangenbergs Gedankengängen gefolgt war, jenes Glücksgefühl, das mich veranlaßt hatte, ihm zu schreiben, wollte sich heute nicht einstellen.

War ich dabei, meine geistigen Ambitionen physischen Begierden zu opfern? Warum konnte ich nicht beiden dienen, dem Körper geben, was der Körper, und dem Geist, was der Geist begehrte? Dann wurde mir bewußt, daß Sandra kein physisches Problem darstellte. Selbst die Begierden, die um ihren hingebungsvollen Körper kreisten, entstanden ausschließlich in meinem Kopf und füllten ihn völlig aus, so wie auch meine kreative Arbeit diesen Kopf ganz beanspruchte. Das Gehirn war kein Parallelrechner. Weniger aus mangelnder Kapazität als aufgrund eines Abfallproduktes, das bei der Gehirnarbeit anfiel: den Emotionen.

Ich schaute empor zu den bewaldeten Anhöhen, die die Waldwiese von drei Seiten umschlossen. Wo waren sie jetzt? Ich hätte versuchen sollen, ihnen zu folgen, mich an sie heranzuschleichen ... bis der berühmte knackende Ast mich irgendwann der Lächerlichkeit preisgegeben hätte ... Es war heiß. Warum hatte ich nicht wenigstens beobachtet, auf welcher Seite sie im Wald verschwunden waren? Dann hätten meine Augen sich an einen der Hügel heften können, im Wissen, daß sie dort zusammen saßen ... oder lagen, vielleicht gerade begannen, sich zu lieben, falls Sandra mit ihren Verführungskünsten Erfolg hatte ... sofern sie sich überhaupt darum bemühte. Vielleicht paßte ihr die Rolle der sexuellen Entwicklungshelferin nicht, die ich ihr zugedacht hatte, und meine ganze Aufregung war unbegründet ... Ich schwitzte, zog mein nasses Hemd aus und öffnete den Bund meiner Hose, die an mir klebte. Ich war erregt, wagte aber nicht, mich anzufassen. Vielleicht konnten sie mich ja von oben auf der Decke liegen sehen und hätten so die Gewähr, daß ich sie in ihrer trauten Zweisamkeit nicht unterbrechen würde ... denn davor hatte der Junge vermutlich Angst. Falls er jedoch den Mann im Auge behalten konnte, während er mit dessen schöner Frau die Ehe brach, würden sich seine Skrupel schnell in ein Gefühl des Triumphes verwandeln.

Ich wälzte mich auf den Bauch und bedeckte meinen Kopf mit den Zweigen, die Sandra mir gebracht hatte. Ganz ruhig mußte ich bleiben, mußte versuchen, meine Situation nüchtern zu analysieren:

1. Selbst wenn Sandra es langsam hatte angehen lassen – was ich im vorliegenden Falle für wahrscheinlich hielt, sie durfte ja den Jungen nicht verschrecken –, war jetzt wohl der Zeitpunkt gekommen, an dem sie ihn verführte.

2. Ich war eifersüchtig. Obwohl das Ganze äußerst harmlos war, wie Sandra es ausdrücken würde – eine fast kindische Idee, die noch dazu von mir selbst gekommen war –, konnte ich meine Reaktion im Augenblick nicht kontrollieren. War es ein atavistischer Reflex meines Stammhirns, den ich nicht beeinflussen konnte? Ich bemühte mich, ruhig durchzuatmen, um nicht wieder vierzig Fieber zu bekommen.

3. Meine jetzige Lage war wesentlich ungünstiger als in der Nacht mit Francesco. Ich hörte nichts, ich sah nichts. Ich konnte auch nicht intervenieren, falls ich dies für erforderlich hielt, ich litt unter meiner Ohnmacht. Auch die Ungewißheit – schafft sie es oder schafft sie es nicht, den hübschen Jungen zu verführen – war zwar spannend wie ein Krimi, aber eben einer, der tatsächlich passierte und meine Nerven beanspruchte.

4. Am meisten beunruhigte mich mein Verhalten. Warum hatte ich mich freiwillig in diese Lage begeben? War Sandra zu einer Droge für mich geworden? Sie hatte lediglich einen kleinen Laut ausgestoßen, wie er einem etwa beim Anblick eines schönen Apfels über die Lippen kommt, mhm, was für ein hübscher Junge! Auf meine Nachfrage, ob er ihr gefalle, war sie vage geblieben. Sie hatte mich nicht gebeten anzuhalten, noch weniger, sie mit dem jungen Mann allein zu lassen. Ich hatte ihr den Wunsch praktisch von den Schamlippen abgelesen, hatte einen günstigen Ort für ein erotisches Abenteuer ausgesucht und die Verführung von Harold zu einem Spiel und damit zu einer Art Ehrensache für sie gemacht: »Schauen wir mal, ob es dir gelingt, ihn zu verna-

schen.« Wenn ich ehrlich zu mir war: Ich hatte die Initiative ergriffen, um die Illusion zu erhalten, ich sei es, der die Geschicke unserer Beziehung lenke.

Nach meinen Berechnungen hätten sie inzwischen zurück sein müssen. Aber sie kamen nicht. Eine Stunde, hatte ich gesagt, wolle ich schlafen, inzwischen waren 90 Minuten vergangen, 15 Minuten hatte ich Sandra in meiner Hochrechnung zugestanden, um einen Platz zu finden, der für ihr Vorhaben geeignet war, weitere 15 Minuten für Flirt sowie 15 für das Vorspiel, macht zusammen 45; 20 Minuten hatte ich für den Akt selbst gerechnet, ich erweiterte ihn um 5 auf 25 plus 10, die ich ihnen fürs Relaxen ließ, danach 10 Minuten für den Rückweg, macht – großzügig kalkuliert – 90 Minuten ... Entweder es war besonders schwierig, den Jungen zu verführen, oder es war besonders schön. Auf jeden Fall war irgend etwas zwischen den beiden passiert, während ihres nun schon 95 Minuten dauernden Zusammenseins. Ich hätte nur zu gern gewußt, was. Als sie nach 100 Minuten immer noch nicht zurück waren, streifte ich meine Armbanduhr ab und legte sie vor mich hin. 102 Minuten –103 –105 –107... Endlich tauchten sie am Rande der Lichtung auf, aus einer ganz anderen Richtung, als ich erwartet hatte. Gelöst gingen sie nebeneinander her, ohne sich zu berühren. Sie kamen direkt auf mich zu.

»Hast du ein wenig geschlafen?« fragte Sandra strahlend. Ich nickte und reckte meine Arme, als sei ich gerade aufgewacht.

»Und ihr?« fragte ich. »Habt ihr einen Spaziergang gemacht?«

»Ja«, rief sie, »einen wunderschönen, nicht wahr, Harold?«

Er stammelte Zustimmung und wagte es nicht, mich anzusehen. »Mein Gott, ich habe gerade seine Frau verführt«, dachte er wahrscheinlich. Auch wenn es vielleicht nur zu einem Flirt gekommen war: Jetzt, in meiner Anwesenheit, kam ihm dieses Abenteuer wohl ganz schön verrucht vor. Ich nahm meine Decke auf, und wir gingen zum Wagen. Als Sandra im Gehen ihren Arm um mich legte und mich auf den Mund küßte, drehte ich mich nach ihm um und bemerkte seine heftig auflodernde Eifersucht.

»Jetzt habe ich mein Buch vergessen«, sagte ich und sah zur Lichtung zurück, während ich die Beifahrertür für Sandra öffnete.

»Ich hole es Ihnen«, sagte Harold rasch und machte sich auf den Weg. Wir schauten ihm nach.

»Erzähl!« sagte ich.

Sie schaute mich neckisch an.

»Hattest du Erfolg?« hakte ich etwas plump nach.

»Was glaubst du denn?«

»Ich weiß es nicht.«

Sie setzte sich in den Wagen, ich folgte ihr.

»Es war eine tolle Idee, die du hattest«, sagte sie.

»Welche Idee meinst du?«

»Dich ein wenig auszuruhen. Jetzt nimmst du wieder Anteil am Schicksal deiner Mitmenschen, wie ich sehe.«

»Ich brenne darauf zu erfahren, wie es dir inzwischen ergangen ist.« Wir sahen zu dem Jungen hinaus. Er hatte das Buch gefunden und kam nun wieder auf uns zu.

»Er war ungeschickt, aber süß«, sagte sie.

»Und du hast ihn richtig verführt?«

Sie sah mir lächelnd in die Augen, genoß es, mich auf die Folter zu spannen.

»Zweimal ist er in mir gekommen«, erklärte sie nicht ohne Stolz, »einmal hier und einmal da.« Sie legte ihren Daumen an die geöffneten Lippen und hob dann ihren Rock hoch. »Zufrieden?«

»Überwältigt«, sagte ich. »Deinen Slip hast du im Wald vergessen?«

»Der steckt in seinem Parka. Zur Erinnerung an die ersten Hörner, die er einem Mann aufgesetzt hat ... findest du das schlimm?«

»Ich werde es verkraften.«

Harold näherte sich dem Wagen nur zögernd. Wahrscheinlich fürchtete er, ich würde eine Pistole auf ihn richten und ihn im Wald verscharren, falls Sandra ihn inzwischen verraten hätte.

»Du mußt ihn nicht weiter mitschleppen«, sagte Sandra. »laß ihn irgendwo raus, wo er weiterkommt.«

Zunächst bedankte ich mich bei Harold für das Buch. »Steigen Sie ein«, forderte ich ihn auf, »wir fahren weiter.« Im Rückwärtsgang entfernte ich mich von der Lichtung.

»Entschuldigen Sie bitte, daß ich Sie so lange aufgehalten habe«, bat ich ihn, »meine Frau hat mir bereits erzählt, Sie hätten sich etwas gelangweilt.«

»Nein, nein, nicht gelangweilt«, widersprach er mir lebhaft, »alles war ... faszinierend ... wunderbar ...« Er rang nach Worten.

»Harold bewegt sich gern«, sagte Sandra schalkhaft, »kaum hatte er einen Gipfel erklommen, wollte er schon weiter zum nächsten.«

»Er wirkt auch etwas ermattet«, stellte ich fest und betrachtete ihn im Rückspiegel. Er wurde knallrot im Gesicht.

»Ich werde diesen Ort immer in angenehmer Erinnerung behalten«, sagte er tapfer.

Sie drehte sich um zu ihrem Liebhaber.

»Ich werde ihn auch nicht vergessen«, versprach sie ihm.

Wir näherten uns der Route Nationale. Wenn ich das Abenteuer weiterführen wollte, mußte ich handeln.

»Ich habe Hunger«, rief ich aus. »Wie steht es mit euch?«

Harold sagte, er habe zu essen in seinem Rucksack, er könne uns etwas davon abgeben.

»Man ißt sehr gut in dieser Gegend«, gab ich zu bedenken, »es wäre schade, wenn wir uns das entgehen ließen.« Sandra pflichtete mir bei. Sie ließ Harold einen langen Blick zukommen, faßte vielleicht nach seiner Hand, ohne daß ich es bemerkte. Jedenfalls war keiner mehr dagegen, daß ich einem Hinweis auf eine »Auberge tranquille« folgte und erneut von der Straße abbog.

Das Gasthaus stand inmitten alter Platanen. Wir ließen uns das Essen im Garten servieren, wo einige massive, selbstgezimmerte Tische standen. Es roch nach Blumen und Gewürzkräutern. Ich plädierte für das gastronomische Menü (ab drei Personen), das aus sieben Gängen bestand. »Ihr seid heute meine Gäste«, betonte ich im Hinblick auf Harold. Dieses gastronomische Menü stellte sich als sehr gute Wahl heraus. Auch der Wein, den uns die Wirtin empfohlen hatte, schmeckte hervorragend. Wir aßen und tranken.

»Danke für den tollen Tag«, rief Sandra plötzlich und streckte mir ihr Glas entgegen, »ich bin glücklich.«

Sie sah umwerfend aus.

»Auf die strahlend schöne Frau in unserer Mitte«, sagte ich und stieß mit ihr, dann mit Harold an. Gerade kam die Wirtin mit einem neuen Gang. Sandra trank auf ihr Wohl: »Das Essen schmeckt wunderbar. Unser Kompliment an den Koch!«

»Der Koch ist mein Mann«, erklärte die Wirtin.

»Ein Geschenk fürs Leben«, sagte Sandra.

»Er ist der beste Koch im ganzen Umkreis«, erklärte die Wirtin. Sandra wandte sich an Harold.

»Gefällt es dir auch hier?«

»Oh ja, sehr«, versicherte er. Sie stieß ihr Glas leicht gegen das seine. Es gab einen harmonischen Klang.

»C'est l'amour qui fait tinter les verres!« rief eine Stimme. Der Wirt war in der Küche an der Durchreiche und nickte uns freundlich zu.

»Hätten Sie noch zwei freie Zimmer?« fragte ich die Wirtin. Das sei zu dieser Jahreszeit kein Problem, meinte sie. Aber Harold protestierte: Er habe einen Schlafsack, er könne draußen übernachten. Ich erklärte ihm, daß ich früher selbst per Autostop durch Europa gereist sei. Es mache mir Freude, ihm ein Zimmer zu bezahlen. Aber er blieb dabei, er könne das nicht annehmen.

Ich tauschte einen Blick mit Sandra und fragte die Wirtin, wo die Toilette sei. Man mußte an der Küche vorbei, deren Tür offenstand. Da ich die beiden ein bißchen allein lassen wollte, unterhielt ich mich mit dem Wirt über die Spezialitäten der Region. Zum Teil stammten die Rezepte von der Großmutter seiner Frau, erzählte er mir, sie habe das Gasthaus mit in die Ehe gebracht. Er schlug ein Pfirsich-Sorbet zum Abschluß des Essens vor, er mache es selber.

Sandra hatte Harold wohl in der Zwischenzeit überreden können, mein Angebot anzunehmen. Ich spürte es an der veränderten Atmosphäre. Ich legte die beiden Zimmerschlüssel, die ich mir hatte geben lassen, auf den Tisch, Nummer drei und Nummer achtzehn, nicht zu nahe beieinander, aber in derselben Etage. »Harold glaubt zwar noch immer, es sei Geldverschwendung, aber er wird in dem Zimmer schlafen, das du ihm anbietest«, erklärte Sandra.

»Ich fühle mich geehrt«, sagte ich und hob erneut mein Glas: »Auf daß der schöne Tag auch schön zu Ende gehe!« Ich stieß mit beiden an, gerade als man uns das Pfirsich-Sorbet servierte. Wir ließen es auf der Zunge zergehen, wobei wohl jeder ein wenig seinen Gedanken nachhing über die vor uns liegende Nacht.

Sandra erhob sich als erste. »Ich bin müde«, sagte sie, »süße Träume, Harold!« Sie gab ihm ein züchtiges Küßchen auf die Wange. Ich erhob mich ebenfalls: »Auch ich wünsche Ihnen eine angenehme Nacht«, verabschiedete ich mich, »bis morgen.« Ich ergriff den Schlüssel von Zimmer Nummer drei und ging Sandra nach, die ihren Arm um mich legte und ihren Körper an meinen schmiegte, während wir zum Haus gingen.

»Du läßt ihn leiden«, sagte ich.

»Nicht für lange«, erwiderte sie.

Im Zimmer angekommen, umarmten wir uns heftig. Ich riß ihr das Kleid vom Leib, warf sie aufs Bett. Wir küßten uns.

»Er wollte nicht dein Gast sein und dich gleichzeitig hintergehen« flüsterte sie.

»Er weiß also, daß du ihn zu neuen Schandtaten verleiten wirst?« fragte ich.

»Bist du eifersüchtig?«

»Ich war eifersüchtig, auf der Wiese.«

Sie lachte.

»Ich hab' nicht geglaubt, daß ich es schaffe. Ich war unsicher und ein bißchen verärgert über deinen Wunsch. Wie konnte ich vorgehen? Ich mußte ja damit rechnen, daß er ein puritanisch erzogener kleiner Engländer war ...«

Ich zog sie aus und ließ sie dabei erzählen, wie es ihr gelungen war, Harold zu verführen. Oberhalb der Lichtung, auf der sie mich zurückgelassen hatten, gab es eine zweite, kleinere Waldwiese.

»Dort hab' ich mich ausgestreckt. Doch der schöne Knabe hat sich keineswegs zu mir gelegt, sondern ist auf der Wiese umhergewandert und hat an Heckenröschen gerochen. Lediglich seinen Parka hat er ausgezogen, weil ihm heiß wurde. Inzwischen wollte ich ihn verführen.

›Leihst du ihn mir?‹ habe ich ihn gefragt und den Kopf angehoben. Als er mir sein bestes Kleidungsstück untergeschoben hat, ist er so dicht über mir gewesen, daß ich nur mit Mühe der Versuchung widerstanden habe, ihn an mich zu ziehen. Statt dessen habe ich so auffällig an seinem Parka geschnüffelt, daß er ganz verlegen geworden ist. Ich müsse entschuldigen, er habe seit über einer Woche keine Dusche mehr genommen, hat er gestammelt. Das seien männliche Gerüche, habe ich ihm erklärt. Schon als junges Mädchen hätte ich sie gemocht. Ich habe einen seiner Arme hochgehoben und an seiner Achselhöhle geschnuppert. Wir haben uns gegenseitig beschnüffelt, wie zwei Tiere.« Sie lachte. Ich hielt ihre Arme über dem Kopf fest und küßte sie auf die Stirn, in die Winkel ihrer Augen, berührte ihren Hals, den ich bis zum Ansatz ihrer Haare entblößte. Sie schloß die Augen, setzte ihren Bericht aber fort, ohne daß ich sie dazu auffordern mußte.

»›Hast du eine Freundin?‹ hab' ich ihn gefragt. ›Eine, die du nackt in die Arme nimmst?‹ – ›Sie wollen wissen, ob wir zusammen schlafen? Ja, natürlich.‹ – ›Sie muß Ihnen schrecklich fehlen‹, hab' ich gesagt. – ›Im Augenblick nicht gerade.‹ – ›Und wieso nicht?‹ – ›Weil Sie neben mir liegen.‹ Er hat mich von der Seite angeschaut, um zu sehen, ob er zu weit gegangen war. – ›Und wie hältst du es mit der Treue?‹ hab' ich ihn gefragt. ›Im Augenblick hast du offensichtlich Lust auf mich?‹ Dabei habe ich auf seine Hose gestarrt. ›Das hat nichts, aber auch gar nichts mit Ihnen zu tun!‹ hat er zornig ausgerufen und ungeschickt versucht, die Wölbung mit seinen Händen zu verdecken. ›Es liegt in der Natur des Mannes, daß er durch die Nähe einer Frau erregt wird und sie begatten will‹, habe ich ihn getröstet. ›Die meisten Frauen haben für diese archaischen Gefühle Verständnis, wenn ihnen der Mann sympathisch ist.‹ – ›Bin ich Ihnen sympathisch?‹ hat er gefragt. – ›Spürst du das nicht?‹ Ich hab' seine Hände weggezogen und durch meine eigenen ersetzt.

›Und Ihr Mann?‹ hat er gefragt.

›Der schläft friedlich auf der Wiese‹, hab' ich ihm versichert. ›Wenn du willst, schauen wir nach.‹«

Sie küßte mich, als wollte sie mich für ihr Verhalten entschädigen.

»Wir haben dann tatsächlich eine Stelle gefunden, von der aus wir dich haben liegen sehen. Ich hab' mich auf einen Baumstumpf gesetzt, habe seinen Gürtel aufgemacht und die Knöpfe seiner Jeans. ›Wie heißt deine Freundin?‹ habe ich ihn gefragt. Er hat geschluckt. ›Evelyn.‹ Ich hab' ihm die Hose samt der Unterhose über den Po gezogen und war verblüfft über die perfekte Form seines Gliedes.

›Hat dir deine Freundin gesagt, daß du einen schönen Schwanz hast?‹ habe ich ihn gefragt.

›Nein, aber sie scheint mit ihm zufrieden‹, hat er ein wenig selbstgefällig erwidert. Als ich seine Eichel mit den Lippen berührte, hat er scharf die Luft eingesogen. ›Ich liebe Sie‹, hat er mir eröffnet, ›seit dem ersten Augenblick, als Sie mir im Vorbeifahren zugelächelt haben.‹ – ›Was wir hier tun, muß rein sexuell bleiben‹, habe ich ihn zurechtgewiesen. ›Versprich mir, daß du dabei an deine Freundin denken wirst.‹ – ›Ich verspreche es, bitte!‹ hat

er gestöhnt. Ich hab' meinen Slip ausgezogen und mich hingelegt. Er hat dich sehen können, während er mich genommen hat.«
»Das hat ihm bestimmt gefallen«, sagte ich. Sie beugte sich über mich und bot mir ihre Brüste dar.
»Ich liebe dich«, sagte sie.
»Was hast du mit ihm ausgemacht?«
»Daß ich zu ihm komme.«
»Er wartet bestimmt schon auf dich.« Ich gab ihr einen saftigen Klaps auf den Hintern, der sie aus dem Bett springen ließ.
»Nicht so mittendrin«, beschwerte sie sich.
»Die Party geht weiter.«
»Ich mag aber mit dir sein.«
»Ich lauf' ja nicht weg.«
Sie blieb mitten im Zimmer stehen:
»Unsere Sachen sind noch im Auto.«
»Dann geh halt nackt.«
»Sonst noch was?« fragte sie aufgebracht. Ich erhob mich und nahm sie in die Arme.
»Ich will nicht, daß du wartest, bis ich schnarche. Ich will dir nachsehen, wenn du zu ihm gehst, denn ich bin stolz auf dich und deine Verführungskünste!«

Sie sah mich lange an und öffnete die Tür.

»Ich werde nackt zu ihm gehen, so wie du es verlangt hast«, sagte sie an meinem Ohr, »und ich werde an dich denken!«

Leise trat sie hinaus auf den Flur. »Es geht nur, weil ich dich liebe.« Sie küßte mich, bevor sie sich auf den Weg machte.

»Bleib nicht die ganze Nacht«, bat ich, »ich würde es nicht verkraften.«

»Und wenn ich einschlafe?«

»Dann werde ich an eure Tür klopfen.«

Sie drehte sich zu mir um: »Du wärst dazu imstande«, sagte sie mit gedämpfter Stimme. Ich grinste. Sie war beim Schalter des Flurlichts angelangt, das zu ticken begann, als sie ihn niederdrückte. In seinem trüben Licht schritt sie den Gang entlang, stolz wie eine Spanierin. Sie ging nackt zum Ficken, und ich war in Hochstimmung. Warum sollte sie sich nicht zusätzlich einige Orgasmen besorgen? Ich sah ihr nach, bis sie um die Ecke verschwand. Dann ging ich ins Zimmer zurück und schloß die Tür. Ich war eifersüchtig, aber es war diesmal eher eine freudige Erregung, eine Gewißheit, mit ihr verbunden zu sein, auch wenn sie mit einem anderen zusammen war. Hatte ich die alten Dämonen endgültig besiegt? Du liebst die Gefahr, sagte ich mir, sonst hättest du alles gestoppt, solange noch Zeit dazu war. Ein Tiger wird niemals zur Hauskatze. In der Liebe gibt es keine Gewähr. Fieberhaft ging ich in dem kleinen Raum auf und ab. Es war ein Gefühl, als hätte ich Speed eingeworfen.

Als ich annahm, die beiden seien in voller Aktion, hielt es mich nicht länger. Ich schnappte mir ein Handtuch im Bad, schlang es um die Hüfte, trat hinaus auf den Flur und lauschte, hörte aber nichts. Ich schaltete das Flurlicht ein. Die Automatik begann zu ticken. In einer plötzlichen Anwandlung riß ich mir das Handtuch wieder vom Leib, warf es zurück aufs Bett und machte mich nackt auf den Weg, getrieben von dem Verlangen, Sandra näher zu sein.

Die alten Dielen knarzten bei jedem Schritt, ich konnte meine Füße noch so vorsichtig aufsetzen. An der Stelle, wo Sandra meinen Blicken entschwunden war, hielt ich an. Sie war nach rechts in den Quergang eingebogen. Ich konnte sie nun hören, vage nur, wegen der massiven, alten Zimmertüren, aber deutlich genug, um zu erkennen, daß sie gerade gevögelt wurde. In der Mitte des Querganges befanden sich einige Stufen. Offensichtlich ging an dieser Stelle das Hauptgebäude in ein Nebengebäude über, das eine geringere Etagenhöhe hatte. Es waren drei Stufen. Ich merkte sie mir, dann wartete ich, bis der Zeitschalter das Flurlicht erlöschen ließ, und näherte mich im Schutz der Dunkelheit der Tür, aus der Sandras Lustschreie zu mir drangen. Automatisch ergriff ich meinen Penis und begann zu masturbieren. Als die Liebenden zum Orgasmus kamen, schoß ich mein Sperma von draußen an die Tür. Jemand erhob sich vom Bett. Ich zog mich hastig zurück, ohne auf die Geräusche zu achten, die ich verursachte. Sandra würde es mir nicht verzeihen, wenn ihr junger Liebhaber mich nackt vor seinem Zimmer entdecken würde. Ich verfehlte die erste der Stufen und schlug mir das Schienbein auf, rannte in der Dunkelheit weiter, wobei ich an verschiedene Türen schrammte, und bog in den Hauptgang ein, gerade als jemand das Flurlicht einschaltete. Ich lief, als würde ich von Furien gehetzt, hechtete ins offene Zimmer und schmetterte die Tür hinter mir zu. Schwer atmend ließ ich mich aufs Bett fallen. Mein aufgeschürftes Schienbein schmerzte; ich tat Spucke drauf und überlegte, was meine schöne Freundin wohl gerade trieb.

Sie kam ebenso nackt, wie sie gegangen war. Ich schreckte aus dem Halbschlaf hoch, als sie sich zu mir ans Bett setzte.»Dieser kleine Bub, der hat's drauf!« sagte sie erschöpft.»Das erste Mal war er ja noch schüchtern, aber diesmal ist er gleich losgeprescht, als reite er mich bei einem Derby, hei, zeig's ihr, gib ihr die Sporen, unglaublich, was er mit mir angestellt hat.« Sie lachte.»Er ist ziemlich ungehobelt. Aber so einen jungen Spund kann man noch anleiten. Zum Schluß hat er alles getan, was ich von ihm verlangt habe, ja tatsächlich!« Sie küßte mich auf die Stirn.»Muß ich ins Bad?«

»Bleib hier«, sagte ich und griff sie mir. Sie war weich und willig, als ich sie auf den Rücken legte und in sie eindrang wie in ein frisch gepflügtes Feld.

»Mir tut noch alles weh«, stöhnte sie,»ich hab' mich auf den Boden gelegt, um ihn besser zu spüren, auf so einen kratzigen Rupfenteppich.« Sie schlang ihre Arme um meinen Hals:»Ein paarmal hab' ich ihn im Mund gehabt, um ihn wieder hochzukriegen«, flüsterte sie,»darf ich dich trotzdem küssen?«

»Du schamlose Person!« rief ich, preßte meine Lippen auf ihren Mund und fuhr mit der Zunge tief hinein, während mein Glied zornig ihre Fut traktierte, die sie mir bei jedem Stoß so gierig entgegenreckte, als habe sie seit Wochen keinen Mann mehr gehabt.

»Wann willst du deinem begabten Schüler den nächsten Unterricht erteilen?« fragte ich ein wenig später. Wir lagen friedlich nebeneinander.

»Gar nicht mehr, wenn es dir lieber ist.«

Ich beugte mich über sie und küßte sie auf die Augen: »Was hast du ihm denn versprochen?«

»Daß er alles mit mir tun kann, was er möchte, morgen, noch vor dem Frühstück, und daß ich bis dahin enthaltsam bin. Er wird besitzergreifend.«

Sie schmiegte ihre Rückenpartie an meinen Körper.

»Aber es macht dir Spaß?« Ich nahm ihre Brüste in meine Hände.

»Großen Spaß«, hauchte sie. Nach einer Weile, als ich schon glaubte, sie sei eingeschlafen, fügte sie hinzu: »Du hast die Wahl, nur du.«

Wir hatten die Vorhänge nicht zugezogen; ich erwachte, als mir die südfranzösische Sonne auf die Nase schien. Sandra schlief noch fest; ich strich mit den Händen über ihren Rücken und küßte ihre Schulterblätter. Sie streckte sich behaglich. Leise erhob ich mich, stieg so, wie ich war, in meine Hose und ging unsere Reisetasche aus dem Wagen holen. Die Wirtin hantierte schon im Garten und rief mir ein »Bonjour, Monsieur« zu. Wieder im Zimmer zog ich ein winziges Sommerkleid aus der Tasche, in dem ich Sandra immer sehr sexy fand. Dann ging ich ins Bad und ließ das Wasser laufen, bis es richtig kalt war. Ich füllte zwei Fingerbreit davon in ein Zahnglas und träufelte es auf Sandras Körper.

Sie maulte und versuchte, sich zuzudecken, doch ich nahm ihr das Leintuch weg; vorsichtig zog ich sie aus dem Bett hoch und streifte ihr das Kleidchen über den nachtwarmen Körper. Ohne Büstenhalter und ohne Slip sah sie darin unanständiger aus als nackt.

»Ich bin zu müde«, murmelte sie und hängte sich an meinen Hals.
»Du kannst ja bei Harold weiterschlafen«, schlug ich ihr vor.
»Das glaub' ich eher nicht.« Sie lachte plötzlich: »Er wird sich gleich über mich hermachen; und ich werde ihm versichern, daß ich mich die ganze Nacht nach ihm gesehnt habe, das wird ihn anspornen.« Sie küßte mich lasziv.
»Hast du das wirklich?« fragte ich in den Kuß hinein.
»Ich habe große Lust auf ihn.« Sie wartete fragend meine Reaktion ab. »Wünschst du mir das Beste?«
»Das Allerbeste.«
»Und ich darf mich ihm völlig hingeben?«
»Du darfst alles, was du willst.«
»Ich mag dich.« Sie lächelte mir zu, während sie hinausglitt.
»Du findest mich im Garten«, rief ich ihr mit gedämpfter Stimme nach. Bevor sie um die Ecke bog, winkte sie mir noch mal komplizenhaft zu; wie man einem Herbergsvater am Ende der Ferien zuwinkt: ›Es ist sehr schön gewesen bei Ihnen. Ich muß zurück in die Wirklichkeit.‹

Ich starrte auf den leeren Gang, durch den sie verschwunden war. War er ihre neue Wirklichkeit? Der ungehobelte Liebhaber, dem sie sich unterwarf, der Rohdiamant, den zu schleifen sie als reizvoll empfand?

Vierzig Sekunden waren vergangen. Sie hatte sein Zimmer betreten. Jetzt begrüßen sie sich stürmisch. Seine Zunge in ihrem Mund, seine Hände auf ihrem Po. Sie preßt sich an ihn. Er streift ihr das Kleidchen über den Kopf, verschlingt ihren Körper mit seinen Augen – oder zieht sie selbst ihr Kleid bis über den Po hoch, um durch diese Unterwerfungsgeste zu verdeutlichen, daß sie ihm zur Verfügung steht? Was meinte sie mit völliger Hingabe? Kniet sie vor ihm nieder? Leckt sie ihm die Hoden? Drei Minuten sind vergangen, seit sie sein Zimmer betreten hat. Das Verfolgen des Sekundenzeigers hat etwas Zwanghaftes. Droht Sandras Lust auf Männer zu einer echten Obsession für mich zu werden, die auch Magnus Hirschfeld als sexuelle Abartigkeit eingestuft hätte?

Ich entzog meinen Augen das Handgelenk mit Uhr und Sekundenzeiger, riß meinen Blick vom Flur los, den ihre Beine auf dem Weg zu ihrem Liebhaber entlanggeschritten waren, und ging zurück in unser kleines Hotelzimmer; ich nahm Spangenbergs Buch aus der Reisetasche und schlenderte nach unten, ohne mich nochmals umzusehen.

Ich setzte mich an denselben Gartentisch wie am Abend zuvor und blickte gelassen auf die Fenster des Gasthofs, dessen Scheiben in der Sonne glitzerten. Hinter einem von ihnen waren meine Reisegefährten miteinander beschäftigt. Wahrscheinlich das vorletzte Fenster links.

Entschlossen schlug ich Spangenbergs Buch auf und traf auf das Kapitel über die Reinlichkeit der Deutschen.

»Die deutsche Putzfrau«, las ich, »macht nicht sauber, sie räumt auf. Sie rückt die Stühle zurecht und achtet darauf, daß die Falten des Tischtuches sich genau in der Mitte des Tisches kreuzen.« Im allgemeinen vermeide es die deutsche Frau, sich schmutzig zu machen, habe jedoch einen wesentlich oberflächlicheren Begriff von Sauberkeit als die Frauen aus südlicheren Ländern, die von den Deutschen im allgemeinen als schmuddelig angesehen würden.

Als Beispiel für das absurde Verhältnis der Deutschen zur Hygiene führt Spangenberg eine Reihe von Gesetzen und Verordnungen an, so zum Beispiel das Verbot, Lebensmittel anzufassen.

»Eines Tages«, schreibt er, »ging ich mit einem tunesischen Anwalt und dessen Frau über einen deutschen Wochenmarkt und mußte mit anhören, wie die Frau des Anwalts von einer Standl-Frau angebrüllt wurde, weil sie einen Apfel in die Hand genommen hatte: »Den kaufen's jetzt! Bei uns gibt's das nämlich nicht, daß Lebensmittel angefingert werden!«

»Die wurden doch schon von anderen angefaßt, von den Obstpflückern, den Packern, den Händlern«, meinte der Anwalt. »Und was ist mit einer Melone, wenn man wissen will, ob sie reif ist? Da ißt man doch die Schale gar nicht mit!«

Wie groß sei das Erstaunen seiner Gäste jedoch gewesen, als sie in einer Metzgerei beobachteten, wie die Verkäuferinnen das Fleisch mit denselben Händen anfaßten, mit denen sie zuvor das Geld kassiert hatten, für den Anwalt ein ekelhafter Vorgang, der in Tunesien streng verboten sei ...

Zweimal fragte mich die Wirtin, ob ich kein Frühstück wolle. Beim zweiten Mal sagte ich ja. Nur beim Mittagessen warte man, bis alle am Tisch säßen, frühstücken solle jeder nach Lust und Laune, meinte sie, als sie lockeres Weißbrot, frische Butter, Honig und selbstgemachte Marmelade vor mich hinstellte sowie eine große Schale Milchkaffee.

»Die einen wollen es üppig haben, um sich zu kräftigen für den langen Tag, andere wollen nur eine Tasse Kaffee trinken, um aufzuwachen; aber das ist nicht genug für den Organismus.«

Während ich frühstückte, sah ich mich im Garten um; er war frisch gesprengt in Erwartung der kommenden Hitze. Es würde ein prächtiger Tag werden.

Der Wirt kam auf dem Rasen heran und begrüßte mich.

»Wo bleibt das hübsche Paar?«, fragte er, »Machen wohl den Tag zur Nacht?« Er zwinkerte mir zu.

»Hubert!« tadelte ihn seine Frau. »Was geht es dich an?«

Er hob seine Armbanduhr ans Ohr und begann sie aufzuziehen.

»Zwei Verliebte im Haus und die Zeit bleibt stehen«, murmelte er und trollte sich in die Küche, wo er zu singen begann.

»Welche Folgen hat es«, ich schlug das Buch an einer anderen Stelle auf: »wenn ein ganzes Volk Schwierigkeiten hat, glücklich zu sein?«, las ich. »Es wird mit allen Mitteln versuchen, für glücklich gehalten zu werden, und jeden als Störenfried brandmarken, der diese Illusion durch sein Tun oder Nichtstun in Frage stellt. Warum trifft man auf so viele Deutsche, die mit einer gewissen Hast versichern, es gehe ihnen gut (›Danke, bestens‹), wenn man sie nach ihrem Befinden fragt? Einige fügen hinzu, sie seien glücklich verheiratet (nicht einfach verheiratet) und hätten wunderbare Kinder. Die Franzosen antworten auf eine solche Frage vielleicht, sie versuchten zu überleben. Oder sie sagen gleich, es gehe ihnen beschissen. Wenn sie einen Bettler sehen, beruhigt sie vielleicht der Gedanke, daß es ihnen immerhin besser gehe als ihm. Wird der Deutsche in der Fußgängerzone von einem Bettler angequatscht, dann kommt in ihm die Angst hoch: Wenn ich nicht aufpasse, wird mir dasselbe Schicksal blühen. Er wird seine Unterschrift unter ein Volksbegehren setzen, das die Innenstadt zur bettlerfreien Zone erklärt. ›Wehret den Anfängen‹, wird er sagen. Wird jemand behaupten, das sei nicht logisch? Wenn man Angst hat, handelt man selten logisch. Aus einer diffusen Angst vor einer ungewissen Zukunft, wird eine konkrete Gefährdung dieser Zukunft ...«

Es wurde allmählich heiß. Ich erhob mich, warf einen Blick hinüber zu den Fenstern des Anbaus und schlenderte die Dorfstraße hinunter, ging in flirrendes Licht hinein, durchquerte tiefblaue Schatten. Ein barfüßiges Mädchen trieb drei Kühe vorbei. Sie lächelte mir im Vorübergehen zu. Sonst war niemand zu sehen; ab und zu hörte ich Geschirr klappern, das Abstellen eines Eimers auf steinernem Grund, das Sirren einer fernen Motorsäge. Tanzende Mücken hingen an Sonnenfäden, Katzen lagen auf den Fensterbrettern zwischen üppigen Blumenkübeln. Jedes Haus, jeder Hof, jedes Gemäuer strahlte ein Selbstverständnis aus, das kein Architekt je erreichen würde. Ich sog die von Aromen gesättigte Luft ein, um alle Gedanken zurückzuholen, die noch in Zimmer 18 weilten. Was auch immer dort geschah, dachte ich, von mir aus sollte es geschehen.

In einem der letzten Häuser des Dorfes befand sich ein Kolonialwarengeschäft. Ich trat ein, um eine neue Mine für meinen Kugelschreiber zu kaufen, fand jedoch nichts Passendes. Für zwei Francs erhielt ich einen Stylo Bic und die Regionalzeitung, die ich an meinem Tisch im Garten von vorn bis hinten durchlas, auch die Geschichte des Kfz-Mechanikers, der auf seine untreue Ehefrau schoß, sie jedoch verfehlte, worauf sie ihm vor Gericht verzieh und zu ihm – der mehr denn je in Liebe zu ihr entbrannt war – zurückkehrte.

Dann tauchte Harold auf, allein natürlich, sie konnten schlecht zu zweit erscheinen. Er hatte sich verändert. Daß Sandra mich mit ihm betrog und dazu noch so dreist, hatte sein Selbstbewußtsein gestärkt. Das war kein Junge mehr, der sich ängstlich gegenüber dem Mann seiner Geliebten verhielt. Fast trotzig kam er auf mich zu.

»Hallo, Harold«, begrüßte ich ihn freundlich, »haben Sie eine schöne Nacht verbracht?«

Er murmelte Unverständliches.

»Wollen Sie frühstücken? Setzen Sie sich.«

Die Wirtin ließ sich blicken. Ich bestellte frischen Kaffee.

»Oder hätten Sie lieber Tee gehabt?«

»Kaffee ist schon in Ordnung.«

Er setzte sich mir schräg gegenüber, gerade so weit weg, daß es noch nicht unhöflich war.

»Meine Frau macht gerade einen Spaziergang« erklärte ich ihm, »sie war nicht mehr zu halten heute morgen bei dem herrlichen Wetter.«

Er warf mir einen überlegenen Blick zu. Wahrscheinlich wusch sich Sandra gerade in seinem Zimmer.

»Es soll gut sein für den Organismus, sich am Morgen etwas Bewegung zu verschaffen«, sagte ich und grinste ihn kumpelhaft an, »aber wir beide haben es offensichtlich vorgezogen, auf der faulen Haut zu liegen.«

Er sagte nichts. Was hätte er auch sagen sollen?

Daß er sich viel bewegt habe an diesem Morgen und mit jeder seiner Bewegungen meine Hörner habe wachsen lassen?

Die Wirtin stellte eine Kanne Kaffee und ein Kännchen mit warmer Milch auf den Tisch. Ich wollte ihm einschenken, doch er nahm mir die Kanne aus der Hand.

»Danke, es geht schon«, sagte er unwirsch, als fände er es unter den gegebenen Umständen geschmacklos, sich von mir bedienen zu lassen. Eine verheiratete Frau zu verführen erfordert zuweilen weniger Mühe, als man zu hoffen wagte. Aber mit dem Ehemann danach entspannt zu frühstücken verlangte eine Abgebrühtheit, über die er noch nicht verfügte. Nur mühsam konnte er verbergen, wie sehr ich ihm auf den Keks ging.

Schließlich erschien Sandra. Sie kam von der Straße her, um Harold im Glauben zu lassen, sie spiele mir was vor. Auch sie war verändert: Weich und zufrieden kam sie über den Rasen auf uns zu.

»Du hast ja einen Riesenspaziergang gemacht«, rief ich, »war's schön?«

»Es war toll«, sagte sie, »ich fühle mich wunderbar.«

Ich sah, wie seine Augen stolz aufleuchteten. Sandra gab jedem ihrer beiden Liebhaber zwei züchtige Küßchen auf die Wangen, an denen es nichts auszusetzen gab, und ließ sich neben mir nieder, was Harold nicht so gut gefiel. Sie trug noch das Sommerkleidchen, das ich ihr am Morgen über den Leib gestreift hatte; oder besser, sie trug es wieder. Ich legte einen Arm um ihre nackten Schultern und spürte, daß ihr Fleisch schwer war, vollgesogen von allzuviel Liebe. Wie Dolche durchbohrten seine Blicke meine Hand.

»Ißt du nichts?« fragte ihn Sandra und biß in ein Croissant. Er schüttelte den Kopf.

»Eigentlich müßten Sie hungrig sein«, sagte ich und merkte, daß er ein wenig in Panik geriet. Sandra warf mir einen warnenden Blick zu.

»Wieso müßte er das?« fragte sie stirnrunzelnd.

»Weil es beinahe Mittag ist.« Ich sah grinsend von ihr zu ihm.
»Ich geh' mal zehn Minuten Luft schnappen, wenn Sie erlauben«, murmelte er und lief rasch hinaus auf die Straße. Sandra befreite sich aus meinem Arm, was er mitbekam, als er sich nochmals umdrehte.
»Hattet ihr Streit?« fragte sie mich.
»Nein, aber er scheint der Ansicht zu sein, daß ich dich nicht verdiene – was ja auch stimmt.«
Sie küßte mich auf den Mund, nett, aber flüchtig.
»Entschuldige«, sagte sie, »aber um ihn aufzustacheln, mußte ich dich ein bißchen mies machen. Ist das schlimm?«
»Was hast du ihm erzählt?«
»Er hat wissen wollen, ob ich ihm treu geblieben sei in der Nacht. Da hab' ich gesagt: Er nimmt mich einfach, ohne zu fragen, wie einen Slipper, in den man eben mal so reinschlüpft.«
Sie legte das halb gegessene Croissant auf den Teller zurück.
»Das hat ihn rasend gemacht.«
»Kleines Aas«, murmelte ich mit belegter Stimme und deutete auf das Croissant. »Ißt du das noch auf? Sonst laß uns reingehen.«
Ich hatte tierische Lust auf sie.

Kaum waren wir im Zimmer, zog ich sie an mich.
»Erzähl weiter«, bat ich.
Sie schloß hinter mir ab und warf ihre Arme um meinen Hals.
»Er wollte wissen, ob es mir mit dir gefallen hat. Da hat mich der Teufel geritten: Er kennt mich so gut, er bringt mich immer zum Orgasmus, habe ich ihm gesagt. Da ist er herumgeschnellt und hat mich aus dem Bett getreten. Hau ab, hat er geschrieen. Ich bin auf den Flur gerannt und wollte mir gerade mein Kleid überstreifen, da ist er noch mal herausgekommen, hat mich an den Haaren gepackt und ins Zimmer zurückgeschleift.«
Sie hing jetzt schwer an mir.
»Du hast ihn wohl etwas zuviel aufgestachelt.« Behutsam löste ich ihre Arme von meinem Hals. Ihr Körper glitt schlaff aufs

Bett. Ich sah auf sie hinab und mußte an die Hunnen denken, die ihre Steaks so lange ritten, bis sie mürbe waren.

»Als die Etagenfrau draußen den Staubsauger anschaltete, ist er furchtbar erschrocken. ›Und wenn er dich vermißt‹, hat er gefragt, ›und an die Tür klopft?‹ – ›Er glaubt nicht, daß ich hier bin‹, habe ich ihm geantwortet, ›er hält es nicht für möglich, daß ich mich mit einem derart unreifen Jüngling abgebe, mit so einer halben Portion.‹ – ›Denkst du das auch?‹, hat er mich angefaucht, ›nennst du das halbe Portion?‹ Er hat mir seinen roten Riesen vors Gesicht gehalten. ›Das tue ich nicht‹, habe ich schnell gerufen, ›nein, zwischen deinen Beinen bist du ausgewachsen.‹ Doch schon hat er mich wieder bearbeitet, immer weiter, obwohl ich nicht mehr konnte. Wenn ich nicht gewußt hätte, daß du an mich denkst, ich glaube, ich wäre abgestürzt.«

Ich legte meine Hände auf ihren Leib, dessen Harold sich so lange und so ungestüm bemächtigt hatte.

»Du hast viel riskiert, dafür liebe ich dich«, flüsterte sie mir ins Ohr.

»Und ihn?« Ich begann sie zu küssen.

»Ich hab' ihm nie gesagt, daß ich ihn liebe. Nur daß ich seinen Lümmel mag. Und daß ich ihn attraktiv finde und daß ich gern mit ihm zusammen bin.«

»Eine ganze Menge.« Ich wollte mit ihr zur Sache kommen, doch sie entwand sich mir.

»Wenn er mitkriegt, daß ich mit dir schlafe, rastet er aus«, flüsterte sie. Mir reichte es.

»Wir beide fahren jetzt weiter«, teilte ich ihr mit.

»Du meinst jetzt gleich?« fragte sie. Ich nickte. Sie sagte zunächst nichts und schloß die Augen.

»Hinterlaß ihm ein paar nette Worte«, schlug ich vor.

Sie schüttelte energisch den Kopf.

»Du kannst ihn nicht einfach abservieren. Schließlich hast du gewollt, daß er dableibt.« Da hatte sie auch wieder recht.

»Was schlägst du vor?« fragte ich.

»Weißt du inzwischen, wie wir das verlassene Dorf finden? Warum nicht? Du hattest jede Menge Zeit!«
»Allerdings!« sagte ich, »Von sieben bis halb zwölf.«
Sie lachte ungläubig und zählte die Stunden an den Fingern ab.
»Mein armer Geliebter!« Sie küßte mich verlegen und öffnete dabei meine Hose. Sie befriedigte mich meisterhaft und verstaute meine Apparatur wieder ordentlich.
»Ich werde mal nach ihm schauen«, sagte sie, während sie den Reißverschluß nach oben zog. »Hab einfach Vertrauen, und alles wird gut.«
Und schon war sie aus der Tür.

Die Wirtsleute hatten mir erklärt, daß das verlassene Dorf von einigen jungen Leuten aus Montélimar instand gesetzt werde. Tatsächlich waren einige Häuser mit Gerüsten umgeben, Ziegel lagen unter Plastikplanen, und ein langes Kabel führte zu einem Zementmischer. Doch wir sahen keine Handwerker. Vielleicht gingen die jungen Leute ihrem Hobby nur an den freien Wochenenden nach.

Sandra griff nach meiner Hand, als wir an der Jugendherberge vorbeikamen. Tür und Fenster waren mit Brettern vernagelt. Vielleicht hätten wir über die Küchentür, die auf den Hof hinausging, ins Innere des Gebäudes gelangen können. Doch ich wollte Harold nicht an unseren Erinnerungen teilhaben lassen.

Erstaunlicherweise klebte er heute nicht an Sandra, sondern folgte uns in größerem Abstand.

»Ist er nicht mehr eifersüchtig?« fragte ich; wir hielten uns immer noch an der Hand.

»Er wollte mit mir durchbrennen«, erzählte sie. »Da hab' ich ihm den Kopf zurechtgesetzt.«

Oberhalb der letzten Häuser verlor sich die Dorfstraße in einem riesigen Pfirsichhain. Zwischen den Bäumen stiegen wir empor zur Kapelle.

»Weißt du noch?« fragte sie und wies auf eine Holzbank inmitten des Hains. Wir blieben stehen und verschnauften. Es war drückend heiß, und der Lärm der Zikaden erfüllte wie damals die Landschaft. Sandra sah sich um, bevor sie einige der großen Pfirsiche pflückte.

Als Harold bei mir ankam, bat ich ihn, mir eine der beiden Rotweinflaschen auszuhändigen, die ich vor unserem Aufbruch von den Wirtsleuten erstanden hatte. Er holte sie aus seinem Rucksack und entkorkte sie mit seinem Schweizer Messer, bevor er sie weitergab. Ich nahm einen großen Schluck und gab sie ihm zurück. Er trank ebenfalls daraus und bot sie Sandra an. Da sie die Hände voller Pfirsiche hatte, ließ sie sich auf die Knie nieder, öffnete ihren Mund und trank wie ein Zicklein, das man mit der Flasche großzieht. Dann hielt sie mir eine der reifen Früchte an die Zähne und ließ mich hineinbeißen. Danach kam Harold an die Reihe, dann kostete sie selbst davon. So aßen wir alle Pfirsiche gemeinsam und brachten uns gegenseitig dazu, derart große Stücke abzubeißen, daß uns der Saft von den Lippen troff. Sandra küßte mich, nachdem sie aus der von Harold gehaltenen Flasche getrunken hatte, und ließ Wein von ihrem Mund in meinen rinnen. Harold trank, während wir uns küßten, dann nahm ihm Sandra die Flasche vom Mund und küßte auch ihn, doch blieb sie dabei im Grenzland zwischen Freundschaft und Erotik..

Etwas außer Atem kamen wir auf der Anhöhe an. Vielleicht hätten wir die zweite Flasche nicht öffnen sollen, doch wir hatten nichts anderes, um unseren Durst zu stillen. Begierig ließen wir den warm gewordenen Wein durch unsere Kehlen rinnen und schauten dabei hinab ins Rhônetal. Die Nachmittagssonne fiel frontal auf das Kraftwerk am jenseitigen Ufer des Flusses und ließ die Metallteile der Konstruktion wie Schmucksteine funkeln. Wir betraten den verwilderten Friedhof vor der Kapelle. Etwas benommen ließ sich Harold ins Gras sinken. Nach einem schalkhaften Blick zu mir streckte sich Sandra neben ihm aus und räkelte sich wollüstig.

»Sie hat Lust auf einen Mann«, stellte ich fest, setzte mich zu ihr und begann, sie langsam auszuziehen. Knopf für Knopf öffnete ich ihre Bluse. Ungläubig starrte Harold auf meine Hände, die ihre Brüste freilegten. Wie konnte es sein, daß ich meine Frau vor ihm entblößte?

»An solch heißen Tagen braucht sie viel Liebe«, sagte ich ganz sachlich, küßte Sandra auf die Stirn und drehte sie um neunzig Grad, um den Reißverschluß ihres Rockes zu öffnen, den ich ihr von den Beinen zog. Mit verschwommenem Blick starrte Harold auf den jetzt nackten Körper seiner Geliebten, der ihm zugewandt war. Bot ich ihm Sandra an oder prüfte ich nur seine Standfestigkeit? Er wollte sich von ihr abwenden, doch der mit Pfirsichsaft vermischte Wein in seinem Inneren hatte ihn träge gemacht. Sie drängte sich an ihn und zog ihn aus. Ihre Zunge strich über sein Gesicht, seinen Hals, seinen Körper.

Als er über sie herfiel, hatte er meine Anwesenheit vergessen. Ihr triumphierender Blick traf mich: War nicht alles gut geworden, genau wie sie es angekündigt hatte? Zum ersten Mal war ich kein bißchen eifersüchtig. Um ihn anzuspornen, rief ich ihm Obszönitäten zu, und er tat wie geheißen, zeigte dem Luder, wo es langging, gab ihr, was sie verdiente, rammte dem Miststück seinen Prügel rein bis zu den Eiern. Lange blieb er auf ihr liegen. Auch ich rührte mich nicht.

Schließlich erhob er sich langsam. Er vermied es, mich anzusehen, sammelte seine Kleidung ein, ergriff seinen Rucksack und rannte den Berg hinunter, ohne sich nochmals umzudrehen.

»Harold!« Sie sprang auf und wollte hinter ihm her. Doch ich bekam sie am Bein zu fassen und brachte sie zu Fall.

»Laß es gut sein, er wird darüber hinwegkommen«, sagte ich. »Ruhig, ganz ruhig!« Ich drückte sie an beiden Schultern ins Gras. Erst allmählich entspannte sie sich, sah mich an, als würde sie mich gerade erst entdecken, lächelte, hob den Kopf und bot mir ihre Lippen dar. Als ich sie küßte, spürte ich, wie sie ganz zu mir zurückkam.

Wir verbrachten eine der schönsten Nächte unseres bisherigen Zusammenseins, waren aufmerksam und zärtlich, sprachen über unser Leben, zählten auf, was wir am anderen liebten. Kleinste Bewegungen unserer aneinandergeschmiegten Körper lösten tiefste Empfindungen aus. Ich fühlte deutlich, wie die Wärme ihres Fleisches meinen Phallus umhüllte, und nahm staunend wahr, wie sein Pulsieren sie zum Erschauern brachte.

Es war fast dunkel, als ich erwachte. Ich war allein.

»Sandra?« rief ich. »Hallo, Sandra!« Ich rappelte mich auf, sah mich um und ging zur Kapelle hinüber. Nach ein paar Schritten stolperte ich über eine leere Weinflasche, die davonkullerte. Ich betrat die Ruine, in der es finster war.

»Sandra? Wenn du da bist, antworte!« Ich fröstelte und wurde mir meiner Nacktheit bewußt.

In der folgenden halben Stunde war ich ziemlich durcheinander. Ich dachte immer noch, sie wolle mich necken und würde plötzlich hinter einem der eingesunkenen Grabmale hervorkommen. Zugleich nahm die Angst zu, sie könnte mich verlassen haben. Äußerst seltsam war, daß ich unsere gemeinsame Lagerstatt nicht wiederfand. Hier und dort machte ich Mulden im Gras aus, glaubte, daß es die Stelle sein müsse, an der wir uns geliebt hatten, doch wo waren unsere Klamotten? Oder zumindest meine? Ich mußte mich täuschen, sagte ich mir und tappte weiter herum; mittlerweile war es völlig dunkel geworden. Ich stolperte über eine zweite Weinflasche, durchstreifte schließlich systematisch das Gelände, bis ich sicher war, daß meine Sachen zusammen mit denen von Sandra verschwunden waren.

Nackt lief ich durch den Pfirsichhain ins Dorf hinunter, schlug zweimal hin, trug Kratzer und Schrammen davon, bis ich zu meinem Wagen gelangte. Er stand noch da, wo ich ihn abgestellt hatte, er war offen, Schuhe, Hose und Hemd lagen auf dem Rücksitz. Sogar der Autoschlüssel steckte wie zuvor in meiner Hosentasche. Meine Hand zitterte, als ich den Kofferraum öffnete, denn ich wußte es bereits: In unserer gemeinsamen Reisetasche lagen nur noch meine Sachen. Ihre Kleider steckten wohl im Rucksack meines Rivalen.

Ich zog mich hastig an und fuhr mit Fernlicht zur Route Nationale, ohne irgend jemandem zu begegnen. Ich kehrte zu unserem Gasthof zurück, der im Dunkeln lag, und läutete so lange Sturm, bis sich ein Fenster öffnete. Nein, brummte der verschlafene Wirt, das junge Paar sei nicht mehr dagewesen. Mittlerweile war es zwei Uhr morgens. Ich brauste Richtung Süden und versuchte, in jeden Wagen hineinzuschauen, den ich überholte. Einmal hockten Tramper auf einer Böschung neben der Straße. Es waren zwei Mädchen, Däninnen. Sie hatten niemanden gesehen, versprachen aber, mir bei der Suche behilflich zu sein, wenn ich sie mitnähme. Doch sie schliefen kurz darauf im Wagen ein.

Die Route Nationale No 7 wurde wieder zur Autobahn. Ich war vielleicht fünfzig Kilometer in südlicher Richtung gefahren, als ich anhielt: Ich würde Sandra nie finden, wenn ich nicht an unsere Liebe glaubte. Sie wäre nicht einfach davongefahren, sie befand sich noch in der Nähe des verlassenen Dorfes. Ich verließ die Autobahn an der nächsten Ausfahrt und verabschiedete meine beiden Mitfahrerinnen; dann wendete ich und raste wieder zurück.

Ich sah Sandra, als sie mit Harold vom Anhänger eines Traktors kletterte, der in Richtung Süden unterwegs gewesen war und jetzt von der Route Nationale abbog. Mit knirschenden Bremsen hielt ich auf der anderen Straßenseite. Sie sah mich und überquerte die Fahrbahn vor einem LKW, der seine Signalhörner ertönen ließ. Als ich ausstieg, zitterte ich. Sandra stürzte auf mich zu und warf sich in meine Arme.

»Ich bin ja so froh!« hauchte sie.

Schimpf sie nicht, dachte ich, du darfst sie nicht schimpfen!

»Ich hab' schon drei Autos zurückgewiesen, die angehalten haben – sogar einen Lamborghini ...«

»Der hätte euch gar nicht beide mitnehmen können.«
»Wollte er auch nicht.« Sie lachte.
»Aber dann seid ihr trotzdem zusammen aufgebrochen!«
»Mit einem Traktor. Damit du uns ganz leicht einholen kannst. Ich wollte ja auch wissen, ob du nach mir suchst.«
»Und wenn ich dich nicht gefunden hätte?«
»Dann hättest du irgendwann eine Postkarte bekommen, eine ohne Absender. Da hätte draufgestanden, daß ich dich liebe.«

Nachdem die große Anspannung von mir gewichen war, spürte ich, wie müde ich war.
»Wir sollten noch ein wenig schlafen«, sagte ich zu Sandra. »Komm mit!«

Harold stand auf der anderen Straßenseite und wartete mit gesenktem Kopf; seinen Rucksack, in dem ihre Klamotten steckten, hatte er abgesetzt. Unweit von Harold las ich in roten Leuchtbuchstaben das Wort HOTEL, darunter grün und ständig blinkend: Zimmer frei.

Es stand direkt an der Durchfahrtsstraße und war denkbar häßlich. Ich hätte Harold am liebsten in die Wüste geschickt, war mir aber nicht sicher, wie sie es aufnehmen würde.

»Zwei Zimmer nach hinten raus«, verlangte ich deshalb vom verschlafenen Nachtportier. »Ich werde dich ans Bett binden, damit du nicht wieder durchbrennst«, flüsterte ich Sandra ins Ohr. Doch es gab keine zwei Zimmer, weder nach hinten noch nach vorne raus. Es war nur noch ein einziges frei.

»Entscheiden Sie sich, sonst ist auch das weg«, riet uns der Nachtportier und hob das Telefon ab, das vor ihm läutete.

»Wir nehmen es«, sagte Sandra rasch.

»Wo seid ihr eigentlich die ganze Zeit gewesen?« fragte ich sie auf der Treppe.

»In der alten Jugendherberge.« Entgeistert sah ich sie an: »Vielleicht auch noch im selben Zimmer?« Sie nickte.

»Ich wollte, daß du wütend wirst, wenn du uns findest.«
»Das hast du jetzt erreicht«, sagte ich, »ich werde im Auto schlafen.« Sie hielt mich fest.
»Wir haben uns fast immer gestritten. Da schau, was er mit mir gemacht hat!« Sie hob den Rock hoch und zeigte mir die breiten, blutunterlaufenen Striemen auf ihrem Popo. Ich schluckte.
»Ich habe die Schläge verdient«, stieß sie hervor, um zu verhindern, daß ich mich auf ihn stürzte. »Die ganze Zeit habe ich ihn glauben lassen, daß ich dich betrüge – dabei war er es, den ich betrogen habe, weil du alles gewußt hast.«
Ich beugte mich über die Striemen.
»Mit dem Gürtel?« fragte ich ihn. Er sah zu Boden.

Von unten grinste der Nachtportier zum Treppenabsatz hoch, beäugte Sandras Popo und nickte mir zu: In seinem Beruf habe er schon ganz anderes erlebt, wollte er mir wohl sagen. Sandra drückte ihrem Liebhaber, dem die Erörterung seiner Schandtaten offensichtlich peinlich war, den Zimmerschlüssel in die Hand und bat ihn, schon mal nach oben zu gehen.

»Damit bist du zu weit gegangen!« rief ich ihm nach.
Sie schaute von ihm zu mir:
»Ich will, daß du ihn fickst, während er mich nimmt«, flüsterte sie mir zu.
»Und was sagt er dazu?«
»Ich hab' ihm angekündigt, daß du ihn auf diese Weise bestrafen wirst.«
»Ich glaube nicht, daß ich das bringe ... rein physisch«, wehrte ich ab.
»Seif deinen Prügel etwas ein, dann geht es leichter.«
Ich glaubte, mich verhört zu haben.
»Woher weißt du das?«
»Ist das wichtig?« fragte sie und preßte sich an mich. »Ich möchte, daß du wieder zum Leitwolf wirst, das ist alles, was jetzt zählt.«

Die Zimmerbeleuchtung war deprimierend. Ich schaltete sie wieder aus. Schweigend entkleideten wir uns alle drei im Schein der Neonreklame, die draußen neben dem Fenster blinkte. Unsere Sachen legten wir zusammen auf den einzigen Stuhl. Als wir nackt voreinander standen, gab mir Sandra mit den Augen ein Zeichen. Ich trat in den winzigen Duschraum und schloß die Tür hinter mir. Ich pinkelte. Dann nahm ich das abgegriffene Stück Seife, das auf dem Waschbecken lag, und hielt es unter den Wasserhahn. Als ich ins Zimmer zurückkam, waren sie bereits in Aktion. Er kniete über ihr, hielt in jedem Arm eines ihrer hochgereckten Beine und bearbeitete sie wie ein Berserker. Die Luft im Raum war so stickig, daß ich zunächst das Fenster aufriß. Sandras Schreie vermengten sich mit dem Dröhnen der schweren Lastwagen, die nur wenige Meter entfernt an uns vorbeidonnerten. Ich ging zum Fußende des Bettes und sah, wie sie ihre Arme zärtlich um seinen Hals schlang, ihn zu sich herabzog und ihn leidenschaftlich küßte. Zorn stieg in mir auf und schwoll so lange an, bis ich bereit war, ihre Wünsche zu erfüllen. Ich schonte ihn dabei nicht.

Wir sahen Harold noch eine ganze Weile, nachdem unser Schiff den Hafen von Hyères verlassen hatte. Er stand unter einer Palme und winkte uns nach. Meine Befürchtung, für den 18jährigen würde meine Bestrafungsaktion zum Trauma, hatte sich als haltlos erwiesen. Er hatte derartige Prozeduren bereits im Internat über sich ergehen lassen. Artig begleitete er uns zum Schiff und fragte mich höflich, ob er Sandra zum Abschied küssen dürfe. Ich gewährte ihm diesen Wunsch. Der Kuß zog sich in die Länge und wurde immer intensiver. Selbstvergessen hingen sie aneinander, und das vor allen Leuten, die an uns vorbei an Bord gingen und die beiden mit neugierigen Blicken bedachten. Doch ich zeigte mich großmütig.

An Deck des Passagierschiffes zog ich Spangenbergs Buch aus unserer Reisetasche. Ich wollte noch ein wenig darin blättern, bevor wir den Meister trafen, doch Sandra lenkte mich ab. Sie kauerte mit ihrem Fotoapparat vor mir und versuchte mich so aufzunehmen, daß der Möwenschwarm, der vor strahlend blauem Himmel das Schiff begleitete, hinter meinem Kopf zu sehen war. Sie lächelte mir zu. Ich war wieder das Alpha-Tier, das die jungen Böcke auf ihre Plätze verwiesen hat und von seinen Lieblingsschafen umschwärmt wird.

Neben einem der Rettungsboote fand ich eine Sitzgelegenheit.

»Ein guter deutscher Schauspieler«, las ich, »bereitet seine Rolle so gewissenhaft vor, daß er bereits Schmerz empfindet, bevor ihn die Kugel trifft. In einer Art Ganzheitswahn, der aus einem weitverbreiteten Harmoniebedürfnis heraus entstanden ist, versucht er, seine Rolle aus einem Guß zu gestalten. Sein Pech ist, daß es keinen Menschen aus einem Guß gibt.« Die mangelnde Plausibilität solch schematisierter Charaktere werde vom Drehbuchautor durch psychologische Erklärungen abgestützt: Jemand ist auf Abwege geraten, weil seine Mutter ihn nicht geliebt, sein Vater ihn geschlagen, sein Stiefvater ihn vergewaltigt hat. Die Psychologie sei der größte Feind der Kunst, behauptet Spangenberg. Sie mache eindeutig, was mehrdimensional gestaltet werden müsse, um dem Leben zu entsprechen.

Ein amerikanischer Schauspieler, der einen SS-Mann zu spielen habe, werde wahrscheinlich so an die Rolle herangehen, daß er zunächst nach den guten Seiten dieses Menschen suche: Vielleicht vergöttert er seine Kinder und schmückt mit ihnen zusammen den Weihnachtsbaum, vielleicht verhält er sich zu seiner Frau sehr zärtlich, auch wenn er nach einem harten Tag aus dem KZ zurückkommt oder gerade dann. Er vergißt keinen Geburtstag oder Hochzeitstag und bringt ihr oft ohne besonderen Grund Geschenke mit. So erreiche der amerikanische Schauspieler eine dritte Dimension der Darstellung, die auch Paradoxien einschließe, was Voraussetzung sei für die Gestaltung eines komplexen Charakters. Der deutsche Schauspieler dagegen werde sich nie erlauben, den Zuschauer auch nur eine Sekunde vergessen zu lassen, daß er einen SS-Mann vor sich habe, daß dieser SS-Mann böse sei und daß er, der Darsteller, diese Meinung teile; das heißt, er wird die Persönlichkeit des SS-Mannes abwürgen und uns statt dessen das Klischee eines SS-Mannes liefern. Und während sich der amerikanische Schauspieler zur Differenzierung der Rolle vielleicht kleine, liebenswerte Schwächen für seinen SS-Mann ausdenkt – etwa daß er bereits vor dem Fest am Weihnachtsgebäck nascht und seine Kinder ihn dabei erwischen: »Das darf man nicht, Papa!« –, wird der deutsche Darsteller versuchen, eindeutige Zeichen zu setzen, um das Böse hervorzuheben: Vielleicht durch einen unschönen Tick, der die Gehetztheit des Bösewichtes sichtbar macht; durch eine schneidende Stimme oder durch ein sardonisches Lächeln. Während es der niederträchtige Kerl in der deutschen Fassung genießt, einen Häftling aufzuhängen, der einen Laib Brot gestohlen hat, wird sich sein amerikanisches Pendant an das Naschen des Weihnachtsgebäcks erinnern, bei dem seine Kinder ihn erwischt haben. Er wird den Befehl zum Aufhängen trotzdem erteilen, da Disziplin Vorrang hat vor Gefühlen.

»Wir haben also in der deutschen Fassung den dämonischen Bösen«, schreibt Spangenberg, »der aus Sadismus und Abartigkeit zuschlägt und wenig mit uns ›Normalbürgern‹ gemein hat; die amerikanische Version dagegen zeigt, welche schrecklichen Dinge ganz normale Menschen ihren Mitbürgern antun können, Menschen wie du und ich ...«

Als Sandra von hinten die Arme um meinen Körper schlang und mir über die Schulter sah, erläuterte ich Helmut Spangenbergs Gedankengänge und las ihr das Ende des Kapitels vor:

»Die Deutschen wären gut beraten gewesen, wenn sie die amerikanische Version angenommen hätten, ihre Wiederaufnahme in die Völkerfamilie wäre auf eine Weise vollzogen worden, die ihre Ängste abgebaut hätte.« Die deutsche Version habe ihnen keine Chance geboten, ihre Fehler zu bereuen, schreibt Spangenberg. Sie hätten sich nur auf Unkenntnis der Verbrechen oder Befehlsnotstand berufen können. Ihre Ängste seien ihnen durch das Verdrängen der Realität verblieben.

Die Insel Porquerolle tauchte auf. Eine Weile fuhren wir an ihr entlang.

»In einer halben Stunde werden wir ihn kennenlernen«, sagte ich. »Ich bin überhaupt nicht vorbereitet. Ich fürchte, er fragt mich, warum ich ihn sehen wollte.«

»Du hast doch andauernd in seinem Buch gelesen, auf der Waldlichtung und tags darauf beim Frühstück im Garten.«

»Da war ich abgelenkt. Wie Circe hast du mich allzusehr in deinen Bann gezogen.«

Sie war mit dem Vergleich nicht einverstanden.

»Circe hat den Odysseus völlig ausgepumpt, damit er nicht mehr die Kraft hatte, nach Hause zu rudern, während ich eigens ein Entlastungsprogramm gefahren habe, um dich zu schonen.«

Wir betraten die Insel über einen kleinen Anlegesteg, an dem das Linienboot festgemacht hatte.

»Ich hoffe, du findest ihn sympathisch«, sagte ich erwartungsvoll. Sie warf mir einen Blick zu, so von der Seite her, als hätte ich vorgeschlagen, sie meinem Idol als Mitbringsel zu überreichen. Dabei hatte ich zu diesem Zeitpunkt garantiert nicht an so etwas Fleischliches gedacht.

Unvermutet jedoch wurden wir in eine Welt versetzt, die besonders körperbetont war. Die Leute, die vom höher gelegenen Inseldorf zu der Bucht hinabstiegen, um ihre Gäste, Freunde, Kinder abzuholen, waren nackt. Das erste, was wir von ihnen sahen, wenn sie uns auf dem steil abfallenden Sandweg entgegenkamen, waren ihre Füße, dann sahen wir ihre Beine, dann ihr Geschlecht. Aufgrund des Fotos auf der Umschlagklappe seines Buches erkannte ich ihn, sobald sein Kopf Sekunden nach seinen Genita-

lien in mein Blickfeld geriet. Ich begrüßte ihn, schüttelte ihm so entspannt wie möglich die Hand und stellte Sandra vor. Er war sichtbar beeindruckt, lächelte jedoch spöttisch und sagte:
»Ich hoffe, daß wir uns bald von gleich zu gleich gegenüberstehen werden, im Habitus der Insulaner, der Ihnen«, er verneigte sich vor Sandra,»sicherlich besonders gut stehen wird.«

Wenn Nudisten in der Mehrzahl sind, erwarten sie, daß man ihre Erscheinung als normal empfindet und sich in seinen Klamotten beengt fühlt. Wir waren, als wir das Schiff verließen, wie alle Ankommenden bekleidet und empfanden den Anblick der vielen Nackten überhaupt nicht als normal. Wo sollte man hinschauen, wo nicht? Vor allem, wenn es sich um einen nackten Schriftsteller handelt, dem man nie zuvor begegnet ist. Sandra sagte mir später, sie habe augenblicklich verstanden, warum er sich auf einer Nudisteninsel aufhielt. Ihr war nicht entgangen, daß er außerordentlich gut bestückt war.

Wegen der Kleidungs- oder besser Entkleidungsfrage geriet ich kurz darauf mit Sandra in Streit. Spangenberg hatte uns angeboten, bei ihm zu wohnen, da wir kaum eine Chance hätten, auf der Insel ein Zimmer zu finden, das nicht für die ganze Saison gebucht sei.
»Zieh dich aus!« forderte ich Sandra auf, als wir allein im Gästezimmer standen; doch sie weigerte sich. Spangenberg hatte uns zu einem Willkommenstrunk auf die Terrasse gebeten. Es sei eine Provokation, wenn sie ihm angekleidet gegenübertrete, versuchte ich ihr klarzumachen. Ich war bereits nackt und schaute unter ihren abschätzenden Blicken an meinem weißen Körper hinunter.
»Da gewöhnst du dich schnell dran«, versicherte ich ihr.
»Da gewöhn' ich mich nicht dran«, beharrte sie. Wir flüsterten, weil wir nicht wußten, wie durchlässig die Wände waren.
»Immerhin ist er der Hausherr, und für ihn ist es völlig normal, uns nackt zu sehen!«
Plötzlich lachte sie.

»Du wirst schon sehen«, sagte sie. Sie beugte sich hinab und berührte mit den Lippen meine Manneszierde.

»Geh schon raus zu ihm, ich komme nach.«

Ich trat auf die kleine Terrasse, von der man weit über das Mittelmeer sah, das so blau war wie in einem deutschen Schlager. Helmut Spangenberg saß an einem eisernen Gartentisch, einen Stapel Notizen vor sich, die mit einem großen Kiesel beschwert waren. Er bot mir einen Pastis an.

»Mit Eis?«

Ich nickte und bedankte mich bei ihm für seine Bereitschaft, mich zu sehen, besser gesagt, für seine Freundlichkeit, mir zu erlauben, ihn zu sehen ... Ich verhaspelte mich, und als ich mein Glas in Empfang nahm, trat ich auf einen Pinienzapfen, was schmerzte, da ich barfuß war. Doch ich prostete ihm tapfer zu: Ich wolle ihm nochmals persönlich mitteilen, erklärte ich feierlich, wie sehr mir sein Buch gefallen habe.

»Gott sei Dank findet es zuweilen Anklang«, relativierte er meinen Enthusiasmus und bewog mich zu weiteren Lobeserhebungen.

»Ich jedenfalls habe eine derartige Übereinstimmung der Wellenlängen, einen solchen Gleichklang der Gefühle, nie zuvor erlebt«, beteuerte ich. Er unterdrückte ein Grinsen.

»Es hört sich ziemlich kitschig an«, gab ich verlegen zu.

»Vor allem, wenn man nackt ist«, lachte er und verschwand im Haus. Er kam mit einem Paar Stoffschuhen mit Bastsohlen zurück, die er mir hinhielt.

»Das ist das Richtige für hier. Sie treten sonst auf Glasscherben im Gelände und auf jede Menge Pinienzapfen.«

Sandra erschien. Sie hatte natürlich recht gehabt: im klaren Licht der Provence, das die Objekte sanft umfließt und ihre Konturen hervorhebt, wirkte ihre Nacktheit provozierend. Wir verschlangen sie mit den Augen und wußten zugleich, daß die Götter jeden

Sterblichen bestraften, der es wagte, ihr Ebenbild durch unerlaubte Blicke zu profanieren. Aus einer gewissen Scheu heraus ging Sandra nicht auf uns zu, sondern trat ans Geländer der Terrasse. Ihr Körper wirkte vor dem Hintergrund des Meeres wie gemeißelt. Von den Stoffschuhen aufblickend, die ich gerade anprobierte, entdeckte ich Spangenbergs Betroffenheit; als habe er verstanden, daß es jetzt ernst werde. Doch er fing sich sofort und verwickelte sie in eine scheinbar harmlose Konversation.

»Ihr Freund versucht mir gerade zu erklären, wie sehr er mich bewundert. Gehören Sie auch zu meinen Fans?«

Sandra löste ihren Blick von der da und dort aufglitzernden Oberfläche des Meeres und wandte sich ihm zu.

»Noch auf dem Schiff hat er mir aus Ihrem Buch vorgelesen«, sagte sie lächelnd.

»Welches Kapitel?« wollte er wissen.

»Über die Schauspielkunst. Sie haben mich damit zum Lachen gebracht.« Das freute ihn. »Aber glauben Sie nicht, daß die Vergangenheit den deutschen Schauspieler daran hindert, den SS-Mann differenzierter zu spielen?« fragte sie.

»In diesem Fall spielt das sicherlich eine Rolle. Doch der deutsche Schauspieler spielt auch in anderen Fällen so, als habe er Angst, nicht verstanden zu werden. Selbst als Pfarrer würde er in jede Szene zweitausend Jahre Kirchengeschichte hineinlegen. Was möchten Sie trinken?« Sie bat um einen Weißwein. Ihre Brüste ragten ihm entgegen wie Versprechen, als sie vor ihm stand. Er erhob sich. Ich konnte nicht umhin, nach seinem Fortpflanzungsorgan zu schielen und malte mir dabei aus, was sie sich gerade vorstellte, nur flüchtig, für den Bruchteil einer Sekunde, wie bei einem Gorilla im Zoo ...

»Es ist eine Geisteshaltung.« Er kam mit einem Glas und einer gekühlten Weinflasche wieder. »Er spielt den Typus des Pfarrers, der aus zahlreichen Klischees zusammengesetzt ist, die man mit einem Pfarrer verbindet; statt den individuellen Menschen sichtbar zu machen, der unter der Soutane steckt.«

Er schenkte ihr ein. Sie setzte sich. Ihr Gesicht war nun in Höhe seines Gehänges. Als er ihr das Glas reichte, wischten seine Hoden über die Tischplatte. Er setzte sich Sandra gegenüber.

Eine euphorische Stimmung erfaßte mich. Ich befand mich auf einer wunderbaren Insel mit Blick aufs Mittelmeer, in Gegenwart des Mannes, der meinen Gedanken Worte verliehen hatte; er diskutierte mit meiner Freundin, und ich spürte, daß er sie ernst nahm.

»In meinem Buch«, sagte er, »spreche ich vom Weltbild aus einem Guß, ich weiß nicht, ob Sie sich erinnern.«

»Ich habe Ihr Buch nicht gelesen«, sagte sie. Das kam unerwartet und war hart für ihn. Er hatte sie schon in die Schar seiner Bewunderer eingereiht. Ich schämte mich etwas dafür, daß meine Begeisterung für sein Werk nicht mal auf meine Freundin übergesprungen war.

»Vielleicht kommst du dazu, es hier zu lesen«, schlug ich vor.

»Das würde mich freuen«, sagte Spangenberg und holte ein Exemplar seines Buches, das er für sie signierte.

»Bist du völlig übergeschnappt? In was mischst du dich ein«, flüsterte mir Sandra zornig zu, als wir in unserem Zimmer waren.

»Du kannst mich doch nicht in seiner Anwesenheit dazu vergattern, sein Buch zu lesen. Ich glaub' es nicht!«

»Du verstehst ihn besser, wenn du zumindest das eine Kapitel liest: ›Vom Kampf des Rhythmus gegen den Takt‹; das ist eines seiner Leitmotive«, beschwor ich sie, »ich zeig' es dir.« Doch sie entriß mir Spangenbergs Werk und warf es in eine Ecke.

Verbiestert lagen wir Rücken an Rücken auf dem Gästebett, beide so weit am Rand wie möglich. Es war die erste Nacht, seit wir zusammenlebten, in der wir nebeneinander schliefen, ohne uns zu berühren.

Ich erwachte früh. Sie war nicht im Zimmer. Doch dann sah ich sie draußen sitzen, auf einem weißen Felsen jenseits des Weges.

Sie hatte eines meiner Hemden an und las in der ›Zukunftsangst der Deutschen‹.

Spangenbergs Freude war aufrichtig und beinah kindlich, als sie ihm mitteilte, sie habe seit den frühen Morgenstunden in seinem Buch gelesen. Er war gerührt. Ich glaube, er hätte sie am liebsten in den Arm genommen.

Sandra ragte auch am Strand aus dem Nudistenvolk heraus. Wie – wie – wie ... Ich lag bäuchlings im Sand, den Kopf in den verschränkten Armen und suchte nach dem passenden Ausdruck ... Wie ein Filmstar unter lauter Komparsen. Oder besser abstrakt: wie eine schöne Idee in einem Meer banaler Gedanken ...

»Was haben Sie denn gelesen?« fragte er sie beinah schüchtern.

»Daß wir das einzige Land sind, das zwischen Ernsthafter Musik und Unterhaltungsmusik unterscheidet, zwischen E- und U-Musik. Und daß es Finanzbeamte sind, die diese Aufteilung vornehmen, weil U-Musik Vergnügungssteuer kostet, während E-Musik davon befreit ist. Ich finde das unglaublich. Und daß man bei E-Musik stillsitzen muß, während bei U-Musik Bewegungszwang herrscht, das beschreiben Sie sehr witzig. Beim Kampf des Taktes gegen den Rhythmus hatte ich Lust aufzuspringen und dem Rhythmus beizustehen, der für die meisten Bürger hierzulande ein windiger Geselle ist, weit weniger vertrauenswürdig als der solide Takt.« Sie schlug das Exemplar mit der Widmung auf, das sie bei sich hatte, und las vor:

»Hände und Füße unterwerfen den Rhythmus einer sterilen Aufteilung der Zeit, in lauter sinnlose gleiche Stücke. Sie ersetzen das Atmende, Lebendige, Hingebungsvolle, das der menschliche Körper so gut auszudrücken vermag, durch die rigide Diktatur des Taktes ... Das haben Sie schön gesagt, man muß den Rhythmus mögen, so wie Sie ihn beschreiben. Ich werde das ganze Buch lesen!«

Es entstand eine kleine Pause. Hatte sie seine Hand ergriffen?

Ich öffnete ein Auge und sah, daß er in seiner Strandtasche wühlte.

»Sie sollten sich nicht so ungeschützt der Sonne aussetzen«, sagte er zu ihr und wandte sich mir zu: »Wollen Sie das übernehmen?« Er streckte mir eine Flasche Sonnenmilch entgegen. Wenn ich sie ergriff, so wäre das ein Mißtrauensvotum und würde unsere beginnende Freundschaft in Frage stellen. Deshalb machte ich eine einladende Geste von ihm zu Sandra.

»Man bekommt nicht jeden Tag den Rücken von Helmut Spangenberg eingerieben«, sagte ich weltmännisch.

»Helmut genügt«, verbesserte er mich, »Nackte haben nur Vornamen, heißt es hier.«

»Hallo, Helmut«, rief Sandra lachend.

»Hallo, Sandra«, sagte er zu ihr.

Sie wälzte sich ebenfalls auf den Bauch und bettete den Kopf auf die nach oben gereckten Arme. Als seine Hände begannen, ihre Haut zu berühren, warf sie mir einen kurzen Blick zu. Er hatte sanfte Hände, das mußte man ihm lassen; ich dachte an Madame Monier, an den Augenblick, als ich ihr im lichtdurchfluteten Badezimmer den Rücken eingeseift hatte.

»Eines irritiert mich«, hörte ich Sandra sagen. »Die Deutschen sind doch eine große Musiknation. Und Sie kritisieren sie.«

»Die Griechen haben mal die bedeutendsten Köpfe Europas hervorgebracht«, sagte er, »so etwas ist selten von Dauer.« Er verstrich mit beiden Händen die Sonnenmilch auf ihrem Rücken.

»Außerdem habe ich eine bescheidene, kleine Theorie, die ich jedoch an einem heißen Tag wie diesem einer interessierten jungen Dame anvertraue: Könnte es nicht sein, daß die Deutschen, als sie ihre, sagen wir mal, angeborenen Schwierigkeiten mit dem Rhythmus und der Melodie hatten, die horizontale Schiene verließen und es mit der vertikalen versuchten? Ich meine, daß sie Mühe hatten, Spannung und Entspannung im Ablauf der Zeit aneinanderzureihen und deshalb auf den Akkord setzten, in dem Harmonie und Dissonanz zugleich zum Ausdruck kommen können ...«

Er war am unteren Ende ihres Rückens angekommen und zögerte. Als sie keine Anstalten machte, selbst tätig zu werden, träufelte er die Milch auf ihre Pobacken.

»... Sie haben damit Erstaunliches zur Entwicklung der Polyphonie beigetragen. Es war gerade ihr Handicap, das sie angespornt hat, derart Großartiges zu leisten.«

Seine Hände verstrichen die Sonnenmilch auf Sandras Hinterteil und wanderten ihre beiden Oberschenkel hinab. Erst als er an ihren Kniekehlen angekommen war, griff sie nach der Flasche.

»Den Rest kann ich selber machen«, sagte sie lachend und küßte mich vor seinen Augen.

»Ich muß dringend pinkeln«, flüsterte ich ihr zu, lief ins Meer und schwamm ein ganzes Stück hinaus, aus Angst, man könne im klaren Wasser der Bucht die gelbe Wolke sehen.

Als ich zurückkam, wollte er mit uns segeln gehen. Gemeinsam trugen wir das Boot, das er gemietet hatte, zum Wasser. Ich stolperte dabei und mußte mich am Bootsrumpf festhalten.

»Sie sollten Ihren Kopf bedecken, Sie sind die Sonne nicht gewohnt«, sagte Helmut.

»Un coup de soleil?« fragte eine der beiden Damen, die neben uns unter einem großen Sonnenschirm saßen. Sie bot mir ihren Strohhut an:

»Prenez, prenez, j'en ai pas besoin.«

Sandra nahm ihn entgegen, bedankte sich und setzte ihn mir auf.

»Ist dir nicht gut?« fragte sie.

»Mir ist ein wenig schwindlig.« Helmut schaute mich besorgt an.

»Dann sollten wir besser ein anderes Mal aufs Meer fahren. Gehen wir hoch zum Haus. Legen Sie sich etwas hin!«

»Warum fahrt ihr nicht zu zweit?« schlug ich vor.

Ich schwankte ein wenig, hielt mich an Sandra fest und war nicht sicher, ob sie merkte, daß ich übertrieb. Helmut zögerte, doch die Dame, deren Strohhut ich trug, redete den beiden ebenfalls zu.

»Wir werden auf ihn aufpassen«, versprach sie. Ich half Helmut und Sandra noch, das Boot durch die Brandung zu bringen, und sah ihnen eine Weile nach. Alles erschien mir unwirklich, das Licht, die Hitze, die Nacktheit der Leute, der Wind, der das Segel des Bootes erfaßte und die beiden Menschen davontrug, die ich zur Zeit am höchsten schätzte und die sich schließlich meinen Blicken entzogen, als sie aus der Bucht hinausglitten und hinter einem Riff verschwanden.

Die Besitzerin des Strohhutes war aufgestanden und kam zu mir. Ich stand bis zu den Knien im Wasser. Sie verwickelte mich in ein Gespräch. Ob es mein Ferienbeginn sei. Sie selbst weile schon seit drei Wochen hier. Sie mochte Anfang Vierzig sein. Ihr Körper war nußbraun. Was mich irritierte, war das Fehlen jeglicher Schamhaare. Man sah ihren Spalt. Ich wollte nicht hinschauen, tat es aber trotzdem mehrmals. Die Haut um ihr Geschlecht herum war völlig glatt. Man hatte ihr die Haare wohl ausgerupft. Mit flüssigem Wachs, hatte ich mal gelesen. Sie bekam jeden meiner Blicke mit. Ihre Selbstsicherheit verblüffte mich.

»Hast du noch nie eine Frau mit rasiertem Schamhaar gesehen?« fragte sie.

»Auf Fotos«, sagte ich.

Ich wollte ihr den Strohhut wiedergeben, doch sie wehrte ab. Ich könne ihn morgen zurückbringen.

»Jetzt müssen Sie erst mal vom Strand weg.«

»Ich gehe«, sagte ich und zeigte nach oben zu Spangenbergs Haus.

»Sind Sie sicher, daß Sie unterwegs nicht umkippen? Ich werde Sie ein Stück begleiten.«

Ich hätte sie mit ins Haus nehmen und mich richtig verwöhnen lassen können. Doch ich wollte freie Bahn für meine Gedanken haben: von Helmuts Terrasse, auf der ich mich niederließ, hinaus aufs Meer, wo er mit Sandra in einem kleinen Boot weilte. Ob sich sein Ding wohl aufgerichtet hatte, sobald sie die Bucht verließen? Ganz langsam und ohne sein Zutun in die Höhe gewachsen war, durchdrungen von dem Bewußtsein, mit einer schönen Frau allein zu sein? Tiere und Nudisten können ihre natürlichen Bedürfnisse nicht verbergen. Ich dachte an den Rüden einer Nachbarin, der an warmen Frühlingstagen meine Hosenbeine umklammert hatte, um seinen erigierten Penis an mir zu reiben. Ich dachte an einen schweren Kaltblüter, der seinen Riesenotto ausfuhr, während er vor einem Brauereiwagen auf den Beginn des Trachtenumzugs wartete, eine Tatsache, die mir peinlich war, da ich das Gespann gerade den sechsjährigen Zwillingsschwestern einer früheren Schulfreundin zeigte, die sich kein Detail entgehen ließen.

Auch die kafkaeske Verwandlung in ein Tier, die in der Leibesmitte des nackten Dichters begann, würde der Evastochter nicht verborgen bleiben, die das Boot mit ihm teilte. Zumal sie wußte, daß sie die Ursache seiner Verwandlung war. Wann würde sie sich zu ihm hinabbeugen – ganz natürlich, wie das ihre Art war – und das Tier im Manne zähmen?

Im Haus entdeckte ich ein Fernglas und suchte die Meeresfläche nach Helmuts Boot ab, bis mir die Augen flimmerten. Es gab eine große Anzahl von Mietbooten auf dem Wasser, die alle gleich aussahen, ich konnte die Insassen nicht unterscheiden. Ich legte mich aufs Bett, dämmerte weg und schreckte erst auf, als Helmut zu mir hereinschaute.

»Optimales Segelwetter«, rief er fröhlich, »wie fühlt sich der Patient?«

»Danke. Und wie geht's bei euch?« Ich schaute zu Sandra, die an ihm vorbei ins Zimmer schlüpfte. »Habt ihr euch gut verstanden an Bord?«

»Aye, Aye, Sir«, gab sie zur Antwort und zog mich vom Bett hoch. »Wir haben schrecklichen Hunger, komm!«

Zum Abendessen, immerhin, zog man sich etwas an. Wir ließen uns im Garten eines kleinen Bistros nieder, in dem eine fröhliche Ferienatmosphäre herrschte. Viele kannten Helmut und begrüßten ihn.

»Seid ihr um die ganze Insel herumgesegelt?« fragte ich, weil ich wissen wollte, wo sie so lange gewesen waren.

»Um diese Insel kann man nicht einfach herumschippern«, erklärte mir Helmut, »weil sich auf der anderen Seite ein französischer Marinestützpunkt befindet. Der ist streng abgeschirmt.«

»Helmut findet die Mischung gut«, erzählte Sandra. »Nackte Frauen auf der einen Seite und liebeshungrige Matrosen auf der anderen. Er meint, weibliche Feriengäste mit Lust auf Abenteuer würden sich zu einem Pinienhain nahe dem Gipfel begeben, in dem sie nie lange auf einen Freier warten müßten.«

»Ihr habt ja eine interessante Unterhaltung geführt.« Ich blickte von ihr zu ihm.

»Ich fühle, daß ich rot werde«, sagte Helmut.

Sie lachte: »Für lebensfrohe Damen sei das ein unerschöpfliches Phallus-Reservoir, hat er gemeint, und für die von ihrem Geschlechtstrieb bedrängten Matrosen so etwas wie ein kostenloser Bordellbesuch.« Sie war sehr aufgedreht. »Ich habe ihn gefragt, ob er schon mal dort war.«

»Sandra!« rief ich vorwurfsvoll. Er lächelte.

»Im Deutschen klingen normale Äußerungen über das Liebesleben immer etwas drastisch«, sagte er, als müsse er sich vor mir entschuldigen.

»Und warum?« fragte Sandra.

»Weil es unserem Wortschatz in diesem Bereich an normalen, entspannten Begriffen fehlt. Haben Sie mal überlegt, wie seltsam es ist, daß uns für eine der populärsten Tätigkeiten der Welt kein geläufiges Wort zur Verfügung steht? Ich meine das Koitieren – verzeihen Sie bitte den gräßlichen Ausdruck.«

»Faire l'amour«, sagte Sandra.

»Man hat versucht, diesen Ausdruck einzudeutschen; aber

›Liebe machen‹ ist peinlich, ›zusammen schlafen‹ ängstlich und ›es miteinander treiben‹ herabwürdigend. Kein Wunder, daß sich die Jugend noch immer aus dem Vokabular der Gosse bedient. Da wird nach wie vor gebumst, gerammelt, gepudert, gestoßen, genagelt. Wie sollen sie sich auch artikulieren?«

Er schenkte uns Wein nach. Auch das Essen war inzwischen eingetroffen. Es schmeckte hervorragend.

»Stellen wir uns vor, Sie wären meine Freundin«, wendete sich Helmut an Sandra. »Wie sollte ich Sie dann nennen? Putzi oder Mausi? Oder Schnuckelchen?«

»Schnuckiputzilein«, sagte Sandra und lachte.

»Und nach der Heirat Mutti, das wäre doch sehr erotisch?« Er schaute ihr in die Augen.

»Noch ist es nicht soweit«, sagte Sandra.

Ich hätte zu gern gewußt, wie nah sie sich gekommen waren. Inzwischen stritten sie sich wegen des Wortes ›Liebe‹, das laut Statistik in 82 Prozent aller deutschen Schlager vorkomme, wie Helmut meinte, und bereits etwas abgeritten sei – um es in der Zuhältersprache zu sagen.

Das sei eine empörende Ausdrucksweise, rief Sandra und bestand darauf: Für sie sei Liebe trotz allem ein schönes, altes, deutsches Wort.

»Früher hat man es Leubh ausgesprochen«, erklärte Helmut. »Das hatte einen volleren Klang. Näher an Amore, Amour, Love, Ljub. Nicht so hysterisch nach oben weisend wie das neudeutsche lange I.«

»Himmlische Liebe«, sagte ich, »drei i!«

»Irdische Liebe«, grinste er, »auch drei i!«

»Hilf mir, ich liebe ihn!« rief Sandra.

»Wen?« fragte ich.

»Fünf i!« stellte sie fest.

»Ich liebe Sie inniglich!« setzte Helmut noch eins drauf. »Sechs i!«

Da der Wein in Krügen serviert wurde, verloren wir ein wenig die Kontrolle über den Konsum. Helmut beugte sich zu mir vor: »Der deutsche Held heißt Sieg-fried, seine Frau Kriem-hild.« Er zog die Is in die Länge. »Glauben Sie, das kommt von ungefähr?«

Sandra hob feierlich ihr Glas und verschüttete dabei etwas Wein:

»Das Meer kennt keinen Takt, nur Rhythmus«, rief sie, »das habe ich heute erfahren.«

»Auf den charmantesten Gast, der mich je auf der Insel besucht hat!« gab Helmut zurück und stieß mit ihr an, dann mit mir, wobei er mir zugrinste.

»Auf die perfekte Segelcrew!« rief ich und erhob mich. »Ich freue mich, daß ihr euch so gut versteht.« Wir sahen beide auf Sandra, die übermütig zu lachen begann.

Wir waren alle beschwipst, als wir ins Haus unseres Gastgebers zurückkehrten. Ich sah zu, wie er die Haustür öffnete und Sandra an der Schulter berührte, als er ihr den Vortritt ließ. Er wolle sich für die Nacht von uns verabschieden, sagte er. Er schreibe vor Sonnenaufgang, wenn die Gedanken noch klar seien. Es komme vor, daß er eine Seite zehn- bis zwanzigmal schreibe. Für das Thema Takt und Rhythmus habe er eine Pinnwand angelegt.

»Wo das?« fragte sie und sah sich um.

»Im Schlafzimmer«, sagte er, »weil ich dort meine nächtlichen Gedanken festhalte.«

»Gehen wir ins Schlafzimmer«, schlug ich vor.

Sandra war entzückt über die Pinnwand. Am besten gefiel ihr der Spruch »Der Rhythmus fährt in die Beine, der Takt in die Stiefel«. Sie umarmte Helmut und setzte sich auf sein Bett, um die weiter unten aufgespießten Zettel zu lesen.

»Ich glaube, ich habe noch Fieber«, erklärte ich, »und haue mich aufs Ohr.« Ein Mann muß wissen, wann er sich zurückzieht.

»Was war das denn, du Blödian?« fragte Sandra, als sie wenig später hereinkam. Ich sah sie erstaunt an.

»Ich habe gar nicht so schnell mit dir gerechnet.«

»Den ganzen Tag versuchst du krampfhaft, mich mit ihm zu verkuppeln. Dazu brauch' ich dich nicht!«

»Das habe ich mir fast gedacht!« Ich lachte hämisch, doch sie legte mir einen Finger auf die Lippen, zog zwei Pullis aus der Reisetasche und gab mir ein Zeichen, ihr zu folgen.

Wir schlichen aus dem Haus wie zwei Diebe. Sie führte mich bergauf. Der Mond war sehr hell. Nach den letzten Ferienhäusern wurde der Weg zum Pfad. Ich schämte mich ein wenig wegen meiner Obsessionen. Ob sie mir böse sei, fragte ich, während ich hinter ihr herging, sie habe ja recht, ich hätte sie verkuppeln wollen. Ob sie glaube, ich müsse zum Psychiater.

»Kommst du mit?« Sie verließ den Pfad und ging auf einen Felsen zu, der mehr als mannshoch zwischen den Pinien aufragte. Wir halfen uns gegenseitig hinauf und legten uns oben auf den noch warmen Stein. Die Pullis benutzten wir als Kopfkissen.

»Du verehrst Helmut«, sagte sie, »deshalb willst du ihm das Liebste schenken, was du hast. Das ist doch eigentlich für mich schmeichelhaft.« Sie küßte mich. »Ich bin noch nie auf einem Felsen geliebt worden«, erklärte sie mir.

Ich drückte sie auf den harten Stein. »Erzähl«, bat ich, »Was habt ihr alles angestellt?«

»Ich glaub', er hängt fest mit seinem Roman.«

»Hat er dir das gesagt?«

»Das zweite Buch sei das Schwierigste, vor allem, wenn das erste ein Erfolg gewesen ist. Es gebe Schriftsteller, die hätten in ihrem ganzen unnötig langen Leben – so hat er sich ausgedrückt – kein zweites Buch zustande gebracht, das diesen Namen verdiene.« Sie begann, mich auszuziehen.

»Und? Ist es dir gelungen, ihn ein wenig aufzulockern?« Sie knöpfte ihre Bluse auf und warf sie auf den Felsen.

»Ich hab' ihm gesagt, er habe selber Angst vor der Zukunft.« Sie wand sich aus ihren Jeans. Ich half ihr dabei.

»Und das war alles?« fragte ich.

»Bist du enttäuscht?« Sie lachte und zog mich zu sich heran, hielt jedoch kurz darauf inne und lauschte.

»Ich bin eine anständige Frau«, hörten wir eine weibliche Stimme protestieren.

»Wir hätten Sie sonst nicht angesprochen, Madame. Wir mögen nur anständige Frauen.«

»Ein Matrose«, flüsterte ich.

»Ich wollte mir nur die Beine vertreten«, sagte die Frau.

»Wenn Sie wollen, werden wir Ihnen eine Menge Bewegung verschaffen.«

»Es sind zwei«, sagte Sandra an meinem Ohr. »Mindestens.« Die Stimmen kamen näher.

»Bitte seien Sie rücksichtsvoll, mein Mann kommt morgen zurück.«

»Dann wollen wir uns unverzüglich ans Werk machen.« Sie ließen sich offenbar nieder.

»Entspannen Sie sich, Teuerste.«

»Oh, nein, nicht auf diese Weise!«

Ein Erotikfilm lief unter uns ab, keine zehn Meter entfernt.

»Wir sind im Pinienhain«, flüsterte ich. »Und du kleines Ungeheuer hast es gewußt.«

Ich drang in sie ein und bewegte meinen Phallus synchron zu den Lustschreien der Frau.

»Verzeihst du mir?« hauchte sie in mein Ohr.

»Ich verzeihe dir.«

»Auch alles, was ich eventuell sonst noch getan habe?«

»Auch das.«

»Und was ich noch tun werde, solange wir auf der Insel sind?«

»Ich erteile dir im vorhinein Absolution.«

»Und du wirst erst Fragen stellen, wenn wir die Insel verlassen haben?« Ich versprach es und begann, sie an den Felsen zu nageln. Sie biß in meine Hand, um nicht zu schreien. War es der einzige Ort, an dem sie heute zum ersten Mal geliebt wurde, oder gab es außerdem ein Segelboot vom Typ Pirat?

Am nächsten Morgen entnahm Helmut seiner Strandtasche ein Bündel Papiere und überreichte es mir.
»Sie sind der erste, der das Ding zu lesen bekommt«, sagte er leichthin. »Passen Sie auf, daß nicht allzu viele Blätter wegfliegen.«
»Danke für Ihr Vertrauen«, sagte ich einigermaßen ergriffen über die Ehre, die er mir damit zuteil werden ließ. Der Tag würde als bedeutendes Datum in meinen Lebenslauf eingehen: Heute vorab ein Manuskript von Helmut Spangenberg gelesen.

Es handelte sich um den Beginn eines Romans, die ersten 48 Seiten. Da die eigentliche Badebucht am Wochenende überlaufen war, lagerten wir an diesem Tag an einem kleinen Sandstrand, der immer wieder durch Felsformationen unterbrochen wurde. Während ich las, ging Helmut mit Sandra am Rand des Wassers auf und ab. Keine Ahnung, was sie miteinander sprachen.

Ich sah, wie ein gedrungener, glatzköpfiger Mann zu ihnen trat und Helmut begrüßte, ohne von Sandra Notiz zu nehmen. Ich sah Sandra zum Wasser spurten und hinausschwimmen in die Bucht. Kurz darauf unterbrach Helmut meine Lektüre und stellte mir den Glatzköpfigen als ›den Major‹ vor. Ich stand auf und gab ihm die Hand. Er war Amerikaner, mochte Anfang Fünfzig sein und »wohl früher beim Geheimdienst«, wie Helmut mir erzählte, als der Major seiner Gattin beim Aufstellen eines Liegestuhls half. Vielleicht sei er ja immer noch bei dem Verein und warte hier als ›Schläfer‹ auf seinen neuen Killer-Einsatz. Leider war er kein charmanter 007, sondern ein ziemlich unangenehmer Bursche. Ich sah, wie er Sandra abschätzig musterte, als sie aus dem Wasser kam und an ihm vorbeiging.

»Ein neuer Fan von dir?«
»Er zieht mich aus, obwohl ich nackt bin.«

Sie hätten schon am Vortag mit dem Boot hier angelegt, erzählte sie, während sie sich die Haare rubbelte; ihr ›Kapitän‹ habe sie seinen Freunden vorführen wollen.

»Ich habe ein bißchen mit ihr angegeben«, gestand Helmut. »Sie haben mich für eine der Strandmiezen gehalten, die er auf die Schnelle abgeschleppt hat. Entsprechend haben mich Major und Frau behandelt.«

»Er wohnt in der Strandvilla, hier vorn«, Helmut wies mit dem Kinn auf ein ockerfarbenes Haus, das die Bucht dominierte. »Er betrachtet den Strand davor wohl als sein Territorium, auf dem er nur moralisch einwandfreie Menschen duldet.«

»Und da er jetzt glaubt, ich penne mit euch beiden«, sagte Sandra lachend, »passe ich nicht so recht in seine Gemeinde.« Sie legte ihre Arme ostentativ um uns beide und schnitt dem Major und seiner Frau eine Grimasse.

»Wir wollen dich nicht länger stören!« Helmut umfaßte seinerseits Sandras Taille und führte sie zu den Ausläufern der Brandung, wo sie zusammen Federball spielten.

»Vielleicht«, dachte ich, »hat der Major als Geheimer ja tatsächlich rausgefunden, daß sie es miteinander treiben. Vielleicht hat er ihr Boot mit dem Feldstecher beobachtet oder sogar seine Villa zur Verfügung gestellt, nachdem Helmut ihn um diesen Gefallen gebeten hatte. Ich sah, daß es diesmal Sandra war, die Helmuts Rücken eincremte. Als ich mich zur Villa umwandte, entdeckte ich den Major auf seinem Balkon.

Der Anfang des Romans gefiel mir trotz aller ablenkenden Ereignisse über die Maßen. Er war virtuos geschrieben, war spannend, manchmal lustig – die Handlung allerdings wirkte ab und zu ein wenig konstruiert und die Charaktere zu schematisch, fast hätte ich gesagt: zu deutsch, aber das war vielleicht ein falscher Eindruck; ich riß mich zusammen und konzentrierte mich für den Rest der Seiten voll auf das Geschriebene.

Als ich Blatt 48 gelesen und zusammen mit den andern Blättern wieder zu einem Stapel zusammengefügt hatte, schlenderte Helmut heran.

»Äußern Sie nichts, kein Lob, keine rücksichtsvolle Kritik! Ich wollte nur, daß es jemand gelesen hat, bevor ich es zerreiße.« War das eine Prüfung? Wartete er dennoch auf ein lobendes Wort von mir? Mußte ich ihn anflehen, sein Werk nicht zu zerstören? Doch Helmut ließ mir keine Zeit, etwas zu bemerken, er nahm mir die Manuskriptseiten aus der Hand und verließ die Bucht.

Abends saßen wir auf der Terrasse hinter Helmuts Haus und tranken Rosé-Wein aus Bandol. Sandra hatte sich diskret zurückgezogen.

»Ich hoffe, ich sinke nicht zu tief in Ihrer Achtung«, sagte Helmut.

»Warum sollten Sie das?« fragte ich ihn.

»Wenn ein Sohn zum ersten Mal seines Vaters Schwächen entdeckt, kann das zu Haß und Verachtung führen. Sogar zu einem Drama mit tödlichem Ausgang – bitte sagen Sie mir jetzt nicht, daß Sie weder mein Sohn sind noch mich ermorden wollen.«

Ich schwieg. Er schwieg. Er schenkte Rosé nach.

Sandra erschien und hängte die nassen Badetücher auf. Sie gehe in den Ort hinauf, ließ sie uns wissen.

»Natürlich sagt man sich, du hast es schon mal geschafft, unter Schmerzen und Gewürge, aber letztendlich erfolgreich. Doch ich sitze seit über einem Jahr an diesem Scheiß und komme nicht weiter!« Er stand auf, ergriff den Stapel Blätter, den ich gelesen hatte, riß ihn mitten durch – es ging nicht auf einmal, er mußte ihn aufteilen – und warf alles mit einer eleganten Bewegung über den Steilhang hinab zum Meer. »Es gibt keine Kopie, wenn Sie das meinen«, sagte er. Ich sprang auf und sah den im Abendwind tanzenden Manuskriptseiten nach.

»Laufen Sie hinterher!« schlug er vor. »Vielleicht retten Sie einige Seiten. Ich werde mich derweil um Ihre Freundin kümmern.« Ich schaute ihn an. Er trat zu mir, legte einen Arm um meine Schultern und drückte zu. »Sie sind ein prima Kerl«, sagte er, »morgen werden Sie mir von sich erzählen.«

Wenn sie etwas zusammen hatten, so verbargen sie es gut. Ich konnte sie bei keiner einzigen versteckten Berührung überraschen, erhaschte nicht einen heimlichen Blick, der auf Intimität hingedeutet hätte. Sie war freundlich zu uns beiden und sogar zur Frau des Majors, die ihren Gruß herablassend erwiderte. Als ich Helmut von meinen bisherigen Arbeiten zu berichten begann, legte sich Sandra abseits von uns in die Nähe des Wassers. Ich erzählte Helmut von meinen experimentellen Hörspielen: »Gedichte«, »Geschichte«, »Gerichte«, »Gesichte«, die bei der vierten Folge ins Stocken gekommen waren, und ich erzählte ihm vom Unternehmen Dachau, vom Einspringen für meinen kranken Freund Theo, für den ich die Regie übernehmen sollte – es wäre mein erster Film gewesen – und wie ich das Projekt in den Sand gesetzt hatte, weil ich vor lauter Eifer zu viele Leute um ihre Meinung gefragt hatte.

»Das ist der Unterschied zur Schriftstellerei«, sagte er. »Unser Elan wird nicht von außen her gestoppt, nur von innen. Welcher Regisseur hat vom Friedhof der Ideen gesprochen? Buñuel?«

»Für Buñuel klingt das zu pathetisch«, sagte ich, »ich glaube, es war Orson Welles.«

Daß das KZ Dachau der Bayerischen Schlösser- und Seenverwaltung unterstand, fand er umwerfend. Über meine Unterredung mit dem Regierungsrat lachte er schallend. Als ich ihm vom Galgenbaum erzählte und von der Verwandlung der Ehre zur Ehr' auf der Marmorplatte, leuchteten seine Augen.

»Das ist der Kern der Geschichte«, rief er, »von hier aus kann man alles aufrollen.«

Ich gestand ihm, daß ich nach der Absage durch das Fernsehen damit begonnen hätte, ein Buch über das Thema zu schreiben, Theo habe mich dazu ermuntert, jedoch irgendwann hätte ich nicht mehr weitergeschrieben, weil ich zu sehr an mir zweifelte.

»Vielleicht«, sagte ich, »werden Ihre aufmunternden Worte mir die Kraft geben, mich von neuem reinzuknien.«

Unser Aufenthalt am Strand endete mit einem Eklat. Sandra war während unserer Unterhaltung weit hinausgeschwommen ins Meer bis zu einem Bereich, wo die Wellen höher werden; ich hob einige Male den Kopf, um sie im Auge zu behalten. Nach ihrer Rückkehr hatte sie sich tropfnaß und etwas außer Atem auf das Badetuch geworfen, das sie von Helmut bekommen hatte, ohne auf ihre Haltung zu achten.

Aus dem Augenwinkel sah ich, wie der Major zu ihren Füßen stehenblieb und sie anstarrte. Dann hörte ich ihn mit gehässiger Stimme sagen: »Es genügt, Fräulein, daß Sie nackt sind. Sie müssen nicht auch noch die Beine spreizen!«

Ich war so verdattert, daß es einige Sekunden dauerte, bis ich aufsprang und auf ihn zuging. Doch Sandra bedeutete mir, mich rauszuhalten. Eine kleine Weile hielt sie in unveränderter Lage seinen Blicken stand, dann ergriff sie das Badetuch und legte sich an einen anderen Platz. Ich begleitete sie und sah, daß die Frau des Majors den Kopf von ihrer Liege gehoben hatte, um den Vorgang zu verfolgen.

»Laß uns hier weggehen«, sagte ich leise zu Sandra.

»Darauf wartet der Saukerl doch nur!« zischte sie.

Doch als ich sie hochzog und das Badetuch ergriff, kam sie mit. Helmut war zu dem Major gegangen und sprach zornig auf ihn ein.

»Ich komme nach!« rief er uns zu.

»Er tat ganz erstaunt«, erzählte er uns am Abend, »er habe das Mädchen doch nicht angebrüllt. Er sei es gewohnt zu sagen, was er denke. Ich mußte drohen, ihm die Freundschaft aufzukündigen, bevor er versprach, sich zu entschuldigen«, wandte er sich an Sandra. »Er will es morgen tun, er hat uns zum Essen eingeladen.«

Weder Sandra noch ich verspürten die geringste Lust, diese Einladung anzunehmen. Doch Helmut bat uns darum. Der Major und seine Frau, erklärte er uns, hätten zu den wenigen gehört, die sich um ihn gekümmert hätten, als er im Winter krank geworden sei. So sei man sich etwas nähergekommen. Es klang, als wollte er sich dafür entschuldigen, solche Freunde zu haben.

In gewisser Weise hielt der Major sein Versprechen. Es tue ihm leid, entschuldigte er sich bei Sandra, er habe nicht geahnt, daß sie so zart besaitet sei. Auch seine Frau verbarg ihre Abneigung gegen sie und bat sie mit verkniffenem Lächeln ins Haus.

Es gehe Lydia nicht gut, erklärte der Major, sie müsse sich ausruhen. Er bat Sandra, ihm zur Versöhnung beim Servieren zu helfen. Sandra war sofort bereit, doch sie konnte es ihm nicht recht machen. »Nein, das sind die falschen Messer, für die Vorspeisen nehmen Sie bitte die kleineren. Bringen Sie die zurück. Bitte schenken Sie jetzt den Wein ein, danach können Sie auftragen.« Er setzte sich zu uns an den Tisch. »Vorgelegt wird immer von rechts«, schurigelte er Sandra. Bald fehlten die Eiswürfel, bald die Pfeffermühle, nach der sie vergebens suchte. »Richtig, die steht ja noch hier auf dem Buffet, holen Sie sie runter, danke, Sie können nochmals nachschenken.« Erst allmählich wurde mir klar, daß er dabei war, sie zu seiner Dienstmagd zu degradieren. Auch Helmut, der uns gerade den Unterschied zwischen der griechischen und der deutschen Philosophie aufgrund der Verschiedenartigkeit der Landschaften zu erklären versuchte – hier die klaren Konturen einer Insel, auf die das Schiff zusegelt, dort der mühsame Gang durch das Zwielicht nebelverhangener Wälder –, fiel allmählich auf, daß Sandra nicht dazu kam, etwas zu essen.

»Jetzt setzen Sie sich mal hin«, hielt er sie an, »ich erledige das für Sie.«

»Es macht mir nichts aus«, entgegnete Sandra. Sie hätte in diesem Haus ohnehin keinen Bissen hinuntergebracht, erklärte sie mir später. Zum Abschied bedankte sich der Major spöttisch bei ihr. Er habe es herrlich gefunden, von einer so aufregenden Dame bedient zu werden.

»Er ist halt doch ein Kotzbrocken«, sagte Helmut, als wir zu seinem Haus zurückgingen.

Wir waren jetzt seit einer Woche auf der Insel, waren zu dritt zur Nachbarinsel Port Gros gesegelt und zu zweit – Helmut und ich – zum Angeln aufs offene Meer hinausgefahren. Es wären glückliche Tage gewesen, wenn es diesen Verdacht nicht gegeben hätte, der eigentlich mehr als ein Verdacht war. Ich will es mal so ausdrücken: Meine Beziehung zu Helmut wurde überschattet durch die Wahrscheinlichkeit, daß er hinter meinem Rücken mit meiner Freundin zugange war. Nicht daß ich so etwas partout hätte verhindern wollen, ich hatte ihr ja Carte blanche gegeben für alles, was sie auf der Insel anstellen würde, doch daß sie es klammheimlich trieben, ließ mich zum Tölpel werden.

An manchen Tagen war ich wütend, dachte, eine so permanente Verstellung gehe unter kultivierten Menschen zu weit. Dann wieder schalt ich mich einen geilen Bock, der nur darauf wartete, daß etwas zwischen ihnen geschehen werde. Um mich kurz darauf für unheilbar naiv zu halten: Hatte ich nach all meiner Erfahrung mit ihr noch nicht begriffen, daß sie genau das tat, was zu weit ging?

Wahrscheinlich hatte sie auch ihm erzählt, ich sei nicht monogam und so etwas gewohnt, wolle jedoch die Form gewahrt wissen. Als ich mit ihm beim Angeln war, glaubte ich eine Weile, Helmut habe vor, mir ein Geständnis zu machen. Er sprach quasi als Einleitung davon, wie gut ihm Sandra gefalle und wie allein er sich manchmal auf dieser schönen Insel fühle; gelegentliche erotische Schnellschüsse würden daran nichts ändern. Ich wartete geduldig auf den Hauptteil seiner Enthüllungen, doch vergebens: Er verriet nichts weiter über sein Verhältnis zu Sandra. Am Tag darauf war sie mehrere Stunden lang abwesend. Dann stellte ich fest, daß

Helmut ebenfalls verschwunden war. Ich hatte sie nicht zusammen weggehen sehen, trotzdem war meine Laune auf dem Nullpunkt, als ich stundenlang von Helmuts Terrasse aufs Meer starrte.

Als sie am nächsten Tag vorschlug, die Insel zu verlassen, traute ich meinen Ohren nicht. Man solle nie so lange bleiben, bis einen die Leute satt hätten, sagte sie. Hatte er ihr den Laufpaß gegeben? Er war durchaus der Typ, der nach einigen Tagen des Zusammenseins mit einer Frau wieder allein sein will. War sie deswegen verletzt? War es enttäuschend für sie, wieder mit mir vorliebzunehmen? Doch sie schien guter Dinge zu sein.

Wir verabschiedeten uns bereits am Vormittag von Helmut. Zusammen mit dem Major war er vom Kommandanten des Marinestützpunktes zum Essen eingeladen. Sie wurden von einer Barkasse abgeholt. Wie abgemacht hinterließen wir den Schlüssel an dem kleinen Nagel im Geäst der Pinie hinter seinem Haus. Wir waren wieder bekleidet und trugen die Reisetasche, obwohl sie nicht schwer war, zu zweit hinunter zur Anlegestelle. Ich hatte die beiden beobachtet, wie sie voneinander Abschied genommen hatten, mit Küßchen und Umarmungen, und wußte immer noch nicht, wie nah sie sich gekommen waren.

Es war noch kein Schiff zu sehen. Wir setzten uns am Steilhang, gegenüber dem Landesteg, in den Schatten.

»Bereits am ersten Tag habe ich in seinem Schlafzimmer entdeckt, daß seine Freundin ihn verlassen hat«, sagte Sandra.

»In seinem Schlafzimmer?«

»Ich habe nach einem Spiegel gesucht, um mein Evakostüm zu begutachten. Da habe ich das Hochzeitsfoto gesehen: seine Freundin im Brautkleid mit einem Milliardär. ›Du verbirgst deine schwarze Seele unter einem weißen Hochzeitskleid‹, hatte er quer über das Bild geschrieben«.

»Woher weißt du, daß es seine Freundin war?«

»Weil er es mir auf dem Boot erzählt hat.«

»Während ihr miteinander intim wart?«

»Du darfst mir keine Fragen stellen!«

»Das Schiff hat Verspätung; sonst hätten wir die Insel schon verlassen«, protestierte ich. Sie lachte.

»Als wir aus der Bucht hinausgesegelt sind, habe ich gesehen, daß sein Penis sich langsam aufgerichtet hat. Ich hatte ihn noch nie in Erektion gesehen, es war ganz schön beeindruckend. Es sei das Bewußtsein, allein mit einer jungen, schönen, nackten Frau zu sein, hat er mir erklärt. Wir sprachen ganz sachlich über das Kreatürliche, daß wir Atmung, Schweißausbrüche, Erröten, Herzklopfen nur bedingt kontrollieren können, doch seine Erektion wollte trotz dieser nüchternen Worte nicht abklingen.«

»Und? Habt ihr euch geküßt?« Sie sah mich tadelnd an.

»Mit jeder Frage erfährst du es später. Soll ich weitererzählen?« Ich nickte. »Er ist aufgestanden und ist in seiner ganzen Männlichkeit auf mich zugekommen. ›Sie sind aber auch verdammt begehrenswert‹, hat er gerufen – und ist ins Wasser gesprungen. Ich hatte Mühe, das Boot alleine zu wenden und ihn wieder aufzufischen.« Sie sah mich spöttisch an, weil ich gar zu sehr nach einer Antwort lechzte. Das Schiff kam immer noch nicht. Sie lehnte ihren Kopf an meine Schulter:

»Du verstehst so wenig von Frauen, daß ich mir die Frage stelle, wie es eine so lange mit dir aushält.«

»Heißt das, du hast nicht mit ihm geschlafen?«

»Es wäre uns gar zu schäbig vorgekommen, dich zu betrügen«, sagte sie. Ich blieb ganz ruhig sitzen, atmete tief aus und ein. Einiges war mir noch immer unklar. Ich sagte:

»Darf ich dich jetzt etwas fragen?«

»Du darfst.«

»Gestern seid ihr beide verschwunden, erst du, dann auch er.«

»Wir haben uns heimlich getroffen, im Ort, zum Eisessen. Es gibt sehr gutes Sorbet aus schwarzen Johannisbeeren. Er hat mich gebeten, ich soll es ihn wissen lassen, wenn ich nicht mehr mit dir zusammen bin.«

»Was hast du gesagt?«
»Ich habe es ihm versprochen.«

An der Anlegestelle sprach sich das Gerücht herum, das Personal der staatlichen Schiffahrtsgesellschaft streike; so etwas könne Tage dauern. Andere widersprachen: Das Schiff komme, sobald die Streikversammlung zu Ende sei.
»Er hält viel von dir«, sagte Sandra.
»Er hat uns gut aufgenommen.« Jetzt, da ich wieder etwas unbeschwerter an Helmut denken konnte, war ich glücklich, ihn getroffen zu haben. Es war ein Vergnügen gewesen, ihm zuzuhören, wenn er die Thesen seines Buches erläuterte. Irgendwo in meinem Hinterkopf aber formierte sich die Frage, ob es nicht auch sehr deutsch sei, so intensiv über die Natur der Deutschen nachzudenken.

Es warteten nun viele Menschen mit wachsender Ungeduld auf das Schiff, doch wir hatten es nicht eilig. Ich legte meinen Arm um Sandra und küßte sie auf die Stirn.
»Ich war mit dem Major«, sagte sie.
»Was soll das heißen, du warst mit dem Major?«
»Ich habe mich mit ihm eingelassen.«
Ich mußte etwas falsch verstanden haben.
»Aber er ist ...«, stotterte ich, »du hast das selbst gesagt ... ein solcher Widerling.«
»Ich wußte, daß ich für ihn eine billige Hupfdohle war. Das hat mich angemacht.«
Meine Stimme war brüchig, als ich sie fragte:
»Wann hat es mit ihm angefangen ... ich meine ... euer Verhältnis?«
»Als er mich am Strand so übel beschimpft hat, erinnerst du dich? Da war ich kurz zuvor zum ersten Mal mit ihm zusammen gewesen. Bitte frag mich nicht, wie es mir gefallen hat. Sein Schniedel ist ziemlich kurz und ungeschickt. Alles, was mich er-

regt hat, ist in meinem Kopf abgelaufen. Daß ich mich einem solchen Scheusal hingegeben habe, das hat mich in einen Rauschzustand versetzt.« Gleichmütig sah sie über die Menge der Wartenden hinweg. »Ich habe dir alles aufgeschrieben, damit du mich nicht so ausquetschen mußt.« Sie holte einen braunen Umschlag unter dem Bodenbelag der Reisetasche hervor. ›An meinen Liebsten‹ stand darauf. »Ich wollte ihn dir erst auf hoher See übergeben, aber weil das Schiff immer noch nicht da ist ...«

Meine Hand zitterte, als ich einige eng beschriebene Bogen Papier aus dem Umschlag zog. Sie rückte ein wenig von mir weg, damit ich ungestört lesen konnte, und setzte sich auf eine der Kisten, die zum Verladen bereitstanden.

»Es hat damit begonnen«, las ich, »daß der Major, als er an mir vorbeiging, etwas auf meinen Rücken geworfen hat. Es war eine kleine Muschel, das Gehäuse einer Seeschnecke. Wütend habe ich es weggeschleudert. ›Es enthält eine Botschaft‹, sagte er im Weitergehen. Um zu zeigen, daß mich das einen Dreck interessiere, vergrub ich den Kopf in meinen Armen. Als ich nach einer Weile hochschaute, sah ich ihn nicht mehr. Ich suchte nach dem Schneckengehäuse, zuerst mit den Augen, schließlich auf allen vieren. Ich konnte nur hoffen, daß er mir nicht von seinem Haus aus zusah, vielleicht mit einem Fernglas, mit dem er sich jedes meiner Körperteile nah vors Auge rücken konnte. Der Gedanke war mir ausgesprochen unangenehm. Der Kerl war nicht nur über die Maßen häßlich, er war auch von abstoßendem Wesen.

Schließlich fand ich das Seeschneckenhaus und konnte wieder eine normale Position einnehmen. Möglichst unauffällig zog ich einen winzigen, eng zusammengefalteten Zettel daraus hervor. ›11 Uhr 30 im Bootsschuppen. Seien Sie pünktlich!‹ stand darauf. Daß er so dreist war, mich trotz gegenseitiger Abneigung irgendwohin zu bestellen, und auch noch damit rechnete, daß ich käme, versetzte mich in eine solche Wut, daß sich mein Magen verkrampfte. Ich schloß die Augen, wälzte mich auf den Rücken und ließ die Sonne auf meine angespannte Bauchdecke brennen; ein neues Wurfgeschoß hätte mich in einen Schreikrampf ausbrechen lassen. Ich fuhr hoch, als etwas Sand auf mich rieselte, stellte jedoch fest, daß er von der Schaufel eines kleinen Jungen kam. Schließlich beschloß ich, dich über die Anmache des Majors zu informieren, und ging mit dem Seeschneckenhaus zu euch hinüber. Doch du hast Helmut gerade so schön von deinen Hörspielen erzählt, daß ich dich mit dieser Kinderei nicht aus dem Konzept bringen wollte. Ich erkundigte mich deshalb nur nach der Uhrzeit. ›Willst du weg?‹ hast du gefragt. ›Vielleicht gehe ich ein wenig spazieren‹, habe ich dir geantwortet. Doch ihr hattet keine Uhr dabei. ›Wissen Sie, wie spät es ist?‹ hat Helmut der Frau des Majors zugerufen, die nicht weit von uns auf ihrem Liegestuhl saß, doch auch sie trug keine Uhr wegen der Gefahr der Versandung und rief nach ihrem Mann, der auf den Balkon seines Hauses trat. ›11 Uhr 28‹, ließ er uns wissen. ›Danke‹, rief Helmut zurück. ›Die Zeit vergeht schneller, als man denkt.‹ Der Major sah spöttisch zu mir herab, bevor er wieder im Haus verschwand.

Helmut hatte uns erzählt, der Kerl sei in Korea gewesen. Ich wollte mir nicht vorstellen, was er dort als Geheimer alles getan hatte. Wahrscheinlich auch Frauen verhört, mißbraucht und umgebracht. Langsam schlenderte ich den Strand hinunter, immer an der Wassergrenze entlang bis hinter den großen Felsen, der mich euren Blicken entzog. Dort wechselte ich die Richtung und näherte mich unbemerkt dem Bootsschuppen, der dem Haus des Majors vorgelagert ist. Mein Herz klopfte, als ich die unverschlossene kleine Seitentür aufstieß.

Der Schuppen war leer bis auf ein großes Schlauchboot, das aufgeblasen auf dem Boden lag. Ich weiß nicht, ob es der kühle Beton war, den ich unter meinen bloßen Füßen spürte, oder das seltsame Licht, das durch die Zwischenräume der Latten drang, aus denen die Wände des Schuppens zusammengefügt waren: Ich stellte mit Schrecken fest, daß ich sexuell erregt war.

Er trat vom Haus her durch eine zweite Tür ein.

›Ich wußte, daß du kommen würdest‹, sagte er hämisch.
›Woher wußten Sie das?‹
›Weil du dir keine Sünde entgehen läßt.‹ Kurzbeinig und stiernackig trat er hinter mich.

Du willst immer alle Details wissen. Ich kann dir nur sagen, daß alles sehr schnell ging. ›Mit einer wie dir macht man nicht viel Federlesens‹, hat er mir später gesagt. Einer seiner Nahkampfgriffe ließ mich vornüberkippen, und schon hatte er mich, ich war ja nackt. ›Ich werde dir den Spaß austreiben‹, knurrte er, während er mich bearbeitete. Nie hätte er zugegeben, daß man sich auch mit mir vergnügen könne. Allmählich begriff ich, daß er sich auf einem Kreuzzug wähnte. Er war der Gesandte Gottes und ich eine der Ungläubigen, die er bezwingen mußte, um dem Guten in der Welt zum Sieg zu verhelfen. ›Ich krieg dich schon noch klein‹, sagte er, als er mit mir fertig war. Grußlos verschwand er durch die Verbindungstür zu seinem Haus. Ich konnte hören, wie er abschloß. Ich hing über dem dicken Schlauch wie ein gebrauchtes Handtuch. Da ich nicht wollte, daß mich jemand in dieser Haltung sah, rappelte ich mich hoch. Im Schuppen gab es nicht den kleinsten Lappen, nicht mal einen Fetzen Papier. So rannte ich auf kürzestem Weg zum Wasser und warf mich hinein, kaum daß es mir bis zu den Knien ging.

Die Beleidigungen und kleinen Bosheiten, die er mir vor euren Augen angedeihen ließ, waren wohlkalkuliert, auch wenn er nur im Vorbeigehen Sand aufwirbelte, der mir in den Augen brannte und sich in meinen Haaren festsetzte. Sogar Unbekannte zeigten sich empört. Nur er und ich wußten, was dahintersteckte. So gewöhnte er mich daran, konspirativ mit ihm zu verkehren.
   Es war seltsam, neben dir aufzuwachen und mich sofort zu fragen, was mir heute bevorstehen würde. Ich lag in deinen Armen und wußte zugleich, daß ich auch seinen gemeinsten Vorschlägen zustimmen würde, und er wußte es auch und behan-

delte mich entsprechend. Obwohl ich mir sagte, daß alles inszeniert war, reagierte ich auf seine Rüpeleien wie ein Teenager, mein Atem ging mühsam, mein Herz raste, schuldbewußt senkte ich den Blick. Vielleicht weil ich wußte, daß ich in diesem Spiel nicht Partnerin war, sondern Objekt einer Teufelsaustreibung. Bin ich eine Masochistin? Er hat mir nie körperlich weh getan – nicht wie du oder Harold. Ich bin auch nicht süchtig danach, mich drangsalieren zu lassen. Es war die Situation, die mich fasziniert hat. Du warst so erfüllt von deinem Idol, und Helmut hielt sich so edel zurück, obwohl er sehr wohl erkannt hatte, wie leicht er mich hätte haben können, daß ich vom Peinlichen ins Absurde geflüchtet bin. Natürlich wollte ich auch erfahren, wie weit dieser Saukerl in seiner Bosheit gehen würde.

Er hielt mich am kurzen Gängelband. Bis zuletzt ließ er mich im unklaren über das, was er mit mir vorhatte. Nach dem Skandal, den er so kurz nach unserem ersten Schäferstündchen veranstaltet hatte, war ich sehr aufgewühlt und wartete auf eine Nachricht von ihm. Doch er ließ mich den ganzen nächsten Vormittag hängen, beachtete mich nicht, wenn er an mir vorbeiging, und ließ mir auch nicht das kleinste konspirative Erkennungszeichen zukommen. Er hatte gelernt, Leute fertigzumachen.

Um zwölf verließ ich den Strand. Ich wollte euch nicht stören und mir auch nicht alles von diesem Halunken gefallen lassen. Ich war auf dem Weg zum Ort, als mir ein Junge ein zweites Seeschneckenhaus in die Hand drückte. ›Falls Sie nochmals von mir erniedrigt werden wollen, seien Sie 12 Uhr 30 im Strandcafé‹, las ich auf dem Zettel, den ich herausholte.

Pünktlich saß ich an einem der Tische des Freiluftlokals und wartete. Ich erhielt mehrere Angebote von nackten Herren, die mich zum Essen einladen wollten. Um ein Uhr wollte ich gehen, weil die Tische um diese Uhrzeit immer begehrter wurden und ich nichts bestellen konnte, da ich wie die anderen Gäste im Nudistenlook war und keinen Franc bei mir hatte. Trotz der vorwurfsvollen Blicke der Bedienung hielt ich noch eine letzte Viertelstunde durch, als ich ihn kommen sah. Er unterhielt sich mit mehreren Gästen und hatte es überhaupt nicht eilig. Als er an meinen Tisch kam, nickte er mir kurz zu, setzte sich und zog aus einer kleinen ledernen Handtasche zwei englische Zeitungen, die er zu lesen begann. ›Du solltest Fisch essen‹, sagte er, ohne aufzusehen, als die Bedienung die Speisekarten brachte, ›der Chef bezieht ihn direkt von den Booten‹. Also aßen wir Fisch, wobei er auch während der Malzeit seine Zeitungslektüre nicht unterbrach. Ich wußte, daß sein verletzendes Benehmen Absicht war, trotzdem war es mir vor den Leuten peinlich. Ich war eine ansehnliche junge Frau, die von ihrem um vieles älteren Begleiter schnöde behandelt wurde. Die Tochter, mochten sie denken. Oder die Nichte. Auf keinen Fall die Geliebte. Doch sie wurden eines Besseren belehrt. Als die Bedienung die Teller abräumte und wissen wollte, ob wir ein Dessert begehrten, fragte er: ›Sie haben doch auch Zimmer?‹ Er habe Glück, meinte die Bedienung, gerade heute morgen sei eines für die restliche Saison freigeworden. Wie lange er es denn brauche? Sie erwartete die Anzahl der Wochen von ihm zu hören. Statt dessen sagte er laut und vernehmlich ›Für eine Stunde‹ und fügte hinzu ›Ich zahle einen anständigen Preis.‹ – ›Ich frag' mal nach‹, sagte die Bedienung. Mit Genugtuung schaute der Major in die Runde und heimste alle Blicke ein, die ihm zuteil wurden, bevor er sich wieder in seine Zeitung vertiefte. Die Bedienung kam mit der Rechnung. ›Ich habe die Vermietung mit draufgesetzt‹, erklärte sie und legte einen Schlüssel vor ihn hin. ›Lassen sie ihn später einfach im Zimmer.‹ Er zahlte. ›Später‹ war eine diskrete Verkürzung des Sachverhalts und bedeutete im Klartext, sobald Sie mit der Dame fertig sind. ›Komm‹, sagte der Major. Ich ging hinter ihm auf den Eingang des Gebäudes zu, als hielte er mich an der Leine.

In Frankreich kann man zwar frivol sein, aber auf taktvolle Weise. Der Major hatte etwas dick aufgetragen. Die Gäste blickten geniert weg, als wir an ihnen vorbeigingen, um uns dann verstohlen nachzuschauen.

Das Gebäude hatte nur eine Etage und wenige Zimmer, die alle aufs Meer hinausgingen. Direkt unter uns lag die Restaurantterrasse. Wir konnten das Lachen der Gäste hören. Als der Major das Fenster des Zimmers öffnete, bekamen wir sogar mit, was sie halblaut über uns redeten: Sie rätselten über unser Verhältnis. Schweigend lauschten wir wie zwei Verschwörer. ›Ich werde dich derart bloßstellen vor all diesen Leuten‹, flüsterte der Major, ›daß du dir wünschen wirst, vor Scham in den Boden zu versinken.‹ Er räumte Decken und Kissen vom Bett. Ich legte mich aufs Leintuch. Aus seiner kleinen Handtasche holte er einen fleischfarbenen künstlichen Penis. Du weißt, ich bin für solche Apparate zu empfindlich. Trotzdem nickte ich, als er mich wissen ließ, ich bekäme ihn zu spüren. Doch das Gerät war das neueste Modell aus Amerika, ›speziell für Huren‹, wie er sagte. Es vibrierte nicht nur, es pulsierte zusätzlich, wenn man es hochfuhr. Ich geriet völlig außer Kontrolle, hatte nicht mal ein Kissen in Reichweite, um meine Klagen zu ersticken, und schrie, solange er mich schreien lassen wollte. Er befriedigte sich auf die Schnelle in mir, packte das Instrument wieder in seine Tasche und sagte im Hinausgehen: ›Du hast das Zimmer noch für zwanzig Minuten‹. Er genoß es, daß ihn die Gäste auf der Terrasse bewundernd ansahen, als er den Hoteltrakt verließ. Sein Grinsen warb um Verständnis: Was sollte man mit so einer anderes anstellen?

Ich wartete noch etwas ab, in der Hoffnung, die Zeugen meiner sexuellen Ekstase würden aufbrechen, bevor ich das Zimmer verlassen mußte, aber sie hatten es nicht eilig – einige wollten wohl das Flittchen noch mal sehen, dem der Major eine derart beeindruckende Lektion erteilt hatte. Der Zeitpunkt kam, zu dem ich hinuntergehen und Spießruten laufen mußte. Es war die Strafe, die mir der Major für mein Lotterleben zugedacht hatte. Und du, Liebster, findest du auch, daß ich sie verdient habe?«

Ich schaute zu Sandra hin und sah, daß sie den Blick auf mich gerichtet hatte. Sie stand auf und kam auf mich zu.

»Und?« fragte sie.

»Ich bin völlig erschlagen.«

»Deine Qualen sind noch nicht zu Ende«, sagte sie. In der Tat hatte ich erst den Anfang ihres Berichtes gelesen. »Vielleicht wirst du mich nach der Lektüre hassen.« Sie wirkte sehr verletzlich, als sie zu ihrem Platz zurückkehrte.

In ihrer Abwesenheit hatten sich zwei junge Burschen in Badehosen auf ihrer Kiste niedergelassen. Sie empfingen sie mit Hallo, sprangen herunter und halfen ihr hinauf, alberten vor ihr herum und ließen sich theatralisch auf ein Knie nieder. Ihr schrilles Gelächter hielt mich vom Lesen ab. Sandra zeigte auf mich, und sie kamen alle drei zu mir herüber.

»Einen Freund hat sie auch noch. Sollen wir nicht eine suchen, die noch zu haben ist?«

»Aber sie ist so schön!«

Paolo faßte sie am Handgelenk, Marco ergriff das andere; sie zogen Sandras Arme auseinander und betrachteten sie von Kopf bis Fuß.

»Ich begehre sie!« rief Marco und legte die Hand aufs Herz.

»Ich begehre sie mehr als du«, rief Paolo.

»Mehr als ich geht nicht«, rief Marco ärgerlich.

»Ich werde dich umbringen«, drohte Paolo.

»Warum teilen wir sie nicht unter uns auf?«

Paolo und Marco waren Brüder, wie ich erfuhr.

»Wir können mitfahren auf ihrer Yacht«, erklärte Sandra.

»Auf unseres Vaters Yacht«, korrigierten beide wie aus einem Munde.

»Wo wollen Sie hin?«

»Nach Hyères«, sagte ich.

»Kein Problem, kommen Sie mit!« Sie ergriffen unsere Reisetasche. Wir folgten ihnen zu einem kleinen Außenborder.

»Weißt du«, rief Paolo seinem Bruder zu, als wir losbrausten

»so ein Freund macht doch die Sache erst reizvoll. Wir binden ihn an den Mast, während wir sie verführen.«

Angeregt durch die Lektüre von Sandras Bericht hielt ich ihre Phantasien für gar nicht so unwahrscheinlich.

»Ist Ihr Vater auch an Bord?« fragte ich.

»Wie bitte? Oh ja. Papa und Mama! Sie werden sich freuen.«

Wir fuhren auf eine schnittige Segelyacht zu, die draußen vor der Bucht lag. Sie halfen Sandra an Bord, dann mir. So ganz sympathisch waren sie mir nicht. Ihr überdrehtes Getue fand ich nur bedingt witzig. Doch vielleicht war ich nur eifersüchtig auf eine Art von Lebensfreude, die mir abging.

Wir mußten unsere Schuhe ausziehen, bevor wir das Deck betraten. Alles an Bord war piekfein und sauber. Der Vater trug als einzige Kleidungsstücke eine weiße Kapitänsmütze und ein paar ebenfalls weiße Turnschuhe. Er mochte Ende Vierzig sein, hatte einen schlanken, allseits gebräunten Körper und hielt sich sehr aufrecht, als er uns begrüßte. Seine Frau war nicht viel jünger als er, hatte aber einen muskulösen, durchtrainierten Körper wie eine ehemalige Sportlerin. Sie war ebenfalls nackt, lag auf einem erhöhten Sonnendeck an der Heckseite des Schiffes und hielt ein Whiskyglas in der Hand, in dem Eiswürfel klimperten; sie winkte lässig mit den Spitzen ihrer Finger und vertiefte sich wieder in ihre Illustrierte. Eine dezente Musik kam aus unsichtbaren Lautsprechern. Wir bedankten uns beim Bootsherrn fürs Mitnehmen.

»Wir sind an Bord stets nackt«, bemerkte er und sah Sandra erwartungsvoll an. Tatsächlich zogen die beiden Söhne gerade ihre Badehosen aus, die sie beim Landgang getragen hatten. Ich sah, wie sie sich vor Sandra zur Schau stellten, ihre geschmeidigen jungen Körper bewegten und ihre Muskeln spielen ließen.

Sandra, der die ganze Auszieherei vor Fremden inzwischen ein wenig lästig war, bat den Bootsherrn, sie von diesem Brauch zu entbinden.

»Ich hoffe, Sie werfen mich nicht über Bord, falls ich Ihre Anweisungen nicht befolge?« fragte sie mit charmantem Lächeln.
»Ja, über Bord!« riefen die Söhne mit kindlicher Begeisterung.
»Noch nicht den Anker lichten«, baten sie ihren Vater, »wir wollen erst mit ihr schwimmen gehen.«

Ich hatte mich meiner Kleidung inzwischen entledigt, verstaute sie zuoberst in unserer Tasche und nahm den Umschlag mit Sandras Bericht wieder an mich. Ich wollte erfahren, weshalb sie meine Reaktion auf ihre weiteren Bekenntnisse so fürchtete. Ich fand eine erhöhte Plattform in der Nähe des Bugs und ließ mich darauf nieder.
»Bei unserem letzten Treffen hat der Major Fotos von mir gemacht«, las ich. Aktfotos? Natürlich Aktfotos, sie war ja nackt ...
Wie durch einen Nebel bekam ich mit, daß Paolo und Marco auf Sandra einredeten.
»Pfeif auf Papa, zieh dir ruhig was an.«
Sie habe nichts dabei, sagte Sandra. Sie habe sich unterwegs einen Badeanzug kaufen wollen, aber auf der Insel habe sich das als unnötig herausgestellt.
»Du kannst einen Bikini von Mama anziehen.«
»Mama, kann sie einen von deinen Bikinis haben? Komm, such dir einen aus.«

»... sie sind schlimmer als Aktfotos«, schrieb sie, »und du mußt ernsthaft überlegen, wie weit deine Liebe geht. Stell dir vor, wir sind irgendwo eingeladen, und die Gastgeber oder deren Söhne entdecken mich in einem Pornoheft. Denn ich habe dem Major gestattet, die Fotos zu veröffentlichen ...« Wie konnte sie nur? Jetzt hatte der Kerl sie völlig in der Hand. Vielleicht hatte er die Bilder bereits auf der Barkasse seinem Freund Helmut gezeigt, oder sie betrachteten sie nach dem Mittagessen zusammen mit dem Standortkommandanten bei einem guten Cognac, gewürzt mit deftigen Kommentaren.

»Du hast ihr alles erlaubt«, warnte mein zweites Ich.
»Ich konnte nicht ahnen, daß sie dermaßen ausflippen würde.«
»Du kannst es nicht mehr rückgängig machen.« Das zumindest war nichts als die reine Wahrheit.
Ich schaute mich nach ihr um, sah aber nur die Mutter der beiden jungen Burschen unter ihrem Sonnendach sitzen. Sie erwiderte meinen Blick, bis ich die Augen senkte.
»Willst du dir nicht lieber eine normale Freundin zulegen?« las ich, »dann bräuchtest du die folgenden Seiten nicht zu lesen; es bliebe dir eine Menge Ärger erspart.«

Die sportliche Mama stand plötzlich mit zwei Gläsern Whisky vor mir. Sie bot mir eines an. Ihre Brüste befanden sich unmittelbar vor meinem Gesicht; sie waren nicht groß, aber fest und hatten überlange Zitzen. Als ich das Whiskyglas ergriff, berührte einer dieser Nippel mein Gesicht. Ich war nicht sicher, ob es Absicht war, sie schien nicht darauf zu achten. Doch dann beugte sie sich etwas nach vorn und stellte ihr Glas in einen der Metallringe hinter mir, die zum Abstellen der Drinks gedacht waren. Dabei strich sie mir mit dem anderen Nippel über den Mund und sah mich dabei an, als warte sie darauf, daß der Fisch anbeiße. Schließlich berührte ich ihn mit der Zunge. Sie schob ihn zwischen meine Lippen, und ich suggelte brav daran. Sie tätschelte mir dabei den Kopf wie einem Kind, schwang sich mit einer eleganten Bewegung auf die Plattform, nahm mir das Glas aus der Hand, drückte mein Kreuz sanft auf die Planken und ließ sich auf meinem erigierten Penis nieder, dies alles mit großer Leichtigkeit, als sei es nicht der Rede wert.

Sie ritt mich mit minimalen Bewegungen, gerade so, daß ich Lust hatte auf mehr, nippte dabei an meinem Glas, als habe sie ihres vergessen, und sah zerstreut an mir vorbei in die Ferne. Ein Motorboot kam an die Yacht heran. Die Insassen, die mich von unten nicht sehen konnten, begrüßten sie. Man plauderte über das Wetter und wie man den Tag zu verbringen gedenke. Sie rührte sich dabei so gut wie nicht, was ich kaum ertragen konnte. Erst als sie ihren Bekannten nachwinkte, intensivierte sie die Bewegungen ihres Beckens wieder, bis sie der Ansicht war, es sei genug. Mit einer einzigen kraftvollen Kontraktion ihres Muskels brachte sie mein Geschlecht zur Eruption. Hochmütig sah sie auf mich herab, während ich mich in immer neuen Zuckungen in sie entleerte. Dann zog sie sich von meinem Glied zurück, nickte mir mit einem kleinen Lächeln zu und begab sich wieder unter ihr Sonnendach.

Sie hatte kein Wort mit mir gesprochen. Alles war unwirklich wie in einem Vampirfilm. Als ich mich erneut Sandras Bericht zuwenden wollte, flimmerten grelle Zickzacklinien auf meiner Netzhaut und hinderten mich am Weiterlesen. Ich hatte zu lange in den Himmel geschaut. Die Musik schien mir lauter zu tönen als zuvor. Wer hatte sie hochgedreht? Wo waren sie alle?

Ich stieg von meiner Plattform und ging über das Deck, die Manuskriptseiten meiner Freundin hielt ich umklammert. Ich zögerte, mich bei meiner Sexpartnerin nach Sandra zu erkundigen, fand unsere Reisetasche und steckte ihren Bericht hinein; ich brannte darauf, ihn weiterzulesen. Direkt neben mir tauchte Paolo auf.

»Wo ist Sandra?« fragte ich ihn. Er antwortete nicht, sondern ging zu seiner Mutter, vor der er sich auf die Knie niederließ. Sie küßte ihn auf beide Wangen, und er schmiegte seinen Kopf an ihren kleinen Busen.

»Du hast mit Mama gepimpert!« rief er mir plötzlich zu. »Man sieht noch deinen Glibber auf ihrem Pelz.« Seine Blicke konzentrierten sich auf meinen Penis. »Ich weiß nicht, was Papa mit dir machen wird, vielleicht schneidet er dir dein Spaßwürstchen ab und wirft es den Haien vor.« Er schaltete die Motorwinde an und holte den Anker ein, wobei er einen italienischen Schlager sang.

»Wo ist Sandra?« rief ich in den Lärm.

»Du kriegst sie wieder«, versicherte mir Marco, der ebenfalls an Deck erschien. »Wir wollen sie nicht behalten.« Sie lachten. »Während du Mama gedengelt hast, haben wir uns um die Kleine gekümmert. Das geht doch in Ordnung?«

Plötzlich war ich alarmiert.

»Laß mich durch!« herrschte ich Marco an und versuchte, an ihm vorbei unter Deck zu gelangen.

»Sie ist auf der Toilette«, behauptete er und klammerte sich mit beiden Händen am Türrahmen fest.

»Ich schmeiß' dich die Treppe runter!« schrie ich nun fast hysterisch und warf mich mit der Schulter gegen ihn. Von hinten legte mir sein Bruder einen Arm um den Hals, winkelte ihn an und riß mich zurück.

»Dieses Arschloch hätte mir glatt das Genick gebrochen«, sagte Marco kopfschüttelnd und sah die steile Treppe hinunter. Dann wirbelte er herum und boxte mir in den Magen. Nicht allzu fest übrigens.

»Schade, daß du nicht dabeisein konntest, Kumpel«, grinste er mich an. »Die fährt ganz schön ab, deine Tussi.«

Hinter ihm kam sein Vater die Treppe hoch und stieß ihn zur Seite.

»Schluß mit den Kindereien«, befahl er barsch. »Wir fahren ab. Paolo, laß die Motoren an, Marco, du gehst ans Steuer!« Er ergriff meinen Arm und zog mich zur Seite:

»Lassen Sie sie etwas zu Atem kommen. Meine mißratenen Söhne haben es ein wenig wild mit ihr getrieben. Kompliment übrigens für solch eine Braut. ›Es gibt Frauen, in denen du schon drinsteckst, wenn sie auf dich zukommen‹. Alte katalanische Männerweisheit.« Er bedachte mich mit einem feinen Lächeln: »Wie fanden Sie meine Frau?«

»Sehr gut, danke«, murmelte ich dämlicherweise. Sie war also der Lockvogel gewesen, der mich ablenken sollte, damit ich nicht nach meiner Freundin fragte, und ich hatte mich vernaschen lassen wie eine Cocktail-Olive, die man so nebenbei zu sich nimmt ohne groß darauf zu achten. Ich löste mich aus dem Griff des Kapitäns und eilte zur Treppe. Niemand hinderte mich daran. Ich wollte gerade hinabsteigen, als mir Sandra entgegenkam.

Ich hatte sie noch nie in einem solchen Zustand gesehen. Ihre Haare standen wirr und verklebt von ihrem Kopf ab. Die Haut ihres nackten Körpers war ungesund matt, und ihre toten Augen starrten ohne einen Schimmer Hoffnung durch mich hindurch. Sie war schmutzig und roch nach Schweiß und Sperma.

»Laß mich!« fauchte sie, als ich sie berührte, und stieß mich zur Seite. Das Wort »geschändet« schoß mir durch den Kopf. Was sollte ich tun? Ich war völlig durcheinander. Dann, als sie an mir vorbei war, sah ich das große Fleischermesser, das sie hinter ihrem Rücken hielt.

»Sandra!« rief ich. »Bitte tu das nicht!« Ich rannte ihr nach. Mit einem schrillen Schrei stürzte sie sich auf Paolo, der vor Schreck aufjaulte, aber einen Haken schlug und ihr entkam.

»Ich bringe euch um, ihr Schweine!« kreischte Sandra mit sich überschlagender Stimme und ging auf Marco los, der leichtfüßig vor ihr auf den Planken tänzelte.

»Und so was haben wir gepudert, so eine windige Stute«, rief er seinem Bruder zu.

Eine Furie ist weder schön noch häßlich, sie ist außer sich. In ihrer Raserei wirkte Sandra grotesk und heroisch zugleich.

»Sieh ihn dir an, Täubchen, damit habe ich dir die Ritze ausgehobelt!« Paolo präsentierte ihr sein Glied, das schon wieder erigiert war, auf der flachen Hand. »Möchtest ihn wohl abschneiden, was?« Er entkam im letzten Augenblick.

Es waren geübte Vergewaltiger. Das Verhöhnen des Opfers danach gehörte zum Programm. Sie waren an Land gekommen, um Beute zu machen, das war mir jetzt klar. Der Streik des Schiffspersonals war ihnen zugute gekommen. Es bedurfte keiner großen Überredungskünste, um die schönste Frau an Bord der Yacht zu lotsen, auf der Mama netterweise das Hobby ihrer Lieblinge unterstützte, die Musik lauter stellte, um eventuelle Schreie zu übertönen, und den Freund des Opfers unter Einsatz ihres Körpers neutralisierte. Vielleicht, daß sie ihren Rackern sogar zu Weihnachten die Sado-Maso-Spielsachen geschenkt hatte – wie jenes Pferdegeschirr mit Gebißstange, in das die beiden jungen Lüstlinge sie gezwängt hatten, wie Sandra mir später anvertraute.

»Ich habe meine ganze Munition in ihr verschossen!« rief mir Paolo grinsend zu, »Wir haben sie um die Wette gefickt.« Ich versuchte ihn zu packen, doch seinen Heimvorteil geschickt ausnutzend, entkam er über die Deckaufbauten. »Hoffentlich haben wir sie geschwängert«, neckte er mich, »dann weißt du nicht, wer der Vater ist: Paolo oder Marco. Vielleicht bekommt sie Zwillinge. Was meinst du, Püppchen?« fragte er Sandra, die das Messer nach ihm schwang. Sie verfehlte ihn, doch sie erwischte Marco am Fuß, als dieser den Mast hochkletterte, um sie zu necken, und dabei nicht schnell genug nach oben kam.

»Mama!« rief er. »Mama, sie hat mich verletzt!« Blut tropfte auf die Planken. Wie ein Schraubstock umklammerte sein Vater Sandra von hinten und preßte ihre beiden Oberarme an ihren Körper. Trotzdem gelang es ihr in ihrer Wut, ihn am Schenkel zu verletzen. Er begann ebenfalls zu bluten.

»Nehmen Sie ihr das Messer ab!« befahl er mir. Er wußte, daß ich der einzige an Bord war, der sich Sandra von vorne nähern konnte.

Ich machte gemeinsame Sache mit ihren Folterern. Ihren Blick, als ich ihr das Messer aus der Hand nahm, werde ich nie vergessen. Sie versuchte nicht, sich gegen meinen Zugriff zu wehren. Es war, als würden alle Kräfte sie plötzlich verlassen. Nackt und wehrlos stand sie ohne ihre Waffe in der prallen Sonne an Deck.

Für die Yachtbesitzer schien das Thema damit abgeschlossen – der emotionale Teil jedenfalls. Marco kam blutend vom Mast herunter und humpelte nach einem wütenden Blick auf Sandra stumm zu seiner Mutter, die ihn tröstete und zu verarzten begann. Sein Vater faßte mich an der Schulter und führte mich etwas zur Seite.

»Falls meine Söhne zu weit gegangen sind, ich bin durchaus bereit, Sie dafür zu entschädigen, sagen wir mit tausend Dollar«, ließ er mich wissen, »Entschuldigung, aber Sie sehen beide aus, als ob Sie die ganz gut gebrauchen könnten.« Er war so sehr Mann von Welt, so selbstsicher, so überzeugend, fast gütig, daß ich einen Augenblick überlegte, ob ich sein Angebot empört zurückweisen oder den Versuch einer Wiedergutmachung doch akzeptieren und das Schmerzensgeld annehmen sollte, das Blutgeld; das war ja in vielen Kulturen üblich, und natürlich waren tausend Dollar verlockend. Mein Gott, mein Gott, was hätte ich damit angerichtet! Aber bevor ich eine verhängnisvolle Entscheidung treffen konnte, sah ich Sandra losrennen und über die Reling klettern. Sie stieß sich ab. Mit gestrecktem Körper landete sie im Wasser. Es gab nichts mehr zu überlegen. Ich folgte ihr wenige Augenblicke später.

Sie war nicht allzuweit von mir weg, als ich auftauchte. Die Yacht entfernte sich von uns, ohne anzuhalten. Ich sah Paolo am Heck, der unsere Reisetasche schwang.

»Du wirst an uns denken, wenn du sie fickst, du Wichser!« rief er und schleuderte die Tasche in hohem Bogen in unsere Richtung. Ich schwamm darauf zu, doch sie versank, bevor ich sie erreichte, und mit ihr Sandras Bericht, den ich nie mehr zu Ende lesen würde. Nur meine Hose, die obenauf gelegen hatte, schaukelte noch auf den Wellen. Ich zog sie an und schluckte dabei Wasser. Sandra bat mich, auf ihre Schultern zu steigen, um nach Land Ausschau zu halten.

»Steig du auf meine«, erwiderte ich. Diesmal nahm ich genug Luft. Sie drückte mich nach unten und schnellte gleichzeitig nach oben. Der halbe Meter Höhe, den sie dabei für einen Augenblick

gewann, genügte. Sie wies mit dem Arm in eine Richtung und schwamm los. Ich bemühte mich, ihr zu folgen.
»Ist es weit?« fragte ich.
»Ja!« rief sie zurück. Wir schwammen wortlos. Ich dachte an Haie.

Das markerschütternde Tuten eines Schiffes hinter uns kam völlig unerwartet. Von der Wasseroberfläche aus gesehen wirkte das Fährboot bedrohlich. Es kam direkt auf uns zu. Wie wild fuchtelten wir mit den Armen. Und es drehte tatsächlich bei.

Schiffbrüchige, die aus dem Meer geborgen werden, sind eine Attraktion, vor allem, wenn eine der Geretteten jung und unbekleidet ist. So ziemlich jeder der etwa tausend Passagiere sah unserer Bergung aus größtmöglicher Nähe zu.

»Ich bin vergewaltigt worden, ruft bitte den Kapitän!« sagte Sandra mit fester Stimme, sobald sie an Deck stand. Ihre Worte hatten eine ungeheure Wirkung. Man übersetzte ins Spanische, was sie auf französisch gerufen hatte. Das Gemurmel, das durch die Menge ging, hörte sich an wie Stöhnen; Mütter drehten ihre Kinder weg, Frauen bekreuzigten sich, und Männer ließen ihre Augen über jeden Quadratzentimeter ihres Körpers gleiten und schluckten, wenn sie sich detailliert vorstellten, was man ihr angetan hatte. Ich sah, wie Sandra zu zittern begann, am Ende ihrer Kräfte. Ich versuchte, sie zu stützen, doch sie schüttelte mich ab. Ich war der tumbe Tor, der sie nicht hatte beschützen können, der vielleicht selber beteiligt war. Alle Augen wandten sich mir zu. Verdammt, was dachten sie? Daß ich sie schwimmend zum Sexualverkehr gezwungen hatte?

Ein Mitglied der Besatzung brachte Sandra eine Decke, in die sie sich hüllte. Als der Kapitän nach uns sah, nannte Sandra ihm den Namen der Yacht, auf der man ihr Gewalt angetan hatte und den sie sich (im Gegensatz zu mir) eingeprägt hatte, sobald sie aus dem Wasser aufgetaucht war: Er lautete ›Amanda‹. Sie bat den Kapitän, die Verfolgung aufzunehmen. Er erklärte, daß er von Barcelona nach Marseille unterwegs sei. Er werde die dortige Polizei über Funk von unserer Ankunft benachrichtigen.

Laut Kapitän würden wir auf dem Pier des Hafens erwartet. Doch wir schauten uns vergebens nach einem Polizisten um. Die Passagiere fuhren nach und nach in ihren Autos an uns vorbei. Eine Frau hielt an und reichte Sandra durchs Fenster ein Kleidungsstück. »Aber nein, ich brauche es nicht wieder«, sagte sie, »sie tun mir ja so leid.« Es war eine Art Strandkleid, doch auf dem Pier konnte sie sich schlecht umziehen. So rannte sie los, als sie einen Verkehrspolizisten entdeckte, das Kleid in der einen, die Decke mit der anderen Hand zusammenhaltend. Ein auf sie zufahrender Wagen, der gellend hupte, ließ sie einen Satz zur Seite machen, die Decke rutschte von ihren Schultern und fiel, als sie sie hochziehen wollte, völlig zu Boden, so daß sie nackt vor dem Polizisten stand, der sie für übergeschnappt hielt und in seine Trillerpfeife blies. Obwohl sich Sandra sofort das Strandkleid überstreifte, wurde sie von mehreren Beamten abgeführt. Wir wurden ziemlich ruppig in einen Polizeiwagen verfrachtet und zu einer überfüllten Wache gefahren. Dort wurde ich – trotz meiner mit germanischem Akzent vorgetragenen Proteste – von ihr getrennt. Ich wartete eine Ewigkeit auf einem trostlosen Flur, ohne Sandra wiederzusehen. Schließlich bat mich ein Beamter in Zivil in sein Büro.

»Können Sie sich ausweisen?« fragte er. Zusammen mit einem nassen Zehnmarkschein zog ich einen durchweichten Führerschein aus der Gesäßtasche. Er besah ihn genau und verglich das Foto, das schon fünf Jahre alt war, mit der Realität.

»Ihre Freundin benannte Sie als einzigen Zeugen für einen Fall von mehrfacher Vergewaltigung. Sie ist doch Ihre Freundin?« Ich bejahte. »Nennen Sie mir den kompletten Namen Ihrer Freundin.« Ich tat es. »Und nennen Sie mir ihr Geburtsdatum.« Es war mir peinlich, aber ich wußte es im Augenblick nicht genau. Er sah mich skeptisch an. »Also gut«, sagte er, »was haben Sie gesehen?«

Ich gab nicht gerade eine heldenhafte Figur ab. Ich hatte auf Deck gelegen und gelesen, während man Sandra zwei Meter tiefer Gewalt angetan hatte.

»So? Die Musik war zu laut? Sie haben gelesen? War es eine spannende Lektüre? Haben Sie sich nicht zwischendurch gefragt, wo Ihre Freundin ist? Sie sei schwimmen, dachten Sie? Mit den beiden jungen Männern? Offensichtlich hat Sie etwas anderes mit ihnen gemacht oder die mit ihr. Aber Sie haben nichts davon mitbekommen? Sie sind gar kein Zeuge!«

»Ich habe mit angehört, wie die Vergewaltiger mit ihrer Tat geprahlt haben.«

»Das beweist gar nichts, noch nicht mal, daß eine Vergewaltigung stattgefunden hat. Vielleicht hat man Ihnen etwas vorgespielt – Ihre Freundin und die beiden jungen Männer. Hat sie Sie noch nie betrogen?«

Ich beantwortete diese Frage nicht, was auch eine Antwort war.

»Sie ist mit dem Messer auf die beiden losgegangen«, erklärte ich ihm schließlich, »es ist Blut geflossen.«

»Sehr theatralisch, finden Sie nicht?« Ich gab es auf, die ganze Anzeigerei hatte keinen Zweck.

»Es könnte natürlich auch sein, daß Sie Ihre Freundin ohne deren Wissen den beiden Kumpeln überlassen haben. So was gibt es doch? Noch nie einen Dreier gemacht?«

»Hören Sie, ich hatte die beiden noch nie gesehen.«

»Vielleicht haben Sie das Mädchen auch verschachert, ohne die Interessenten zu kennen. Solche Dienste werden zuweilen gut bezahlt. Lassen Sie mich schätzen: drei Personen, die sie mißbrauchten, ich würde mal sagen, man hat Ihnen tausend Dollar geboten.« Mir wurde übel. Ums Haar hätten sie in meiner Hose gesteckt. Er sah wohl, daß ich völlig fertig war.

»Ich halte übrigens die von Ihrer Freundin geschilderte Vergewaltigung für glaubwürdig«, wechselte er den Ton. »Wir werden der Anzeige nachgehen. Vielleicht helfen ihre Angaben irgendwann, den Daumen auf die feine Familie zu legen. Mademoiselle wartet nebenan auf Sie.«

Später am Abend lagen wir stumm nebeneinander auf dem Bett eines schäbigen Hotels. Wir hatten Mühe gehabt, ein Zimmer zu finden. Da wir kein Gepäck besaßen, hätten wir vorab zahlen müssen, doch wir hatten keinen Pfennig mehr. Von den zehn Mark, die ich bei einem chinesischen Geldwechsler in Francs umgetauscht hatte, kauften wir an einem Altkleiderstand häßliche Plastiksandalen für uns und ein gebrauchtes Hemd für mich. Den Rest verfraß ich – allein, da sie nichts zu sich nahm. Ich wollte ihr über die Haare streichen, aber sie sagte:

»Laß das.«

»Soll ich das Licht ausmachen?«

»Es kann ruhig brennen.«

Durch die schmutzigen Scheiben drangen dumpfe Töne des nächtlichen Marseiller Lebens ins Zimmer. Ich war entsetzlich angespannt, vor allem, weil sie mich aus ihren Gedanken ausschloß. Die Frage, die mich quälte, wuchs ins Riesenhafte.

»Glaubst du, es war ein Zufall, daß das alles passiert ist, während ich deine Bekenntnisse las?« fragte ich schließlich. Sie ließ mich längere Zeit auf eine Antwort warten.

»Du meinst, es war eine einzige schiefe Bahn bis dorthin?«

»Du hast dich dem Major hingegeben, ohne ihn zu mögen.«

»Der hat mir kein Messer unters Kinn gehalten, wenn er etwas von mir gewollt hat«, sagte sie ungehalten. Ich kaute weiter auf dem Gedanken herum: Es mußte eine logische Folge geben von den Quälereien des Majors zur Gewaltanwendung der beiden Halbstarken.

»Die ersten Schritte auf dieser abschüssigen Straße würden damit anfangen, daß sich eine Frau die Lippen schminkt und ein ausgeschnittenes Kleid anzieht«, sagte sie. »Damit provoziert sie die Männer. Sie fordert eine Vergewaltigung heraus, weil sie sich im Grunde danach sehnt – das sind doch deine Überlegungen?«

Sie ballte wütend die Fäuste. »Warum konzediert man einer Frau nicht, daß sie ein ausgeschnittenes Kleid anzieht, weil sie geliebt werden will und nicht vergewaltigt?«

»Aber ich liebe dich doch!« sagte ich beschwörend.

»Würdest du mich auch lieben, wenn mich kein anderer Mann interessant fände? Du bist nur auf mich stolz, weil viele mich begehren.«

»Wie kommst du darauf?«

»Weil du genauso reagierst wie die Passagiere auf der Fähre. Als sie erfahren haben, daß wir von der Ile du Levant kamen, sagten sie sich: ›Die Nackedeiinsel. Kein Wunder. Die hat es ja herausgefordert.‹ Sie können nicht wissen, daß du auf diese Insel wolltest, weil dein hochgelobter Schriftsteller dort weilte und ich dir nur gefolgt bin.« Sie begann zu weinen. »Du willst wissen, warum die beiden perversen Kerle mich ausgewählt haben? Doch, das beschäftigt dich! Irgendeine Bereitschaft zum Laster müssen sie bei mir doch registriert haben, das denkst du! Ich werde dir sagen, was sie gereizt hat. Daß ich stolz und selbstbewußt bin. So eine wünschen sie sich, um sie zu zerstören.« Ich drehte mich zu ihr hin, wagte aber nicht, sie zu berühren. »Vielleicht braucht man zur Zeit noch niemanden wie mich«, sagte sie bitter. »Vielleicht bist du auch noch nicht soweit ...«

»Ich finde dich in Ordnung, so wie du bist«, beschwor ich sie. Mir war schrecklich elend zumute, vielleicht von dem billigen Essen, das ich in mich hineingestopft hatte. Ich schloß die Augen. Ich sah Jesus am Kreuz hängen, es war eine Frau, die die Züge Sandras annahm. Man hatte sie angekettet, wie später die Hexen, um sie lebend zu verbrennen.

»Bitte, hilf mir«, sagte ich leise zu ihr. Da berührte sie mich zum ersten Mal, seit sie aus den Tiefen der Yacht emporgestiegen war; sehr zart, als wäre er zerbrechlich, nahm sie meinen Penis in die Hand. Ich spürte, wie mir ihre Kraft zufloß, war ihr unendlich dankbar für diese Verbindung und schlief fast augenblicklich ein.

Am Morgen paßte mich der Hotelier ab. Als ich unauffällig aus dem Haus gehen wollte, rief er mich zurück. Ob Madame noch oben sei? Bis Mittag müsse ich das Zimmer räumen und bezahlen. In meiner Verlegenheit versäumte ich es, meinen Führerschein zurückzufordern, den er als Pfand behalten hatte. Nun mußte ich ganz ohne Papiere ins deutsche Konsulat. Ich fand es nicht.

Es ist deprimierend, unter Zeitdruck durch eine fremde Großstadt zu irren, ohne Geld, um wenigstens ein öffentliches Verkehrsmittel zu benutzen. Es war halb elf, als ich in eine Kirche eintrat, weil ich nicht mehr weiterwußte. Ich paßte den Pfarrer ab und bat ihn um Hilfe. Er nahm mich mit in seine bescheidene Wohnung. In Frankreich zieht der Staat keine Kirchensteuer ein. Ein Pfarrer erhält, was die Mitglieder der Gemeinde ihm geben. Ist es eine arme Gemeinde, so wird er meist in Naturalien bezahlt. Jeden Morgen ein Baguette vom Bäcker, vielleicht noch eine Apfeltasche, der Metzger bringt ihm ab und zu Fleisch vorbei, sonntags erwartet ihn der Gastwirt zum Mittagstisch, und der Zahnarzt behandelt ihn kostenlos. »Zur Zeit besitze ich keinen Franc«, erklärte mir der Pfarrer. Doch er hatte zwei Croissants, von denen er mir eines anbot. Während ich aus einem Napf Café au lait trank, telefonierte er mit dem deutschen Konsulat und meldete mich an. Er sei überzeugt davon, daß ich ein ehrlicher Mensch sei, versicherte er dem Beamten. Mit einem kleinen Stadtplan versehen, machte ich mich gestärkt auf den Weg.

»Was meinen Sie, was hier jeden Tag passiert?« fragte der Konsulatsbeamte. Zuweilen habe er den Eindruck, die Leute brächten sich absichtlich in Schwierigkeiten: Die finstersten Gassen durchquerten sie des Nachts, mit dickem Portemonnaie in der Gesäßtasche, beträten die übelsten Spelunken und ließen sich anquatschen und ausnehmen. »Und wir werden regelmäßig beschimpft, daß wir uns nicht genug für sie einsetzten. Schließlich seien sie Deutsche und hätten einen Anspruch darauf.«

»Das mag ja alles sein«, sagte ich, »aber meiner Freundin

wurde nicht nach Mitternacht in einer finsteren Kaschemme Gewalt angetan, sondern bei hellem Sonnenschein auf einer blankgewienerten Yacht.«

Yachten seien auch so ein Kapitel, belehrte er mich.»Wie können Sie an Bord einer fremden Yacht gehen? Damit unterstellen Sie sich der Hoheit des Kapitäns, eines Ihnen unbekannten Menschen. Er wird behaupten, Sie hätten ihn bestehlen wollen und seien über Bord gesprungen, als er Sie erwischt habe.« Der Mann wollte unbedingt recht behalten. Trotzdem: Er stellte mir zwei Busfahrkarten nach Hyères sowie Benzingeld für die Heimreise mit meinem Wagen in Aussicht – vorausgesetzt, die Auskünfte, die er über mich einholen werde, würden zufriedenstellend ausfallen. Zum Schluß sollte ich ihm noch zwei Bürgen nennen, die für die Auslagen des Konsulats haften würden. Ich wollte meine Eltern unter keinen Umständen in meine Schwierigkeiten hineinziehen, zu entschieden hatte ich mich von jeder wirtschaftlichen Abhängigkeit losgesagt. Mein Patenonkel hatte selbst nicht viel, er war krank und würde sich allzu große Sorgen machen. Freunde mit Geld waren Mangelware in meinem Milieu. Zum Glück kannte der Konsulatsbeamte zufällig meine Radiosendung ›Gedichte‹, die er im Deutschlandfunk gehört hatte.

»Sie sind das also?« sagte er. Ich war nicht mehr irgendwer für ihn.

Auf dem Nachhauseweg fand ich das Hotel nicht mehr. Ich hatte den Hotelprospekt dem Pfarrer gegeben und erinnerte mich nicht mehr an den Namen der Straße. Auch im Telefonbuch war es nicht verzeichnet. Oder es stand dort unter einer anderen Kategorie, unter Pension oder Gasthof oder Herberge oder wie immer das im Französischen hieß. Ich hatte keine Zeit und keine Geduld, dort überall nachzuschlagen, ich machte mir Sorgen um Sandra. Es war bereits zwei Uhr nachmittags, als ich mehr durch Zufall auf das Hotel stieß. Sandra saß neben dem Eingang auf einem Mäuerchen. »Es ist alles in Ordnung«, sagte sie und übergab mir meinen Führerschein. Wie hatte sie das geschafft? Ich sah den schmuddeligen Hotelier mit seinen Schweinsäuglein vor mir, die schlimmsten Befürchtungen kamen in mir hoch. Der abschüssige Weg in die Tiefe – waren wir ganz unten angelangt? Als sie mir sagte, der Pfarrer habe angerufen, er habe alles arrangiert, fiel ich vor ihr auf die Knie und legte meinen Kopf in ihren Schoß. Ich blieb eine ganze Weile und bat sie stumm um Verzeihung. Die Leute mußten um uns herumgehen.

Der Pfarrer hatte uns zum Abendessen eingeladen. Es saßen noch drei weitere Bedürftige mit uns am Tisch sowie eine ältere Dame, die die Nahrungsmittel mit dem Geld ihrer kleinen Witwenpension eingekauft und selbst zubereitet hatte.

»Ich bin dem Herrn Pfarrer dankbar«, sagte sie strahlend, »ein Tag, der nicht sinnlos vorübergeht.« Nach einem Dankgebet aßen wir mit großem Appetit. Sandra, die katholisch war, wollte anschließend beichten und ging mit dem Pfarrer zur Kirche hinüber. Unterdessen richtete die Beamtenwitwe belegte Brote her, die sie mir für die Heimreise mitgab. Es war das erste Mal, seit ich sie kannte, daß Sandra zur Beichte ging. Ich fragte mich, für was sie um Vergebung bat.

Auch nach unserer Rückkehr ließ uns die Armut nicht los. Es wurde mir schmerzlich bewußt, daß wir tatsächlich nichts mehr besaßen, in keiner Ecke, auf keinem Konto. Im Gegenteil, von der Bank lag die Aufforderung vor, die geduldete Überziehung des Kontos nunmehr auszugleichen. Ich war mit der Miete im Rückstand, und das Telefon war gesperrt. Ich lieh mir links und rechts ein paar kleine Beträge von Leuten, die selbst nichts besaßen, mir aber auf irgendeine Weise verpflichtet waren. Es reichte, um das Telefon zu entsperren und die Hotelrechnung nach Marseille zu überweisen, für die sich der Pfarrer verbürgt hatte; das Auswärtige Amt mußte warten.

Theo teilte mir bei einem Treffen mit, daß das Dachau-Projekt endgültig eingestellt sei, so daß ich auch in naher Zukunft keine Einnahmen zu erwarten hatte. Er drängte mir noch 200 Mark auf von der Abschlagszahlung, die er angeblich für das abgebrochene Projekt erhalten hatte. Ich glaubte ihm nicht, wußte, daß er sich mit seiner Kriegsversehrtenrente über Wasser hielt, nahm das Geld aber trotzdem an. Ich war deprimiert über meinen Mangel an zielgerichteter Energie und Lebenstüchtigkeit. Ich brauchte nur an einer Straßenbaustelle vorbeizukommen, auf der sich Arbeiter mit Preßlufthämmern oder heißem Teer abquälten, um mich als Schmarotzer der Gesellschaft zu fühlen. Bestenfalls ging ich einem Traumberuf nach, der seinen Mann nicht ernährte, schlechtestenfalls war ich ein vergnügungssüchtiger Parasit, der seine Lebenszeit vergeudete. Ich war früher mehrmals ohne Geld und Job gewesen, hatte meine Lage jedoch nie als bedrückend empfunden. Nichts zu besitzen war mir als Voraussetzung für innere Freiheit, für geistige Mobilität erschienen.

Sandra schlief wieder mit mir. Doch ich wußte, daß sie immer noch daran dachte, wie die beiden Kerle mit ihr umgesprungen waren. Sogar wenn wir uns liebten, werde sie von ihnen verhöhnt, wie sie mir gestand. Ich erschrak, weil auch ich sie hören konnte, wenn ich mit ihr zusammen war; sie hatten die quäkenden Stimmen sprechender Puppen.

»Da rackert sich einer ab«, keckerten sie. »Wir spielen doch auf dem gleichen Instrument, laß dir helfen, Bruder im Fleisch, laß uns zusammen ihr Tier füttern ...«

So konnte es nicht weitergehen. Ich mußte etwas unternehmen. Den Teil meines Hirns, der noch brachlag, aktivieren. Ich schwor mir, das Buch über meine Recherchen und Erlebnisse in der Stadt Dachau endlich zu schreiben. Gleich am nächsten Tag versuchte ich, die Elemente, über die ich verfügte, in eine Ordnung zu bringen:

a) Die Bürger
Oh bitte, wo geht's zum Krematorium?
   Die Verdrängungsversuche der Bevölkerung
   Ihr Aufschrei: Wir schaffen es nicht alleine, mit der Schuld fertig zu werden, die man uns aufbürdet
   Dazu gehörten: Meine gescheiterten Versuche, Leute auf der Straße zu interviewen, der Stadtgammler, der den verfluchten Ort für alle Zeiten abriegeln will, die Apothekerin auf der Party, die in den Ferien von den Männern dieser Welt nur als Kuriosität wahrgenommen wird

b) Die Institutionen
Die Informationsstelle, die das Alter und die Schönheit der kleinen Stadt hervorhebt
   Die Bayerische Schlösser- und Seenverwaltung, die für das KZ zuständig ist und gleichzeitig die Sommerkonzerte im Schloß Herrenchiemsee ausrichtet (dort sollte es einen eigenen Kerzenanzünder geben, der tausend echte Kerzen zum Leuchten brachte – welch schöne alte Tradition), während man gleichzeitig das Fällen des symbolträchtigen Galgenbaums in Auftrag gab
   Das Internationale Dachau Komitee, dessen leidgeprüfter Sekretär im bayerischen Wirtschaftsministerium untergekommen war (Versöhnung statt Gerechtigkeit) und dem die verstümmelte Ehre auf der Marmorplatte aufgefallen war

c) Die Besucher
Die Ausländischen, »die uns anschauen, als seien wir Mörder«, wie die Dachauer klagten
   Die Münchner Studenten (2 Prozent bei einer Distanz von 14 Kilometern Luftlinie zwischen Uni und KZ)
   Die KZler: Ostflüchtlinge und ihre Kinder, die von den Dachauern so genannt werden und die den Schatten des Galgenbaums vermissen, den die Marmorplatte nicht spenden kann
   Jede der drei Kategorien führte zum Apostroph, der mit dem

Fällen des Baums in einem noch nicht ganz geklärten Zusammenhang stand, wie in einem Krimi. War es derselbe Täter? Irgend jemand hatte den realen, gesunden, schrecklichen Galgenbaum in einen virtuellen Baum verwandelt, der auf einer weißen Marmorplatte Platz fand, so wie man das gesunde Bein meines Freundes Theo im schönen Schwarzwald zu einem Phantombein hatte werden lassen, zur Strafe für sein Aufbegehren.

»Du solltest mal mit ihm über dein Vorhaben sprechen«, meinte Sandra. Sie hatte recht. Ich mußte dringend mit Theo reden, schließlich stammte die Idee von ihm, und er hatte die Sache mit dem Galgenbaum entdeckt. Als hätte er es geahnt, rief er mich an einem der folgenden Tage an. Er habe sich Gedanken gemacht, was aus unserem Stoff jetzt werde. Ob ich nicht versuchen wolle, ein Buch daraus zu machen, ein spannendes Sachbuch, so locker aufgezogen wie meine Hörspiele.

»Warum schreibst du es nicht?« fragte ich ihn.

Er sei noch nie in der Lage gewesen, etwas zu schreiben, behauptete er, während er in mir ein großes Talent vermute. Wahrscheinlich sei ich mehr Schriftsteller als Regisseur. Ich zierte mich ein wenig. Er könne ja später immer noch mein Buch verfilmen, sagte er, mit mir als unermüdlichem Radio-Reporter.

Sandra überraschte mich mit der Neuigkeit, daß sie eine Arbeit gefunden habe in einer Nachtbar.

»Bist du verrückt?« fragte ich.

»Nur realistisch. Du willst doch das Buch schreiben.«

»Und dabei lasse ich mich von dir aushalten.«

»Spricht was dagegen?«

Das »Amour Fou« lag im Zentrum der Stadt und war eine der besseren Adressen, welche von Nachtportiers der umliegenden Nobelhotels den männlichen Kunden empfohlen wurden, die spätabends ausgehen wollten. Mir war klar, daß man sie in einem derartigen Etablissement ausnehmen würde, was dann auch prompt geschah.

Sie bekam kein festes Gehalt, sondern Prozente von dem, was ihre Gäste konsumierten. Die ersten zehn Tage ihrer Provision gingen dafür drauf, das Bardamen-Kleid abzuzahlen, das sie nur am Arbeitsplatz tragen durfte. So bekam ich es nicht zu sehen.

»Wieso mußt du es zahlen, wenn das Tragen Pflicht ist«, fragte ich, »und wieso kostet es soviel?«

»Es ist sehr schick. Auch die Bedienungen müssen für ihre Dienstkleidung selbst aufkommen.«

»Und du bist keine Bedienung?«

»Nein, ich bin Bardame. Mich kann niemand angrabschen, wenn du das meinst.«

Sie hatte mir streng verboten, dort aufzukreuzen. Der Chef schätze das nicht.

»Und wenn ich tue, als würde ich dich nicht kennen?«

»Das würde er sofort durchschauen. Er hat ein Auge für so was. Wahrscheinlich kämst du noch nicht mal am Türsteher vorbei.«

»Wieso nicht?«

»Das sind alles gutsituierte Erfolgsmenschen, die Gäste.«

»Und du mußt sie anmachen.«

»Damit sie trinken.«

»Du mußt dafür sorgen, daß du ihnen gefällst. Das Kleid sieht bestimmt verboten aus.«

»Verführerisch«, sagte sie lächelnd.

»Verworfen«, korrigierte ich. Jetzt lachten wir beide. Ich schlief mit ihr, bevor sie zur Arbeit ging.

Ihre Arbeitszeit begann um sieben Uhr abends und endete um drei Uhr morgens. Dann mußte sie abrechnen, so daß es viertel vor vier war, wenn sie bei mir aufkreuzte. Anfangs versuchte ich auf sie zu warten, später legte ich mich schlafen, wachte jedoch pünktlich viertel vor vier auf, meist bevor sich der Schlüssel im Schloß drehte. Sie beugte sich zu mir herab und küßte mich, schlug die Decke zurück, küßte meinen Körper; ich zog ihr dabei die Kleider vom Leib, ihre Haare rochen nach Zigarettenrauch, und ihr Mund schmeckte nach Champagner.

»Ich muß mit den Gästen trinken, ich kann nicht nur so tun als ob«, sagte sie entschuldigend und kuschelte sich an mich. »Nimm mich, nimm mich, nimm mich«, murmelte sie, und ich wußte, daß sie mich brauchte wie ein Medikament, das man vor dem Einschlafen einnimmt.

Zweimal kam sie mit Tränen in den Augen nach Hause. Sie hatte nicht richtig »gebongt«, wie man in der Gastronomie sagte, das heißt, sie hatte den Umsatz ihrer Gäste nicht ordnungsgemäß auf sich verbucht, so daß ihr der Großteil der Einnahmen verlorenging. Ich versuchte sie zu trösten.

»Dabei hatte ich so gute Kunden«, schluchzte sie.

»Kann sein, die treiben dich absichtlich in die Enge«, sagte ich, »um dich für eine andere Art von Dienstleistungen zu gewinnen.« Doch sie schüttelte den Kopf.

»Wir dürfen uns nicht mit den Gästen verabreden. Der Chef ist da sehr streng.«

»Aber wohl kaum aus moralischen Gründen; er will nicht, daß ihm die mühsam angelernten Mädchen gleich wieder abhanden kommen.«

»Von wegen mühsam«, sagte sie und boxte mir in den Bauch, »und misch dich da bitte nicht ein.«

Ich sah es ein und setzte mich an den Schreibtisch, schon vormittags, wenn sie noch schlief, um an dem Buch zu arbeiten. Ich fing zehnmal an und verwarf das Geschriebene wieder. Wenn sie aufwachte, brachte ich ihr das Frühstück ans Bett, küßte sie, während sie ihren Kaffee trank, und legte mich nochmals zu ihr, bevor sie aufstand. Auch am Abend, nachdem ich sie mit meinem Wagen zum Lokal gefahren hatte, versuchte ich zu schreiben. Ich wollte nicht untätig sein, während sie sich für mich abrackerte. Doch obwohl ich mir ständig Vorwürfe machte, kam ich nicht recht voran.

Auf meine Bitte hin traf sich Theo mit mir. Ich wollte mich nochmals über das Vorhaben mit ihm austauschen. Doch er schien kein rechtes Interesse mehr an dem Thema zu haben. Es ging ihm offensichtlich nicht besonders gut.

»Wenn du dich anstrengst, wirst du ein wichtiges Buch daraus machen«, versicherte er mir. Ich bedankte mich nochmals für alle Ideen, die er mir überließ.

»Wenn du mal etwas hast, was mir gefällt, werde ich es mir ebenfalls nehmen, einverstanden?« Er streckte mir die Hand hin.

»Einverstanden«, sagte ich und schüttelte sie feierlich. Doch das Gefühl der Nähe, das ich früher in seiner Gegenwart stets empfunden hatte, wollte sich nicht mehr einstellen. Fast kam es mir vor, als sei er erleichtert, als ich mich von ihm verabschiedete.

Eines Morgens brachte Sandra einen großen Strauß roter Rosen mit nach Hause. Sie stammten von einem Gast, der sich bei ihr habe entschuldigen wollen. Er habe sie am Abend zuvor bedrängt, mit ihm die Nacht zu verbringen, und sie habe ihm die Meinung gesagt. Am nächsten Morgen brachte sie erneut rote Rosen nach Hause.

»Es sind wieder dreißig Stück«, sagte ich.

»Er hat sie mir persönlich geschenkt, da werde ich sie doch nicht im Lokal lassen. Oder macht es dir was aus?« Ich versicherte ihr, daß ich mich freue, wenn man sie verehre, und nahm am nächsten Morgen den dritten Strauß in Empfang, holte die pseudo-antike Amphore aus dem Flur, die sonst als Schirmständer diente, und breitete das Blumenmeer – es waren jetzt neunzig Rosen – darin aus.

»Meinst du, er könnte damit Erfolg haben?« fragte ich. »So in dem Sinne, steter Tropfen höhlt den Stein?«

»Ich glaube, er ist aufrichtig«, sagte sie. »Wir reden nur über philosophische Themen, und er versteht, daß ich mich auch anderen Gästen widmen muß.«

Einmal, als ich mit ihr am Café Rembrandt vorbeiging, sah ich ihren Chef. Er saß mit einigen lässigen jungen Herren an einem der Straßentische und hob grüßend die Hand, als er Sandra sah. »Nette Kleine, stell mich doch mal vor«, sagte einer der Schnösel laut genug, daß es zu unseren Ohren drang. »Eine meiner Bardamen«, hörte ich den Chef antworten. Er nickte auch mir zu. »Seine« Bardamen! Er ließ wohl die Sportsfreunde absichtlich in dem Glauben, er würde all sein Personal verzupfen. »Heiß, heiß, heiß!« sagte der Schnösel und schaute mir grinsend ins Gesicht. Den intellektuellen Habenichts an ihrer Seite würde man im Nu vergraulen. So eine brauchte einen Kerl ... »Hast du was?« fragte mich Sandra und schaute in mein verkniffenes Gesicht. Sie lachte und küßte mich ostentativ auf die Wange. Sie war voll in Ordnung, aber ich durfte sie nicht zu lange in diesem Milieu lassen.

Dann erhielten wir zwei Schreiben der deutschen Polizei. Sandra als Klägerin, ich als Zeuge. »Betreff: Ihre Anzeige/Aussage aufgenommen in Marseille/Frankreich wg. Vergewaltigung u.a.« Wir sollten uns zu verschiedenen Zeiten im Polizeipräsidium einfinden, gingen aber zusammen hin. Man hatte eine Yacht mit dem Namen ›Amanda‹ im Hafen von Sitges in Spanien ausfindig gemacht und legte uns Fotos vor, um sie zu identifizieren. Kein Zweifel, es war das gesuchte Boot. Man bat mich, vor der Tür zu warten, und zeigte Sandra Aufnahmen von den Räumlichkeiten unter Deck. Sie sollte beschreiben, was man ihr an welchem Ort angetan hatte. Sie schien sehr gefaßt, als sie aus dem Dienstzimmer kam, ging aber abends nicht zur Arbeit, sondern rief an, daß sie sich nicht wohl fühle.

Später sah ich sie nackt vor dem Garderobenspiegel stehen und nachdenklich ihren Körper betrachten. Die Fotos der spanischen Polizei seien drei Wochen unterwegs gewesen, sagte sie mir, bis sie über die Marseiller Behörde und das Auswärtige Amt in Bonn bei der hiesigen Polizei angekommen waren. Sie überlege, ob sie nicht nach Sitges fahren und dort ihre Folterer erneut anzeigen solle, um den Fall zu beschleunigen. Ich versuchte, sie davon abzuhalten.

»Du mußt darüber hinwegkommen«, sagte ich. Sie schüttelte den Kopf.

»Ich bin nicht eben mal so ausgeflippt und muß wieder normal werden, wie du dir das vorstellst.«

»Sie haben mich geohrfeigt und mir ins Gesicht gespuckt, während sie mich genommen haben«, schilderte sie mir das Geschehene in der Nacht. »Sie haben mich an den Haaren gepackt und auf allen vieren durchs Schiff getrieben, sie haben mich gezwungen, ihren Arsch zu lecken, und über mich Witze gerissen. Willst du noch mehr hören?« Ich nahm ihren Kopf zwischen meine Hände und küßte sie auf die Stirn.

»Fahr trotzdem nicht nach Sitges«, bat ich sie, »die Sache nimmt auch so ihren Gang.«

»Meinst du?«

»Ich will nicht, daß du dich weiteren Demütigungen aussetzt. Wahrscheinlich ist die Familie dort angesehen.«

»Das ist gut möglich«, sagte sie unsicher. »Ich habe keine arabischen Brüder, die mich rächen.«

»Bei denen ist in derartigen Fällen immer die Frau die Schuldige«, gab ich zu bedenken.

»Vielleicht würden sie mich tatsächlich umbringen, bevor sie meine Ehre wiederherstellen«, gab sie zu.

»Ihre Ehre«, korrigierte ich. Sie lachte.

»Warum hast du eigentlich gegen drei Personen Anzeige erstattet«, fragte ich. Da gestand sie mir, der Vater sei der Schlimmste gewesen. Er sei in die Kajüte gestürmt, als die Söhne gerade mit ihr fertig gewesen seien, und habe ihnen schwere Strafen angedroht. Er habe sie aus dem Geschirr befreit, in das man sie gezwängt hatte, und sie umarmt, als sie weinend an seine Schulter gesunken sei. Dann aber habe sie seine Erregung gespürt; er sei ebenfalls in sie eingedrungen, zunächst behutsam und mit tröstenden Worten – dann aber habe er immer rücksichtsloser von ihr Gebrauch gemacht. Im Grunde könne er seine Söhne gut verstehen, habe er dabei gesagt: Man bekomme nicht alle Tage solch einen Betthasen vors Rohr. ›Zur Strafe kriegen sie heute keine Nachspeise‹, habe er gewitzelt. Als sie versucht habe, sich zu befreien, habe er sie umgedreht und brutal von hinten genommen, wobei er sie mit den unflätigsten Worten beschimpft, sie »dumme Fotze«, »geile Sau« und »dreckige Hure« genannt habe, bis es ihm gekommen sei.

»Sie müssen bestraft werden«, flüsterte sie, »damit ich nicht kaputtgehe.«

Am nächsten Morgen – ich verbrannte mir gerade die Finger mit dem Pellen von Eiern, die ich fürs Frühstück zu Eiern im Glas veredeln wollte – kam sie in die Küche und zeigte mir einen Artikel in einer Zeitschrift.

»Hier steht, es sei statistisch erwiesen, daß Leute, die einmal von einem Hund gebissen worden seien, mit größerer Wahrscheinlichkeit nochmals gebissen würden und daß Frauen, die einmal vergewaltigt worden seien, ein viermal höheres Risiko hätten, ein zweites Mal Gewalt zu erleiden. Nach der zweiten Vergewaltigung habe ich wahrscheinlich die 16fache Chance, und nach dem dritten Mal ist es erwiesen, daß es gar keine Gewalttat war, weil ich offensichtlich entsprechende Signale aussende.« Sie weinte plötzlich.

»Ich könnte es nicht ertragen, wenn mir das noch mal passierte«, schluchzte sie.

»Ich werde auf dich aufpassen«, versicherte ich und wußte zugleich, daß mein Versprechen etwas hohl klang; mein Begleitschutz war nicht sehr effektiv gewesen.

Eines Tages erfuhren wir aus der Zeitung, daß Helmut Spangenberg in der Stadt sei. Doch er rief nicht an. Sandra ging am Abend wieder zur Arbeit, und ich ging in die Kneipe. Dort wies mich jemand auf ein Interview mit Spangenberg in der ›Süddeutschen‹ hin. Es nahm eine ganze Seite ein.

»In Spangenbergs nächstem Buch geht es um Dachau«, lautete die Schlagzeile. »Nicht um das weltberüchtigte KZ, sondern um die weit weniger bekannte Stadt, die dem KZ zu seinem Namen verhalf. Spangenbergs Bestseller ›Die Zukunftsangst der Deutschen‹ wurde bereits in 18 Sprachen übersetzt. Die wenigsten seiner ausländischen Leser wüßten, sagt uns der berühmte Schriftsteller, daß Dachau auch eine hübsche kleine Stadt sei, vor den Toren Münchens gelegen, aber dreihundert Jahre älter.« Ein Foto zeigte ›Unsere Reporterin im Gespräch mit dem Autor‹, ein weiteres ›Spangenberg mit dem Direktor des Heimatmuseums‹. Der habe ihm volle Unterstützung bei seinen Recherchen zugesagt, las ich. Der Bürgermeister hatte den illustren Gast zu einem Empfang ins Rathaus eingeladen. »In seiner launigen Ansprache gab er seiner Hoffnung Ausdruck, daß das neue Werk Spangenbergs wieder ein großer Erfolg werde, damit die Welt ihre Stadt mit anderen Augen sehe. In seiner Erwiderung schlug der Schriftsteller vor, alle Deutschen sollten den Dachauern helfen, ›die schwere Last der auf ihrem Gebiet begangenen Verbrechen mitzutragen‹. Helmut Spangenberg werde am folgenden Tag an verschiedenen Dachauer Stammtischen zu Gast sein, um der Bevölkerung aufs Maul zu schauen. ›Jeder kann mich ansprechen‹, ermuntert er die Bürger der Stadt.«

In meiner Wut wollte ich unverzüglich nach Dachau fahren und Spangenberg zur Rede stellen, doch ich war mittlerweile betrunken.

»Du solltest ihn nicht alleine aufsuchen«, riet mir Sandra am nächsten Morgen. Sie sah, in welchem Zustand ich war. Minuten zuvor hatte ich im Rundfunk den Titel seines neuen Buches erfahren. Er lautete »Der Apostroph«.

»Nimm Theo mit, er wird ihm seine Krücke ins Kreuz schlagen«, sagte sie. Doch Theo war den ganzen Tag zu einer Untersuchung im Krankenhaus.

Ich habe Spangenberg dann doch noch getroffen, etwa sechs Monate später. Als sein Buch herauskam und die Zeitungen des Lobes voll waren, suchte ich ihn nach einer Lesung auf. Zuvor hatte ich sein Werk für teures Geld in einer Buchhandlung erstanden. Meine Hände zitterten, als ich es öffnete. Immerhin fand ich meinen Namen neben zahlreichen anderen unter der Rubrik Danksagungen. Seiner unermüdlichen Lektorin dankte er für die Geduld, die sie mit ihm gehabt habe, seinem Onkel Albert dafür, daß er ihn so früh zum Lesen angehalten habe, und mir für meine ›spontanen und originellen Anregungen an einem Badestrand‹.

Ich bekam ihn nicht alleine zu fassen, doch er nickte mir zu, als er mich sah.

»Na, haben Sie Ihren Namen gesehen?« fragte er und streckte die Hand nach meinem Exemplar aus. »Einer meiner Leser, der mich auf der Insel besucht hat. Er hat mir von einem Fernsehprojekt über Dachau erzählt, das leider vor Drehbeginn gescheitert ist«, erzählte er den beiden Herren neben sich, während er das Buch signierte.

»Sie hatten nicht das Recht, sich meine ganzen Ideen anzueignen«, sagte ich leise, aber bestimmt. »Ich wollte darüber selbst etwas schreiben.«

»Sie haben den Versuch abgebrochen, nachdem Sie nicht dazu in der Lage waren, haben Sie mir erklärt.«

»Ja, aber nicht definitiv.«

Er schüttelte seufzend den Kopf.

»Ist es nicht so, daß ›Die Zukunftsangst der Deutschen‹ Sie erst dazu angeregt hat, derartige Ideen zu entwickeln? Jedenfalls haben Sie mir das erzählt.« Er warf einen hilfesuchenden Blick zu den Herren, wohl Mitarbeiter seines Verlages.

»Junger Mann«, wandte sich einer der beiden an mich. »Sie

209

wollen hoffentlich für das Thema Dachau keine Exklusivrechte beanspruchen.«

»Und nun gehen Sie bitte«, sagte der andere ärgerlich, »Sie haben uns unterbrochen.« Spangenberg machte keine Miene, mich aufzuhalten, in seinen Augen hatte ich seine Freundschaft verspielt. Ich stolperte hinaus. Mein von ihm signiertes Buchexemplar ließ ich in seinen Händen.

Ich verriet Sandra nichts von meinem mißglückten Unternehmen. Die allnächtliche Arbeit an der Bar machte ihr genug zu schaffen. Das immer gleiche Geblödel ihrer Kunden, deren ständige Anmache, der Alkoholkonsum, die stickige Luft setzten ihr ganz offensichtlich zu. Ich muß sie da rausholen, dachte ich, bevor dieses Leben auf sie abfärbt. Doch ich sah keine Möglichkeit, selbst Geld zu verdienen.

Eines Morgens erzählte sie mir, ihr Rosenkavalier habe anscheinend viel Einfluß. Der Chef habe sie gestern abend in sein Büro gebeten und gefragt, was sie von dem Gast halte. Für den Fall, daß sie mit ihm ausgehen wolle, habe er ausnahmsweise nichts dagegen.

Um so dringender mußte ich handeln. Da mein aktuelles Projekt ohnehin geplatzt war, plante ich, mich auf einer Baustelle zu verdingen und meine künstlerischen Ambitionen zurückzustellen. Doch Sandra schalt mich ob meiner Mutlosigkeit. »Duckst du dich vor seinem Ruhm?« fragte sie. »Was heißt, er hat dir deine Ideen geklaut? Ideen hast du viele, bestimmt mehr als er. Zeig's ihm, ich halte schon durch! Erzähl einfach eine Geschichte, das kann er nicht.«

Mir fiel ein, daß ich mir in Dachau Notizen zu einem Roman gemacht hatte, als ich mal ausnahmsweise nicht hinter einem Rock her war. Ich hatte sehr schnell drauflosgeschrieben und ein Konzept entworfen für eine völlig irre Story: Ein einbeiniger Journalist, den ich – wie im echten Leben – Theo nannte, jagt einem bei Kriegsende versteckten Nazischatz hinterher und entdeckt dabei, daß eine Gruppe von Altnazis einen Putsch gegen die junge deutsche Demokratie vorbereitet. Sein Gegenspieler ist ein Staatsanwalt, der früher am Volksgerichtshof war und gerade zum Bundesrichter ernannt werden soll. Ich nannte ihn Dr. Weber. Außerdem war da noch Kaminski, ein ehemaliger KZ-Häftling, der sich Theo anvertraut, weil er von früheren SS-Leuten bedroht wird. Ich mußte diese Notizen wiederfinden. Ich wühlte erfolglos in allen möglichen Stapeln herum, ich hätte schon längst mal aufräumen und ausmisten müssen. Seit Sandra nachts arbeitete und tagsüber schlief, war die Wohnung zu einem unwahrscheinlichen Verhau verkommen. Vielleicht hatte ich die Blätter auch im Dachauer Hotelzimmer vergessen. Ich war so aufgebracht über meinen Schlendrian, über die Zeit, die ich vergeudete, weil ich immer nach irgendwelchen Sachen suchte, die ich gestern noch in der Hand gehabt hatte, daß ich mich müde und verzweifelt aufs Bett warf. Kurz vor dem Einschlafen erinnerte ich mich daran, welche Verbindung es zwischen Dachau und dem Nazischatz geben sollte: die Festspiele auf Schloß Herrenchiemsee. An diesem Ort würde Theo eine Entdeckung machen ...

Mitten in der Nacht fuhr ich aus dem Schlaf hoch: Nein, es hatte sich kein Schlüssel im Schloß gedreht. Ich setzte mich auf, ich war schweißgebadet. Wieviel Uhr war es? Ich angelte nach dem Wecker, der auf der anderen Seite der Matratze lag. Es war vier Uhr 15. Wo blieb Sandra? Der Rosenkavalier fiel mir ein, ihr Chef als Kuppler. Ich hatte plötzlich Angst, daß die Zeit gekommen war, in der man anderes von ihr wollte, als hinter der Bar zu stehen. Warum war ich mir so sicher, daß sie freiwillig nicht auf derartige Angebote eingegangen wäre? Fast mechanisch fuhr ich in meine Hose.

Außen war das »Amour Fou« nicht mehr beleuchtet. Auch hinter den Fenstern schien alles dunkel. Es gab keinen Klingelknopf am Eingang, ich klopfte an das massive Holz der Tür, rüttelte daran, rief »Hallo!«. Auf dem Parkplatz neben dem Eingang standen einige Autos, darunter ein Bentley und ein Mercedes 600. Ich ging um das Gebäude herum, soweit das möglich war, und sah hinter einem Fenster im ersten Stock einen Lichtschein. Mühsam zwängte ich mich durch eine Hecke und stand vor einer rückwärtigen Tür, die einen Klingelknopf aufwies. Doch sooft und solange ich darauf drückte und dabei mein Ohr an die Tür legte, im Innern war kein Läuten zu vernehmen. Die Zufahrt zu der hinteren Tür erfolgte durch eine Seitenstraße. Ich versuchte über diese Straße wieder auf den Parkplatz zu kommen, stellte jedoch fest, daß ich einen großen Umweg machte. Ich begann zu laufen. Tropfen eines beginnenden Regens trafen mich.

Ich war gerade wieder am Parkplatz angekommen, als mehrere Personen aus dem Haupteingang herauskamen, eine Art Bodyguard oder Türsteher und, eingekeilt zwischen zwei Herren, meine Freundin. Ihr Barkleid war überwältigend, wunderschön und sehr sexy, trug jedoch zu dem Eindruck bei, man könne sie leicht flachlegen.

»Sandra«, rief ich. Sie zeigte kaum eine Reaktion auf mein Erscheinen. Die haben ihr etwas ins Glas geschüttet, durchfuhr es mich. Ich wollte verhindern, daß man sie in den Mercedes setzte, dessen Tür ein Chauffeur aufhielt, doch der Bodyguard stellte sich mir in den Weg.

»Sind Sie mit ihr befreundet?«, fragte ein älterer Angestellter, der als letzter das Haus verlassen hatte.

»Wo bringen Sie sie hin?« fragte ich.

»Wir haben noch ein Zweitlokal, das länger geöffnet hat.«

Ich wollte das Abfahren des Mercedes verhindern, klopfte an die Scheibe. Doch der Bodyguard hielt mich fest.

»Sie müssen entschuldigen«, sagte der ältere Angestellte, »aber der Boß mag keinen Besuch von Freunden während der Arbeit. Sie müssen das verstehen, es stört das Geschäft.«

»Aber die Arbeitszeit ist zu Ende«, fuhr ich ihn an. Er blieb höflich.

»Von Zeit zu Zeit arbeiten die Damen länger.« Bildete ich es mir ein oder hatte er tatsächlich Mitgefühl mit dem armen Tölpel, dessen Freundin man gerade unter Drogen gesetzt hatte? Er verabschiedete sich mit einem kurzen Nicken, stieg in einen Kleinwagen, der in einer dunklen Ecke stand, und ließ mich im Regen stehen, wie man so schön sagt. Ich war unfähig, das Leben zu meistern. Minutenlang stand ich auf dem Platz, bis ich ganz durchweicht war. Dann rannte ich zu einer Telefonzelle; ich schnappte sie einem Porschefahrer weg, der zu langsam aus seinem Gefährt hochkam. Es war inzwischen halb sechs.

»Bei mir ist sie nicht«, sagte Theo verschlafen.

»Theo, ich bin nicht zu Witzen aufgelegt«, sagte ich. »Entschuldige die Störung, aber ich bin ziemlich sicher, daß Sandra nicht freiwillig in den Mercedes eingestiegen ist, hallo, bist du noch dran?«

»Ruf mich in fünf Minuten nochmals an«, sagte er.

»Ist gut«. Ich tat so, als ob ich weiterspreche, um den Porschefahrer auszutricksen. Ich schaute auf die Uhr. Er hielt mir seine hin und klopfte an die Glastür. Als ich erneut wählte, riß er die Tür auf. »Hauen Sie ab!« schrie ich. »Bei mir geht's um Leben und Tod!« Ich war glaubhaft, er suchte sich eine andere Telefonzelle.

Ich solle bleiben, wo ich war, sagte Theo, er habe einen pensionierten Polizeikommissar aus dem Schlaf gerissen, mit dem er mal bei Dreharbeiten zu tun gehabt habe. Er heiße Pabst und werde allgemein der »Mord-Papst« genannt, weil er als Ressortleiter die höchste Aufklärungsquote im Land zu verzeichnen hatte. Er kam zwanzig Minuten später.

»Steigen Sie ein«, sagte er und gab mir die Hand. »Vielleicht ist sie da, wo ich vermute.«

»Was sie wohl gerade mit ihr machen?« Meine Stimme war brüchig. Er antwortete nicht und konzentrierte sich auf die Straße. Wir fuhren in eine der gehobenen Wohngegenden.

Vor einer Villa, die zurückgesetzt hinter einer langen Auffahrt lag, hielt er an.

»Warten Sie hier«, sagte er,»wenn sie in dem Haus ist, werde ich sie rausholen. Sie müssen mir aber eines versprechen: daß sie nicht danach fragen werden, was sie erlebt hat.«

Ich nickte.

»Nie!« sagte er. »Sie dürfen nicht daran rühren.« Ich versprach es ihm feierlich.

Nach einer guten Viertelstunde kam er mit Sandra die Auffahrt herunter. Ich stieg aus. Sie machte einen ganz normalen Eindruck, weder wütend noch geknickt.

»Setzen Sie sich nach hinten«, befahl mir der Mord-Papst. Er hievte sie neben mich auf die Rückbank. Ich legte meinen Arm um ihre bloßen Schultern.

»Ist dir kalt?« fragte ich. Sie schüttelte den Kopf.

»Wo wohnen Sie?«

»Ich habe meinen Wagen noch vor dem Lokal.«

»Den holen Sie morgen«, sagte der Mord-Papst.

Wir gingen stillschweigend davon aus, daß sie in dem Lokal nicht mehr arbeiten würde. Als ich am nächsten Nachmittag die Wohnung verließ, um mein Auto abzuholen, bat sie mich, ihr Pulli, Rock und Schuhe mitzubringen, die noch in ihrem Spind lägen. »Am besten, du bist kurz vor 17 Uhr dort, dann haben sie noch nicht geöffnet.«

Ich läutete an der Hintertür, wie sie mir aufgetragen hatte, und hörte die Glocke im Inneren. Der ältere Angestellte machte mir auf. Er bat mich in ein winziges Büro. Er schien eine Art Buchhalter zu sein. In einer Plastiktüte brachte er ihre Sachen. Ich bedankte mich und ging. Auf dem Nachhauseweg fiel mir wieder ein, wo der orangefarbene Schreibblock zu finden war, auf dem ich meine Romanidee notiert hatte. Ich öffnete das Handschuhfach meines Wagens, und da lag er.

Am Anfang geht der Staatsanwalt über eine Wiese, entzifferte ich meine eigene Schrift. Unter dem Arm trägt er ein Frauenbein, das von einem eleganten, aber zerrissenen Netzstrumpf bedeckt wird. Neben einem zerknautschten PKW, der sich überschlagen hat, fügt er das Bein an eine Frauenleiche, grotesk angewinkelt; ein Polizeibeamter gießt aus einem Kanister so lange rote Farbe über die verrenkte Puppe, bis man bei ihrem Anblick Brechreiz bekommt. Überall auf der Wiese liegen übel zugerichtete Autowracks, zusammengestauchte Motorräder, plattgewalzte Fahrräder, in und unter denen Tote eingeklemmt sind, sogar verstümmelte Kinder, alles sehr lebensecht. ›Kampf dem Verkehrstod‹ steht auf einer Holzleiste über dem Eingang. Oberstaatsanwalt Dr. Weber sieht sich zufrieden um. Man würde reden über diese Ausstellung, sein Chef würde sich noch wundern. Er hat ihn ins Verkehrsressort abgeschoben, der feige Generalstaatsanwalt von Besatzers Gnaden, nachdem die Ostzone seine Vergangenheit enthüllt hat. Doch er würde auch auf seinem neuen Posten seinem Vaterland dienen: Erbarmungslos würde er all die Verkehrsrowdies jagen, die dem deutschen Volkskörper täglich herbe Verluste zufügen. Und er würde sich an jenem einbeinigen Journalisten rächen, der die Schmutzkampagne der Kommunisten im Westen publik gemacht hatte.

Theo, der Reporter meines Romans, registriert eine gewisse Unruhe im Nazi-Milieu: Gerüchte über versteckte Kriegskassen werden wieder lebendig, Geheimbünde werden reaktiviert, Zusammenkünfte organisiert. Wie er durch den Redakteur einer bayerischen Regionalzeitung erfährt, wurden von Schloß Herrenchiemsee aus teure Telefongespräche nach Paraguay geführt, einem der letzten Refugien für deutsche Kriegsverbrecher.

Obwohl seine Erscheinung wegen seiner Krücken auffällig ist, gelingt es dem Reporter, sich bei einer Führung im Schloß von seiner Gruppe zu entfernen und sich für die Nacht dort einschließen zu lassen. Während er auf einem königlichen Sofa den Tag erwartet, liest er in einem weggeworfenen Katalog, daß an

Festtagen über tausend echte Kerzen im Schloß angezündet werden. Ein Angestellter, der im Katalog abgebildet ist, kommt dieser Aufgabe mittels einer langen Stange nach, an deren oberem Ende eine Gasflamme brennt. Etwas an diesem Menschen fällt Theo auf: Dem Kerzenanzünder von Schloß Herrenchiemsee fehlt der rechte Arm. Theo entschließt sich, das gemeinsame Defizit zu nutzen. Er bleibt am folgenden Nachmittag erneut im Schloß zurück. An diesem Tag enden die Führungen bereits um 16 Uhr, da abends die Schloßkonzerte beginnen. Er trifft den Kerzenanzünder bei seiner Arbeit an, riskiert alles und geht direkt auf ihn zu.

»Theo«, sagt er und streckt die Hand aus.

»Wolf-Dietrich«, sagt der Kerzenanzünder und schlägt mit der linken Hand ein. Er schaut auf Theos Krücken. »Tut mir leid, daß es nicht mein rechtes Bein ist, das ich verloren habe«, sagt er, »wir hätten sonst die Anschaffungskosten für Schuhe halbieren können.«

»Auch die Größe müßte stimmen«, sagt Theo.

»42«, sagt Wolf-Dietrich.

»Sag bloß!« ruft Theo bewegt, denn bei ihm zu Hause stapeln sich die linken Schuhe, da er es nie über sich gebracht hat, sie ungenutzt wegzuwerfen.

»Dann hätte ich allerdings diesen Beruf nicht ausüben können«, sagt Wolf-Dietrich. In rascher Folge bringt er Kerze um Kerze eines Kronleuchters zum Brennen.

»Käme auf einen Versuch an.« Theo läßt sich von Wolf-Dietrich die Stange geben und entzündet, mit einer Hand auf beide Krücken gestützt, erst eine, dann zwei weitere Kerzen am nächsten Kronleuchter. Dann erst beginnt er zu schwanken. Wolf-Dietrich kommt ihm zu Hilfe.

»Das Problem ist das Gleichgewicht, während ich nach oben schaue«, sagt Theo, »aber das könnte ich trainieren.«

»Du willst mir wohl meine Stelle wegnehmen?« fragt Wolf-Dietrich.

»Nur für den Fall, daß du nach Paraguay auswanderst.« Theo blickt ihn freundlich an.

»Hast du diesen Quatsch auch gelesen?« Wolf-Dietrich lacht etwas zu laut.

»Du solltest dich kürzer fassen«, rät ihm Theo, »es sind die langen Sprechzeiten, die auffallen.«

»Und für die ich gar nichts kann!« Wolf-Dietrich will den Vorwurf nicht auf sich sitzen lassen: »Die meiste Zeit geht dafür drauf, die Leute an die Strippe zu bekommen. Für den Inhalt der Texte bin ich nicht zuständig.« Theo nickt verständnisvoll.

»Aber dir geben sie die Schuld?«

»Kann man wohl so sehen.«

Eigentlich war der Kerzenanzünder ganz in Ordnung, fand Theo. Es soll ja auch nette SS-Leute gegeben haben. Dank dieser Verbrüderung wird Theo eine Bresche in die Phalanx der Verschwörer schlagen. Während ihn Wolf-Dietrich in seiner Werkstatt mit einem Stamperl Schnaps bewirtet, aus dem mehrere Stamperl werden, gelingt es Theo, einen Blick auf die Botschaft zu werfen, die Wolf-Dietrich in dieser Nacht übermitteln soll: »Sagen Sie Ihrem Präsidenten meinen verbindlichen Dank für sein Angebot, aber ich kann mein Volk nicht im Stich lassen.«

In verschiedenen Illustrierten war damals vom Toplitzsee die Rede, der im Rückzugsgebiet »Alpenfestung« lag. Hier soll die SS bei Kriegsende Beutegut der Nazis versenkt haben. 53 Kisten auf 17 LKWs sollen es gewesen sein. Die einen sprachen von Kultgegenständen aus ukrainischen und weißrussischen Kirchen, die unschätzbaren Wert besäßen, die anderen hinter vorgehaltener Hand von Zahngold aus den Konzentrationslagern, mit dessen Einschmelzen die Degussa nicht nachgekommen sei.

An einem Wochenende fuhr ich mit Sandra nach Österreich. Ich sei der Ansicht, es würde uns beiden guttun, erklärte ich ihr. Der See spiele in meinem Roman eine Rolle. Im Wagen sagte sie mir, sie freue sich, mit mir zu verreisen. Doch es regnete Bindfäden. Die Räder machten auf den uneben gewordenen Betonplatten der ersten deutschen Autobahn klackklack, klackklack. Ab der Ausfahrt Salzburg fuhr ich auf der Landstraße nach Bad Aussee, dann am Grundlsee entlang Richtung Totes Gebirge. Der Toplitzsee liegt eingeklemmt zwischen steil aufragenden, bewaldeten Berghängen. Der trostlose Himmel spiegelte sich auf seiner Oberfläche. Kein Mensch war an seinen Ufern zu sehen.

»Die Steilhänge gehen unter Wasser fast senkrecht weiter, an manchen Stellen soll der See bis zu achtzig Meter tief sein«, las ich Sandra aus den Berichten vor. »Immer wieder im Verlauf von Hunderten von Jahren sind Bäume von den Hängen ins Wasser gestürzt.« Auf einem Schild lasen wir ›Tauchen verboten‹.

»Der Grund des Sees ist angeblich ein undurchdringlicher Verhau«, sagte ich. »Es sollen bereits fünf Taucher umgekommen sein bei dem Versuch, den Schatz zu heben.«

»Und was hast du jetzt vor?« fragte sie mich. Ihr Regenmantel hatte sich trotz Imprägnierung vollgesogen. Wasser lief über ihr Gesicht.

»Nichts weiter, entschuldige, wir können was essen, wenn du Lust hast.« Neben dem Parkplatz, auf dem wir den Wagen abgestellt hatten, gab es einen Gasthof, zu dem wir uns aufmachten. Im Regen liefen wir an einem Kiosk vorbei. Der ältere Mann, der dort Ansichtskarten verkaufte, starrte uns mißmutig nach, als wären wir in sein privates Territorium eingedrungen.

»Moment«, sagte ich zu Sandra, lief zurück und wählte einige Motive vom See aus, die unter einer Plastikfolie hingen.

»Ist hier immer soviel los?« fragte ich den Alten.

»Zwölf Schilling achtzig«, gab er zur Antwort.

»Mit einem Schnurrbart würde er aussehen wie Hitler«, sagte ich zu Sandra, als wir den Gasthof betraten.

Sieben Männer und der Wirt saßen um den Stammtisch. Sonst war niemand in der Gaststube. Die hitzige Debatte, in der sie sich befunden hatten, brach bei unserem Eintritt ab.

Die Stille war lastend. Am liebsten wären wir wieder gegangen. Doch wir setzten uns und bestellten zwei Bier. Zu essen gab es nichts. Wir sahen zu der Runde hinüber, die Runde sah zu uns her.

»Würstl, wenn'S wollen, mit Brot«, bot uns der Wirt schließlich an. Wir bestellten zweimal Würstl, warteten lange und verzehrten sie, weil wir hungrig waren.

»Sie planen einen Putsch«, flüsterte ich Sandra zu. Sie sah mich verständnislos an. »In meinem Buch«, sagte ich, »wird es einen harten Kern von Ehemaligen geben, die eine Machtübernahme vorbereiten.« Sie glauben, die Mehrheit der Bevölkerung werde ihnen folgen, wenn sie erst einmal losschlügen, und auch die Amerikaner würden sie dulden, als Bollwerk gegen den Kommunismus.

»Die Mehrheit der Bevölkerung? Ist das glaubhaft?«

»Alle, die für die Wiedereinführung der Todesstrafe sind. Das sind noch immer 56 Prozent.« Ich wies auf einen kleinen Kerl mit flinken Augen, der in seiner farbverschmierten Arbeitskleidung am Tisch saß: »Der Malermeister ist der Verbindungsmann vor Ort, ein fanatischer Nazi, früher Leiter der Instandsetzungskolonne im Lager Mauthausen.«

»Und der mit den prächtigen Hosenträgern, ein früherer SS-Sturmbannführer, betreibt heute ein Trachten- und Devotionaliengeschäft«, raunte Sandra mir zu.

»Er beliefert auch den Kiosk draußen«, ergänzte ich grinsend.

Unser Getuschel machte die Stammtischrunde mißtrauisch. Der Wirt kam näher und spitzte die Ohren. Ich bat ihn um etwas zum Schreiben. Wortlos brachte er mir einen winzigen Abrechnungsblock mit einem abgekauten Bleistift.

Aus dem Dicken im rotbraunen Skipullover machte Sandra einen früheren Ortsgruppenleiter, heutigen Besitzer eines Skilifts. In seiner Gipfelhütte fänden geheime Treffen statt. Ich notierte es.

In dem knochigen Typ im Anzug sah ich einen Giftgasexperten des Forschungsamtes Ahnenerbe, heute Chemieprofessor an der Uni München.

Sieben Augenpaare sahen mir beim Schreiben zu. Als das Telefon läutete, rief der Wirt den Malermeister an den Apparat. »Freunde vom bayerischen Verfassungsschutz«, flüsterte ich Sandra zu, »sie kündigen die Ankunft des einbeinigen Reporters an.«

Als wir zu unserem Wagen gingen, folgte uns ein Mitglied der Stammtischrunde, der einzige, der eine Krawatte trug.

»Gleich wird er versuchen, dir die Zettel wegzunehmen«, flüsterte mir Sandra zu. Er begnügte sich jedoch damit, ein Foto von uns zu machen, als wir in den Wagen einstiegen. »Er wird in meinem Buch eine wichtige Rolle spielen«, sagte ich und holte den orangefarbenen Block aus dem Handschuhfach: »Dr. Weber, einer der Organisatoren des Putsches, den Theo verhindern will, um unser Land vor einem neuen Absturz in die Barbarei zu bewahren.«

Wir wollten gerade losfahren, als ein Leichenwagen auf dem Parkplatz hielt. War schon wieder jemand im See ertrunken?

Zwei fröhliche Burschen kletterten daraus hervor, die sich glichen wie ein Ei dem anderen. Ich machte aus ihnen die Zigeunerzwillinge Dimitru und Leonte, die als Kinder im KZ überlebt hatten, weil sie ihren Geigen so fröhliche Weisen entlockten. Mit ihnen stieg Ramona aus dem schwarzen Gefährt, eine Schönheit mit offenem, blauschwarz glänzendem Haar. Als sie sich dem See näherte, wirkte er plötzlich einladend. Seejungfrauen kamen bis dicht unter die Oberfläche, um einen Blick auf sie zu erhaschen.

»Ist der Leichenwagen eine Tarnung?« schrieb ich. »Verstecken sie darin ihre Tauchgeräte?«

Wir sahen, wie sie im Vorbeigehen dem Alten im Kiosk zunickten, der ihnen nachstarrte, ohne ihren Gruß zu erwidern.

»Sie wußten von den Unfällen, die sie jedoch dem stümperhaften Vorgehen der Taucher zuschrieben«, notierte ich, »sie wußten von der Tiefe des Sees und von dem gefährlichen Dickicht toter Bäume auf seinem Grund. Was sie nicht wußten, war, daß der Alte, der mit seinem Schnäuzer aussah wie Hitler, tatsächlich Hitler war.«

Ich schrieb gegen die Zeit an. Die vorletzte Miete hatte Sandra mit dem Geld bezahlt, das sie in der Bar verdient hatte. Die letzte war ich schuldig geblieben. Auch Sandra besaß nichts mehr. Sie verschwand oft für halbe Tage. Streifte sie planlos durch die Stadt oder hatte sie ein Ziel? Nie bin ich ihr während meiner Exkursionen irgendwo begegnet. Zuweilen kam sie erst mitten in der Nacht nach Hause. Saß ich noch am Schreibtisch, so küßte sie meinen Nacken und wollte wissen, wie ich vorangekommen sei. Ging sie zu Bett, so hielt es auch mich nicht mehr lange, ich legte mich zu ihr und liebte sie. Nie habe ich sie gefragt, wo sie so spät herkomme.

Meine eigenen kurzen Spaziergänge (um mal wieder unter Leute zu kommen) führten mich zu meinem Stammcafé. Meist blieb ich an der Theke stehen. Wenn Leute mich anquatschten, verspürte ich keine Lust auf Konversation. Ich stürzte meinen Espresso hinunter und ging wieder. Eigentlich ging ich hin, um Theo zu sehen. Doch ich fand ihn weder im Café noch begegnete ich ihm auf der Straße. Mir wurde bewußt, daß ich wenig echte Freunde hatte.

In der Nacht rudert ihn Wolf-Dietrich von der Herreninsel zum Festland, schrieb ich. Vergebens wartet er auf den Leichenwagen, doch die Zwillinge tauchen nicht auf. Schließlich findet Theo ein Taxi, das allein in der Dunkelheit steht. Für einen Pauschalpreis, bezahlt im voraus, fährt der Fahrer ihn zu Kaminski. Warum nimmt er einen Umweg? Als Theo ihn darauf anspricht, hält er an und stellt den Motor ab. »Nichts geht mehr«, sagt er. Tatsächlich qualmt der Kühler. Sie stehen vor einem Gasthof. »Ich geh' mal telefonieren«, sagt Theo. Im Gastraum sieht Theo eine Gruppe Männer um den Stammtisch sitzen. Der Wirt zeigt ihm das Telefon. »Hallo«, fragt Theo, »bin ich mit der Redaktion verbunden?« – »Richtig«, sagt eine ihm unbekannte Stimme. – »Sind Sie neu hier? Ich kenne Sie nicht.« – »Mein erster Tag. Sie können sprechen.«

»Gefahr im Verzug«, diktiert Theo. Er hört das Laufwerk des Magnetophons, während er von den Vorbereitungen zum Putsch berichtet. Das Summen wird immer lauter, es knackt und prasselt. »Geht doch mal aus der Leitung, ihr Stümper«, ruft Theo ärgerlich. Da hören die Geräusche mit einem Schlag auf. Ganz nah an seinem Ohr sagt eine Stimme: »Wenn du nicht sehr plötzlich von hier verschwindest, werden wir dich so platt machen, daß du zwischen Teppich und Fußboden paßt!«

Als er auf die Straße tritt, ist das Taxi verschwunden. Eigentlich wollte ich fünf Seiten pro Tag schaffen, dieses Pensum hatte ich mir auferlegt. Sandra sollte jeden Morgen nachfragen, ob ich mein Soll erfüllt hätte. Zuweilen war ich überzeugt, daß mein Roman ein Erfolg würde. Doch was ich abends für brillant gehalten hatte, kam mir am nächsten Morgen abgeschmackt vor, und ich mußte von neuem beginnen, was ich bereits als erledigt angesehen hatte.

Er habe sich drei volle Tage lang in einer Jauchegrube versteckt, in die sich die SS-Leute entleert hätten, erzählt Kaminski. Als er befreit wurde, sei er zu müde gewesen, um noch weit zu gehen. Eine Bäuerin habe ihm das Austragshäuserl ihrer verstorbenen Eltern vermietet, da sie sich als frühere BDM-Führerin Vorteile davon versprochen habe. Für den ganzen Ort wurde er so etwas wie ein lebender Beweis dafür, daß man die Gefangenen doch nicht so schlecht behandelt habe, denn einer sei ja freiwillig hier wohnen geblieben. Man habe ihn auch all die Jahre weitgehend in Ruhe gelassen, sagt Kaminski. Erst in jüngster Zeit sei er mehrmals belästigt worden von Leuten, die Genaueres über Inhalt und Lage der 53 Kisten hätten wissen wollen. Einer habe ihn sogar auf ein Karnevalsfest geschleppt, das sich als SS-Fasching entpuppt habe. Er habe sich nicht getraut fortzulaufen, aus Angst, sie würden nachkommen und ihn zusammenschlagen. Aber auch nach dem vierten Grog habe er ihnen nichts verraten.

»Wissen Sie denn etwas Genaues?« fragte ihn Theo.

»Es interessiert mich nicht«, rief Kaminski heftig, »sollen sie an ihrem Gold ersticken!« Gestern hätten sie ihm solche Angst eingejagt, daß er sein Milchkännchen habe fallen lassen und die ganze Milch über den Hof geflossen sei.

Ich beschrieb, wie Theo mit Kaminski die unterirdische Rüstungsschmiede besucht, in welcher der ehemalige KZ-Häftling die letzten Monate seiner Gefangenschaft hatte schuften müssen. In dem früheren Bergwerksstollen wurden noch bis April 1945 Mini-U-Boote hergestellt, die dazu vorgesehen waren, New York zu bombardieren. Sie sollten im Toplitzsee getestet werden. Nun sind die Örtlichkeiten an eine Gruppe von Champignonzüchtern verpachtet worden.

Im Eingangsbereich werden gerade Minensuchgeräte entladen, als Theo und Kaminski auftauchen.

»Darf ich fragen, was Sie hier suchen«, will der Vorarbeiter wissen, der auf sie zukommt.

»Weshalb brauchen Champignonzüchter Minensuchgeräte?« fragt Theo.

»Weil hier früher Munition gelagert wurde. Tut mir leid, aber ich muß Sie bitten, das Werksgelände zu verlassen.«

»Früher durfte ich nicht raus, jetzt nicht rein«, beklagt sich Kaminski. Der Kerl, der ihn auf den SS-Karneval geschleift habe, sei Gemüsegroßhändler gewesen. »See oder Stollen?« habe er ihn gefragt. »Und wehe, du lügst mich an.«

»Champignonzüchter und Gemüsehändler – paßt irgendwie zusammen«, sagt Theo nachdenklich.

Als sie aus dem Stollen treten, wird von der Bergwand gegenüber ein Böllerschuß abgegeben. Gewehrsalven antworten aus allen Richtungen. Das Echo der Bergwände vervielfältigt die Ballerei.

»Übernehmen sie wieder die Macht?« fragt Kaminski. Er zittert.

»Es ist der 20. April«, erklärt Theo, »sie feiern Hitlers Geburtstag.« Er hat eine Idee. Obwohl er den Zwillingen versprochen hat, keine Alleingänge mehr zu machen, bricht er auf zum Kiosk am See. Dort kauft er die National- und Soldatenzeitung und gratuliert dem Alten zum Geburtstag. Der freut sich.

»Schön, daß Sie daran denken«, sagt er und streckt Theo die Hand hin, der sie nicht ergreift. Da merkt der Alte, daß er reingelegt wurde. Sein Gesicht nimmt einen tückischen Ausdruck an.

Am nächsten Morgen stürzt der Stollen in einer gewaltigen Explosion zusammen. Gleichzeitig verschwindet Kaminski, und der Kiosk bleibt wegen Krankheit geschlossen.

In der Nacht tauchen die Zwillinge hinab in den See. Mit einer Unterwasserlampe ausgerüstet gelangen sie zu seiner tiefsten Stelle. Sie bleiben lange unten. Sie hätten mit ihrem Vater gesprochen, sagen sie, als sie auftauchen. Er habe sie nicht begleiten können, da seine Füße in Beton eingegossen seien. Kaminski bestätigt ihre Aussagen. Man habe die Gefangenen damals zu mehreren zusammengekettet und barfuß in einen Bottich mit rasch härtendem Zement gestellt. Dann habe man sie in den See gekippt. Er habe ihren Vater gekannt, sagt Kaminski ...

Als unbekannter Autor könne man sich nicht vom Schreiben ernähren, hatte ich gelesen. Doch das grämte mich nicht, eher die Befürchtung, mein Schreibstil könne sich durch die Anspannung verkrampfen. Zweimal hatte mir der Hauswart schon mit Kündigung gedroht. Ich solle mir das Geld leihen, meinte er; aber es gab niemanden mehr, den ich hätte anpumpen können. Ich wollte gerade mein 24-bändiges Taschenlexikon ins Leihhaus bringen, um Lebensmittel zu kaufen, als ich per Postanweisung 1280 Mark von meinem Schweizer Verleger für die Rechte an den Audiokassetten erhielt. Dieses Geld, das mir der Briefträger in bar auszahlte, war eine unglaubliche Erlösung. Wir gingen eine Pizza essen im Bologna. Kaum saßen wir, zog ich Sandras Hand an meinen Mund und küßte ihren Handrücken, dann lutschte ich jeden einzelnen ihrer Finger, während sie mir in den Arm biß und einen Knutschfleck auf meinen Nacken zauberte.

»Laß uns drei Tage ausspannen«, sagte sie. Ich hatte meine Karre noch nicht verscherbelt, weil ich sie nicht losgeworden war. Noch am gleichen Tag fuhren wir nach Paris.

Unterwegs fiel mir ein, ich könnte Monsieur Monier bitten, wegen meines hoffentlich bald fertigen Romans schon jetzt tätig zu werden. Vielleicht war ja ein kleiner Vorschuß drin. Von einer Tankstelle an der Route Nationale aus rief ich bei ihm an. Ich hatte Herzklopfen, als Madame Monier antwortete, die Frau, die ich so heiß begehrt hatte. Sie freue sich, mich wiederzusehen. Ich solle vorbeikommen, sagte sie. Wenn ich wolle, könne ich bei ihr übernachten. Ich versäumte es zu sagen, daß ich nicht allein sei, fuhr aber trotzdem direkt zur Rue d'Auteuil, die ich nach einigem Hin und Her und dem Kauf eines Stadtplans wiederfand. Sandra erzählte ich nur, daß ich beinahe mit Madame Monier geschlafen hätte.

»Hat es ihr Mann verhindert?« fragte sie.

»Das nicht«, sagte ich, »aber seine Anwesenheit hat mich gehemmt.« Sie lachte.

Claire war ein ganzes Stück älter geworden, so viel älter, daß ich erschrak, als sie die Tür öffnete. Ihr Mann sei bei einem Wetterumsturz in den Schweizer Alpen mit seinem Flugzeug abgestürzt, teilte sie mir mit. Ich wagte wieder nicht, sie in die Arme zu nehmen, obwohl sie es vielleicht erwartete, sagte ihr nur, wie leid es mir tue. Sie führte uns in die Küche, wo Kazimierz, der polnische Schauspieler aus dem Bistro, mit zwei Kumpeln beim Kochen war. Sie begrüßten uns mit viel Trara und luden uns zum Essen ein. Sandra wurde von drei Paar Kenneraugen in Sekundenschnelle ausgezogen und für tauglich befunden. Claire, die man aus der Küche verbannt hatte, begann mit ihr den Tisch im Salon zu decken.

»Die Arme«, sagte Kazimierz und füllte Blätterteigpasteten mit Meeresfrüchten, »wir kümmern uns ein wenig um sie, damit sie nicht ganz ausflippt.«

»Ich finde sie nach wie vor hinreißend«, meinte ich. Sandra fand, sie sei eine klassisch schöne Frau, wie sie mir später sagte. Kazimierz war einverstanden, was ihr Aussehen betraf.

»Nur ist sie nicht mehr hoheitsvoll, sie ist bescheiden geworden, fast unterwürfig, verstehst du?« Ich nickte ihm zu, weil er es so erwartete.

Er schenkte mir einen Aperitif ein.

»Sie war diese Art Frau, die dich in den Wahnsinn treibt, bis du sie bezwungen hast und sie für eine Stunde bei Fuß geht, bevor sie wieder aufbegehrt.«

Er schenkte sich ebenfalls ein und stieß mit mir an:

»Sie war genauso, wie deine Freundin heute ist ...«, sagte er und nippte an seinem Drink. Ich tat einen Teufel, auf seinen Gedankengang einzugehen.

»Du kennst mich doch, wenn ich auf eine Frau scharf bin«, sagte er fast bittend. Er zog mich in eine Art Eßecke.

»Mein Schwanz schmerzt in der Hose, wenn sie in der Nähe ist«, erklärte er dramatisch.

»Vielleicht ist deine Hose zu eng.« Er nickte.

»Entweder ich ziehe so ein türkisches Schlabberding an, oder du erlaubst mir, daß ich ihr den Hof mache.«

»Und es muß ausgerechnet meine Freundin sein?« fragte ich.

»Ich will sie dir doch nicht wegnehmen«, er boxte mir an die Schulter, »ich will nur, daß sie einmal spürt, wie sehr ich auf sie stehe.« Er sah mich erwartungsvoll an.

»Hey, hallo«, rief er, als ich nicht reagierte, »bist du zum Moralisten geworden?«

»Normalerweise wäre ich geschmeichelt, daß sie dir so gut gefällt«, versuchte ich mich diplomatisch seinem Ansinnen zu entziehen, »aber zur Zeit darf man sie nicht bedrängen.«

»Ich bedränge selten eine Frau«, entgegnete er indigniert, »eher umgekehrt.«

»Es geht ihr zur Zeit psychisch nicht so gut, wenn du es unbedingt wissen willst.«

»Das trifft sich bestens!« Er schien begeistert. »Der Umgang mit mir wirkt auf Frauen wie Medizin, ob du's glaubst oder nicht, doch, tatsächlich, ich habe schon völlig ausgerastete Weiber wieder ins seelische Gleichgewicht gebracht.«

Nun fühlte ich mich verpflichtet, ihm zu erklären, daß Sandra keine Irre war, nicht drogenabhängig oder sonstwie gestört, sondern daß man sie auf einer Yacht vergewaltigt hatte und die Täter noch nicht gefaßt waren, eigentlich Dinge, die ihn nichts angingen.

»Verstehe«, sagte er, »du willst sie beschützen und entscheidest an ihrer Stelle, daß Kontakte mit mir nicht gut für sie wären.«

»Die Auswahl ihrer Bekanntschaften trifft immer noch sie«, hielt ich dagegen.

»Stimmt das tatsächlich oder ist das nur so ein Spruch?«

»Sie ist wirklich sehr eigenwillig«, versicherte ich ihm.

»Ich werde sie nicht anbaggern, versprochen, aber falls ich dennoch bei ihr lande, wirst du keine Szene machen; können wir so verbleiben?« Er sah mir aus etwas zu geringem Abstand in die Augen und hielt mir die Hand hin. Ich schlug ein. Ich hatte kein gutes Gefühl dabei, vielleicht weil er allzu siegessicher war.

Wie auf Verabredung gesellten sich seine Kumpel Jerôme und Jean-Claude zu uns in die Eßecke. Wir stießen miteinander an.

»Auf die Frauen«, sagte Kazimierz.

»Auf deine schöne Freundin«, präzisierte Jean-Claude, und Jerôme fügte hinzu:

»Es gibt hier keinen, dem sie nicht gefällt.«

Wenn das nicht deutlich war.

Claire bestand darauf, daß wir bei ihr übernachteten. Als Sandra aus dem Bad zurückkam, berichtete sie, mein Freund Kazimierz sei hereingeplatzt und habe sie in der Wanne überrascht. Er habe nicht gewußt, daß das Bad besetzt sei, habe er sich entschuldigt, man könne leider nicht abschließen. Doch das habe sie ihm nicht abgenommen.

»Ich würde ihn nicht gerade einen Freund nennen«, versuchte ich mich von Kazimierz zu distanzieren. Sie lachte.

»Weißt du, daß jeder von den dreien schon mit der Frau des anderen zusammen war?« fragte sie. »Sie haben sich eine alte Mühle hergerichtet. An den Wochenenden nehmen sie immer eine ihrer Frauen mit und kümmern sich alle zusammen um sie.«

»Hat er das erzählt?«

»Sie haben es alle drei erzählt. Jerôme und Jean-Claude sind nämlich auch noch reingekommen.«

»Und alle haben dich nackt gesehen?«

»Wie soll ich sonst in der Wanne sitzen?«

»Haben sie dir den Rücken eingeseift«, fragte ich mit belegter Stimme. Sie schüttelte den Kopf.

»Sie haben mir ein großes Handtuch hingehalten, als ich aus der Wanne gestiegen bin, haben mich hineingewickelt und abgerubbelt. Aber nur durch den Stoff.« Sie kuschelte sich an mich. »Bist du enttäuscht?« Ich legte meine Arme um sie:

»Ich will doch gar nicht, daß du etwas anfängst mit diesen drei Sexualprotzen.«

»Zumindest sind sie unkompliziert«, sagte sie. »Als sie mich abgetrocknet haben, sind die scheußlichen chinesischen Bademäntel aufgegangen, die sie anhatten, vielleicht war es auch Absicht, damit ich einen Blick auf das werfen konnte, was sie anzubieten haben.« Sie lächelte verschmitzt: »Ihre Zeugungsorgane waren sichtlich erregt.«

»Und das hat dir gefallen?« Sie nickte.

»Ich war ja auch erhitzt vom heißen Bad. Und außerdem waren sie charmant, vor allem Kazimierz.« Sie küßte mich. »Er übernachtet im Zimmer von Claire«, teilte sie mir mit, »die anderen wahrscheinlich auch.«

Ich erwachte um vier Uhr früh mit der Angst, Sandra in etwas hineinzuziehen, das ich nicht mehr kontrollieren könnte. Ich erinnerte mich an mein Verlangen nach der schönen Frau, die sich jedem hingab, das mich einst in dieser Wohnung im Bann gehalten hatte. War die Jagd auf meine Freundin, die jetzt vor meinen Augen eröffnet wurde, eine direkte Folge meiner schwülen Phantasien von damals?

Kazimierz und seine Kumpel waren abgereist, als wir Claire am nächsten Morgen begrüßten. Es war ein Samstag. Sie seien übers Wochenende zur alten Mühle gefahren, berichtete sie uns beim Frühstück. Ursprünglich habe die Mühle ihrem Mann gehört. Gegen das Versprechen, sie instand zu setzen, habe er sie den jungen Leuten zur Nutzung überlassen. Zur Einweihung der renovierten Mühle habe er sie dorthin geschickt, er selbst sei zu einem Geschäftstermin ins Ausland geflogen.

»Ich kam mit meinem Sportwagen an, im modischen Kostüm, und mußte erst nach ihnen suchen«, erzählte sie. »Die Herren lagerten nackt im Garten. Sie ließen sich das Schreiben vorlesen, das mir mein Mann mitgegeben hatte. Es war mir furchtbar peinlich.«

»Was stand in dem Schreiben?« wollte Sandra wissen.

»Es war eine Gebrauchsanweisung, wie für ein Haustier, das man in Pflege gibt. Nie mehr in meinem Leben habe ich mich so geschämt.«

Das Telefon läutete gegen Ende des Frühstücks. Kazimierz verlangte Sandra zu sprechen. Claire übergab ihr den Hörer.

»Er hat gefragt, ob wir nicht nachkommen wollen«, sagte Sandra, als sie vom Telefon zurückkam.

»Und? Wie hast du reagiert?«

»Ich hab' gesagt, daß du zurückrufen wirst.« Sie übergab mir seine Nummer. »Kommst du mit?« fragte sie Claire.

Manchmal sei es reizvoller, die einzige Frau unter Männern zu sein, meinte Claire, faßte Sandra um die Schulter und zwinkerte mir zu wie einem Komplizen, bevor sie mit ihr im Nebenraum verschwand. Dabei hatte ich noch gar nicht erkennen lassen, ob ich Lust hatte, dieser Einladung zu folgen.

»Was hat sie dir gesagt?« wollte ich von Sandra wissen, als wir auf dem Weg zur alten Mühle waren.

»Sie hat gefragt, ob ich noch unschuldig sei in derartigen Dingen; sie spreche von der Erfahrung, sich mehreren Partnern hinzugeben.«

»Und was hast du geantwortet?«

»Ganz unschuldig sei ich nicht mehr, habe ich ihr gesagt, aber ich hätte es bisher nicht auf mehr als zwei Partner zugleich gebracht ... einem ganzen Rudel habe ich mich noch nicht hingegeben.« Sie sah mich von der Seite an. »Doch sie hat gemeint, ich sei für solche Unternehmungen wie geschaffen.«

»Tatsächlich?« fragte ich mit gespieltem Erstaunen.

Ich hätte mir denken können, daß Claire von Kazimierz beauftragt war, ihm Sandra vor die Flinte zu treiben.

»Du weißt schon, was man dort von dir erwartet?«

»Daß ich mich mit allen einlasse.«

»Mußt du aber nicht!« Sie zuckte die Schultern.

»Wenn wir schon hinfahren.«

Ich sagte ihr, daß wir auch das nicht tun müßten. Wir könnten in einem schönen Restaurant zu Mittag essen und uns danach irgendwo ins Gras legen.

Sie legte mir eine Hand aufs Knie.

»Ich möchte mit dir zusammensein, bevor wir dort ankommen. Das wird mich auflockern.« Darum hatte mich bereits Kazimierz gebeten, als ich ihm mitteilte, ich würde mit Sandra zur Mühle aufbrechen. »Du kannst sie ja unterwegs schon etwas heiß machen«, hatte er mir vorgeschlagen. Wie einen Dieselmotor, den man vorglühen mußte, bevor man ihn startete.

»Hast du es so eilig?« hatte ich ihn spöttisch gefragt. Er hatte mit einem Seufzer geantwortet: »Ich hätte deine Nixe schon im Badezimmer vernaschen können. Wahrscheinlich hättest du es nie erfahren. Ich merke doch, wenn Frauen etwas von mir wollen.«

»Stimmt es, daß du ihm erlaubt hast, mir den Hof zu machen?« fragte Sandra.

»Dieser Gimpel verdreht alles«, schimpfte ich.

»Sag es schon, ich bin dir ja nicht böse.« Sie biß mir ins Ohrläppchen.

»Ich kann ihm schlecht verbieten, seinen Charme vor dir auszubreiten«, brummte ich.

»Du hättest sagen können: Finger weg!«

»Nicht ihm. Der lebt doch nur fürs Ficken.«

»Da weiß die Frau wenigstens, woran sie ist.«

Ich schaute auf den holperigen Fahrweg, den ich nach Jean-Claudes Wegbeschreibung eingeschlagen hatte.

Sandra glitt vom Autositz nach unten und begann, sich um meinen kleinen Bruder zu kümmern. Ich fand immer weniger Gefallen an der Idee, mit ihr zur Mühle zu fahren.

»Bieg irgendwo in einen Seitenweg ein«, bat sie. Doch da fuhren wir bereits zwischen den beiden hohen Steinpfosten hindurch, die – wie man mir erläutert hatte – das Gelände der Mühle markierten.

»Ich glaube, wir sind da«, sagte ich, »Hier will uns schon einer begrüßen.« Jerôme, der vor uns über den Weg spurtete, winkte uns zu. Er trug eine Werkzeugkiste und war triefend naß.

»Hallo«, sagte er, als Sandra blitzartig nach oben kam. »Ich habe gerade versucht, das Mühlrad wieder in Gang zu setzen.« Er wies auf den Platz vor einem Geräteschuppen hin, auf dem ich den Wagen abstellen könne.

»Das hast du mit Absicht getan«, zischte Sandra, »wie sehe ich jetzt aus?«

»Wie eine Frau, die Lust auf Männer hat«, sagte ich grinsend.

»Sehr witzig!« Sie strich die wirren Haare zurück.

»Sollen wir umkehren?« fragte ich. Sie schüttelte den Kopf.

»Vielleicht brauche ich genau das, was mich hier erwartet«, sagte sie trotzig. Ich stellte den Motor ab und sah sie an.

»Auf jeden Fall siehst du umwerfend aus«, versicherte ich ihr, gerade als Jerôme die Autotür öffnete und ihr beim Aussteigen half.

Kazimierz stand auf der Terrasse wie ein siegreicher Feldherr. Er hatte Sandra gerufen, und sie war gekommen. Begleitet von Jerôme stieg er lächelnd die Stufen herab. Sandra begrüßte die Männer mit feurigen Küßchen und umfaßte dabei mit den Händen ihre nackten Schultern. Hatte sie wirklich Lust auf sie oder tat sie nur so?

Sie trugen unser Gepäck ins Haus.
»Drei Kerle auf einmal«, seufzte sie.
»Mit mir sind's vier«, brachte ich mich in Erinnerung.
In der geräumigen Küche öffnete Kazimierz eine Flasche Champagner. Wir tranken auf unsere Ankunft und auf ein vergnügliches Wochenende. Sandra bewegte sich in dem Bewußtsein, daß alle Augen auf ihr ruhten. Sie ging zum Herd und sog die Luft ein. Es roch gut. Jean-Claude lüpfte für sie Deckel von Töpfen und Pfannen, um ihr zu zeigen, welche Genüsse sie zu Mittag erwarteten.

Ich trank ein zweites Glas mit Jerôme, während Jean-Claude und Kazimierz Sandra Haus und Garten zeigten. Plötzlich erkannte ich, daß unsere Reise zur Mühle durch ein verhängnisvolles Mißverständnis zwischen Sandra und mir zustande gekommen war. Sie ging davon aus, daß ich Claire Monier angerufen hatte, um ein wildes Wochenende mit ein paar erfahrenen Liebhabern zu arrangieren. Warum waren Kazimierz, der Weiberheld, und seine Kumpel wie zufällig bei unserer Ankunft da? Wieso waren sie zu ihrer näheren Inspektion ins Badezimmer gestürmt, und warum hätte mir die Hausherrin sonst zugezwinkert, bevor sie Sandra überredete, die Einladung zur alten Mühle anzunehmen? Claires auffälliges Benehmen war sicherlich Absicht gewesen, sagte ich mir, um mich vor Sandra als Mitglied des Komplottes hinzustellen. Sandra war nicht wegen Kazimierz hierhergekommen, stellte ich mit Genugtuung fest, sondern weil sie meine angeblichen Pläne für eine Sexparty nicht durchkreuzen wollte. Ich mußte das Mißverständnis unbedingt aufklären, bevor sie sich mit Kazimierz einließ, nur um mir zu beweisen, daß ich mich nach wie vor auf sie verlassen konnte. Ich gönnte dem Fatzke den Triumph nicht, der ihn endgültig von seiner Unwiderstehlichkeit überzeugen würde.

Und wenn sie bereits in diesem Augenblick mit ihm zugange war? Es gelang mir nicht, den frivolen Gedanken zu vertreiben. Zwar habe ich nie genau erfahren, wer wann und wo mit ihr zusammen gewesen ist; doch wenn ich die ersten Stunden unseres Aufenthaltes rekonstruiere, so hatte ich wohl nicht ganz unrecht mit meiner Befürchtung. Ich hatte auch nicht ganz recht, weil Sandra sich zum Zeitpunkt meines Verdachts höchstwahrscheinlich bereits dem zweiten Liebhaber hingegeben hat.

Kazimierz hatte sich Sandra vermutlich sofort vorgenommen, als er ihr den Koffer ins Gästezimmer trug. Danach hatte er ihr Seife und Handtuch ins Bad bringen wollen, statt seiner jedoch Jean-Claude geschickt, der zu ihr in die Dusche stieg, während Kazimierz bereits wieder in die Küche kam und den Rest des Champagners mit mir austrank. Als Sandra eine Weile später bei uns erschien, war sie in ein Badetuch gehüllt und hatte nasse Haare. Sie küßte mich und trank aus meinem Glas. Jean-Claude, der kurz nach ihr hereinkam, hatte ebenfalls nasse Haare. Mein Sektglas in der Hand, folgte Sandra Jerôme, angeblich um sich das Mühlrad anzusehen. Sie kamen erst zurück, als Jean-Claude durch einen Gong zu Tisch bat.

Die bisherigen Kontakte der Mühlenbewohner zu ihrem weiblichen Gast waren in einer Atmosphäre bürgerlichen Wochenendvergnügens abgelaufen, diskret, fast unterkühlt, ohne Anzüglichkeiten oder heimliche Rippenstöße. Beim Mittagessen fiel mir der leicht ironische Ton auf, den Kazimierz, Jean-Claude und Jerôme Sandra gegenüber anschlugen. Etwas hatte sich zwischen ihr und unseren Gastgebern verändert.

Beim Dessert schlug Kazimierz vor, man solle darum würfeln,

mit wem Sandra ihre Siesta verbringen werde – natürlich nur, wenn sie nichts dagegen habe.

»Würfelt nur«, sagte Sandra, »wenn's euch Spaß macht.«

Jerôme holte einen abgegriffenen Lederbecher mit drei Würfeln. Jeder von uns Männern hatte drei Versuche, Jean-Claude schrieb auf. Ich hoffte inständig, der Gewinner zu sein. Aber ausgerechnet Kazimierz hatte die höchste Punktzahl.

Durch eine kleine Bewegung seines Fingers forderte er Sandra auf, ihn zu begleiten, und ging zu seinem Zimmer. Sie verabschiedete sich von uns mit einem verlegenen Lächeln und folgte ihm. Sie war nicht mehr der Gast, der von allen hofiert wurde, sie war Gemeinschaftsgut, über dessen Gebrauch man sich absprach.

In einer von Weinreben beschatteten Laube tranken wir eine Vieille Prune. Über uns hörten wir durchs offene Fenster ihr Liebesspiel.

»Sie hat nicht nur eine tolle Figur ...«, ließ sich Jean-Claude vernehmen.

Jerôme nickte zustimmend. »Eins A«, sagte er und reckte den Daumen nach oben, um das Ausmaß seiner Zufriedenheit kundzutun.

Eine Zeitlang saßen wir da und lauschten. Dann erhob sich Jean-Claude.

»Ich werde ihn mal ablösen«, erklärte er und ging über die sonnenheiße Terasse ins Haus.

»Sie hängt sehr an dir, die Kleine«, sagte Kazimierz, als er sich wieder zu uns setzte.

Nach und nach kamen alle zurück bis auf Sandra.

»Sie hat sich eine kleine Erholung verdient«, erklärte Jerôme und ließ sich in einen der Korbsessel sinken.

»Letzten Endes kennen wir nur einen moralischen Grundsatz«, erklärte Kazimierz ein wenig großspurig: »Die Frau soll nicht bereuen, daß sie mit uns zusammen war.«

Da ihre Kontakte zu Sandra gleichsam offiziell geworden waren, sprachen sie ungeniert über ihre körperlichen Vorzüge und ihre Qualitäten im Bett. Sie beglückwünschten mich zu einer solchen Freundin.

Ich spielte mit dem großen, struppigen Hund, der mir immer wieder seinen zerbissenen Ball apportierte, und schwieg, weil ich nicht wußte, was ich dazu sagen sollte. Mich an ihren Huldigungen zu beteiligen wäre mir vorgekommen wie Eigenlob.

Sandra gesellte sich zu uns, und alle applaudierten.

»Seid ihr so stolz auf eure Taten?« fragte sie spöttisch.

Später fuhren wir zur Dorfdisco. Es herrschte Samstagabend-Trubel. Sandra war übermütig, tanzte ausgelassen mit all ihren Liebhabern, die sie küßte und ständig wechselte. Doch ich kannte sie zu gut, um hinter all der Fröhlichkeit nicht auch Verzweiflung zu spüren, als könnte sie durch Exzesse zur Normalität zurückfinden. Als sähe sie mir meine Besorgnis an, zog sie mich auf die Tanzfläche. So lächerlich es klingen mag, ich empfand es als eine Auszeichnung, daß sie mich ausgewählt hatte. Hingebungsvoll lag sie in meinen Armen.

»Hast du Angst, daß du nicht mehr gebraucht wirst?« neckte sie mich.

»Ich habe Angst um dich, so wie du dich exponierst.«

»Niemand tut etwas, das ich nicht will.« Sie küßte mich. »Laß mich auch mal etwas machen, was du nicht verstehst.«

Ein junger Lockenkopf, der Sandra schon die ganze Zeit beobachtet hatte, nutzte einen Plattenwechsel und forderte sie hochmütig zum Tanz auf. Sie ließ mich mit einer bedauernden Geste zurück und folgte ihm. Eigentlich hatte ich sie zur Mäßigung anhalten wollen, doch schon tanzte sie äußerst lasziv mit dem jungen Mann, als wollte sie vor den Dorfburschen als haltloses Flittchen erscheinen. Ihr Partner ging voll darauf ein, krallte beide Hände in ihren Hintern, zog sie zu seinem Unterleib und rieb sich an ihr. Er grinste seinen Freunden zu, die ihn bewundernd anstarrten, und schob seine Zunge tief in ihren Mund. Michel sei der Sohn des Disco-Besitzers, erklärte mir Jerôme. Ich beobachtete, wie Michel eine Tür zu einem Bereich aufschloß, zu dem der Zutritt verboten war, und seinen Kumpeln eine lange Nase drehte, bevor er mit Sandra dahinter verschwand.

Als wir zur Mühle aufbrachen, lud sie ihren neuen Kavalier ein, sie zu begleiten. Michel nahm einen weiteren Freund mit. Er hieß Guy und fuhr Sandra auf dem Motorrad zur Mühle zurück. Als sie dort eintrafen, war er so verrückt nach ihr, daß er sie in die nächste dunkle Ecke des Gartens zog, um sie zu besitzen. Doch in der Mühle schaltete jemand die Außenbeleuchtung ein, so daß ihre Körper beim Liebesakt angestrahlt wurden.

Alle kamen näher, um zuzusehen, wie Guy es mit ihr trieb, stachelten ihn an und griffen in zunehmendem Maße in das Geschehen ein. Zwei Nachzügler kamen zu Fuß. Sie hatten in der Disco von der Frau gehört, die alles mitmache.

Eine Schlacht von sieben Männern gegen eine Frau bahnte sich an – wobei ich mich nicht mitzähle, weil ich mich nicht beteiligt habe. Trotz ihrer Bitte, sie gewähren zu lassen, ging ich dazwischen, nahm sie in die Arme und redete beruhigend auf sie ein, denn ich merkte, wie besessen sie war. Doch sie ließ mich abblitzen.

»Ich bin nicht betrunken, Liebster«, sagte sie, »und habe auch keine Drogen genommen. Ich fühle mich sehr wohl in der Gesellschaft dieser Gentlemen.« Ich war zum peinlichen Zwischenfall geworden, schnappte mir eine Flasche Hochprozentigen und ließ mich unter den Trauerweiden am Mühlenteich nieder.

Worte der Gosse stiegen in mir auf. Es gab weit und breit keine anderen, um zu beschreiben, was mit ihr geschah.

Sie bestiegen sie, spießten sie auf und pflügten sie durch. Sie bürsteten, hobelten, plätteten, stopften, hackten und nagelten sie. Sie wurde besprungen, beschält und perforiert ... Sie warf sich ihnen entgegen, war unermüdlich, reizte sie, trieb sie an, verhöhnte ihre Männlichkeit ... Der Ton wurde rauher, sie wollten ihn brechen, den Übermut dieser frechen Hure, wollten sie bezwingen, unterwerfen, demütigen.

Ich nahm große Schlucke aus meiner Pulle und ließ das nach Spangenberg traurigste deutsche Lied über die stillen Wasser schallen:

»Mein Vadder kenn i net,
Mei Muada mog mi net,
Und sterben will i net,
Bin noch so jung …«

Man solle sich dabei vorstellen, hatte Spangenberg empfohlen, wie ein solches Lied in einem Bierzelt aus tausend Kehlen gegrölt werde.

Schließlich hörte ich anfeuernde Rufe und Jubelgeschrei. Aus der Entfernung sah es aus, als hätten sie ihren großen struppigen Hund auf sie angesetzt, der es ihr besorgte.

»Sie ist dabei, sich zu verlieren, um sich wieder zu finden.«

Ich führte Selbstgespräche wie damals in der Telefonzelle.

Ich weiß nicht mehr, ob ich sie ins Gästezimmer brachte oder sie mich. Wahrscheinlich haben ihre siegreichen Eroberer uns zusammen ins Bett gepackt. Am nächsten Morgen schliefen wir lange. Ich wachte als erster auf und strich ihr behutsam übers Haar. Sie streckte ihre Hände nach mir aus, um sich zu vergewissern, daß ich bei ihr sei, und preßte sich im Schlaf an mich.

Als sie aufgestanden war, gebadet und angezogen, traute sie sich nicht aus dem Zimmer.

»Am liebsten würde ich ihnen gar nicht mehr unter die Augen treten«, gestand sie mir.

»Soll ich einstweilen schon mal guten Morgen sagen?« fragte ich, doch sie klammerte sich an mich.

»Laß uns zusammen gehen!«

Zu ihrer Überraschung behandelten alle sie wieder wie eine

Lady, gossen ihr Kaffee ein, fragten, wieviel Milch und Zucker sie nehme, und boten ihr frische Croissants an, die sie in der Bäckerei geholt hatten. Sie überreichten ihr einen riesigen Strauß, den sie aus den verschiedensten Blumen des Gartens für sie zusammengestellt hatten, damit sie ihr Wochenende auf der Mühle in bester Erinnerung behielte. Schließlich begleiteten alle sie zum Wagen und verabschiedeten sich mit galanten Küßchen von ihr.

Sandra wollte gerade einsteigen, als Kazimierz sie ziemlich barsch aufforderte, ihm zu folgen. Sie übergab mir den Blumenstrauß und verschwand mit ihm im Geräteschuppen. Ich wartete etwa fünf Minuten im Auto. Dann erschien Kazimierz wieder, ging zu meinem Wagen und öffnete die Beifahrertür. Sandra kam aus dem Schuppen, zog ihr Kleid zurecht und setzte sich neben mich. »Beehren Sie uns wieder!« sagte Kazimierz lächelnd, beugte sich zu ihr hinab und küßte ihr die Hand.

Alle wünschten uns gute Fahrt und winkten uns nach.

... Sobald am Abend die letzten Touristen zu Tal gefahren sind und der Brunner Hannes die Liftanlage ausgeschaltet hat, hissen sie die alte Fahne. Sie können sie im Dunkeln nicht sehen, doch sie wissen, daß sie es ist, die über ihren Häuptern im Winde knattert. Dann singen sie wieder die ergreifenden Lieder von Treue und Kampf. Hoch über den kleinen Alltagssorgen der Menschen im Tal dringen Appelle in die Nacht, feierliche Gelöbnisse werden geleistet und Eide erneuert.

Jeder, der es irgendwie einrichten konnte, ist heute der Einladung zur Gipfelhütte gefolgt: Abhauen in ein sicheres Land oder losschlagen, um den Vaterlandsverrätern das Handwerk zu legen, das ist die Alternative. Als sie sich in die Hütte zurückziehen, wissen alle, daß eine Entscheidung ansteht. Es gebe nur ein kleines Zeitfenster, erklärt Staatsanwalt Dr. Weber, falls sie es verpassen würden, hätten sie verspielt. Noch einmal müsse der deutsche Mann aufstehen, um die Zukunft seiner Rasse zu sichern.

Während Theo überall nach Kaminski sucht, sitzen die Zwillinge mit Ramona hinter einem Felsvorsprung oberhalb der Bergbahn und beobachten die Mörder ihres Vaters. Grimmig verfolgen sie den Fahnenappell der alten Säcke und lassen sie unbehelligt ins Innere der Hütte gehen. Der eisige Wind durchdringt ihre dünnen Anoraks und macht sie aggressiv. Wenn sie mit ihren abgesägten Schrotflinten und markerschütterndem Geheul in die Hütte stürmen, dann nicht nur, um Angst und Schrecken zu verbreiten, sondern auch, um wieder warm zu werden. Mit einem einzigen Schuß zertrümmert Dimitru sämtliche Flaschen hinter der Theke. Während er und Leonte die Anwesenden in Schach halten, leert Ramona einen Sack mit Holzscheiten, in den sie anschließend alles hineinsteckt, was an strategischen Plänen, Notizen und Namenslisten auf den Tischen liegt. Alle müssen sich nackt ausziehen, werden hinaus in die Kälte gejagt und müssen dort so lange ausharren, bis sie die »Aktion Toplitzsee« in allen Einzelheiten geschildert haben. Um ihren Widerstand zu brechen, bespritzt Leonte sie mit Wasser aus einem Schlauch. Bitter beschweren sich die alten Recken über die Brutalität der heutigen Jugend, die keine Ritterlichkeit mehr kenne ...

Sandra war über Tag kaum noch zu Hause. Wahrscheinlich wollte sie mich allein lassen, um mich nicht abzulenken. Mehr als ich vermutet hatte, litt sie darunter, daß die drei Täter, die sie vergewaltigt hatten, noch nicht gefaßt waren. Ich entdeckte es eines Morgens, als ich meinen Schreibblock unter ihrem Kopf fand. Sie war spät nach Hause gekommen und hatte sich nicht zu mir ins Bett gelegt, sondern sich an den Klapptisch in der Küche gesetzt und begonnen, an den Marseiller Kommissar zu schreiben, der damals ihre Anzeige aufgenommen hatte. Seine Visitenkarte lag auf dem Tisch. Ob man die drei Straftäter noch nicht festgenommen habe, fragte sie. Das könne doch nicht so schwer sein, nachdem man das Boot gefunden habe. Sie schreibe ihm, weil er sich mit der Sache befaßt habe. Auch sei das Verbrechen in französischen Gewässern verübt worden. Wenn sie ihn um seine Hilfe bitte, dann weniger wegen der Wiederherstellung ihrer Ehre, das sei so ein Begriff, den man mit Frauen nur in Verbindung bringe, wenn sie sie verloren hätten. Es gehe darum, daß sie sich nicht frei fühle, bevor die Täter bestraft seien. Es sei doch die edelste Aufgabe der Polizei, die Freiheit der Menschen zu schützen ... Sie war über dem Schreiben eingeschlafen. Ich weiß nicht, ob sie es jemals abgeschickt hat, ich vermied es, sie danach zu fragen.

Für die letzten Kapitel meiner Geschichte blieb mir noch folgendes zu schildern:

– Wie die Gondel in 120 Meter Höhe stehenbleibt, als die Zwillinge mit Ramona ins Tal zurückfahren, und sich erst wieder in Bewegung setzt, als die Polizei in der Talstation angekommen ist.

– Wie die drei Jugendlichen verurteilt werden wegen Hausfriedensbruch, Nötigung und schwerer Körperverletzung in 27 Fällen und außerdem wegen verbotenen Tauchens im Toplitzsee: Daß sie dort nach ihrem Vater gesucht hätten, ließ den ganzen Gerichtssaal in hämisches Gelächter ausbrechen.

– Und ich mußte noch mitteilen, daß Kaminski wieder auftauchte. Er war weder entführt worden noch entflohen, sondern hatte sich für die Illustrierte ›Stern‹ an einem geheimgehaltenen Ort in Klausur begeben, um einem Ghostwriter seine Erlebnisse rund um den Toplitzsee zu diktieren. Der Artikel erschien wenig später; mit einem Foto, auf dem Kaminski die Grube zeigt, in der er sich versteckt hatte. Die Überschrift lautete: ›Unter den blanken Hintern der SS‹.

– Schließlich mußte ich berichten, wie Wolf-Dietrich für Theo in Erfahrung gebracht hatte, daß das Raubgold der Nazis weder im See versenkt noch im Stollen vergraben worden war. Ein linientreuer Pfarrer, der bereits bei Kriegsbeginn seine Glocken dem Führer geschenkt hatte, damit er daraus Kanonen mache, habe den Nazischatz zu einer der ersten Nachkriegsglocken gießen lassen. Sie habe einen etwas »gaumigen« Klang, was jedoch damit begründet werde, daß sie unmittelbar nach Kriegsende aus dem

Altmetall der zerstörten Gebäude angefertigt worden sei. Theo, der Reporter, ist mit einem Tonmeister und einem Glockengießer unterwegs, um sie aufzuspüren ...

Ich war eben dabei, das letzte Kapitel zu beenden, als eine schluchzende Frau anrief, deren Stimme ich nicht kannte, und mir mitteilte, daß Theo, der reale Theo, soeben verstorben sei.

»Theo«, flüsterte ich, »mein Freund Theo.« Ich atmete mühsam.

»Hallo, sind Sie noch dran?« hörte ich ihre Stimme.

»Wie ist es passiert?« fragte ich schließlich.

Er sei ganz allein gestorben, heute in den frühen Morgenstunden, er habe sich wohl bemüht aufzustehen, als er einen Hirnschlag erlitten habe. Offensichtlich habe er versucht, schon am Boden liegend und halbseitig gelähmt, mich anzuwählen. Jedenfalls habe eine Karteikarte mit meiner Nummer neben ihm auf dem Teppich gelegen.

Ich komme vorbei, sagte ich, weckte Sandra, informierte sie eilig und rannte hinunter zu meinem Wagen. Während der kurzen Strecke zu Theos Wohnung hieb ich mit den Fäusten aufs Steuer und rief immer wieder seinen Namen.

»Ich bin Erika, Theos Schwester«, sagte die Frau, die mir aufmachte, »ich habe Sie angerufen.« Sie hatte sich Theos Küchenschürze aus Wachstuch umgebunden. »Wir machen ihn gerade zurecht«, sagte sie, »bitte warten Sie noch ein wenig.« Ich stand etwas verloren auf dem Flur. Hinter der halboffenen Tür zu Theos Zimmer konnte ich zwei ältere Frauen agieren sehen.

Sandra hatte offenbar gespürt, wie nahe mir Theos Tod ging, sie mußte sich in Windeseile angezogen und aufs Fahrrad geschwungen haben. Völlig entgeistert stand sie vor der Tür, als Erika ihr öffnete. Weinend sanken sich die beiden Frauen in die Arme.

»Das hat er für Sie hinterlassen.« Erika übergab mir einen Briefumschlag.

»Setz dich runter in die Kneipe«, schlug Sandra vor, »ich helfe hier ein wenig.« Sie schob mich zur Tür hinaus.

In dem Umschlag steckte ein Schreiben von Theo an mich sowie ein Tonband. In dem Schreiben hatte Theo eine Art Letzten Willen formuliert, um dessen Erfüllung ich mich kümmern sollte. Mit einem befreundeten Toningenieur des Rundfunks habe er in den letzten Wochen Aufnahmen gemacht, die bei seiner Beerdigung abgespielt werden sollten – er hatte also von seinem nahen Tod gewußt –, zumindest glaubte ich das in jenem Augenblick und war ein wenig enttäuscht, daß der Brief über das präzise geplante Beerdigungs-Happening hinaus keinerlei Abschiedsworte enthielt.

Der Toningenieur, den ich am folgenden Tag kontaktierte, meinte allerdings, sie hätten den Ulk rein hypothetisch aufgenommen, so wie man ein Testament schreibe, ohne zu wissen, wann man sterbe. Er hatte große Bedenken, Theos makabren Scherz in die Tat umzusetzen. Als Mitarbeiter einer öffentlichen Einrichtung könne ihn das in Schwierigkeiten bringen. Er wolle wegen eines Ulks nicht seine Pensionsberechtigung aufs Spiel setzen. Doch ich brauchte für die Verwirklichung von Theos Ideen sein technisches Know-how. Ich erinnerte ihn daran, daß Theo fest mit ihm gerechnet habe, und sprach von einem letzten Freundschaftsdienst.

Nach einem weiteren Tag Bedenkzeit sagte er schließlich zu. Allerdings wolle er nicht selbst in die Grube steigen, das müsse ein anderer tun. Jetzt blieb nur noch wenig Zeit. Ich ging zum Friedhof, auf dem Theo beigesetzt werden sollte, nahm an einer fremden Beerdigung teil und fand schließlich einen verschrobenen Totengräber, der aus Haß auf die Heuchelei der Trauergäste, die er, wie er sagte, täglich erlebe, und gegen entsprechende Bezahlung bereit war, Kabel ins offene Grab zu ziehen und sie später mit einer Buchse am Sarg zu verbinden, sobald dieser in die Grube gesenkt würde.

Am Tag seiner Beerdigung war ich guter Hoffnung, Theos Letzten Willen erfüllen zu können. Das ganze Hin und Her zur Vorbereitung des Happenings hatte mich aus dem Zustand der Lethargie gerissen, in den ich nach seinem Tod gefallen war.

Sandra allerdings wirkte immer noch apathisch und verloren.

»All die vielen Leute«, flüsterte sie mir in der Aussegnungshalle zu und stolperte nach draußen. Ich folgte ihr. Der Toningenieur machte sich noch in der Nähe des offenen Grabes zu schaffen und war total nervös. Er überprüfte die Standleitung zu einem Wandtelefon, das unter den niederhängenden Zweigen, den Blicken halb entzogen, am Stamm einer Trauerweide befestigt war.

»Gut gemacht«, flüsterte ich anerkennend.

»Ich denke, es wird funktionieren«, sagte er geschmeichelt.

Die Sargträger rollten Theos mit Blumen überhäuften Sarg auf einem Wagen mit Gummirädern lautlos zum offenen Grab, der Pfarrer folgte mit den Angehörigen und den übrigen Trauergästen. Kränze und Blumenbouquets wurden provisorisch neben der Grabstelle deponiert. Ich fühlte die enorme Anspannung von Sandra, die neben mir stand, als der Pfarrer von den menschlichen Qualitäten Theos sprach, und spürte die Erschütterung der Trauernden, als die Sargträger seine sterblichen Reste an Riemen in die Grube abseilten und den Verlust eines nahen Menschen für alle sichtbar zu etwas Endgültigem machten; einer der Träger – mein Kontaktmann – stieg hinab, um den Sarg auszurichten. Dann war es soweit: In der atemlosen Stille, die nur von einzelnen Schluchzern unterbrochen wurde, warfen die Angehörigen erste Schaufeln Erde auf den Grabdeckel, jeweils gefolgt von einer einzelnen Rose. Ich sah, wie Theos Schwester die Schaufel an ihre zehnjährige Tochter Kathi übergab und wie diese sie an Sandra weiterreichte, die unter Aufbietung all ihrer Kräfte ein Schäufelchen mit Erde in die Grube warf.

Genau in diesem Augenblick läutete das Telefon am Stamm der Trauerweide. Es war ein volltönendes Läuten, das immer wieder erklang, in endloser Wiederholung wie mir schien, bis mir bewußt wurde, daß ich es war, der den Hörer abheben mußte.

»Hallo«, rief ich hinein, »hallo, wer ist da?«

»Bist du es, alter Freund?« Theos Stimme drang aus dem Grab, und sie klang hohl (tatsächlich hatte Theo bei der Aufnahme in eine leere Kiste gesprochen).

»Ja, Theo, ich bin es«, sagte ich.

»Und Sandra ist auch hier?«

»Ja«, hauchte Sandra totenbleich.

»Danke, daß du gekommen bist, schöne Frau. Und wo ist mein Patenkind Kathrin?«

»Ich bin hier, Onkel Theo!« Kathrin sprang nach vorn bis zum Rand der Grube und schaute hinab zum Sarg, aus dem erneut Theos Stimme ertönte:

»Dann komm ein bißchen näher!«

»Das geht nicht, Onkel Theo, sonst fall ich runter!«

»Liebe Kathi, sag bitte allen, sie sollen nicht traurig sein, denn ich breche auf, um wieder mit meinem linken Bein zusammenzusein, das mir schon vor so langer Zeit vorausgegangen ist und da oben auf mich wartet. Stell dir vor: so ein armes Bein, das weder die Engel sehen noch Hallelujah singen kann, ganz allein im Himmel. Richtest du den Trauergästen etwas von mir aus?«

»Aber gern, Onkel Theo!«

»Alle, die mir helfen wollen, mein geliebtes Körperteil wiederzufinden, sollen sich bitte auf ihr rechtes Bein stellen und ihr linkes anheben. Diejenigen, die zu alt sind, um auf einem Bein zu stehen, sollen von den anderen gestützt werden. Und nun gib das Kommando!«

Kathi blickte in die Runde und rief:

»Achtung, fertig, los!«

Und schon stehen die meisten Trauergäste auf einem Bein und winkeln das Spielbein, je nach körperlicher Verfassung, mehr oder weniger an wie Störche. Einige klammern sich an den anderen fest, schwanken, stoßen kleine spitze Schreie aus; Gelächter kommt auf, aber auch einige Unmutsbezeugungen.

»Man muß nicht jedem unsinnigen Wunsch eines Verstorbenen nachkommen«, ruft streng ein älterer Herr, und die Frau neben ihm sagt laut und vernehmlich: »Empörend!« Auch der Pfarrer, der sich bisher zurückgehalten hat, mischt sich ein:

»Ich weiß nicht, wer diese Anlage installiert hat, um der Friedhofsruhe willen sollte er sie jetzt ausschalten!«

Immer mehr Menschen, die an anderen Gräbern verweilten, eilten herbei, um nachzusehen, was es hier Besonderes gab. Eine Auferstehung? Eine Erscheinung? Theo furzte jetzt ausgiebig. Klar und deutlich klangen die Geräusche aus den Lautsprechern. »Das sind die Gase«, entschuldigte er sich, um gleich darauf zu rufen: »Der erste Wurm ist auch schon da, er findet mich zum Anbeißen!« Und tatsächlich hört man den Wurm schlürfen und sabbern. Von neuem ist Theos Stimme zu vernehmen.

»Noch eine letzte Bitte: Ich möchte, daß ihr alle Blumen, die ihr mir gebracht habt, auf Gräber legt, die von niemandem mehr gepflegt werden. Das war's dann auch schon. Wünscht mir eine lange Nacht!«

»Eine lange, lange gute Nacht!« rief Kathi und zerrte einen riesigen Kranz mit lila Schleifen aus dem Blumenhaufen, richtete ihn auf und rollte ihn davon.

»Unser Kranz bleibt am Grab!« protestierte ein Ehepaar.

»Kathi, bring den Kranz zurück«, rief ihre Mutter hinter ihr her.

»Onkel Theo verlangt es!« widersprach Kathi energisch. Zwei Gruppen bildeten sich. Solche, die Blumen davontrugen, und andere, die sie daran hindern wollten. Ich lachte unter Tränen, bis mein Blick auf Sandra fiel, die etwas abseits der Menge stand und schluchzte.

»Laß mich, laß mich!« begehrte sie auf, als ich einen Arm um sie legte. »Schön, daß du dich so amüsierst!«

»Er hat gewollt, daß wir uns amüsieren!« Ich war ein wenig

sauer. »Ich bin trotzdem traurig, das kannst du mir ruhig glauben, schließlich war er mein bester Freund.«

»Für mich war er mehr«, sagte sie.

»Aufpassen«, schrie Kathi und lehnte den Kranz mit den lila Schleifen neben uns an einen verwitterten Grabstein. Sandra ließ sich davor nieder, sie weinte jetzt hemmungslos.

»Ist ja gut, ist ja gut«, tröstete ich sie, »ich weiß, du hast ihn auch gemocht.«

»Du weißt gar nichts!« Sie sah mich aus tränenüberströmten Augen an. »Er war der wichtigste Mann in meinem Leben.«

Ein schwarzes Loch öffnete sich, saugte alles auf und ließ mich außerhalb von Raum und Zeit zurück. Ich war allein im Nichts und ich war ein Nichts. Von weit her hörte ich den Klang der Friedhofsglocke. Irgend jemand schlug mit einem Hammer auf sie ein, gleich würde sie zerspringen.

Nein, sag mir nichts, sag gar nichts mehr, ich will es nicht hören!

»Ich habe ihn geliebt, wie ich noch niemanden geliebt habe«, drang ihre Stimme an mein Ohr. Ich ächzte. Dort also hatte sie ihre Zeit verbracht, all die Tage, in denen sie verschwunden war, all die Nächte, in denen sie erst in der Morgendämmerung nach Hause gekommen war. Alles paßte plötzlich zusammen und konnte doch nicht wahr sein. Denn selbst für den liberalsten Mann gibt es irgendwo eine Grenze ... Mit meinem besten Freund ... Heimlich ...

Plötzlich war ich es, der keine Leute mehr sehen konnte.

»Laß uns von hier weggehen«, drängte ich, gerade als mehrere Herren von der Friedhofsverwaltung das Telefon vom Stamm der Weide rissen und die Trauergäste über die Vorfälle zu befragen begannen; aus den Augenwinkeln sah ich, wie der Toningenieur mich aufgeregt herbeiwinkte, es war mir so was von egal.

Zwischen zwei Blumenhandlungen mit Angeboten für Grabkränze in verschiedenen Preislagen gab es ein Restaurant, das sinnigerweise ›Zur letzten Träne‹ hieß. Ich saß mit Sandra an einem der Tische, bevor Theos Beerdigung zu Ende war. Wir hielten riesige, in lederartiges Plastik gehüllte Speisekarten in Händen, ohne darauf zu achten.

»Als er bei uns anrief, wollte er mit mir sprechen«, klärte sie mich auf. Seine letzten Gedanken hatten gar nicht seinem Freund gegolten, sondern seiner Geliebten. Es war die alte, aufdringliche, banale Frage, die mir in der Kehle steckte. Ich mußte sie loswerden, ich wollte ja nicht an ihr ersticken.

»Wann hat es mit euch angefangen?« fragte ich. Sie antwortete bereitwillig.

»Als er ohne Aufzug zu mir hochgestakst ist, war er völlig fertig und hat sich auf die Matratze plumpsen lassen. Ich hab' ihm ein Glas Wasser gegeben und ihn gestreichelt, damit er sich wieder beruhigt.« Von Theo zu erzählen schien Balsam für ihre Seele zu sein.

Einer der Ober fragte nach unseren Wünschen, doch sie wehrte ihn ab. »Als er gehen wollte, ist er nicht mehr hochgekommen. Ich hab' ihm die Hand gereicht, um ihm aufzuhelfen, aber er hat mich zu sich runtergezogen.«

»Und da bist du gleich liegengeblieben?«

»Es war auch die Neugierde.«

»Wegen des Phantombeins?«

»Auch weil er dein Freund war. Er hat gesagt, wir nehmen dir ja nichts weg. Eine Frau wie ich könne gut zwei Liebhaber verkraften, körperlich wie seelisch.«

»Und hatte er recht?« fragte ich.

Die unordentlich befrackten Ober des Lokals waren ausgesprochen fröhlich, sie füllten unter munterem Geplapper Körbe mit Brötchen und Brezeln, wickelten Bestecke in Papierservietten oder warfen sich Stapel von Tischtüchern zu, die sie geschickt auffingen. Daß wir nicht wußten, was wir bestellen wollten, störte sie nicht. Kunden im Ausnahmezustand waren ihre Spezialität.

»Anfangs ist alles gutgegangen, aber dann habe ich mich in ihn verliebt«, sagte Sandra. »Theo mochte dich sehr, er wollte nicht, daß ich dich verlasse.«
»Was nun wohl unumgänglich ist.« Ich erhob mich weltmännisch.
»Willst du gehen«, fragte sie, »magst du keine Witwen?« Sie lächelte zum ersten Mal seit Tagen. Ich setzte mich wieder.
»Wie wär's mit dem Tagesgericht, das ich heute besonders empfehlen kann?« schlug uns der Ober vor, »Rippchen und Kartoffelbrei, mit Zwiebeln abgeschmeckt, dazu ein kühles Bierchen? Das hält Leib und Seele zusammen!« Wir stimmten zu.

»Einmal lebten wir fast wie eine Familie«, erzählte sie mir. »Theo hatte Kathi zu sich genommen, weil seine Schwester mit ihrem zweiten Mann zu einem Seminar gefahren war. Sie werde ihnen nicht viel Schwierigkeiten bereiten, Kathi sei sehr gut erzogen, hatte ihr Stiefvater versichert. Genau das wollte Theo ändern.
›Was dir nicht schmeckt, wirfst du an die Wand‹, erklärte er ihr.
›Spinat‹, sagte Kathi. Theo zeigte ihr, wie man den Löffel als Katapult benutzen konnte.
›So machst du ihnen klar, daß du Spinat wirklich nicht magst. Und wenn dein Stiefvater dich zum Essen ruft, obwohl du gerade so schön am Spielen bist, sagst du einfach: Leck mich!‹
›Leck mich!‹ wiederholte Kathi.
›Eigentlich heißt es: Leck mich am Arsch‹, erklärte ihr Theo, ›aber guterzogene Mädchen sagen nur: Leck mich! Und wenn er dich immer noch nicht in Ruhe läßt, was sagst du dann?‹
›Was denn?‹ fragte Kathi.
›Dann sagst du: Fick dich ins Knie!‹
›Fick dich ins Knie‹, rief Kathi begeistert.«

Ich trank bereits mein zweites Bier. Als es mir zu Kopf stieg, schaufelte ich den lauwarmen Kartoffelbrei in mich hinein. Behagen breitete sich aus in meinem Leib, ganz wie der Ober es vorausgesagt hatte, und schwappte über auf mein Gemüt.

Da ich im Minibus des Tonmeisters angereist und Sandra im Wagen von Theos Schwester dem Leichenwagen gefolgt war, fuhren wir mit der Straßenbahn zurück. Ich stand mit Sandra auf der hinteren Plattform und hielt mich an einem der dreieckigen Griffe fest, die an Lederriemen von der Decke baumelten. Sandra hielt sich an mir fest.

Sie sei bei Theo gewesen, als seine völlig verstörte Schwester ihm vorwarf, er habe ihr Kind verdorben. ›Mama, wann machst du wieder Spinat?‹ habe Kathi gleich nach ihrer Rückkehr gefragt, weil sie es nicht erwarten konnte, ihn an die Wand zu schmeißen. Und als ihr Mann Kathi gefragt habe, ob sie der Oma, die gerade angekommen sei, nicht guten Tag sagen wolle, habe sie nicht mal aufgeschaut und gesagt: Leck mich! – ›Aber Kathi!‹ habe die Oma sie ermahnt – ›Eigentlich heißt es Leck mich am Arsch‹, habe sie der Oma erklärt, ›aber guterzogene Mädchen sagen nur Leck mich.‹ Empört habe ihr Mann befohlen: ›Du gehst sofort auf dein Zimmer!‹. - ›Fick dich doch ins Knie‹, habe sie ihm geantwortet ...

Wir lachten mittlerweile beide. Als der Toningenieur mit seinem Minibus hinter der Straßenbahn auftauchte, uns erkannte und mir mit ausladenden Gesten klarmachte, daß er mich unbedingt sprechen müsse, lachten wir noch mehr. Quietschend ging die Straßenbahn in eine Kurve, schwer hing ich in meinem Dreiecksgriff, Sandra klammerte sich mit beiden Händen an mich.

Es war Theos Friedhofs-Happening, das mich bewog, den Roman mit einem ähnlichen Ereignis abzuschließen: Als Dimitru und Leonte aus dem Gefängnis entlassen werden, veranstalten Ramona und ihr neuer Freund Maxim für sie ein Fest am Toplitzsee. Tausende von jungen Leuten reisen von nah und fern an, mit riesigen Kofferradios, Luftmatratzen, Sonnenschirmen und Badeutensilien. Die Typen lachen sich kaputt, als eine Hitler-Rede vom Endsieg über den See schallt, mit anschließendem Sieg-Heil-Gebrüll. Sie lachen noch mehr, als die österreichische Polizei einschreitet, da das Abspielen von Hitler-Reden verboten ist. Die Auseinandersetzung wird übertönt von feurigen Rhythmen. Maxim hat ein Stromkabel vom nahen Gasthof zum See gezogen, Ramona hat den Zwillingen die Kindergeigen mitgebracht, die das Lager überstanden haben. Die winzigen Instrumente jubeln und schluchzen, jagen sich atemlos und suchen sich vergebens. Zwei blonde Zwillingsschwestern aus Deutschland, die sich gleichen wie ein Ei dem andern, lauschen den betörenden Klängen. Sie besteigen mit Dimitru und Leonte zwei Luftmatratzen, extrabreit, und paddeln hinaus auf den See. Genau über der Stelle, an der ihr Vater ihnen erschienen ist, geben sich Dimitru und Leonte nach Einbruch der Dunkelheit rassenschänderischen Aktivitäten hin.

»Was ist eigentlich aus dem Alten vom Kiosk geworden?« fragte mich Sandra. »Er müßte doch die Hauptperson sein?«
»Auch bei Lubitsch hat er's nur zum Komparsen gebracht. Doch ich erzähl' dir gern, was ich von ihm weiß: Er soll in einem lateinamerikanischen Ministerium als Bürobote arbeiten – einige wollen ihm auf den langen Fluren mit seinem Aktenwägelchen begegnet sein – und soll mit einer Indiofrau zusammenleben, die ihm noch in seinen späten Jahren eine Tochter geschenkt hat, mit dem Namen Floda.«
»Kommt das in deinem Roman vor?«
»Mal sehen.«
Sie sprach leise den Namen nach.
»Dreh's mal um«, schlug ich ihr vor.
»Quatschkopf!« sagte sie.

Ich begann mit den Korrekturen, schrieb sie an den Rand oder zwischen die Zeilen, strich sie wieder durch, weil mir am nächsten Tag die alte Fassung besser gefiel als die neue oder weil beide Fassungen mir schwach erschienen. Auch in der ersten Hälfte des Romans entdeckte ich so viele peinliche Stellen, daß ich bereute, sie aus der Hand gegeben zu haben. Beim Durchlesen meiner alten Aufzeichnungen stieß ich zudem auf Ideen, die ich für wesentlich besser hielt als alles, was in der jetzigen Version vorkam. Schließlich waren die meisten Seiten mit Handgeschriebenem, Durchgestrichenem, Ausradiertem, mit den Verweisen auf eigene Seiten, die ich anlegte, so unübersichtlich geworden, daß ich mich selbst nicht mehr zurechtfand. Mein früherer Chef, der Rundfunkredakteur, fiel mir ein; er hatte mir eine derartige Zukunft vorausgesagt. Nur saß ich nicht mehr vor einem Wust aus Bändern, sondern vor einem unleserlichen Haufen Papier.

»Du hast nicht die innere Reinheit, um ohne Zögern deinen Weg zu gehen«, schrieb ich in mein Tagebuch, in dem ich allabendlich – sofern ich es nicht vergaß – meine Arbeit bewertete.

»Ich fühle mich jung, ich fühle mich schlagkräftig«, stand darin als erster Eintrag. »Ich werde mit den Untugenden um mich werfen, die hierzulande im Überfluß vorhanden sind, werde mir schadenfroh die Hände reiben und dröhnend lachen.«

Der zweite lautete:

»Mit allen, die noch über einen Rest von ungebügelter Lebensfreude verfügen, werde ich ins Auge des Hurrikans vorstoßen, in dem die Engstirnigkeit stillsteht. Dort werde ich mich in die Tiefe stürzen, um Räume zu finden, in denen meine Personen durchatmen können.«

Wo war meine anfängliche Begeisterung geblieben? Wie Spangenberg stand ich in Versuchung, alles zu vernichten. Ich kämpfte mit mir. Schließlich schrieb ich in das Tagebuch:

»Der Text muß ohne mich auskommen.«

Zum Glück gestand mir der Verleger eine Lektorin zu, die das Buch nochmals durchging. Wie Tarzan durch den Dschungel mußte sie sich durch die von meiner Korrekturwut verunstalteten Seiten hangeln. Oft fand sie Formulierungen, die verblüffend einfach und bedeutend schöner waren als meine. Ich bot ihr eine Mitautorenschaft an, sie lehnte lachend ab, das sei ihr Job, der ihr in diesem Fall besondere Freude bereite. Sie sprach sehr sachlich mit mir über Längen, Fehler und Ungereimtheiten. Diese Objektivierung meiner Tätigkeit machte mir Mut, so daß ich auch die Phase von Satz und Druck ehrenhaft überstand, mit all den kleinen Entscheidungen, die man mir höflicherweise abverlangte, Umschlagentwurf, Klappentext, Presseverlautbarungen, Schrifttypen, Zeilenabstand, Markierung von Kapiteln und Absätzen. Ich feilte mit den Verlagsleuten an einer Kurzinhaltsangabe, die mir zum Schluß ganz gut gefiel, jedoch nicht so kurz war wie eine der ersten Kritiken in einer großen Zeitung: »Geschichte von alten Nazis, die die Zeit zurückdrehen wollen.«

Obwohl ich bereits vor Erscheinen des Buchs erste Gespräche mit Leuten führte, die es vorab vom Verlag bekommen hatten, war der Tag des Verkaufsbeginns kein großes Ereignis. Fast widerwillig befaßte man sich mit der Neuerscheinung. Das war jedenfalls mein Eindruck. Bei all der Mühe, die ich auf die Entstehung des Romans verwandt hatte, glaubte ich ein wenig mehr Eifer auf der Besprechungsseite verdient zu haben.

Die meisten Kritiken klangen etwas hilflos: Was soll das Ganze, nun, es ist ein Erstlingsroman, in dem – immerhin – ab und zu ein gewisses Talent aufblitzt. Das war der Tenor. Einige mochten die ganze Geschichte nicht:

»An der Wirklichkeit vorbei geschrieben.«
»Nazis als Märchenfiguren …«
»Peinlicher Ulk.«

Und es gab welche, für die das Buch ein ausgesprochenes Ärgernis war:

»... Naziverbrechen und mangelnde Sühne, Dachau und Auschwitzprozesse, alles wird in eine mäßig spannende Krimihandlung hineingepackt und zweimal umgerührt; wobei wir noch von Glück sagen können, daß der Autor diese heiklen Themen nicht in einem erotischen Roman verwurstet hat ...«

In einer solch gedrückten Stimmung auf Lesereise zu gehen war nicht verlockend. Ich wollte nicht als Angeklagter vor die Leute treten. Zumindest wollte ich Sandra dabeihaben. Unüblich bei einem Nobody, so die Pressedame. Schließlich einigten wir uns darauf, daß der Verlag für das Doppelzimmer aufkomme, ich für Sandras Reisekosten. Doch dann wollte Sandra nicht mitkommen. Ich redete vergeblich auf sie ein.

»Und wenn du nicht fährst?« fragte sie.
»Dann können sie das Buch nicht verkaufen.«
»Schade, so wirst du Teil ihres Systems.«

Schließlich fuhr ich mit der Pressedame und einem Verlagsangestellten ohne meine Freundin los. Ich las in mittleren Städten und stellte mich den immer gleichen Fragen. Wir logierten in mittleren Hotels, die proper, aber etwas traurig waren. Weniger traurig allerdings als unser kleiner Trupp.

Es gebe einige etwas positivere Besprechungen, teilte mir die Pressedame nach einigen Tagen mit. Ob ich sie lesen wolle? Doch ich hatte mir vorgenommen, keine Kritik mehr anzuschauen, und hielt mich daran. Dann meldete sich Sandra eines Nachts am Telefon, um mir einen Artikel aus einer Provinzzeitung vorzulesen, den ihr Freunde geschickt hatten:

»Eine wilde Story um einen Nazi-Schatz, eine spannende Kriminalhandlung, um die es eigentlich nur am Rande geht. Der Autor haut dem Leser alles um die Ohren ...«

Ich hatte schon tief geschlafen, hörte nur halb hin.
»Wie«, fragte ich, »lies noch mal.«
»... die verbreitete Lust am Denunzieren, am Schikanieren,

am Spionieren, am Rechthaben, am Schulmeistern und Schuldzuweisen – den ganzen Müll einer unter der Asche weiterschwärenden faschistischen Gesinnung ...«

»Mußt du mir das unbedingt heute vorlesen?« fragte ich.

»Jetzt kommt der etwas komplizierte Schlußsatz«, sagte sie unbeirrt.

»... als versuche er verzweifelt, das Irreale dieses zwischen Nazimentalität und Musterschülerdemokratie schwankenden Nachkriegsgebildes Bundesrepublik zu begreifen, das solide auf tönernen Füßen steht.«

»Daß er solide auf tönernen Füßen steht, gefällt mir«, sagte ich.

»Sie steht, die Bundesrepublik, die du zeigst.«

»Wer hat das geschrieben?«

»Ein Unbekannter. Einer der Jungen, denen die Welt von morgen gehört. Du bist rehabilitiert.«

»Wenn du meinst.«

»Manchmal bist du richtig borniert: Der Mann ist ein Fan von dir. Ein Fan ist wichtiger als tausend Wohlmeinende. Das ist wichtig für deinen aufrechten Gang. Von jetzt an werden dir Gespräche mit Lesern oder künftigen Lesern Spaß machen.«

Und dann gewann ich – wie mir mitgeteilt wurde – einen Nachwuchsliteraturpreis, von dem ich nie gehört hatte, gestiftet von einem Industriellen, der sich durch diese Zeremonie relativ preiswert ein besseres Image versprach, das er wahrscheinlich dringend benötigte. Zur Preisverleihung immerhin, verbunden mit einem literarischen Kolloquium, war ich »mit Begleitperson« eingeladen. Nicht mit Frau oder Gattin. Mit Begleitperson. Modern, modern.

Diesmal war Sandra bereit, mit mir zu kommen. Eine Suite war für uns reserviert. Eine Flasche Champagner erwartete uns in einem Eiskübel mit Wünschen für einen angenehmen Aufenthalt. »Von der Jugendherberge zur Kurfürstensuite in einem Luxushotel«, meinte sie, »welcher Fortschritt im Laufe unserer Beziehung!« Wir hatten kaum Zeit, uns alles anzusehen: die großen Kleiderschränke, in denen sich ein Tresor befand, der Empire-Schreibtisch, das Bad mit Whirlpool, der dreiteilige Ganzkörper-Spiegel im Schlafzimmer, vor dem wir uns in langsamen Drehungen küßten, nachdem wir uns unserer Reiseklamotten entledigt hatten; wir waren für den Abend vom Bürgermeister zur Preisverleihung ins Rathaus eingeladen, mit anschließender Feier.

Der Verleger hatte sich herbemüht und sprach von einem Durchbruch. »Allein die Ankündigung hatte einen Bomben-Effekt«, sagte er und übergab mir die Branchenmitteilungen. Sandra studierte die Verkaufszahlen. Als sie sah, daß ich Spangenbergs »Apostroph« überholt hatte, umarmte sie mich minutenlang. Sie hatte mich zu dem Buch ermutigt, hatte all die Zeit mit mir durchgehalten, für meinen Lebensunterhalt gesorgt – als sie in meinen Armen zu zittern begann, merkte ich, daß sie weinte.

Sie hatte Lust zu tanzen und flirtete dabei ausgiebig, fand jedoch immer wieder zu mir zurück und versöhnte mich mit Zärtlichkeiten. Auch ich flirtete recht intensiv mit einer holländischen Gräfin, die behauptete, ich sei ein Genie, und ausgelassen mit mir tanzte. Als ich ihr zwischendurch Sandra vorstellte, schlug sie eine Nacht zu dritt vor und lächelte dabei bezaubernd. Sandra aber hatte sich in einen markanten amerikanischen Schriftsteller verguckt, der ihre Avancen erwiderte, jedoch gleichzeitig mit einem bildschönen Jüngling liebäugelte, der wiederum der Gespiele des Veranstaltungsleiters war. Zu allem Überfluß versuchte der Sponsor des Preisgeldes – irgendein steinreicher Kerl mit einer Fabrik –, Sandra in die Krallen zu bekommen. Er habe ihr einen Heiratsantrag gemacht, sagte sie, als wir im Lift standen. Es war Sandra gewesen, die zum Aufbruch gedrängt hatte. »Du hast morgen dein Kolloquium«, sagte sie.

Ich hatte der Gräfin unsere Zimmernummer gegeben, und sie rief an, kaum daß wir die Suite betreten hatten. Doch Sandra winkte ab.

»Morgen ist sicher viel Presse da, und was du sagst, wird im Fernsehen übertragen.«

»Vielleicht zwanzig Sekunden.«

»Trotzdem.« Sie lachte verschmitzt. »Ich bin auf verschiedene Zimmer eingeladen und bleibe bei dir.« Wir schliefen sofort ein.

Sie weckte mich rechtzeitig, trieb mich unter die Dusche, bestellte ein Frühstück. »Auch Luxus kann ein Gefühl des Glücks vermitteln«, sagte ich, als der Etagenkellner den Servierwagen hereinschob und ihn in einen Frühstückstisch verwandelte, an den er zwei Sessel schob. Offensichtlich hatte Sandra ihr Versprechen gehalten und war trotz der Angebote verschiedener Herren bei mir geblieben, während ich schlief und schnarchte. Jedenfalls sah sie nicht so aus, als habe sie sich für eine schnelle Nummer aus der Suite gestohlen. Aber mit zum Kolloquium wollte sie nicht. »Ich bin doch nicht deine Mutter«, sagte sie, »du mußt allmählich lernen, dich selbständig durchs Leben zu schlagen. Außerdem«, fügte sie hinzu, »wirst du mehr Erfolg bei den weiblichen Zuhörern haben, wenn sie glauben, daß du zu haben bist.« Ich wollte nochmals mit ihr ins Bett, doch sie holte meinen einzigen guten Anzug aus dem Schrank. »Es genügt, wenn du an mich denkst unter all den wichtigen Leuten.«

Als ich von der Feier zurückkam, war sie nicht in der Suite. Ich fuhr noch mal hinunter, um zu sehen, ob sie in der Lobby saß, fand sie aber nicht. Ich trank einen Campari-Soda an der Bar und fragte mich, ob sie nicht doch eine Verabredung zu einem zweiten Frühstück angenommen hatte, nachdem ich weg war. Vielleicht hatte sie mich deshalb nicht begleitet. Ich wäre ihr nicht böse, dachte ich, und bestellte einen zweiten Campari, im Gegenteil, irgendwie war ich stolz, mit einer solchen Wahnsinnsfrau zu leben, in einem Verhältnis, das die meisten unbegreiflich fanden. Ich schaute nochmals in unsere Suite hinauf, vielleicht war sie ja inzwischen in den Lift gestiegen, ohne daß ich es bemerkt hatte, und fuhr schließlich ganz nach oben zum Fitneßbereich. Das Sichtglas zum Schwimmbecken war angelaufen, so daß ich die Badegäste darin nicht erkennen konnte, ich öffnete die Tür und trat ein; feuchtheiße Luft schlug mir entgegen, ich hatte immer noch meinen guten Anzug an, den »Konfirmationsanzug«, wie ihn Sandra nannte. Eine asiatische Bademeisterin, die das Emblem des Hotels auf ihrem Gewand trug, eilte auf mich zu und wies mich in englisch darauf hin, daß der Badebereich nicht mit Schuhen betreten werden dürfe.

»Ich suche nur meine Frau«, sagte ich und blieb an der Tür stehen. Es waren um diese Zeit ausschließlich Damen im Becken.

»Your room number please!« verlangte die energische Dame. Ich zeigte ihr den Hotelschlüssel. »The same number?« fragte sie. Sie suchte auf einer Liste und schüttelte den Kopf: sie sei nicht hier, sonst hätte sie die Nummer eingetragen.

Ich sah eine Dreißigjährige eilig aus dem Becken klettern. In einem äußerst knappen Bikini kam sie triefend auf mich zu.

»Hallo!« sagte sie und war etwas außer Atem. Sie sei in meiner Lesung und bei der Preisverleihung gewesen; ob sie mich zu einem Drink einladen dürfe in der Panorama-Bar, sie wies nach oben. Sie käme in zehn Minuten. Ich willigte ein und machte, daß ich aus der Halle kam, da mir der Schweiß ausbrach.

Falls Sandra bei einem anderen Mann war, tippte ich auf den amerikanischen Schriftsteller, ein Gedanke, bei dem ich trotz aller Reifeprozesse Anflüge von Eifersucht verspürte. Doch als ich an einem Sichtfenster vorbeikam, sah ich in den Gymnastikraum hinein und entdeckte den Amerikaner, der sich auf einer muskelfördernden Kraftmaschine abstrampelte. Er hatte mich ebenfalls gesehen und gab mir ein Zeichen zu warten.

»Wollten Sie auch etwas für Ihre Seele tun?« fragte er, als er in einen weißen Frotteemantel gehüllt zu mir trat. Er habe den Eindruck, die meisten Deutschen würden aus psychischen Gründen Fitneß betreiben. »Wo ist Ihre umwerfende Freundin?« Ich zuckte die Schultern. Ich wußte es nicht.

»Let's have a drink«, schlug er vor.
»In der Panorama-Bar.« Ich zeigte nach oben.

Ich kannte die Bar noch nicht. Sie lag auf dem Dach des Gebäudes, ringsum verglast. Meine Schwimmbad-Bekanntschaft, jetzt im schicken Kostüm, hielt das frisch gekürte Buch in der Hand, als sie sich zu mir gesellte. Sie lächelte mich, dann den Barmann an, der ungefragt eine angebrochene Flasche Champagner vor uns hinstellte. Sie legte mir das geöffnete Buch wie ein Poesiealbum vor und wies mit einem goldenen Montblanc auf den Namen Frederike hin, der handschriftlich auf der angebrochenen Flasche vermerkt war. Während uns der Barmann einschenkte, zerbrach ich mir den Kopf, um Worte für eine Widmung zu finden, die eines Schriftstellers würdig wären. Der Amerikaner tauchte auf, begrüßte uns und nahm auf der anderen Seite meiner Dame Platz. Auch von seinem gerade auf deutsch erschienenen Buch trug sie ein Exemplar in ihrer Badetasche. Der Barmann schenkte auch ihm Champagner ein, und ich übergab ihm, um Zeit zu gewinnen, das Poesiealbum nebst Montblanc-Kugelschreiber. Ohne eine Sekunde des Zögerns schrieb er etwas hinein, hob sein Glas und prostete erst ihr, dann mir zu. »Thanks for the Champagne«, hatte er geschrieben.

»Ich werde hinabgehen, an Ihre Tür klopfen und Ihrer Freundin guten Tag sagen, wie lautet Ihre Zimmernummer?« fragte er mich.

»Am besten, wir rufen Sandra an«, schlug ich vor. Vielleicht war sie mittlerweile gekommen. Der Barmann reichte uns ein Telefon ohne Wählscheibe, auf dem man die Ziffern durch Tastendruck eingeben konnte. Ich tat es und übergab ihm den Hörer. Doch sie meldete sich nicht.

»Was haben Sie mit ihr gemacht?« fragte er. »Liegt sie tot in der Badewanne oder steckt ihr abgetrennter Kopf in der Minibar?« Unsere weibliche Begleitung lachte laut auf. Sie zog eine Minox aus ihrer Tasche und bat den Barmann, ein Foto von ihr und den zwei preisgekrönten Schriftstellern zu machen, zwischen denen sie saß. Was hatte ich mit dem ganzen Schnickschnack zu tun? Ich stand etwas abrupt auf, murmelte, ich müsse mich umziehen, und eilte zum Aufzug.

»Sie haben die Widmung vergessen!« rief sie mir nach. Ich tat, als habe ich sie nicht gehört.

Wir haben uns noch nicht einmal darin geliebt, dachte ich, als ich die frisch hergerichteten Räumlichkeiten betrat. Ich lief überall herum, Flur, Salon, Schlafzimmer, Bad, sah in die Minibar und schloß sie wieder. Der ganze Aufenthalt samt allen Ereignissen kam mir unwirklich vor: Die Flirterei auf dem Fest wie in einem Fin-de-siècle-Reigen, die groteske Preisverleihung, meine verquaste Rebellen-Rede, die Luxus-Suite ... warum war ich so abhängig von Sandras Gesellschaft, daß ich gleich Herzklopfen bekam, wenn sie mich warten ließ? Ich blieb im Schlafzimmer stehen und entledigte mich meines idiotischen dunklen Anzugs. Erst als ich ihn in den Schrank hängen wollte, entdeckte ich, daß ihre Sachen nicht mehr vorhanden waren. Weder ihr Mantel noch ihre Kleider. Ich riß den Wäscheschrank auf: Dort lagen nur noch meine Hemden, Socken, Unterhosen. Jetzt fiel mir auf, daß auch die rote Reisetasche nicht mehr auf der Gepäckablage stand. Sandra hatte sie eigens für die Tournee gekauft.

Als ich erneut in meinen verschwitzten Anzug fuhr, zitterte ich wie damals, als ich vierzig Grad Fieber hatte. Warum kam der Aufzug nicht? Es waren sogar über vierzig Grad gewesen, 40,3 oder 40,6, als ich zum ersten Mal mit angesehen hatte, wie sie sich einem andern hingab. Ich stolperte in den Aufzug, stand vor einem Gelähmten im Rollstuhl, blickte an ihm vorbei zu Boden.

Ja, sie habe ihren Zimmerschlüssel abgegeben, bestätigte man mir am Empfang, sie hatte einen eigenen. »Hat sie ein Taxi genommen?« Bestellt habe sie keines. Ich ging durch die Drehtür hinaus. Die Wagenmeister waren beide mit einer gerade angekommenen arabischen Großfamilie beschäftigt. Während ich wartete, hörte ich eine Autohupe. Der Sponsor winkte mich von seinem BMW aus herbei. Ich sah zu ihm hin, kam seinem Wunsch jedoch nicht nach. Da ließ er seinen Wagen im Halteverbot stehen und kam auf mich zu.

»Wie geht es Ihrer charmanten Freundin? Ist sie da?« fragte er.

»Warum?« Was wollte dieser blöde Hund? Ihr einen Brillantring zur Verlobung an den Finger stecken?

»Weil ich glaube, ich bin ihr begegnet, bin mir aber nicht sicher.«

»Wo war das?« fragte ich.

»Sie ist also nicht hier«, stellte er fest. »Sie stand an der Auffahrt zur Autobahn, auf der anderen Straßenseite. Ich kam an, sie wollte weg.«

»Haben Sie mit ihr gesprochen?« fragte ich etwas durcheinander.

»Ich wollte sie gerade auf mich aufmerksam machen, da ist sie in einen Amischlitten eingestiegen.«

»Allein?« fragte ich und haßte mich gleichzeitig dafür, daß ich mich so vor ihm entblößte.

»Allein«, versicherte er mir. Er stand gegen die Sonne, so daß ich nicht sicher war, ob er wirklich grinste. »Sie hatte eine große rote Tasche dabei, hilft Ihnen das weiter?« Ich nickte stumm.

»Und Sie, haben Sie meine Frau getroffen?«

»Nicht daß ich wüßte.«

»Sie wollte eine Widmung.« Er lachte jetzt tatsächlich. »Frederike heißt sie, hatte sie Erfolg bei Ihnen?«

»Ja und nein«, sagte ich. Mir war so elend zumute. Ich wandte mich einfach ab.

»Entschuldigung«, sagte er immer noch lachend und ging ein paar Schritte neben mir her, »ich will mich nicht über Sie lustig machen, aber so etwas renkt sich wieder ein, ich kann das nicht so ernst nehmen.«

Schließlich stieg ich in ein Taxi.

»Zur Autobahnauffahrt, bitte.«

»Zu welcher?« fragte der Chauffeur.

»Zur nächsten.« Warum fährt jemand mit dem Taxi zur Autobahnauffahrt? Warum nicht gleich zur Nervenheilanstalt? Seine Blicke, mit denen er mich taxierte, veranlaßten mich, ihn an der Auffahrt zu verabschieden.

Ein einzelner Anhalter stand dort; inzwischen regnete es. Ich unterhielt mich mit ihm. Er wollte nach Marokko zum internationalen Gammlertreffen, wie er sagte. Er hatte kein Mädchen mit einer roten Tasche gesehen.

»Auch nicht mit einer gelben«, rief er und lachte. Er wußte nicht mal, wo er selber war, so bekifft war er. Ich ging den halben Weg zur Innenstadt zu Fuß zurück, bis endlich ein Taxi anhielt, das mich trotz meines durchweichten Äußeren mitnahm.

Frederike erhob sich von einem Sessel in der Lobby, als hätte sie auf mich gewartet.

»Wie sehen Sie denn aus?« fragte sie, »Sie müssen sich umziehen.« Wem sagte sie es? Sie legte einen Arm um meine Taille und betrat mit mir den Aufzug. Kaum schlossen sich die Türen, küßte sie mich. Ich war ungefähr so galant wie ein Mädchen, das einen aufdringlichen Verehrer auf Distanz hält.

»Ich bin jetzt nicht in Stimmung.«

»Wir kriegen das schon hin«, sagte sie tapfer und begleitete mich zu meiner Suite. Als ich aufschloß, preßte sie sich plötzlich an mich und fuhr mit der Zunge in meinen Mund. Es war ein überraschend angenehmer Kuß, den ich erwiderte. Doch ich hätte schwören mögen, daß ihr Mann sie beauftragt hatte, mich zu trösten. Und das erinnerte mich wieder an meine augenblickliche Lage. Ich betrat die Suite und machte ihr die Tür vor der Nase zu wie einem Hund, der nicht mitdarf in die Metzgerei, obwohl er bereits die Wurst riecht.

Endlich riß ich mir den nassen Anzug vom Leib, zog alles aus und schwitzte trotzdem. Ich stellte den Thermostat auf Null und warf mich nackt aufs Bett. Dort sprach ich mit mir selbst.

»Du bist in jeder Hinsicht ein Arschloch«, sagte ich, »in jeder Hinsicht!« Ich muß eingeschlafen sein und erwachte bibbernd, weil jemand an der Tür geläutet hatte. Ding-Dong. Ein angenehmer Ton, der Hoffnungen und Lebensgeister weckte. Kehrte sie reuevoll zurück nach einer unguten Begegnung oder bester Laune nach einem gelungenen Abenteuer – oder hatte sie nur sehen wollen, wie ich auf ihr Verschwinden reagierte, egal, sie war willkommen! Mein Geschlecht hob sich erwartungsvoll, als ich die Tür aufriß. Draußen stand die Gräfin. Sie kam rasch herein.

»Hast du Fieber?« fragte sie, da ich wieder zu bibbern begann, und legte mir die Hand auf die Stirn.

»Eiskalt«, sagte sie, nahm mich am Arm und führte mich zum Bett. Sie schlug die Decken zurück, legte mich hinein, zog sich aus und kam zu mir. Sie rieb mich warm, sie erregte mich mit ihren adeligen Händen. Ich ließ alles mit mir geschehen, machte sogar mit, als sie sich auf mich setzte, und schrie auf, als sie mich erlöste.

»Ich wollte mich nur verabschieden«, sagte sie, während sie sich anzog. »Ich muß zurück zu meiner Familie.«

Familie, ha, ich hatte nicht mal eine Freundin.

»Ich hab' davon gehört, nimm's nicht so tragisch«, sagte sie, als sie mich zum Abschied küßte. Wenigstens eine, die nicht einfach abhaut, dachte ich noch.

Mitten in der Nacht wachte ich auf, weil ich Angst hatte. Mit einem Ruck fuhr ich aus dem Bett hoch, ging in der Suite hin und her, dem gesellschaftlichen Höhepunkt unserer Beziehung, an dem ich nun mit einer anderen geschlafen hatte. Was tat sie gerade? Stand sie in der Dunkelheit auf der Autobahn? Oder lag sie ebenfalls in einem Hotelbett? In einem Motel? In der Kabine eines LKW? Ich schaltete sämtliche Lampen in sämtlichen Räumen an, mit Deckenlicht und Flurlicht waren es über zwanzig. Die Suite kam mir jetzt überaus trostlos vor, eingerichtet von einem Innenarchitekten, der so viele Kompromisse akzeptiert hatte, bis diese Scheiße dabei herausgekommen war, aus Kostengründen oder wegen des Geschmacks der Konzernleitung oder wegen des Geschmacks der Frau des Konzernchefs, die sich einbildete, sie hätte welchen, und unterbeschäftigt war.

Als ich ganz mechanisch nach meinem zerknäulten Anzug griff und einen Bügel aus dem Schrank nahm, um ihn etwas auszuhängen, entdeckte ich den Zettel, der vorne im Schrank lag, und das auch nur, weil der Schein einer Lampe direkt darauf fiel. Hotelbriefpapier. DIN-A4-Format. Ein einziger Satz stand darauf:

›Glaub nicht, daß ich dich nicht mehr liebe.‹

Ich hielt den Bogen lange in der Hand. Die doppelte Verneinung verwirrte mich. Sollte das heißen, sie käme zurück? Oder liebte sie mich von jetzt an aus der Ferne? In jedem Film hätte ich den Wisch zerknüllt und an die Wand geschmissen. Doch ich legte ihn wie eine Reliquie auf den Schreibtisch. ›Glaub nicht, daß ich dich nicht mehr liebe.‹ Immer wieder beugte ich mich über das Papier und las die Worte. Von der Hand meiner Geliebten geschrieben. Waren sie ehrlich gemeint, hab Vertrauen zu mir, oder war es nur so eine Floskel? Warum fühlte ich mich überrumpelt? Ich hatte mir eine solche Situation hundertmal ausgemalt. Doch daß die Freundin einen verläßt, kann man genausowenig üben wie das Sterben.

»Innsbruck ich muß dich lassen, ich fahr' dahin mein' Strassen, in fremde Land dahin«, das alte Studentenlied fiel mir ein, das von allen Deutschlehrern stets als wehmütig bezeichnet wird. Alle können den Schmerz um die Geliebte nachempfinden, die er dort zurückgelassen hat, der Herr Student, und vergessen, daß sie höchstwahrscheinlich von ihm schwanger ist und lebenslang dafür büßen wird, daß sie seinen Liebesschwüren geglaubt hat. Ich nahm Sandras Nachricht, legte mich aufs Bett und starrte sie an, bis mir die Augen tränten.

»Du Teufelsaas«, schrie ich und sprang aus dem Bett, »du Satansbrut, du falsche Schlange!« Ich ging in unserer Suite hin und her und schrie es in alle Richtungen: »Du lasterhaftes Hurenweib, Ursünde, treuloses Flittchen!« Ich blieb stehen. »Du bodenloser Abgrund«, murmelte ich und begann zu flennen wie ein kleiner Bub.

Ich hatte kurz vor dem Abitur gestanden, als ich sie zum ersten Mal sah. Leider war ich nicht allein. Alle Jungs meiner Klasse starrten zu ihr empor. Anmutig ließ sie ihren Körper über dem Reck kreisen, wand ihre Beine wie ein Schlangenmensch zwischen Kopf und Stange hindurch, zog sich empor, ließ sich nach hinten fallen und wirbelte herum, als sei die Schwerkraft für sie aufgehoben.

Die meisten von uns hingen im Turnunterricht wie Säcke am Reck. Jetzt grinsten sie ungläubig.

»Man lacht nicht über eine gute Leistung«, rügte uns Turnlehrer Holsch, der ein bißchen aussah wie Curd Jürgens. Gerade hielt sie im Handstand auf der Reckstange inne. Ihre langen Haare hingen nach unten. Sie war schöner als jede Zirkusartistin, obwohl sie kein Glitzerkostüm trug und nicht für uns posierte. Mit einem Salto sprang sie herab und stolperte beim Aufkommen auf der Matte. Galant bewahrte Turnlehrer Holsch sie vor einem Sturz. Sie lächelte ihn an und überließ ihm ihre Hand für etwa zwei Sekunden. Dann schüttelte sie ihre Mähne zurück, wobei ihr Blick uns streifte.

»Wollt ihr alle unter die Dusche?« fragte sie kameradschaftlich.

»Nach Ihnen«, sagte Holsch, »die Jungs warten gerne!« Wir sahen ihr nach.

»An was denken jetzt alle?« fragte Winfried süffisant. Es hieß, er habe die Tochter des Hausmeisters flachgelegt. Bei diesem Götterweib würde sein öliger Charme nichts ausrichten. Wahrscheinlich war sie für uns alle unerreichbar. So eine hatte einen ausgewachsenen Freund.

Im städtischen Freibad sah ich sie wieder. Ich wartete am Rand des großen Beckens, weil ich meine Prüfung als Rettungsschwimmer ablegen wollte, als ich sie auf der Liegewiese entdeckte – sie erhob sich und kam zu mir rüber.

»Jetzt nehmen Sie Ihre Schwester mal mit ins Becken und zeigen mir, was Sie können«, befahl der alte Bademeister.

»Ich heiße Sandra«, sagte sie und gab ihm die Hand, bevor sie ins Wasser sprang. Sie mußte mich wie eine Ertrinkende umklammern. Mit einem Schraubgriff löste ich ihre Arme von meinem Hals. Als sie mich von hinten umfaßte, tauchte ich mit ihr ab, bis sie losließ, weil sie Luft brauchte. Im Nelson-Doppelgriff schleppte ich sie quer durchs Becken.

»Das Wasser muß aus ihr raus!« rief der Bademeister. »Seitenlage. Den Kopf tiefer legen!« Ihr Körper hing schlaff in meinen Armen.

»Mund-zu-Mund-Beatmung! So wird das nichts! Pressen Sie Ihren Mund fest auf den der Bewußtlosen!«

»Tu's nur!« flüsterte sie mir zu. Ich vermischte meinen Atem mit dem ihren, bis mir ganz taumelig war.

»Wir kommen zur Herzmassage. Keine Zeit verlieren!« befahl der Bademeister, der im Krieg bei den Sanitätern gewesen war. »Mit beiden Händen auf den Brustkorb drücken! Halten Sie den Rhythmus!«

»Trau dich«, forderte sie mich leise auf, »du kannst mich ruhig anfassen.« In einem Rauschzustand kämpfte ich um ihr Leben, bis sie die Augen aufschlug und mich lachend umarmte. Die Umstehenden applaudierten. Und Winfried, der plötzlich neben ihr stand, half ihr wieder auf die Beine. Sie war mit ihm verabredet. Doch so unmittelbar nach den intimen Augenblicken, die wir zusammen erlebt hatten, empfand ich es als demütigend, daß sie sich gleich einem anderen zuwandte. Sie hat einen Traumkörper, sagte ich mir, aber leider wenig Geschmack. Ich hatte von Anfang an bezweifelt, daß ein unfertiger Mensch wie ich einer solchen Superfrau genügen könne – doch dieser Typ verdiente sie bestimmt noch weniger.

Ich war zum Studium in eine andere Stadt gezogen und bereits im vierten Semester, als ich Sandra an der Tür zur Mensa stehen sah.
»Nimmst du mich mit rein?« fragte sie. »Ich habe keine Essensmarken.«
»Klar«, sagte ich und gab ihr eine von meinen. Betont beiläufig. Sie sollte nicht mitbekommen, wie mein Herz schlug.
»Bist du mit Winfried da?« erkundigte ich mich. Sie schüttelte lachend den Kopf. Sie war noch schöner geworden. Bestimmt wird sie gut gebumst, sagte ich mir, von wem auch immer.

Nach einer Nacht im Park, in der wir plauderten und schwiegen, beschlossen wir, zusammen wegzufahren. Per Autostop, aus Geldmangel. Dank Sandra kamen wir gut voran und befanden uns in der Abenddämmerung schon weit in Frankreich, irgendwo zwischen des Ausläufern des Jura und dem ruhig dahinströmenden Doubs. In dieser Gegend spielt Stendhals Roman »Rot und Schwarz«. Wie der Held des Buches nahm ich mir fest vor, daß ich meine Geliebte noch in dieser Nacht besitzen würde.
Von der Straße gingen wir querfeldein, stiegen einen Hügel hinauf bis zu einer mächtigen Buche. Wir waren begierig auf den Körper des anderen und warfen uns ins hohe Gras, das uns mit seinen starken Gerüchen verzauberte. Das Dunkel, das sich über die Hügel legte, verstärkte das Gefühl unserer Zweisamkeit. In jener Nacht entdeckte ich, daß Sandra noch Jungfrau war.

Die Tage vergingen, die Wochen, die Monate, ohne daß ich eine Ansichtskarte von ihr empfing, nicht mal eine ohne Absender.

Ihre Sachen hingen nach wie vor bei mir im Schrank. Sie hatte zwar im Hotel jedes Fitzelchen mitgenommen, doch in die Wohnung war sie nicht zurückgekommen. Natürlich rechnete ich immer noch damit, sie werde eines Tages wieder aufkreuzen. Jedesmal hatte ich ein schlechtes Gewissen, wenn ich ein Mädchen mit nach oben nahm. Denn eines war gewiß: Wenn Sandra zurückkommen sollte, würde sie sich nicht anmelden.

»Wirfst du die Schlampe raus oder soll ich wieder gehen?« würde sie fragen, und ich würde äußerst verletzend sein zu dem armen Hascherl, das mich gerade gefragt hatte, wem die ganzen Sachen gehörten im Schrank.

»Rühr sie nicht an!« Sie hatte ein Kleid herausgenommen.

»Es würde mir aber stehen.«

»Bei mir bist du ohnehin nackt.« Ich schaute sie grimmig an. »Wenn es dir nicht paßt, kannst du nach Hause gehen.« Manchmal legte ich die Türkette vor aus Angst, Sandra würde mitten in den Geschlechtsverkehr hineinplatzen. Meinen Schlüssel besaß sie noch, wenn sie ihn nicht inzwischen weggeworfen hatte. Oder hielt sie ihn ab und zu in der Hand und dachte an mich?

Ihre Eltern seien ins Badische gezogen, hörte ich von einer früheren Klassenkameradin. Natürlich hätte ich ihren Aufenthaltsort herausfinden können. Doch wo wären alle unsere edlen Vorsätze von einem freieren Leben geblieben, wenn ich ihr nachspioniert hätte?

Einer weiteren Versuchung konnte ich nicht widerstehen. Ein Päckchen für Sandra kam an von Theos Schwester. Ich stellte es auf das Garderobenschränkchen im Flur. Nach einigen Tagen war meine Neugierde so groß geworden, daß ich es öffnete. Wem hätte es geholfen, wenn es dort jahrelang herumgelegen hätte? Zuoberst lag ein Zettel: »Damit die Sachen nicht in falsche Hände geraten.« Ich bezweifelte zwar, ob meine Hände aus Sicht von Theos Schwester die richtigen waren, doch ich kam mir auch nicht besonders schäbig vor, als ich mir die Briefumschläge näher ansah. Schließlich handelte es sich um die Korrespondenz zwischen zwei Personen, die mir sehr nahegestanden hatten und von denen die eine verstorben, die andere verschwunden war.

Ich griff nach einem Medaillon, das Theo in letzter Zeit um den Hals getragen hatte: es enthielt ihr Bild. Aus einem Brief mit dem Poststempel der Ile du Levant zog ich klopfenden Herzens ein Schreiben von Sandra an Theo, das ich überflog:

»... Ich bumse hier ziemlich viel«, las ich, »auch mit meinem Freund. Zuweilen, wenn ich voll in Aktion bin, taucht dein Bild vor mir auf, dein Kopf (wir wollen ihn zuerst nennen) und dein übriger Leib...« Ich schob den Brief wieder in den Umschlag zurück. Jetzt, wo er in meinem Besitz war, drängte mich nichts dazu, ihn zu Ende zu lesen. Vielleicht, wenn ein halbes Jahrhundert verstrichen wäre und die Zeit die Dinge verklärt hätte. Dann würde ich mir eventuell auch die pornographischen Fotos anschauen, die der Major ihr an die Adresse Theos geschickt hatte. Zusammen mit einem äußerst knappen Begleitschreiben:

»Mademoiselle, anbei ein Abzug der Aufnahmen, zu denen Sie mir Modell gestanden haben«, darunter grußlos seine Unterschrift.

Auf dem obenauf liegenden Foto, das wohl per Selbstauslöser entstanden war, holt der Fuß des Majors zu einem Tritt auf Sandras Hintern aus, der aus dem Sand emporragt. Ich blätterte nicht weiter, ergriff statt dessen einen Brief von Theo an Sandra, der nicht abgeschickt worden war. Wohin hätte er ihn auch schicken sollen?

»Meine schöne Beischläferin«, schrieb er, »die heimlich gefickten Frauen sind die Würze unseres Lebens. Ich kann nur immer wieder staunen über die unglaubliche Lässigkeit, mit der sie ihre Gunst auf die verschiedenen Liebhaber verteilen. Vielleicht leisten sie damit einen Beitrag zur geistigen Gesundheit der menschlichen Gattung, die ohne ihre Seitensprünge schon längst verblödet wäre ...«

Diese von Theo bewunderte Meisterschaft hatte ich Sandra einmal vorgeworfen – in vorsichtigen Worten, wie ich damals fand –, was fast zu einem ernsthaften Konflikt zwischen uns geführt hätte. Sie wisse genau, daß sie mir auf erotischem Gebiet haushoch überlegen sei, und nütze dies aus, sagte ich ihr im Zorn.

»Warum betonst du ›auf erotischem Gebiet‹? Das heißt doch, daß du dich auf anderen Gebieten haushoch überlegen fühlst!«

»Solange jeder seine Talente in die Beziehung einbringt, ist das doch okay. Ich habe die bessere Bildung, du das stärkere Gefühlsleben. Zusammen sind wir unschlagbar.«

»Das hat nichts, aber auch gar nichts mit Liebe zu tun. Das ist gegenseitige Vorteilsnahme. Wenn ich wollte, bekäme ich jede Menge Angebote, mich weiterzubilden. Nur weiß ich nicht, ob du dann noch im Rennen wärst, denn ich würde die für mich günstigste Offerte auswählen.«

Ich mußte sie in die Arme nehmen und ihr versichern, daß ich sie immer lieben würde, unabhängig davon, was sie in unsere Beziehung einbrachte.

Ich war ihr nicht mehr böse, auch wenn sie ohne Abschied gegangen war. Ohne genau zu wissen, wie, kam ich zur Überzeugung, das Unheil selbst heraufbeschworen zu haben. Ich hatte die Zeichen an der Wand nicht verstanden. Da und dort erkannte ich Versäumnisse, die ich nie mehr aufholen würde, und Gelegenheiten, die endgültig verpaßt waren, weil sie sich nach einer einzigen Chance in nichts aufgelöst hatten.

Fünf Jahre später sah ich Sandra noch einmal. Ich saß mit einem spanischen Freund im Restaurant des Flughafens von Biarritz, damals weltweit das einzige Flughafenrestaurant mit Stern im Guide Michelin. Nach der Landung der letzten Maschine aus Paris war es sehr ruhig an diesem Ort. Das Flugzeug wartete nicht weit von uns auf seinen Rückflug. Sein Start würde die Stille für fünf Minuten unterbrechen, danach gab es keinen Flugverkehr mehr, so daß die Kellner bei Bedarf auch Tische auf dem Rollfeld plazieren konnten. Die ersten Passagiere nach Paris gingen zur Maschine, als ich Sandra sah. Oder hatte sie mich zuerst gesehen? Denn ich entdeckte sie, als sie bereits an uns vorbei war und sich umdrehte. Sie wurde von einem distinguierten Herrn begleitet, kam aber sofort auf mich zu. Ich ging ihr entgegen. Wir standen voreinander. Wir umarmten uns nicht.

»Sandra«, ich sprach leise ihren Namen aus und sie den meinen. Ihr Begleiter setzte sich diskret auf einen leeren Rollwagen und begann in einem Buch zu lesen. »Laß dir Zeit, Liebste, fühl dich ganz ungestört«, signalisierte er ihr mit seinem Verhalten. Doch wir waren sehr scheu. Kein »Wie geht's dir so? Was hast du die ganze Zeit getrieben?« kam uns über die Lippen. Dafür lief in unseren Köpfen unser gemeinsames Leben im Schnellgang ab, als seien wir dem Tod nahe.

»Vielleicht, wenn du einige Jahre älter gewesen wärst –«, sagte sie schließlich.

»Daß es dann gehalten hätte?« fragte ich. »Warum?«

Doch sie brachte mich durch eine hilflose und doch charmante Geste zum Schweigen. Ich warf einen Blick hinüber zu ihrem Begleiter. So einer war kein Beschützer, das war eine ganze Schutzmacht.

»Lebst du jetzt mit ihm?« erkundigte ich mich.

»Wir fragen uns am besten nichts mehr«, sagte sie und hatte natürlich recht.